2018年度国家法治与法学理论研究项目
重点课题（18SFB1004）最终成果

我国监狱法修订研究

WOGUO JIANYUFA
XIUDING YANJIU

吴宗宪 主编

成员　张崇脉　王　辉　王志强
　　　张雍锭　白海娟　张旭芳
　　　李易尚　叶建平　赵　宇

中国社会出版社
国家一级出版社·全国百佳图书出版单位

图书在版编目（CIP）数据

我国监狱法修订研究 / 吴宗宪主编. — 北京：中国社会出版社，2021.6

ISBN 978-7-5087-6513-6

Ⅰ.①我… Ⅱ.①吴… Ⅲ.①监狱法—研究—中国 Ⅳ.①D926.74

中国版本图书馆 CIP 数据核字（2021）第 044742 号号

书　　名：	我国监狱法修订研究
主　　编：	吴宗宪

出 版 人：	浦善新
终 审 人：	李　浩
责任编辑：	王晓燕

出版发行：	中国社会出版社　邮政编码：100032
通联方式：	北京市西城区二龙路甲 33 号
电　　话：	(010) 58124812
网　　址：	shcbs.mca.gov.cn
经　　销：	各地新华书店

中国社会出版社天猫旗舰店

印刷装订：	河北鑫兆源印刷有限公司
开　　本：	170mm×240mm　1/16
印　　张：	20
字　　数：	323 千字
版　　次：	2021 年 6 月第 1 版
印　　次：	2021 年 6 月第 1 次印刷
定　　价：	48.00 元

中国社会出版社微信公众号

作者简介

吴宗宪，男，1963年出生于甘肃省永登县。法学博士，北京师范大学刑事法律科学研究院二级教授、博士生导师，犯罪与矫正研究所所长、社区矫正研究中心主任，北京师范大学中美刑事司法心理学研究中心主任，北京师范大学法学院学术委员会主任。兼任中国犯罪学学会副会长，中国预防青少年犯罪研究会副会长，中国监狱工作协会常务理事、学术委员会委员，司法部社区矫正工作特邀专家，司法部燕城监狱专家咨询委员会委员等职。曾任中国政法大学法律系犯罪心理学教研室讲师，司法部预防犯罪研究所研究员、监狱学研究室主任。主要从事犯罪学、监狱学、社区矫正、犯罪心理学等方面的研究，出版的个人专著包括《西方犯罪学史》（警官教育出版社，1997年；第二版，4卷本，中国人民公安大学出版社，2010年）、《西方犯罪学》（法律出版社，1999年；第二版，2006年）、《国外罪犯心理矫治》（中国轻工业出版社，2004年）、《当代西方监狱学》（法律出版社，2005年）、《罪犯改造论——罪犯改造的犯因性差异理论初探》（中国人民公安大学出版社，2007年；第二版，商务印书馆，2019年）、《社区矫正比较研究》（上、下卷，入选《国家哲学社会科学成果文库》，中国人民大学出版社，2011年）、《监狱学导论》（法律出版社，2012年）、《犯罪心理学总论》（商务印书馆，2018年）、《犯罪心理学分论》（商务印书馆，2018年）等。享受国务院政府特殊津贴，入选人事部、科技部、教育部等7部委组织评定的"首批新世纪百千万人才工程国家级人选"和教育部"新世纪优秀人才支持计划"。

张崇脉，男，1973年出生于安徽省宣城市，法学博士，浙江警官职业学院刑事司法系副主任，副教授。2009年3月至6月，在浙江省第六监狱挂职锻炼；2016年3月至2017年3月在浙江省未成年犯管教所挂职锻炼，经常在浙江省乔司监狱、金华监狱、十里坪监狱指导学生实习。近年来，先后赴浙江、甘肃、广西、湖北、重庆、贵州、河南、天津、广东、上海、安徽、内蒙古等地多所监狱开展田野调查，常带领刑事执行专业学生在监狱开展认知见习和顶岗实习。主要从事监狱学、犯罪学、刑事政策方面的研究，主讲外国监狱概论、犯罪原因分析、监狱学基础理论等课程。出版专著《未成年人再犯风险评估实证研究》（中国人民公安大学出版社，2020年），合著浙江省"十一五"重点教材《犯罪原因分析》（清华大学出版社，2010年）；主持司法部2017年度国家法治与法学理论研究课题《终身监禁刑罚执行研究》，主持浙江省2018年度哲学社会科学规划课题《未成年人再犯风险评估实证研究》；主持教育部刑事执行专业教学资源库《外国监狱概论》课程建设；参与教育部、司法部以及中国法学会等部级课题4项。发表《论监狱法修改的国际经验借鉴》《我国重新犯罪研究的内容分析》《当代美国循证矫正及其启示》《刑法修正案（八）对刑罚执行的挑战及其应对》等论文。博士学位论文《未成年人再犯风险评估实证研究》获得2016年第四届"京师高铭暄刑事法学优秀博士学位论文奖一等奖"。

王辉，男，1978年7月出生，河北省武强县人，法学博士，北京工业大学文法学部讲师。曾在司法部燕城监狱工作多年，有丰富的刑罚执行工作经验。主要从事监狱学和社区矫正方面的研究，发表过《监狱刑罚执行性质的多维度思索》《当代西方循证犯罪预防简述及启示》《中国社区矫正之监禁刑替代功能探讨》等数十篇论文，出版专著《职务犯矫正的社会心理学分析》，与他人合著《监狱法修改20年回顾与展望》《罪犯教育学》等著作，参与翻译《犯罪学理论手册》等犯罪学文献，主持教育部社科基金项目《北欧监狱刑罚执行研究》等课题研究。目前教授的课程主要有犯罪学、监狱社会学、刑法学等。

王志强，男，1970年7月出生，天津市人，法学博士，天津商业大学法学院副教授，硕士研究生导师；兼任中国预防青少年犯罪研究会理事，天津市人大常委会立法咨询专家，天津政府法治智库专家，天津市巾帼智库专家，天津市人大常委会社会建设委员会专家；美国加州州立大学圣地亚哥分校（SDSU）访问学者；曾任天津市监狱工作研究所助理研究员，天津社会科学院副研究员，天津市监狱协会理事。主要从事犯罪学和监狱学方面的研究。曾参与《当代实证犯罪学》（天津社会科学院出版社，1995年）、《青少年犯罪学引论》（长安出版社，2002年）、《当代实证犯罪学新编——犯罪规律研究》（人民法院出版社，2004年）等学术专著的撰写，独著《相空间循环：犯罪学研究方法的自反与重构》（法律出版社，2014年）；曾在《现代法学》《中国刑事法杂志》《中国人民公安大学学报（社会科学版）》《中国青年研究》《青年研究》《学术论坛》等杂志发表论文数十篇。

张雍锭，男，1989年出生于河南省沈丘县，法学博士，中国人民公安大学犯罪学学院犯罪学教研室讲师，曾在北京市门头沟区人民检察院工作。主要从事犯罪学和社区矫正等方面的研究。在《刑法论丛》《江西社会科学》《中国人民公安大学学报（社会科学版）》《山东警察学院学报》《预防青少年犯罪研究》等期刊发表论文10余篇，其中《中国特色公安监管下的看守所未成年在押人员行为分析及矫正对策研究》一文荣获由公安部监所管理局和中国人民公安大学联合举办的中国特色社会主义公安监管执法管理学术研讨会征文二等奖。曾参与司法部重点课题研究，参与写作、翻译、编写著作各1部。

白海娟，女，1985年出生于新疆维吾尔自治区木垒县，法学博士，甘肃政法大学副教授，主要从事犯罪学、刑事执行法学方面的研究。2011年获得兰州大学法学院硕士学位后，进入甘肃政法大学法学院教授刑法学、刑事法案例分析等课程。2012年3月至2014年11月兼任法学院团委书记，2013年3月至2017年1月兼任法学院党委委员，2017年9月进入北京师范大学刑事法律科学研究院攻读博士学位。参与司法部、教育部、甘肃省等各级法学类科研项目共计4项；在专业期刊公开发表论文共计20余篇，参与编写普法教材1部；攻读博士期间主要研究假释制度及假释犯的社区矫正。

张旭芳，女，1991年出生于河南省焦作市，中国人民公安大学硕士，北京师范大学刑事法律科学研究院在读博士研究生。独立出版学术专著一部，参与撰写学术著作两部，发表《监狱人民警察社会适应性调查研究》等多篇学术论文，其中《教育背景与再犯罪的关系研究——以监狱服刑人员为样本》获中国犯罪学学会第28届学术研讨会优秀论文一等奖。

李易尚，女，1993年出生于山东省济南市，中国人民公安大学硕士，北京师范大学刑事法律科学研究院在读博士研究生。曾在《法学论坛》《中国人民公安大学学报（社会科学版）》《山东警察学院学报》《北京警察学院学报》等期刊发表论文10余篇，参与省部级项目2项，参与编写著作2部。撰写的论文《德国警察在突发事件中的舆论引导应急策略研究》获第二届中外警察公共关系论坛优秀征文一等奖。

叶建平，男，1982年出生于甘肃省民勤县，北京师范大学刑事法律科学研究院在读博士研究生，西北师范大学法学院助教。2011年中国政法大学刑法学硕士毕业后，进入甘肃省徽县人民检察院从事检察工作，先后在检察院的公诉和反贪污贿赂部门担任检察员，积累了丰富的刑事实务经验。2016年12月进入西北师范大学法学院从事刑法学教学工作，先后教授刑法学、刑事法律诊所、刑法研讨与案例评析、法律职业伦理等课程。

赵宇，男，1985年出生于河北省保定市，河北大学硕士，2008年在江西省南昌监狱参加工作，2013年调入中央司法警官学院担任教师，现为北京师范大学刑事法律科学研究院在读博士研究生。参与部级课题1项，厅级、校级课题5项。发表罪犯矫正、社区矫正相关论文11篇。参与《社区矫正工作手册》（法律出版社，2014年）、《司法行政戒毒工作概论》（法律出版社，2017年）、《狱政管理学》（法律出版社，2018年）等书的编写。

序　言

　　本书是笔者学习、研究监狱学 30 多年的一个小结。最初了解监狱和监狱学，是 1983 年进入中国政法大学研究生院读书期间。1984 年前半年，学习了与监狱有关的课程，聆听了与监狱有关的讲座；到暑期时，中国政法大学的邵名正教授组织大学生演讲队，到山东济南、潍坊监狱、潍北监狱、青岛等地的监狱和劳教所中向犯人和劳教人员进行演讲，自己和其他几名研究生作为成员一同前往，不仅实地考察了监所，还深切感受了大学生们感情真挚、声情并茂、精彩纷呈的演讲在犯人和劳教人员中产生的强烈反响。

　　对于监狱及监狱学的正式研究开始于 1992 年。当年 2 月，笔者从中国政法大学犯罪心理学教研室调到司法部预防犯罪与劳动改造研究所（后来改称"司法部预防犯罪研究所"），此后直到 2006 年 3 月调入北京师范大学，中间除了有几年因担任科研处负责人而离开监狱学研究室，最后几年将主要精力用于社区矫正研究之外，一直在该室从事监狱方面的研究工作。调入北京师范大学刑事法律科学研究院之后，继续从事监狱学方面的研究和教学工作。

　　这些年的学习和研究为本课题的研究工作奠定了坚实的理论基础。在这些年的学习和研究中，将很多的精力用于监狱和监狱学方面，先后出版了一系列书籍，也发表了大量的文章。仅就监狱学方面的书籍而言，涉及国外内容的书籍包括《国外罪犯心理矫治》（中国轻工业出版社，2004 年）、《当代西方监狱学》（法律出版社，2005 年）以及《各国矫正制度》（合译，中国政法大学出版社，1988 年）、《美国矫正政策与实践》（合译，中国人民公安大学出版社，1992 年）等；以国内内容为主的书籍包括《中国监狱法概论》（合著，中国人民公安大学出版社，1995 年）、《监狱学》（合著，法律出版社，1996 年）、《监狱学总论》（合著，法律出版社，1997 年）、《中国未成年罪犯改造研究》（合著，吉林人民出版社，2000

年)、《中国现代化文明监狱研究》(主编,警官教育出版社,1996年)、《中国服刑人员心理矫治》(主编,法律出版社,2004年)、《罪犯改造论——罪犯改造的犯因性差异理论初探》(中国人民公安大学出版社,2007年、商务印书馆,2019年第2版)、《中国服刑人员心理矫治技术》(主编,北京师范大学出版社,2010年)、《未成年犯矫正研究》(主编,北京师范大学出版社,2012年)、《监狱学导论》(法律出版社,2012年)等。还出版了一些与监狱学密切相关的书籍,包括《监狱劳教所机构设置研究》(合著,法律出版社,1999年)、《刑事执行法学》(主编,中国人民大学出版社,2007年、2013年、2019年)、《中国刑罚改革论》(上、下册,主编,北京师范大学出版社,2011年)等。这些研究为监狱法修改研究奠定了重要的理论基础。

同时,这些年的工作经历为本课题的研究工作奠定了必要的实务基础。这些年来,特别是在司法部预防犯罪研究所工作的14年间,参加了司法部及监狱系统的很多实务方面的会议,参与撰写了多种涉及监狱工作和监狱改革的研究报告和相关材料,也考察了大量的国内外监狱和矫正机构,其中,考察过的国内监狱至少在100所以上,它们分布在很多省级行政区,也考察过我国台湾地区的监狱;考察过的国外监狱和矫正机构也有三四十所,主要分布在加拿大、美国、英国、德国、日本、韩国、澳大利亚等国家。通过参加这些实务工作会议、参与撰写相关材料和考察监狱及矫正机构,增进了对国内外监狱实际情况的了解,为监狱法修改研究奠定了较好的实务基础。

本书也是两个部级课题的最终研究成果。第一个部级课题是中国法学会的部级课题。2015年底,本人牵头申报中国法学会2015年度部级课题"监狱法修改研究"获批立项,项目编号是CLS(2015)C35。立项之后,组织课题组成员开展研究,经过一年的努力,完成"监狱法修改研究"成果,提交中国法学会验收,于2017年3月验收通过。

第二个部级课题是司法部部级重点课题。2017年完成中国法学会的课题之后,笔者感到对于监狱法的相关问题,需要进行更加深入的研究。同时,得知司法部官方组织的监狱法修改工作即将启动,因此,为了更好地支持司法部的监狱法修改工作,在2018年8月申报2018年度国家法治与法学理论研究项目"监狱法修订研究",于2019年初获批立项,属于重点课题,项目批准号是18SFB1004。

序 言

　　这个课题完成后，2020年1月3日下午，在北京师范大学刑事法律科学研究院（以下简称刑科院）举行了"司法部法治建设与法学理论研究部级科研项目'监狱法修订研究'成果鉴定会"。鉴定会开始时，司法部政府法制研究中心科研管理处庄春英处长代表科研管理部门讲话，介绍了课题成果鉴定的相关情况，提出了对于鉴定工作的要求。接着，笔者代表课题组介绍了课题研究的情况和最终成果的内容。然后，进入鉴定专家组专家评议阶段。鉴定专家组成员包括赵国玲教授（北京大学法学院博士生导师，中国犯罪学学会副会长、学术委员会主席）、王平教授（中国政法大学刑事司法学院博士生导师，中国监狱工作协会副会长）、李奋飞教授（中国人民大学法学院博士生导师）、张远煌教授（刑科院院长、博士生导师）和刘志伟教授（刑科院副院长、博士生导师）。赵国玲教授担任鉴定专家组组长。各位鉴定专家高度评价了课题组的努力和课题成果的质量，课题研究成果被评定为"一级（优秀）"；同时，也指出了存在的问题，提出了修改的建议。

　　因此，本书的撰写，得到了中国法学会和司法部主管部门的支持，也得到了相关课题评审专家们的支持。课题评审专家们的意见和建议，是进一步修改和完善本课题成果的重要参考。

　　本书也体现了课题组成员的集体智慧。目前的书稿是两个部级课题的课题组成员们集体智慧的结晶。在课题研究的过程中，具有不同学术背景和工作经历的各位课题组成员，都对课题研究成果作出了独特的贡献，本书书稿体现了他们的智慧。在课题组成员中，张崇脉博士是浙江警官职业学院副教授，研究方向是监狱学，对国内外的监狱问题进行了长期研究，在监狱学理论研究方面很有建树；王辉博士是北京工业大学讲师，曾经在司法部燕城监狱工作多年，不仅对我国监狱工作的实务情况有深入的了解，也对监狱学理论问题进行了系统的研究；王志强副教授曾经在天津市监狱管理局工作多年，发表了一系列有关监狱工作和罪犯改造的学术论文，十分熟悉我国监狱工作的实务情况和理论研究情况。张雍锭博士、白海娟博士和博士研究生张旭芳、李易尚、叶建平、赵宇在刑科院攻读博士学位期间，注意了解国内外监狱工作和罪犯改造的情况，具备了参与课题研究的基本条件，为课题研究作出了各自的贡献。作为他们的博士生导师，笔者一方面感谢他们对于课题研究作出的努力和贡献，另一方面也为他们的成长和发展感到欣慰。可以说，本书书稿是我们师徒共同努力、密切合作的结果。

在本课题的研究过程中，一些研究成果已经通过多种方式发表并报送有关部门参考。其中，笔者参与的一些研讨会、撰写的相关文章、翻译的重要文献和提交的研究报告等，值得提及。

（1）2019年3月8日上午，应邀在司法部参加监狱法修订工作专家座谈会，在会议发言中系统阐述了自己对于监狱法的修改建议。

（2）2019年3月30日，在中央司法警官学院参加了该院举办的"监狱法修订：实践反思与理论探索"座谈会，发表了有关修改监狱法的建议。

（3）笔者撰写的文章《修改监狱法若干问题探讨》，发表在《中国监狱学刊》2019年第3期。

（4）笔者翻译的《欧洲监狱规则》（2006年版），发表在《犯罪与改造研究》2019年第6期，让我国官方和研究者等能够了解这份重要文献的内容。这个中文译本可以在中国知网看到。

（5）2019年11月，应司法部办公厅的邀请，完成《关于进一步完善监狱法的研究报告》（北京师范大学刑事法律科学研究院刑事法治发展研究报告78号），于2019年11月20日报送司法部立法一局、司法部监狱管理局参考。

（6）2019年11月21日上午，应中国法学会邀请，在北京友谊宾馆参加了《监狱法（征求意见稿）》专家研讨会暨中国法学会2019年第28期立法专家咨询会，发表了本人对于修改监狱法的建议。

在课题组成员工作的基础上，笔者又根据2020年1月3日的成果鉴定会上专家们提出的建议和其他相关材料，对书稿进行了细致的修改。希望本书书稿中提出的观点和建议，有助于我国监狱法的修改和完善。如果在书稿中存在问题，当由笔者本人负责，欢迎业内专家和广大读者批评指正，批评和建议请发到本人邮箱：zongxianwu@126.com。

吴宗宪
2020年12月6日，于北师大刑科院

目　录

第一部分　我国监狱法修改研究报告

一、修改监狱法的宏观背景 …………………………………… 001
　　（一）社会发展带来了修法要求 ………………………… 001
　　（二）时代变化提出了价值取向 ………………………… 005
　　（三）网络发展带来了巨大冲击 ………………………… 008
　　（四）法治发展提出了技术要求 ………………………… 010
二、修改监狱法的微观背景 …………………………………… 011
　　（一）监狱服刑人员发生了新变化 ……………………… 011
　　（二）监狱工作人员发生了新变化 ……………………… 013
　　（三）监狱工作目标发生了新变化 ……………………… 014
三、重要立法内容的修改 ……………………………………… 015
　　（一）强化制约作用的问题 ……………………………… 015
　　（二）鼓励扎根基层的问题 ……………………………… 019
　　（三）承担无限责任的问题 ……………………………… 020
　　（四）改进会见活动的问题 ……………………………… 021
　　（五）完善投诉制度的问题 ……………………………… 023
　　（六）反映良好做法的问题 ……………………………… 025
　　（七）重视心理矫治的问题 ……………………………… 027
　　（八）改革暂予监外执行 ………………………………… 028
　　（九）设立母婴监区的问题 ……………………………… 030
　　（十）关注罪犯宗教的问题 ……………………………… 043
　　（十一）其他内容方面的问题 …………………………… 051
四、立法技术层面的完善 ……………………………………… 058

（一）立法结构问题与改善 ·· 058
　　（二）立法语言问题与改进 ·· 059
五、与其他法律的衔接 ·· 066
　　（一）立法法的修正 ·· 066
　　（二）刑法修正案（九）的出台 ······································· 067
　　（三）精神卫生法的实施 ·· 068
　　（四）反恐怖主义法的通过 ··· 068
　　（五）监察法的通过 ·· 069
　　（六）社区矫正法的颁布 ·· 069
六、重视对域外内容的借鉴 ·· 070
　　（一）域外监狱立法理论 ·· 071
　　（二）域外监狱立法文本 ·· 077
　　（三）联合国的相关文献 ·· 082
　　（四）区域性的相关文献 ·· 088

第二部分　我国监狱法修改建议方案

引言：修改概要 ··· 090
第一章　总则 ··· 093
第二章　监狱 ··· 106
第三章　监狱工作者 ·· 115
第四章　罪犯 ··· 129
第五章　行刑管理 ··· 143
　第一节　收监 ·· 144
　第二节　对罪犯申诉、控告、检举和投诉的处理 ····················· 152
　第三节　暂予监外执行 ·· 156
　第四节　减刑和假释 ··· 161
　第五节　赦免和移管 ··· 170
　第六节　释放和安置 ··· 171
第六章　狱政管理 ··· 178
　第一节　分押分管 ·· 178
　第二节　住宿和监舍管理 ··· 181

第三节　安全管理 …………………………………………… 183
　　第四节　警戒 ………………………………………………… 187
　　第五节　警械和武器的使用 ………………………………… 190
　　第六节　通信、会见 ………………………………………… 194
　　第七节　生活、卫生 ………………………………………… 200
　　第八节　考核与奖惩 ………………………………………… 211
　　第九节　对罪犯又犯罪的处理 ……………………………… 215
　　第十节　宗教事务 …………………………………………… 217
第七章　教育改造 ………………………………………………… 219
第八章　劳动改造 ………………………………………………… 232
第九章　特殊罪犯矫正 …………………………………………… 243
　　第一节　未成年犯 …………………………………………… 245
　　第二节　女犯 ………………………………………………… 252
　　第三节　少数民族罪犯 ……………………………………… 256
　　第四节　老年犯 ……………………………………………… 258
　　第五节　外籍犯 ……………………………………………… 261
　　第六节　病犯 ………………………………………………… 266
第十章　法律责任 ………………………………………………… 268
第十一章　附则 …………………………………………………… 273

附录　欧洲监狱规则（2006年版） ………………………… 276

第一部分　我国监狱法修改研究报告

在修改我国监狱法的过程中，首先应当探讨修改监狱法的不同背景，了解修改监狱法的主要问题与相互关系，为监狱法的具体修改奠定必要基础。

一、修改监狱法的宏观背景

在研究如何进一步修改和完善1994年颁布实施、2012年10月26日修改的《中华人民共和国监狱法》①的过程中，应当认真考虑我国修改监狱法的宏观社会背景问题，因为这些宏观背景问题及其涉及的内容，是修改监狱法时应当予以考虑的重要基础。

（一）社会发展带来了修法要求

监狱是社会的组成部分之一，监狱工作的运行是在社会的大背景下进行的，监狱工作的顺利进行，有赖于相关的社会环境条件。因此，监狱法的修改，必须考虑我国社会的发展变化，因为这些发展变化提出了新的修改立法要求。

1. 我国社会的经济发展水平

监狱是和平年代中经济消耗最为昂贵的社会机构之一，监狱的发展必须考虑经济发展水平。监狱的最初建设和日常运行，都要耗费巨大的社会资源。对于发展中国家是这样，对于经济发达国家也是这样。美国的一些监狱研究者就曾经指出："监禁是一项昂贵的选择。在最高警戒度监狱中监禁一名犯人花费的资金，可以让一名学生在这个国家最好的一些大学中读书；可以在社区中监督20—25名缓刑犯或者假释犯；可以向数千名穷人

---

① 以下简称监狱法。

提供热饭菜。"① 在我国，尽管国家监狱主管部门没有发布监狱经济花费方面的统计资料，但是，根据本书主编长期以来对于监狱系统经济花费的观察和估计，近些年来我国监狱中每监禁一名罪犯的年度花费大约在人民币3万元②。因此，监狱领域中各个方面的建设和发展，特别是相关人员的配置、相关设施的配备和运行、相关制度的建立和落实等，都要以强大的经济实力作后盾。在社会的经济发展水平较低的情况下，监狱的建设和发展要适应这种情况，监狱系统不可能脱离整个社会的经济发展水平而运行。在整个社会经济发展水平较低时，国家不能给监狱系统投入过多的经费，否则，就会引起多种负面效果。只有在社会的经济发展水平有了显著提高，国家的综合经济力量有了很大的发展之后，才可以考虑在监狱领域增加经费投入，才能进一步完善需要花费经济资源的人、财、物、制度等。自1994年颁布监狱法以来，我国的经济力量有了快速的发展，到2010年时，中国的国内生产总值（GDP）超过日本，居世界第二③；到2015年时，我国的国内生产总值总量在二十余年间增长了约13倍④。到2019年时，我国人均GDP达到1万美元⑤。我国经济的发展，为国家各个方面的发展提供了必要的经济基础，在这个基础上，才能在修改监狱法时考虑进一步完善监狱的人员、设施、制度等方面的革新与发展。所以，我们对于监狱法的修改，要充分考虑我国社会中的经济发展水平。

2. 依法治国理念的正式确立

监狱制度的发展应当考虑整个国家的法治建设环境。在我国，法治理念的确立和法律制度的发展，对于监狱领域中法律制度的发展提出了新的要求。自第九届全国人民代表大会第二次会议1999年3月15日通过的宪法修正案中确立了"中华人民共和国实行依法治国，建设社会主义法治国家"的内容后，"法治"的理念逐步确立并深入人心，使我国的法治建设环境有了重要的发展，"法治"理念自身的内容对于人们产生了重大影响。

---

① Jeanne B. Stinchcomb and Vernon B. Fox, *Introduction to Corrections*, 5th ed.（Upper Saddle River, New Jersey: Prentice-Hall, 1999）, pp. 219-220.
② 这个数值是指国家在监狱系统投入的经费总额与监狱罪犯总数相除后的平均数。
③ 李宗泽、王欢：《日本公布2010年GDP数据 中国超越日本居世界第二》，http://world.huanqiu.com/roll/2011-02/1494343.html? test=1 [2016-1-21]。
④ 根据国家统计局公布的数据，1994年我国GDP总量为48637.5亿元，2015年GDP总量为685505.8亿元。http://data.stats.gov.cn/easyquery.hem? cn=c01 [2016-7-15]。
⑤ 曾金华：《中国经济稳中求进笃定前行》，2020年1月3日《经济日报》，第1版。

根据权威的解释,"法治"的基本要求是,"对于国家行政机关等'公权'来说,法无授权即禁止,凡是法律没有明确规定的权力,任何国家机关都不得行使;对于公民、法人和其他社会组织等'私权'来说,法无禁止即允许,凡是法律没有禁止的行为,任何机关都不能认为是违法的"①。这意味着,作为国家刑罚执行机关的监狱,必须高度重视制度建设,监狱工作的所有方面都要有法律的明确授权,而不能再像过去那样依靠个人认识或者自觉开展监狱工作,也不能仅仅依靠内部文件、低层次规定等运行。可以说,法治理念要求监狱工作的各个方面,都必须有监狱法等立法的明确授权和规定,这对修改监狱法提出了多方面的、很高的要求。

而且,必须看到,在监狱工作中,侵害罪犯权利的风险更大。监狱是国家的刑罚执行机关,它在日常运行过程中,会对其中服刑的罪犯的权利,进行很多的限制甚至剥夺,如果法律制度不完备,很有可能损害罪犯的合法权利。监狱必须更加严格地贯彻"依法治国"的要求,更加严密地规范自己的运行,否则,就会侵犯罪犯的人权,就会违反宪法第33条第3款关于"国家尊重和保障人权"的规定。因此,监狱的性质决定了监狱系统对于法治建设的要求更高,这种要求必然要体现在监狱法的修改之中,要求修改后的监狱法的内容更加详细和完备,能够给监狱的所有工作提供明确的法律依据。

3. 法律体系的初步形成

通过多年的努力,特别是在"依法治国"入宪以来的更大努力,我国的法律制度有了重要发展,制定、颁布了大量的法律,社会主义法律体系初步建成。国务院新闻办公室2011年10月27日发表的《中国特色社会主义法律体系》白皮书指出:"截至2011年8月底,中国已制定现行宪法和有效法律共240部、行政法规706部、地方性法规8600多部,涵盖社会关系各个方面的法律部门已经齐全,各个法律部门中基本的、主要的法律已经制定,相应的行政法规和地方性法规比较完备,法律体系内部总体做到科学和谐统一,中国特色社会主义法律体系已经形成。"② 我国法律体系中的许多法律和行政法规,与监狱工作有不同程度的联系,应当在修改监狱

---

① 本书编写组:《党的十六大报告学习辅导百问》,北京·党建读物出版社、人民出版社,2002年版,第182—183页。

② 中华人民共和国国务院新闻办公室:《中国特色社会主义法律体系》,http://www.gov.cn/zwgk/2011-10/27/content_ 1979526. htm[2011-11-1]。

法时注意这些立法的内容，将它们整合到监狱法中。

4. 宽严相济刑事政策的贯彻

宽严相济刑事政策的提出，是我国刑事政策发展过程中的重大事件，是对我国刑事政策的重大发展，监狱法的修改应当考虑这方面的情况。在2005年12月5—6日召开的全国政法工作会议上，中央政法委员会书记罗干提出，要注意贯彻宽严相济的刑事政策。他指出，宽严相济，是"指对刑事犯罪区别对待，做到既要有力打击和震慑犯罪，维护法制的严肃性，又要尽可能减少社会对抗，化消极因素为积极因素，实现法律效果和社会效果的统一"。他又说："贯彻宽严相济的刑事政策，一方面，必须坚持'严打'方针不动摇，对严重刑事犯罪依法严厉打击，在稳准狠和及时性上全面体现这一方针；另一方面，要充分重视依法从宽的一面，对轻微违法犯罪人员，对失足少年，要继续坚持教育、感化、挽救的方针，有条件的可适当多判一些缓刑，积极稳妥地推进社区矫正。"这是中国高层出台宽严相济的刑事政策的重要标志，标志着中国刑事政策的重大转变①。宽严相济的刑事政策是一项具有高度科学性的刑事政策，十分符合心理学、社会学、教育学等多学科的原理，在以后的刑事立法中也得到体现。例如，在2011年通过的《中华人民共和国刑法修正案（八）》②中，规定"审判的时候已满七十五周岁的人，不适用死刑，但以特别残忍手段致人死亡的除外"的内容，就符合这种政策的精神。因此，在监狱领域中，应当得到充分贯彻和落实宽严相济的刑事政策，在修改监狱法时具体体现这种刑事政策的内容。

5. 公民法律意识的不断增强

公民法律意识的不断增强，对于监狱工作提出了很高的新要求。这些年来，我国社会的重大变化之一，就是公民法律意识的不断增强。在监狱领域中，这种变化带来的重要结果之一，就是监狱中服刑的罪犯的法律意识也在不断提高，对监狱工作带来巨大挑战。由于在监狱服刑的罪犯处于被监管地位，受监狱干警的管理，在过去，即使监狱干警的工作有问题、要求无依据甚至行为违反法律时，罪犯也可能忍气吞声，很少提出异议。但是，随着公民法律意识的不断增强，罪犯的权利观念也在不断增强，他

---

① 参见吴宗宪：《解读宽严相济的刑事政策》，载《中国人民公安大学学报（社会科学版）》2007年第1期，第44页。

② 以下简称刑法修正案（八）。

们不仅更多地了解和认识了有关的法律规定，而且在其权利遭受侵犯时，会鼓起勇气向监狱干警提出，要求停止侵犯活动或者依法处理所发生的问题。这种状况导致监狱干警普遍反映现在的罪犯难管。为了解决这方面的问题，需要在修改监狱法时，尽可能详细地规定监狱中服刑的罪犯、监狱中工作的干警各自的权利和义务，促使他们明确这方面的具体内容，从而为监狱工作的顺利进行提供法律依据。

（二）时代变化提出了价值取向

价值取向就是在判断事物价值时所秉持的价值标准和态度倾向。随着我国社会的发展变化，时代向我们提出了修改监狱法的价值取向。

1. 贯彻落实法治理念

在修改监狱法时，努力体现依法治国的理念。根据"法治"理念的要求，对于国家机关等"公权"而言，法无授权即禁止。因此，为了使监狱的执法工作符合法治要求，在修改监狱法时，尽可能地对相关事项作出明确、具体的规定。基于这样的考虑，在修改监狱法时，特别重视了两方面的内容：①直接细化相关规定。这意味着，在表述修改的内容时，直接将许多过去缺失或者语焉不详的内容具体化，作出明确的规定。目前的监狱法仅仅有78条，是一部过于简略的法律，对于监狱运行的很多事项都没有加以规定。为了改革这种状况，在修改监狱法时，补充、细化了大量内容。②明确授权给监狱主管部门。在修改监狱法时，对于一些内容过于具体或者不适合在监狱法中明确、具体规定的事项，明确授权国家监狱主管部门制定相关制度。从一方面看，这种授权性规定，可以给国家监狱主管部门制定相关规章等，提供法律依据。从另一方面来看，这种授权性规定也是对国家监狱主管部门提出的完善法制的要求，要求其必须制定相关的规章，保障监狱工作的合法运行和健康发展。

2. 重视增强法律权威

法律规范应当是具有高度权威性的行为规范。与道德和其他社会规范相比，法律规范的显著区别就是法律规范的高度权威性，即法律规范中规定的内容，人们必须切实遵守；如果不遵守，就要以国家强制力保证其得到落实。没有国家强制力作为后盾的法律规范，不可能具有权威性，充其量是一些行为宣言式的文字。对于监狱法而言，也是如此。现行的监狱法尽管规定了不少内容，但是，缺乏保障其贯彻落实的内容，没有充分体现国家强制力作为后盾的特征，对于大量的内容没有规定法律责任。为了改变这种状况，为了使监狱法的规定切实得到重视和遵守，在修改监狱法时，不仅专门增加了一章"法律责任"，也在规定相关内容时，增加了刑事司法机关之间互相制约的内容，努力将宪法第一百三十五条规定的"互相制约"的刑事司法原则体现在监狱法的条文中。

3. 重视立法的操作性

法律规范的可操作性，是保障法律规定得到严格遵守和执行的重要条件。如果法律规范的内容含糊其词，人们可以根据各自的需要进行不同的解释，或者高度概括，内容抽象，与实际工作有很大距离，都会影响甚至损害法律的操作性，使其难以得到贯彻落实。基于这样的考虑，在修改监狱法时，对于大量可以具体化的内容，作了详细、具体的表述，努力增强监狱法规定的可操作性。这方面的努力有多方面的表现，既有对很多内容的详细、具体的表述，也有对很多概念、词语所下的定义等。

4. 重视理想与现实的结合

在修改监狱法时，认真考虑了理想与现实相结合的问题。从理论研究和大幅度提高立法质量的角度出发，应当追求理想中的监狱法。这意味着，应当有全新的篇章结构，应当有大量理想化的条文表述等；对于新制定一部法律而言，这样的思考和想法可能是合适的。但是，对于修改一部已经颁布的法律而言，必须考虑已经颁布的法律的既有规定。因此，从修改监狱法的角度出发，不能提出过于理想化的建议，也不能完全抛开监狱法的现有规定而另起炉灶。这就是在修改监狱法中对于现实情况的考虑。为了平衡理想和现实的关系，在探讨如何修改监狱法时，既提出了一些理想化的建议，也提出了一些较为现实的想法。不过，在撰写监狱法修改方案时，主要以现实考虑为指导，努力在监狱法的既有规定的基础上，提出如何修改的具体建议。

5. 重视借鉴国际经验

在修改监狱法的过程中，注意立法的国际性，恰当解决中国与国际的关系，重视借鉴国际经验，是很重要的。

首先，有利于解决中国的国际问题。这些年来，随着我国对外交流的发展和深入，外国人（包括无国籍人，下同）在中国犯罪的数量不断增加，在我国监狱中服刑的外国人也不断增加，监狱在管理这些外籍犯的过程中，遇到越来越多的国际问题，监狱领域已经成为国际交流的重要领域。因此，在修改监狱法的过程中，必须涉及国际交流的内容，借鉴国际社会的良好实践和成功经验，有利于我国监狱系统做好管理外籍犯的工作。

其次，有利于完善中国的监狱制度。如果把人类社会看成是一个大的社会，那么，中国就是这个社会中的一个成员。尽管中国有自己独特的历史和文化传统，有自己独特的经济社会条件，这使中国社会区别于国际社会中的其他成员，但是，作为人类社会的成员，中国与国际社会的其他成员之间，应当有很多的共同点，这是中国在其发展中与国际社会的其他成员相互交流、取长补短的重要基础。无论是在开展具体工作的过程中，还是在进行相关立法的过程中，都应当立足中国情况，放眼国际社会，吸收人类社会文明进步的成果，发展我们自己的事业。在修改监狱法的过程中重视借鉴国际经验，是我们在监狱工作中吸收人类社会文明进步的成果的重要途径；对于国际社会在监狱领域中有益经验的了解和借鉴，肯定会有助于完善我国的监狱制度，提高我国监狱法的立法质量。

再次，有利于履行中国的国际义务。在监狱系统中值得重视和借鉴的国际经验中，包含了联合国通过的公约、条约以及联合国倡导的一系列宣言、原则、准则等文件中的内容。联合国的这些文件，是国际社会普遍共识和成功经验的重要体现，中国作为联合国的重要成员，有遵守所签订的公约、条约中承诺的义务，也有义务践行联合国倡导的普遍共识和一般原则，因此，在修改监狱法的过程中，重视吸收联合国相关文件的内容和精神。

在借鉴联合国文件的内容和精神方面，应当注意区分不同的情况。根据联合国文件约束力的强弱，可以将其划分为两类[1]，对不同类型的文件应当有不同的态度和做法：

一是履行"硬法"规定的义务。所谓"硬法"（hard law），是指具有强制性约束力的国际法，主要是指一国协商签订之后必须遵守的公约（convention）、条约（treaty）、协定（agreement）、规约（statute）等。涉及罪犯法律地位的硬法主要有《禁止酷刑和其他残忍、不人道或有辱人格的待遇或处罚公约》（CAT，联合国大会 1984 年 12 月 10 日通过，中国

---

[1] Don Stolworthy, *International Standards that Relate to Detentions, Corrections, and Prisons* (IN-PROL Consolidated Response, 10 – 002) (International Network to Promote the Rule of Law, January 2010), pp. 3–8.

1988年加入)、《公民权利和政治权利国际公约》(ICCPR,1966年12月16日在联合国大会上通过;1998年10月5日,中国常驻联合国代表秦华孙大使在联合国总部代表中国政府签署了本公约,但是,尚未得到中国人大的批准)、《儿童权利公约》(1989年11月20日联合国大会通过,中国1992年加入该公约)等。对于中国批准加入的公约、条约等文件中的相关内容,中国必须遵照执行,切实履行在签署和批准时承诺的国际义务。

二是响应"软法"倡导的精神。所谓"软法"(soft law),是指号召有关国家和地区遵守但是不具有强制性约束力的规则(rules)、准则(norms)、原则(principles)、宣言(declaration)、指南(guidelines)等。例如,联合国《世界人权宣言》(1948年通过)、《囚犯待遇最低限度标准规则》(1955年通过,2015年修订后再次通过)、《囚犯待遇基本原则》(1990年通过)、《保护所有遭受任何形式拘留或监禁的人的原则》(1988年通过)、《预防少年犯罪准则》(即"利雅得准则",1990年通过)、《有关医务人员,特别是医生在保护被监禁和拘留的人不受酷刑和其他残忍、不人道或有辱人格的待遇或处罚方面的任务的医疗道德原则》(1982年通过)、《保护被剥夺自由少年规则》(1990年通过)、《囚犯待遇最低限度标准规则(纳尔逊·曼德拉规则)》(2015年通过)[①]等。这类软法是人类文明发展进步的结晶,是人类智慧和经验的总结,体现了人类社会的普遍一致的看法,有助于增强监狱工作的合理性和科学性,我国应当积极响应,在修改监狱法时予以重视和参考。

最后,有利于顺应国际上的普遍趋势。中国作为国际社会的重要成员,不仅要重视自己的传统和文化,也要重视国际社会中普遍的趋势和做法。如果国际社会中普遍的趋势和做法具有合理性、必要性时,中国也应当注意吸收其中的有益成分,进一步丰富中国的法律制度,以实际行动顺应国际社会的大趋势。这是中国融入国际社会、在国际上树立负责任的大国形象的必要措施。为此,在监狱法修改中注意了国际社会监狱领域的一些普遍做法,例如,罪犯的宗教信仰事务,在拟定的修改条文中提出了相关的完善建议。

(三)网络发展带来了巨大冲击

网络的发展已经给监狱工作带来了巨大影响甚至明显冲击。1994年是

[①] 以下简称《曼德拉规则》。

监狱法颁布实施的一年,也是我国互联网开通的元年。在这一年,中国科技网(CSTNET)前身——"中关村教育与科研示范网络"(NCFC)率先与美国国家科学基金会网络(NSFNET)直接互联,实现了中国与Internet全功能网络连接,标志着我国最早的国际互联网络的诞生,中国科技网成为中国最早的国际互联网络①。经过二十余年的跨越式发展,网络进入了快速发展的阶段,近年来,网络的发展,特别是大数据、云计算、网络游戏、QQ、微博、微信、支付宝等方面的发展和进步,深刻地改变了人类的生活、工作和社交方式。根据国家统计局发布的信息,2018年,我国互联网上网人数达到8.2851亿,网站达到523.36万个,移动互联网用户达到12.7481亿,互联网宽带接入用户达到4.0738亿户②;2018年的互联网普及率为59.6%③,已经达到较高的程度。2019年11月,我国移动电话用户达到16亿,互联网宽带接入用户达到4.51亿④,我国的互联网使用状况继续发展。

  网络已经渗透到人类生活的各个方面,监狱虽然相对封闭,但也不能例外。随着信息化、网络化的快速发展,互联网在社会舆论引导方面发挥的作用越来越突出,网络舆论在社会舆论的形成和传播格局中发挥着越来越重要的作用,对社会稳定和群众情绪的影响越来越大。作为国家刑罚执行机关的监狱,其管理活动和执法活动经常成为各类新闻媒体关注的重点,甚至成为互联网负面炒作的焦点。特别是一些监狱机关应对网络舆情还存在很多缺失和不足,一旦发生突发事件进而引发网络炒作时,监狱机关会处于社会舆论的风口浪尖,处于十分被动的局面。对监狱管理者而言,如何使用好互联网这把双刃剑,既要发挥好互联网给监狱工作所带来的便利,在管理信息化、执法流程化、罪犯社会化等方面有所作为,又要尽量避免互联网给监管安全、警察执法、网络舆情等带来的冲击和挑战,是摆在他们面前的一个重大课题。特别是在修改监狱法时,应当充分认识到信息化给监狱工作带来的机遇和挑战,作出相应的规范或调整。

---

  ① https：//baike.baidu.com/item/%E4%B8%AD%E5%9B%BD%E4%BA%92%E8%81%94%E7%BD%91/704957? fr=aladdin [2020-1-9].
  ② http：//data.stats.gov.cn/easyquery.htm? cn=C01&zb=A0G0Z&sj=2018 [2020-1-6].
  ③ http：//data.stats.gov.cn/easyquery.htm? cn=C01&zb=A0G0X&sj=2018 [2020-1-6].
  ④ http：//data.stats.gov.cn/easyquery.htm? cn=A01&zb=A0A04&sj=201912 [2020-1-6].

（四）法治发展提出了技术要求

随着我国法治的不断发展和深化，对于修改监狱法提出了一系列技术方面的要求。

1. 注意立法的衔接性

在修改监狱法的过程中，应当注意监狱法与其他相关法律的内容衔接。随着我国社会主义法律体系的初步建成，我国的立法数量有了巨大的增加，社会生活的几乎所有方面都有了相关的法律。在这种情况下，必须注意监狱法与其他相关法律的联系，使它们相互之间能够衔接起来。大体而言，和监狱法的内容相关的法律主要有两类，在处理衔接关系时，对于这两类法律采取了不同的处理方法。

（1）刑事法律。这是指规定犯罪与刑罚事务的法律，包括刑法、刑事诉讼法以及正在制定的社区矫正法等。在处理监狱法与这类法律的内容衔接问题时，根据不同法律的性质和调整领域，作了相应处理：属于监狱工作领域的内容，在监狱法中作了详细规定；对于那些与监狱工作有关系但是不属于监狱领域的事务，仅仅作了简略的规定。例如，暂予监外执行方面的不少事项，属于社区矫正法调整的范围，在修改监狱法中尽量限制其内容，仅仅规定与监狱关系特别密切的部分，其他大量的内容留待社区矫正法详加规定。

（2）其他法律。这是指规定其他事项的法律，包括宪法以及教育法、公务员法、劳动法、监察法等。在处理监狱法与这类法律的内容衔接问题时，将相关的内容吸收到监狱法中，并根据监狱工作的实际情况，拟定了具体的内容。

2. 注意立法的发展性

在修改监狱法的过程中，应当注意吸收这些年来的监狱工作中发展起来的监狱制度，与时俱进地修改法律的重要原则。自1994年颁布实施监狱法之后，在20多年的监狱工作中，我国监狱制度的许多方面都有了新的发展，这些新的发展不仅体现在监狱实务工作中，成为我国监管改造罪犯的良好实践和成功经验，也体现在国家监狱主管部门等发布的一系列规章等文件中。在修改监狱法的过程中，十分注意我国监狱制度的这些新发展，将其中具有普遍性、合理性，适合在监狱法中规定的内容，经过提炼、规范之后，写入修改建议中。

3. 重视立法的前瞻性

立法中的前瞻性是指在立法中要考虑未来一段时间内监狱工作的发展趋势并作出相应规定的特性。在立法中重视前瞻性，是增强立法的科学性、维护立法的稳定性、提高立法质量的重要内容。在修改监狱法的过程中，我们根据长期以来对监狱工作的系统研究、对未来监狱工作发展趋势的预测判断，对一些内容的表述中体现了前瞻性，以便给未来监狱工作的发展预留空间。

4. 恰当处理详略关系

在修改监狱法的过程中，也要注意恰当处理立法中详与略的关系。在拟定修改建议时，对于事关重大、比较敏感的事项，作出尽可能详细的规定，例如罪犯死亡的处理等；对于相关立法中涉及的内容，一般简略规定，例如人民法院决定暂予监外执行等。

二、修改监狱法的微观背景

自1994年12月29日颁布监狱法以来，我国监狱系统本身也发生了多方面的巨大变化，这些变化构成了修改监狱法的微观背景和直接基础。同时，社会对于监狱也提出了更高的要求。这些因素是修改监狱法的过程中应当认真考虑的方面。

（一）监狱服刑人员发生了新变化

我国监狱中服刑的人员（罪犯）已经发生了重大的新变化，这对监狱法的修改有重要影响，是修改监狱法时必须认真考虑的方面。

1. 我国监狱押犯数量不断增加

据统计，1994年我国监狱场所685个，押犯人数1286208人[1]，2014年押犯增至近170万人[2]，20余年间增长了40余万人。刑法修正案（八）实施以后，我国刑罚制度的一些方面更加趋于严厉，罪犯减刑、假释适用条件有所收紧，无期徒刑、死刑缓期二年执行的罪犯减刑幅度受到较大限

---

[1] 《中国司法行政年鉴》（1995年卷），北京·法律出版社，1995年版，第1300页。
[2] 《我国监狱规范管理提高公正文明执法水平 监狱持续安全稳定 创历年最好水平》，http：//www.legaldaily.com.cn/locality/content/2014-08/04/content_5701644.htm？node=31344［2016-07-15］。

制。刑法修正案（八）第四条对死刑缓期二年执行罪犯的减刑进行了限制，对被判处死刑缓期执行的累犯以及因故意杀人、强奸、抢劫、绑架、防火、爆炸、投放危险物质或者有组织的暴力新犯罪被判处死刑缓期二年执行的犯罪分子作出了限制减刑的规定；第七条增加恐怖活动犯罪和黑社会性质的组织犯罪的犯罪分子为特殊累犯；第十一条、第十二条提升了缓刑的适用条件；第十五条对减刑后实际执行的刑期进行了限制；第十六条进一步提高了假释的条件；2015 年通过的《中华人民共和国刑法修正案（九）》① 第四十四条增加了对贪污贿赂罪犯实行终身监禁的规定。以上规定的内容，必将导致今后我国监狱人口的进一步增长。今后我国押犯人口仍然可能呈现增长的趋势，这是监狱法修改中必须认真对待的问题。

2. 我国监狱中罪犯的特征也发生了重大变化，给监管改造工作带来了新问题和新挑战

这方面的重大变化主要体现在以下方面：

（1）财产型罪犯数量下降，暴力型罪犯数量上升。1949 年以后，我国监狱中押犯的构成长期以财产型罪犯为主，特别是其中的盗窃犯占据很大比例。但是，随着我国社会的发展，监狱中的押犯结构逐步变化，暴力型罪犯的数量逐步增加，目前，以杀人、伤害、抢劫、暴力破坏秩序、暴力破坏财物等为代表的暴力型罪犯已经成为监狱押犯中人数最多、比例最大的一类罪犯，暴力型罪犯已经超过财产型罪犯而成为监狱押犯中数量最多的累犯类型。

（2）新的罪犯类型显著增加。这些年来，随着我国社会的发展和变化，监狱押犯中出现新的罪犯类型，并且其数量不断增加。例如，实施了互联网犯罪、恐怖主义犯罪、毒品犯罪等新兴犯罪的罪犯数量呈现增长趋势。同时，押犯中出生较晚的罪犯数量不断增加，80 后、90 后甚至 00 后成为监狱押犯的主要人员，他们的思想观念、人权意识、行为模式、受教育水平等方面呈现出新的特征。此外，患有艾滋病和携带艾滋病病毒的罪犯数量也有所增加。

（3）长刑犯的数量稳步增加。长刑犯是指在监狱服刑时间很长的罪犯，通常是指服刑 10 年以上的罪犯。随着刑法修正案（八）和刑法修正案（九）的实施，罪犯在监狱中实际执行的刑期增加，监狱中刑期长的罪犯的数量稳步增加。

---

① 以下简称刑法修正案（九）。

(4) 外籍犯数量不断增加。随着对外开放的深化,在我国境内犯罪的外国人数量增加,导致监狱中关押的外籍犯(包括无国籍罪犯)的数量不断增加。

(5) 罪犯权利意识显著增强。随着我国公民法律意识的增强,罪犯中的权利意识也得到显著增强,罪犯不仅学习与自己的犯罪有关的立法规定,为自己的申诉等寻找依据和理由,而且在学习和了解其他相关的法律制度,特别是与其权利有关的立法规定等方面,也有很大变化,往往很熟悉这方面的规定和内容,在服刑生活中时刻关注监狱规定的制度和监狱干警提出的要求等是否符合法律规定,对于法律依据不明确的制度和要求,会采取公然抵制的态度和行为,过去那种无条件地服从监狱制度和干警要求的局面已经不复存在。监狱押犯特征的这些变化,给监管改造工作带来巨大的挑战,在修改监狱法的过程中必须高度重视这些变化。

(二) 监狱工作人员发生了新变化

经过二十余年的不断改革、人员招聘和政策调整,我国监狱工作人员也在很多方面发生了新的重大变化。

首先,监狱警察承担起监管改造罪犯的主要任务。随着监狱生产模式的转型和监狱体制改革的推进,传统意义上的监狱工人数量锐减,监狱警察成为监狱工作人员的主力军,承担起依法管理监狱、执行刑罚、对罪犯进行教育改造等职责。与此同时,一些监狱通过签订劳动合同的方式,从社会上招聘了一定数量的工作人员,但这些人员的任务主要是协助监狱警察开展一些后勤保障工作,不具有监狱人民警察身份,不承担刑罚执行、罪犯管理和教育等方面的工作。由监狱警察承担刑罚执行和监管改造罪犯的职责是无可厚非的,但监狱警察的身份在一定程度上也不利于提高罪犯教育改造效果,需要从社会上招聘一些心理学家、社会学家、精神病学家、医生、教育工作者等专业人员来协助监狱开展罪犯矫正工作,这是国际社会通行的做法;招募社会志愿者协助监狱工作也被证明是有效转化罪犯的重要方法。我国现行监狱法中只规定了监狱人民警察的职责,对其他工作人员没有任何规定。在修改监狱法时,应当考虑增加关于其他人员,特别是专业人员在监狱中工作的规定,进一步优化监狱工作人员队伍的结构。

其次,干警队伍呈现出年轻化的特征。近年来监狱系统通过公务员招考的方式，从高等院校招录大批大学毕业生，为监狱干警队伍增添了新鲜血液，在一定程度上改变了干警队伍的年龄结构和知识结构。不过，与此同时，新招录的干警也存在职业认同感低、对监狱工作难度估计不足、奉献精神不强、实际工作经验缺乏等问题。在修改监狱法时，应当考虑如何增强新招录警察的职业道德和工作技能等方面的内容。

最后，监狱干警工作压力普遍较大。监狱工作是一项充满压力的工作，从我国监狱工作的实际情况来看，监狱警察工作压力的来源主要表现为工作任务重、工作风险大、工作时间长、工作要求高、工作角色多、工作环境差和工作成就低[①]。长期或者过度的工作压力会对监狱工作者产生多方面的消极影响。因此，在修改监狱法时，应当进一步保障监狱工作人员的合法权益，给他们履行职责提供合理的制度环境。

（三）监狱工作目标发生了新变化

当前，我国监狱工作的目标已经发生了重要的新变化。虽然在1994年发布实施的监狱法中明确规定，监狱工作的基本目标是"将罪犯改造成为守法公民"（第三条），但是，这些年来，在我国面临前所未有的社会变迁的大背景下，社会对监狱工作提出了新的更高的要求，要求监狱切实保证监管安全，不断提高改造质量；这些要求转化为监狱工作的具体目标，使监狱工作的具体目标发生了显著的新变化。在早期，那种"关得下、跑不掉、死不了"的工作目标，已经不适应监狱执法环境的显著改变，不能满足社会对于监狱系统的新要求。在新的形势下，监狱工作的具体目标有了明显的新变化。监狱系统不仅要做好本职工作，而且要树立新的形象。首先，要求监狱干警全面履行所扮演的多种社会角色。监狱干警承担着管理者、执法者、教育者、心理工作者、帮助者、保护者等诸多角色于一身，工作职责极其复杂，社会要求他们在这些方面都要做得很好，既不能有偏废，也不能出问题。其次，要求监狱干警高度重视监管安全问题。监狱安全已经成为国家安全的重要组成部分，受到前所未有的重视，哪怕一名罪犯脱逃或者出现其他安全问题，都有可能演化成地区性甚至全国性的重大新闻事件。监狱执法工作受到前所未有的重视，无论在哪个执法环节出现问题，都可能受到网络和其他媒体的批评报道，对整个监狱警察队伍形象产生负面影响。最后，要求监狱干警努力提高罪犯改造质量。监狱不仅要

---

① 参见吴宗宪：《监狱学导论》，北京·法律出版社，2012年版，第80—82页。

监管好罪犯,还要教育好罪犯,想方设法把罪犯改造成守法公民,努力提高罪犯改造质量,使其顺利回归社会。在教育改造罪犯的同时,不仅要重视教育改造效果,还要注重降低行刑成本,提升行刑效率,改进改造效果,司法部2012年开始倡导的"循证矫正"就是这种理念的体现。在修改监狱法时,应当适度考虑监狱工作目标的这些新变化。

三、重要立法内容的修改

监狱法的颁布实施是我国监狱法治建设的里程碑事件,但囿于20年前的立法条件和立法技术,以及后来国情、社情、民情的显著变化,使监狱法存在和产生一些重要的立法内容方面的问题,需要在修改监狱法时加以解决。

(一)强化制约作用的问题[①]

目前的监狱法中存在监狱对于其他刑事司法机关制约作用不足的问题。监狱作为国家刑罚执行机关,是刑事司法系统的最后一个环节,它不仅仅是前面几个刑事司法机关工作结果的被动承接机构,也应当在刑事司法过程中对前面几个刑事司法机关的工作是否合理、是否有效等,发挥合理的制约作用,从而利用其独特的工作和地位,督促前面几个刑事司法机关进一步做好刑事司法工作,弥补在工作中产生的问题,消除在工作中存在的疏漏,解决在工作中发生的错误,理顺在工作中的相互关系,从而促进整个刑事司法活动的规范化、科学化,保证刑事司法工作的公平正义。

在修改监狱法时,应当强化监狱在刑事司法中的制约作用。监狱的刑罚执行工作是刑事司法工作的最后环节,监狱是刑事司法机关的一种,与公、检、法机关是一种互相配合、互相制约的关系。但是,在目前的监狱法规定中,仅仅体现了监狱对公、检、法机关的配合作用,而没有恰当体现对公、检、法机关的制约作用。这方面的突出例子是监狱法有关制约的规定没有得到真正的贯彻落实,特别是没有在发现和平反冤假错案中发挥应有的作用。虽然监狱法第二十四条规定:"监狱在执行刑罚过程中,根据罪犯的申诉,认为判决可能有错误的,应当提请人民检察院或者人民法

---

① 吴宗宪:《修改〈监狱法〉若干问题探讨》,载《中国监狱学刊》2019年第3期,第20—22页。

院处理，人民检察院或者人民法院应当自收到监狱提请处理意见书之日起六个月内将处理结果通知监狱。"但是，从实际情况来看，对于监狱依据监狱法第二十四条规定发出的提请处理意见书，检察院、法院缺乏应有的尊重，要么敷衍了事，在规定时间内简单回复，要么置之不理，根本没有回复，导致监狱在纠正冤假错案中不能发挥应有的作用。在前几年纠正的引起重大社会反响的一些冤假错案中，都没有看到通过这种相互制约的制度设计而纠正的情况。这些冤假错案的当事人在监狱中都被监禁了很长时间，在此期间，不仅他们自己长年累月地反复申诉，监狱也会提请人民检察院或者人民法院处理，但是，效果并不理想，导致冤假错案的当事人被监禁多年。例如，云南孙万刚以故意杀人罪被判处死刑缓期二年执行后，在云南第四监狱监禁5年（1998年底至2003年）①；湖北佘祥林以故意杀人罪被判处有期徒刑15年后，在沙洋监狱监禁8年（1998—2005年）②；河南赵作海以故意杀人罪被判处有期徒刑15年后，在河南省第一监狱监禁8年（2003—2010年）③；张辉、张高平叔侄以强奸致死分别被浙江法院判死刑缓期二年执行和有期徒刑15年后，在监狱监禁10年（2004—2013年）④；福建念斌以投放危险物质罪被判处死刑后，在监狱监禁4年（2011—2014年）⑤。所以，在修改监狱法时，应当强化监狱在刑事司法工作中的制约作用，以便切实发挥监狱在发现和平反冤假错案中不可替代的重要作用。监狱是监禁刑罚的执行机关，监狱工作者每天都要面对被判处监禁刑罚的冤假错案当事人，对于他们在监狱中的表现，了解最多，感受最深，是最有可能发现冤假错案的国家工作人员，如果不能强化监狱在刑事司法中的制约作用，不能充分发挥监狱工作者在发现和解决冤假错案中的重要作用，就很难通过监狱和监狱工作者的努力而尽早发现和平反冤假错案。

强化监狱的制约作用，不仅体现在对可能有错误的判决的纠正方面，

---

① 贾宇主编：《死刑研究》，北京·法律出版社，2006年版，第423页。

② 同上，第435页。

③ 《赵作海案》，https://baike.baidu.com/item/%E8%B5%B5%E4%BD%9C%E6%B5%B7%E6%A1%88/1386896? fr=aladdin［2019-3-14］。

④ 《浙江叔侄奸杀冤案》，https://baike.baidu.com/item/%E6%B5%99%E6%B1%9F%E5%8F%94%E4%BE%84%E5%A5%B8%E6%9D%80%E5%86%A4%E6%A1%88/403563? fr=aladdin［2019-3-14］。

⑤ 《念斌》，https://baike.baidu.com/item/%E5%BF%B5%E6%96%8C/15434702? fr=aladdin［2019-3-14］。

也应当体现在监狱运行的其他方面。在处理监狱设计容量①与押犯数量的关系时，就应当发挥监狱的制约作用。在1983年9月下旬举行的全国劳改、劳教局（处）长会议上，司法部部长邹瑜对监狱系统提出了"收得下、管得住、跑不了、改造好"的要求，这个提法是在全国开展"严打"②的特殊情况下提出，具有明显的时空特征，应当属于权宜之计，而不是监狱系统的长期方针；从监狱工作的客观规律来看，其中的一些内容值得进一步探讨。例如，对于"收得下"的提法就需要反思。监狱的押犯容量在设计和建造监狱时就已确定，究竟能够关押多少犯人，要看监狱的设计容量，根据设计容量建好监狱之后，监狱内可以增加的押犯空间是极其有限的；如果押犯数量接近和达到设计容量，就会出现监狱拥挤的现象，就会产生一系列影响监狱安全运行方面的问题；如果押犯数量超过设计容量，会出现过度拥挤的状况，就会给监狱的正常运行带来巨大威胁。因此，在修改监狱法时，应当规定监狱在这方面的制约作用，从而保证监狱能够按照设计容量收押和改造罪犯，避免超过设计容量收押罪犯造成的监狱拥挤等严重问题。

还如，对于患有严重疾病的罪犯，监狱到底要不要收押？在解决这个问题时，也应当通过强化监狱在刑事司法中的制约作用，按照监狱工作的规律办事。

综上所述，在修改监狱法时，应当认真研究如何强化监狱在刑事司法工作中的制约作用，以便充分发挥监狱在促进刑事司法工作健康运行中不可替代的重要作用。

我们认为，起码可以在监狱法中确立三种制度。

第一，建立对检察院和法院的问责和监督制度。为了增强监狱在发现和平反冤假错案中的制约作用，对于不履行监狱法第二十四条规定职责的人民检察院或者人民法院，可以采取两种问责制度：①越级问责制度。如

---

① 设计容量（design capacity）是指最初建造监狱时确定的关押罪犯的数量。参见 Jeanne B. Stinchcomb, Corrections: Foundations for the Future, 2nd ed. (New York: Routledge, 2011), p.131。

② "严打"是"依法严厉打击刑事犯罪分子活动"的简略表述。1983年8月25日，中共中央发出《关于严厉打击刑事犯罪的决定》，提出从1983年起，在3年内组织3个战役。从1983年8月上旬开始到1984年7月，各地公安机关迅速开展严厉打击刑事犯罪活动的第一战役。此后至2001年，除1985年、1997年外，每年都组织"严打"战役。按照依法"从重从快，一网打尽"的精神，对刑事犯罪分子予以坚决打击。

果原判法院或者同级检察院不认真履行监狱法第二十四条规定的职责的,监狱或者监狱的上级管理机关可以要求上一级的法院或者同级检察院处理案件。可以参照刑事诉讼法关于审判监督程序等方面的规定,设定具体的制度。②提请监督制度。如果监狱或者监狱的上级管理机关要求上一级的法院或者同级检察院处理案件后,相关案件的问题仍然没有得到解决,监狱或者监狱的上级管理机关可以提请相关的人大常委会对该案件开展执法检查,进行法律监督。可以根据 2006 年 8 月 27 日通过的《中华人民共和国各级人民代表大会常务委员会监督法》等法律规定,设定提请法律监督的程序和相关内容。

第二,着眼监狱刑罚执行完善再审制度。再审制度又称为"再审程序""审判监督程序",是对已经发生法律效力的判决和裁定重新审判的制度。刑事诉讼法第二百五十三条规定了启动再审程序的法定事由:"当事人及其法定代理人、近亲属的申诉符合下列情形之一的,人民法院应当重新审判:(一)有新的证据证明原判决、裁定认定的事实确有错误,可能影响定罪量刑的;(二)据以定罪量刑的证据不确实、不充分、依法应当予以排除,或者证明案件事实的主要证据之间存在矛盾的;(三)原判决、裁定适用法律确有错误的;(四)违反法律规定的诉讼程序,可能影响公正审判的;(五)审判人员在审理该案件的时候,有贪污受贿,徇私舞弊,枉法裁判行为的。"从监狱刑罚执行的角度来看,这些法定事由存在内容不全的问题。建议在修改监狱法时考虑增加两种新的启动再审程序的事由:①监狱提请处理意见书。如果执行刑罚的监狱根据监狱法第二十四条的规定,针对特定案件提出了提请处理意见书时,应当启动再审程序。②服刑人员①的反常表现。如果在监狱中服刑的人员一方面长期申诉,另一方面又拒不认罪,也不申请甚至拒绝被减刑和假释时,应当把这类反常表现作为启动再审程序的事由,对其案件启动再审。这是因为,监狱是执行刑罚的场所,将犯人监禁在监狱内并且对其实行监禁的制度,具有强烈的惩罚性质,会引起被监禁人员的巨大痛苦,任何精神正常的人都不想生活在监狱中,他们会千方百计地争取早日出狱,因此,通过减刑、假释等机制早日出狱,是服刑人员的普遍欲望和正常表现;如果有的服刑人员宁

---

① "服刑人员"的含义和"罪犯"基本相同,但是,"服刑人员"一词是一个比较中性的词语,道德谴责、贬斥的意味似乎不多,体现了对这类人员人格的一种尊重,比较适合于对冤假错案的当事人、接受心理矫治的人员等使用。

愿忍受巨大痛苦也不愿意通过这样的机制谋求出狱，就意味着他们可能有巨大的冤屈，审判机关应当考虑这种情况，通过启动再审程序恰当处理案件。

第三，建立定期交流信息和协调工作的机制。为了解决监狱中被监禁罪犯数量过多引起的监狱拥挤等问题，应当建立刑事司法机关（公、检、法、司）之间以及监狱与政府部门的其他相关机关之间定期交流信息和协调工作的机制。为了将监狱的押犯数量控制在设计容量之内，监狱系统要经常与刑事司法机关（特别是法院）和其他有关机关进行沟通，通报监狱容量的情况；在监狱的设计容量接近饱和时，要么由法院调整审判工作，多判缓刑，多裁定假释，以便控制在监狱中服刑的罪犯的数量；要么让有关机关扩建、新建监狱，增加监狱容量，在这种情况下还要增加监狱干警数量，以便维持合理的警察与罪犯比率。

（二）鼓励扎根基层的问题

在监狱法的修订中，应当充分重视基层监狱工作者在做好监狱工作中的重要作用，确立专家型监狱工作者沉淀基层机制。在监区、分监区和其他岗位上直接对罪犯开展工作的基层监狱工作者，是实际执行刑罚制度，将国家有关监狱和刑事执行方面的立法、政策、方针等变为现实的真正贯彻者、落实者、传导者，是监狱制度与罪犯之间的中介者；改进监狱管理水平、提高罪犯改造质量的工作在很大程度上要依靠基层监狱工作者进行。因此，建设一支高素质的基层监狱工作者队伍，是有效履行监狱职能、推动监狱工作发展的重要基础。

为了建设一支高素质的基层监狱工作者队伍，必须确立专家型监狱工作者沉淀基层的机制。首先，要在基层监狱工作者中培养大量精通业务的专家型监狱干警。其次，要使这样的基层监狱工作者心甘情愿地留在基层一线，愿意在监管改造罪犯的基层一线工作中奉献创新、建功立业。如果不确立这样的机制，基层监狱工作者不安心在自己的岗位上工作，千方百计地想通过担任行政职务等方式脱离基层一线，就不可能真正做好监狱工作。

为此，在修改监狱法的过程中，应当明文规定鼓励基层监狱工作者变成专家型监狱工作者并且愿意在基层一线奉献终身的制度。

(三) 承担无限责任的问题[①]

在我国的监狱系统中，比较普遍地存在对监狱工作者追究无限责任的问题。只要在监狱工作中发生问题、事故等，不管具体负责的监狱工作者是否合理地履行了自己的工作职责，都要找到必须为发生的问题和事故等承担责任的人员，通过处理这些人员解决问题，把寻找和处理"替罪羊"当作解决问题的必要组成部分。这种做法存在严重的问题。

首先，缺乏合理性。任何监狱制度都不可能是完美无缺的，监狱的设施等也不是尽善尽美的，在监狱工作中发生一些问题，是必然的，具有一定合理性。如果在发生问题之后，不顾监狱中必然发生某些问题的客观规律，不管具体负责的监狱工作者是否有过错，都要找出承担责任的人加以追究，就会使广大监狱工作者体验到沉重的不公平感、委屈感，这种做法必然会极大地挫伤监狱工作者的工作积极性，是很不合理的。

其次，束缚创造性。在监狱中对罪犯开展的监管改造工作，特别是改造罪犯的工作，是人类社会中最为复杂、难度最大的工作之一，要想在这种工作中取得显著的成效，要想成功地改造在多方面存在巨大差异的每个罪犯，必须充分发挥监狱工作者的创造性。只有那些十分符合每个罪犯独特情况的多样化的创造性方法，才有可能真正收到改造他们的效果。但是，在监狱工作中存在的追究无限责任的做法，必然会极大地束缚广大监狱工作者在工作中的创造性，会迫使他们谨小慎微、循规蹈矩地严格按照规章制度办事，唯恐发生问题给自己带来麻烦，不敢主动进行管理和改造尝试。这种心理状态和工作情况，只能维持最低限度的监狱运行，不可能激励广大监狱工作者通过创造性的活动改善监狱制度和促进罪犯改造。

最后，有违大趋势。在纷繁复杂的社会中，鼓励人们不怕犯错、勇于尝试、积极探索，是促进社会健康发展的大趋势。这种大趋势必然要求管理部门建立容错机制，允许人们在探索进取中发生错误和问题，宽容对待这类错误和问题。人非圣贤，谁能保证不出错？只有那些不干事、墨守成规、得过且过的人，才不会出错，但是，他们对社会也无贡献可言。提倡建立工作中的容错机制，是近年来管理工作中的重要发展和大趋势。李克强总理2016年3月5日在第十二届全国人民代表大会第四次会议上所作的

[①] 吴宗宪：《修改〈监狱法〉若干问题探讨》，载《中国监狱学刊》2019年第3期，第25页。

《政府工作报告》中指出："健全激励机制和容错纠错机制，给改革创新者撑腰鼓劲，让广大干部愿干事、敢干事、能干成事。"① 2016年"两会"期间，习近平总书记也在黑龙江代表团提出了"三个区分开来"的要求，进一步明确了容错认定的总原则，即把因缺乏经验先行先试出现的失误与明知故犯行为区分开来，把国家尚无明确规定时的探索性试验与国家明令禁止后的有规不依行为区分开来，把为推动改革的无意过失与为谋取私利的故意行为区分开来，保护好广大干部的干事热情②。监狱系统应当根据工作特点建立相应的容错机制，允许监狱工作者在工作中出错；对于他们在工作中产生的错误，只要符合"三个区分开来"的标准，就应当宽容对待，坚决避免发生问题后不问青红皂白一律追究无限责任的错报做法，切实保护广大监狱工作者的工作积极性。同时，要建立从错误中吸取教训、避免再次发生错误的纠错机制。

在修改监狱法的过程中，要包含容错机制的内容，明确规定免责条款，以便解除广大监狱工作者的后顾之忧，鼓励他们以创造性的心态和做法做好监狱工作。

（四）改进会见活动的问题③

会见是指在监狱服刑的罪犯与来自监狱外面的有关人员见面的活动。监狱法第四十八条规定了这方面的内容："罪犯在监狱服刑期间，按照规定，可以会见亲属、监护人。"但是，这样的规定过于保守、狭窄，应当在修改监狱法时，完善有关会见的规定，改进罪犯的会见活动。

为了恰当规定会见制度，真正改进会见活动，应当重视下列内容。

1. 充分认识重要价值

无论是监狱管理者、监狱法修改者，还是在监狱中工作的干警，都要充分认识罪犯会见制度所具有的重要价值，树立有关罪犯会见的恰当观念。从多方面来看，合理的会见制度，对于维系罪犯与家庭的联系（特别是对于维系婚姻关系）、调节和维护罪犯的情绪状态、增进罪犯的身心健康、保持罪犯与社会的接触、调动罪犯的改造积极性、维持良好的监管改

---

① 李克强：《政府工作报告》，http://www.gov.cn/guowuyuan/2016-03/05/content_5049372.htm［2017-8-20］。
② 苗启新等：《容错机制怎么构建》，2016年7月4日，《学习时报》第A6版。
③ 吴宗宪：《修改〈监狱法〉若干问题探讨》，载《中国监狱学刊》2019年第3期，第27—29页。

造秩序、降低罪犯回归社会的困难性、促进罪犯子女的健康成长等，都具有十分重要的价值。对于监狱管理和罪犯改造而言，合理的会见制度和良好的会见活动，可以产生任何监狱工作者都无法产生的有益作用和积极效果，这是可以有效利用的最佳管理措施和改造方法之一，是真正改造罪犯的工作中必不可少的措施和方法，而不是增加工作负担的额外活动或者多余措施。只有认识到良好会见活动的重要价值，树立了恰当的观念，才能正确对待、合理规定和真正落实罪犯会见制度。

2. 扩大会见人员范围

目前监狱法关于罪犯可以会见亲属、监护人的规定，存在会见人员范围过于狭窄的突出问题。笔者认为，凡是能够对调节罪犯情绪状态、促进罪犯改造动机、增进罪犯了解社会有积极作用的人员，都可以到监狱中通过一定程序会见罪犯，对罪犯发挥积极作用。这些会见人员自己负担经费到监狱会见罪犯，等于是免费送上门的罪犯改造力量，监狱为什么不充分加以利用呢？他们会见罪犯一次，就可以使罪犯的情绪状态得到明显的改善，使罪犯的改造动机得到增强，使罪犯对外面社会的了解得到增加，这些都是监狱在改造罪犯的活动中极力追求的效果，是监狱干警在很多时候花费很多精力都难以实现的目标，为什么不通过组织合理的会见活动实现这样的效果和目标呢？

具体而言，罪犯可以会见的人员应当包括4类：

（1）罪犯的亲属和监护人。这是罪犯最亲近、与其关系最密切的人，也是最有可能经常来监狱会见的人员。在这里，对于"亲属"应当从最广义上理解，既指宗亲，即出自同一祖先的父系男性血亲，例如父、祖父、伯父、叔父、兄弟、子、孙子等，也指血亲，即以婚姻为中介而产生亲属关系的人员，但配偶本身除外，包括血亲的配偶（儿媳、女婿、嫂、弟妻、姐夫、妹夫、伯母、婶母、舅母等）、配偶的血亲（岳父、岳母、公婆等）以及配偶的血亲的配偶（连襟等）。

（2）律师。罪犯或者其亲属、监护人聘请的律师，进行法律援助的律师等，是维护罪犯权利的重要力量，应当无障碍地会见罪犯。

（3）能够帮教罪犯的其他人员。这类人员的范围十分广泛，包括但不限于罪犯的同学、学生时代的老师、邻居、朋友、原单位领导和同事、当地政府和社区组织的人员、社会团体的人员、高等院校的师生、社会志愿者、人大代表、政协委员、企业家和企业员工等。凡是能够对罪犯进行一定的信息交流、心理劝导、物质支持等帮教活动,有确切身份的社会人士,都可以到监狱中会见罪犯。

(4) 使领馆人员。这类人员可以到监狱会见正在服刑的外籍犯。

3. 丰富具体会见种类

在我国监狱系统中,曾经有过多种类型的会见方式,除了罪犯与会见者隔着玻璃打电话的严格型会见之外,还有限制较少甚至很少、气氛较为宽松的聚谈式会见(罪犯与围拢在周围的会见者自由交流的会见)、聚餐式会见(罪犯与会见者一起进餐的会见),甚至在封闭性空间中进行的夫妻会见等。这些种类多样的会见活动,曾经在监狱管理和罪犯改造中发挥了巨大的作用。但是,这些年来,会见方式不断减少,在大多数监狱中只剩面对面打电话的会见方式,为了进行其他会见而建立的相关设施废置不用,这是对良好资源的巨大浪费,是违背监狱规律、违反基本人性的做法。在此次修订监狱法的过程中,应当纠正这些不合理的做法,规定多样化的会见种类。

4. 取消其他相关限制

考虑到会见对于监狱管理和罪犯改造的重要价值,应当在监狱法修改以及平时的监狱工作中,取消对于罪犯会见的其他限制,主要有3个方面:①放宽每次会见的时间限制①,延长每次会见的时间长度。②取消对会见频率的限制②,使罪犯能够尽可能多地会见到对他们有益的人员。③取消对每次同时会见人数的限制③,使罪犯能够与来监狱会见的所有人员见面。

(五) 完善投诉制度的问题[4]

在修改监狱法时,应当建立和完善投诉制度。投诉制度是为了解决矛盾纠纷而设立的行政性制度。如果在监狱中设立合理的投诉制度,就可以使有关当事人在遇到不公平对待、遭受冤屈等情况时,通过投诉制度迅速得到公正解决。

良好的监狱投诉制度普遍具有一些显著优势。①保护性。合理的投诉制度可以有效保护当事人的合法权益,使他们通过正当渠道解决问题,而

---

① 在实践中,每次会见时间一般不超过1小时。
② 在实践中,一般每个月会见1—2次。
③ 在实践中,每次同时会见的人员一般不超过3人。
④ 吴宗宪:《修改〈监狱法〉若干问题探讨》,载《中国监狱学刊》2019年第3期,第29页。

不必诉诸暴力等非法手段解决问题。这不仅可以保护罪犯的合法利益，也可以保护监狱工作者的安全和利益。②行政性。投诉制度是一种行政程序和制度，利用行政资源解决问题。③高效性。合理的投诉制度可以快速、有效地解决存在的问题。④经济性。由于投诉制度是一种行政程序和制度，而不是诉讼程序和制度，因此，当事人不必缴纳诉讼费，也不必花费资金聘请律师等，可以有效节省当事人的财力。⑤建设性。合理的投诉制度是一种具有很强建设性的制度，可以在多方面发挥建设性的积极作用，包括有效解决当事人的问题，发现监狱管理中存在的问题，降低当事人的挫折感并减少监狱中的暴力行为，树立当事人的正义观念等。

考虑到投诉制度所具有的显著优势，建议在修改监狱法时，确立两种投诉制度。

1. 罪犯投诉制度

罪犯投诉制度在国外又称为"犯人诉冤程序"（inmate grievance procedures），它是通过行政途径正式审理和解决监狱内犯人投诉的过程和程序。从国外的情况来看，罪犯投诉制度包括下列共性内容：①监狱官员和犯人参与制定和审查这类程序。②要有可供选择的非正式解决方式。尽管有正式的犯人诉冤程序，但是，应当鼓励犯人用最基础的非正式方式解决他们的问题。③书面政策。诉冤程序必须通过书面的文字材料体现出来，并且要将这种文字材料散发给所有的犯人和监狱工作人员。④审查层次。要规定对犯人诉冤要求进行调查和审理的层次。恰当的诉冤程序至少应当包括两个层次。较低的一个层次是监狱管理人员，通常是监狱长。应当尽可能在最低层次解决犯人的诉冤要求。但是，也应当有更高的诉冤层次，以便犯人在不满意监狱的处理结果时，可以提出进一步的诉冤要求。这个层次应当在监狱之外，并且应当有一定的独立性。⑤固定的时间限制。要规定在接到犯人的诉冤要求之后，必须在多长时间内作出答复和处理；在规定的时间内没有作出反应的，允许犯人向更高层次的机构提出诉冤要求。⑥紧急规定。规定对紧急诉冤要求的特别处理程序。⑦书面要求和反应。应该规定犯人用书面材料提出正式的诉冤要求，监狱方面要有正式的书面答复。⑧可利用性。诉冤程序必须是所有犯人都可以接触和利用的程序。⑨对避免报复的防护措施。这类措施可以使犯人毫不担心地提出诉冤要求，能够避免提出诉冤要求的犯人受到监狱官员的报复。⑩保存日志和记录。所有诉冤程序的进展情况和日期，都应该明确记录下来①。建议在监狱法中明确规定罪犯投诉制度方面的内容，完善这方面的监狱制度。

2. 监狱工作者投诉制度

监狱工作者投诉制度是指通过行政途径正式审理和解决监狱工作者投诉的过程和程序。在监狱工作中，不仅罪犯可能会遇到不公平对待、遭受冤屈等情况，监狱工作者也会遇到类似的问题。为了通过合理的途径和恰当的方式解决监狱工作者遇到的问题和遭受的冤屈，也可以参考上述内容，建立正规的监狱工作者投诉制度。建议在监狱法中明确规定这方面的内容，以便有效保护监狱工作者的合法权益。

如果在监狱法中确立这两种投诉制度，不仅可以实现制度建设的均衡性，避免仅仅重视罪犯制度建设而忽略监狱工作者制度建设的偏向，而且可以有效发挥投诉制度的显著优势，促进监狱的和谐运行。

（六）反映良好做法的问题

与时俱进的修法工作应当充分反映实践探索和制度建设的良好做法。这些年来，监狱在运行中尝试了很多新的做法，推出了不少改革举措，建立了很多新的制度，应当整理自监狱法颁布以来这些方面的成功做法和工作制度，将良好的做法和制度加以规范，写进监狱法中，提升为基本的监狱制度。

下列做法值得加以规范和写入监狱法中。

1. 中华传统文化教育

中华传统文化是指中华民族在历史发展过程中形成的各种思想文化和观念形态的总和。中华传统文化以儒道互补为核心，还有墨家、法家、名家等文化形态，其表现形式包括古文、诗、词、曲、赋、民族音乐、民族戏剧、曲艺、国画、书法、对联、灯谜、射覆、酒令、歇后语等。中华传统文化是中华民族的先祖们创造的精神财富，是中华民族精神的重要体现，对于中华民族的成员具有非凡的亲和力和巨大的影响力，任何层次的中国人都乐于接受它们，也容易受到它们的影响。因此，应当认识到中华传统文化的这些特点，重视利用优秀的中华传统文化教育罪犯。这些年来，各地在如何利用中华传统文化教育改造罪犯方面进行了大量的尝试和

---

① 吴宗宪：《当代西方监狱学》，北京·法律出版社，2005年版，第490—492页。

探索，产生了良好的效果，是教育改造罪犯的有效方法。建议在修改监狱法时，总结这方面的成功做法，将其写入监狱法中。

2. 社会帮教

监狱领域的社会帮教是指监狱之外的组织机构和公民个人对在监狱内服刑的罪犯开展的帮助和教育活动。我国监狱系统改造罪犯的长期实践表明，监狱外的组织机构和公民个人到监狱中，对在监狱中服刑的罪犯开展帮教活动，是有效转变罪犯的最佳改造措施之一。

首先，要鼓励组织机构和公民个人到监狱中开展社会帮教。在修改监狱法时，应当规定切实可行的有效措施，鼓励组织机构和公民个人到监狱中开展社会帮教，充分发挥社会帮教在促进罪犯改造方面的积极作用。

其次，要规定政府部门有义务到监狱中开展社会帮教。这是因为，第一，从犯罪行为原因来看，政府部门有开展社会帮教的义务。犯罪学研究表明，罪犯进行犯罪行为固然有重要的个人原因，但是，不利的社会条件也是他们进行犯罪行为的重要犯因性因素，而不利社会条件的形成和延续，与政府部门在社会治理方面存在的问题有关，是政府部门在社会治理中效能低下或者存在问题的结果之一，从这个意义上讲，政府部门对于当地发生的犯罪行为，负有一定责任。因此，在犯罪行为已经发生、罪犯被关进监狱之后，政府部门应当承担起一定的帮教罪犯，促使他们积极接受改造的义务。第二，从罪犯回归社会来看，政府部门有开展社会帮教的义务。从我国罪犯服刑的情况来看，在监狱服刑期间死亡的罪犯数量很少，绝大多数罪犯服刑之后都要回到社会中生活，每年大约有30万罪犯释放出狱，回到社会上。如果罪犯改造质量较好，他们释放出狱后重新犯罪的可能性就会降低，社会治安状况就会较好，反之亦相反。如果在罪犯服刑期间，政府部门提前介入，促使罪犯更好地接受改造，就有可能提高罪犯改造质量，降低他们释放之后重新犯罪的可能性，这会有利于维护良好的社会治安，也有利于减轻政府部门在维护社会治安方面的任务。所以，政府部门应该到监狱中开展帮教活动。

3. 亲情会见

亲情会见是指罪犯在比普通会见更加优惠的条件下与亲属之间进行的见面活动。在进行亲情会见时，会见的环境和管理更加宽松。例如，可以在单独的房间中进行会见，不一定有监狱工作者进行现场监视；会见的时间比普通会见长；会见的活动比普通会见多，除了在一起谈话之外，还可以在一起点菜进餐，这种在罪犯和亲属间进行的自己预订饭菜的就餐活动，被称为"亲情共餐""亲属共餐""亲情团餐"等。亲情会见的最优惠形式是夫妻会见，即罪犯与其配偶在相对封闭的空间中进行的无监视会见。应该说，亲情会见不仅是密切罪犯与亲属关系的最佳方式，也是稳定罪犯情绪、调整罪犯心态、转变罪犯认识的最佳方式之一，应当充分发挥这种制度的积极作用。在过去，监狱干警不愿意使用夫妻会见的重要理由之一，就是担忧不好解决夫妻会见中可能出现的计划生育问题，现在，国家倡导生育二胎，这方面的担忧可以大大减小。建议在修改监狱法时，明确规定对符合条件的罪犯实行亲情会见的制度，以便激励罪犯的改造积极性。

（七）重视心理矫治的问题

对于在监狱系统中经过长时间探索已经趋于成熟的做法，应当在修改监狱法时加以规定。这方面的典型例子是罪犯心理矫治。罪犯心理矫治又称为"服刑人员心理矫治"，是指利用心理学原理和方法调整服刑人员心理和行为并促使其发生积极变化的活动。在我国监狱系统中，这项活动开始于20世纪80年代末期，到2000年时，全国已经有93%的监狱成立了心理矫治机构[①]。目前，全国所有的监狱都有心理矫治机构和心理矫治人员。这项工作在转变监狱工作者认识观念、调节监狱心理气氛、促进罪犯心理健康、减少罪犯暴力行为、化解监狱危机事件等方面，都发挥了巨大的作用，成为保障监狱正常运行的重要的、综合性的方法或者手段，其重要性完全可以和传统的狱政管理、教育改造和劳动改造这"三大改造手段"并列，成为"第四大改造手段"。而且，与"三大改造手段"相对独立地起作用的情况有所不同，心理矫治更具有综合性和渗透性。可以说，心理矫治工作及其在监狱各个领域中的应用，是未来中国监狱工作发展的最有希望的出路之一，是在提高罪犯改造质量方面最有可能取得突破的领域之一[②]。在修订监狱法时，应当突破仅仅规定传统的劳动改造、教育改造、文化和技术教育的做法，考虑增加对于服刑人员心理矫治方面的规定，为

[①] 吴宗宪主编：《中国服刑人员心理矫治》，北京·法律出版社，2004年版，第2页。
[②] 吴宗宪：《监狱学导论》，北京·法律出版社，2012年版，第554页。

他们提供更多迫切需要的服务①。

具体而言，在修改监狱法时，应当注意包含下列内容：

（1）确立制度。要充分认识到服刑人员心理矫治的巨大价值，把它作为维护监狱秩序、促进罪犯改造的基本监狱制度加以规定。同时，要准确理解心理矫治的完整内容，对心理矫治的内容作出准确规定。对于心理矫治的内容，早已达成重要共识，认为心理矫治主要包括五个方面：第一，心理评估，这是指利用多种方法全面深入地了解服刑人员存在的心理和行为问题并作出准确诊断的活动。第二，心理健康教育，这是指为了向服刑人员普及心理健康知识而进行的教育活动。第三，心理咨询，这是应用心理学方法对服刑人员提供解释、启发和指导等帮助的活动。第四，心理治疗，这是指利用心理学等学科的理论和技术消除服刑人员的异常心理和不良行为习惯的治疗方法与治疗活动。第五，危机干预，这是指对处于心理危机状态中的服刑人员迅速给予关怀和帮助的活动②。

（2）提供条件。要在监狱法条文中明确规定提供对服刑人员开展心理矫治所需要的各种条件，主要包括两类条件：第一，合格的工作人员，即具备专业资质的心理咨询师；第二，运行的其他条件，包括硬件设施（心理矫治场所、心理矫治设备等）、相关软件（心理量表、规章制度等）、心理矫治经费和心理矫治时间等。

（3）督促落实。要在监狱法中明确规定督促落实心理矫治工作、充分发挥这类工作实效的内容，预防出现把心理矫治设施作为点缀、摆设，只看不用的弊病。

（八）改革暂予监外执行

暂予监外执行是指被判处一定监禁刑的罪犯在具有法定条件时暂时在监狱外面执行刑罚的行刑制度③。根据刑事诉讼法第二百六十五条第一款规定，暂予监外执行的法定条件有3种：①有严重疾病需要保外就医的；②怀孕或者正在哺乳自己婴儿的妇女；③生活不能自理，适用暂予监外执行不致危害社会的。据此，暂予监外执行是一种充分体现人道主义精神、

---

① 吴宗宪：《论〈监狱法〉的修改与完善》，载《中国社会科学院研究生院学报》2010年第1期，第98页。

② 吴宗宪主编：《中国服刑人员心理矫治》，北京·法律出版社，2004年版，第24—31页。

③ 暂予监外执行中涉及患严重疾病的罪犯到监狱外面治病的制度，过去被称为"保外就医"。

具有浓厚医疗色彩的监狱制度。但是，由于这项制度在内容方面的缺陷，使这项制度变成了滋生大量腐败和违法犯罪行为的领域。

现行暂予监外执行制度的最大缺陷，就是暂予监外执行期间计入刑期。这个制度缺陷存在一系列弊端：①扭曲了暂予监外执行的性质。暂予监外执行本来是一种充分体现人道主义精神、具有浓厚医疗色彩的监狱制度，却被异化为逃避在监狱服刑的一种手段。②鼓励罪犯绞尽脑汁逃避坐牢。为了符合刑事诉讼法规定的暂予监外执行条件，罪犯想尽办法进行相关的违法犯罪行为，他们或者在疾病鉴定中弄虚作假，或者夸大、伪装病症，甚至通过自伤自残行为获取暂予监外执行；或者通过连续怀孕逃避在监狱服刑。③滋生大量腐败犯罪。在罪犯谋求甚至骗取暂予监外执行的过程中，罪犯及其家属等拉拢腐蚀监狱工作者（特别是监狱和监狱管理机关中掌握相关权力的领导人员）、疾病鉴定人员等，通过这些人的弄虚作假等手段实现暂予监外执行的目的，从而导致了大批腐败犯罪。④加重相关管理制度。为了预防罪犯及其利害关系人利用暂予监外执行逃避在监狱服刑，监狱管理机关不断加重、严格相关制度的内容。例如，不断提高可以暂予监外执行的疾病的严重程度，不断缩小可以暂予监外执行的疾病的范围，结果导致了"一保就死"现象（即罪犯的疾病不达到濒临死亡的严重程度，就不予暂予监外执行，使被暂予监外执行的罪犯出狱之后很快死亡）。又如，不断严格暂予监外执行的程序要求，包括规定复杂的审批手续、提高对疾病鉴定机关的要求、要求实行保证人制度等。

应当改革暂予监外执行制度。我们认为，改革暂予监外执行制度的核心，就是暂予监外执行期间不计入刑期。这样做有明显的优点：①恢复暂予监外执行制度的本来面目。暂予监外执行制度是一项充分体现人道主义精神、具有浓厚医疗色彩的监狱制度，而不是一般性的刑罚执行变更制度。如果暂予监外执行不计入刑期，就可以凸显暂予监外执行的人道主义特征和医疗色彩，纠正被扭曲的制度和做法。②极大地遏制谋求暂予监外执行的冲动。如果暂予监外执行期间不计入刑期，罪犯就不能达到利用这项制度逃避在监狱服刑的目的，就不能利用这项制度获得治疗之外的其他利益，他们谋求暂予监外执行的冲动就会大大降低。而且，根据最高人民法院等5部门2014年10月24日发布的《暂予监外执行规定》第四条规定："罪犯在暂予监外执行期间的生活、医疗和护理等费用自理。"这会进一步降低罪犯谋求非法暂予监外执行的冲动。③大量减少相关的违法犯罪行为。如果暂予监外执行期间不计入刑期，罪犯及其相关人员就不会千方百计地获取甚至骗取暂予监外执行，为了谋求非法暂予监外执行而发生的官员腐败和罪犯及其他人员的违法犯罪行为就会显著减少。④有助于适度放宽暂予监外执行的条件。如果暂予监外执行期间不计入刑期，这种制度对于罪犯及其相关人员的吸引力就会大大降低，他们不会千方百计地通过非法手段获取暂予监外执行，在这种情况下，监狱管理机关就可以适度放宽暂予监外执行的条件，使罪犯获得暂予监外执行的难度显著降低，使符合条件的罪犯更容易从中受益，从而更有利于实现立法目的。

同时，这样的改革也有可以参考的域外立法例。例如，在德国，有为了治疗疾病而推迟或者中断自由刑执行的制度；在日本，有罪犯在患病、怀孕和分娩期间停止监禁刑执行制度①。在我国台湾地区，2010年5月26日修正的所谓"监狱行刑法"第58条第3款就规定，"保外医治期间，不算入刑期之内。但移送病监或医院者，视为在监执行"。根据该款规定，在一般情况下，保外就医的期间不算入刑期，但是，直接移送到医疗监狱或者医院治疗的，视为在监狱执行刑罚并算入刑期。在修改监狱法时，可以借鉴这方面的立法例。

因此，建议在监狱法中增加暂予监外执行期间不计入刑期，实行刑罚暂停制度。

（九）设立母婴监区的问题②

母婴监区是指在监狱中设立的供女犯与其年幼子女以及临近分娩的怀孕女犯生活的监区。可以将这些即将做妈妈和开始做妈妈的犯人称为"妈妈犯人"。让这类犯人及其年幼子女在社会上生活，存在着十分复杂的问题，有必要探讨将他们安置在单独设立的母婴监区中生活的问题。

1. 设立母婴监区的必要性

从多方面来看，在我国的女子监狱中很有必要设立母婴监区。司法部预防犯罪研究所课题组的调查表明，截至2005年底，在我国监狱服刑的156万名在押犯中，有未成年子女的服刑人员近46万人，占在押犯总数的

---

① 张传伟：《暂予监外执行的本质：功利人道与公正人道的统一——兼论我国暂予监外执行制度的完善》，载《政法论丛》2008年第4期，第53—54页。

② 吴宗宪、贾一帆：《我国设立母婴监区问题探讨》，载《青少年犯罪问题》2017年第4期，第51—67页。

30%左右，服刑人员未成年子女总数逾 60 万①。另外一项抽样调查显示，女性在押人员有子女的超过了 63%②。在如此庞大的数字背后隐藏着很多现实而又残酷的社会问题，为了解决这些问题，有必要设立母婴监区。

（1）有利于保障儿童权益。设立母婴监区有利于保障妈妈犯人的年幼子女乃至胎儿的权益。母亲犯罪后，受伤害的不仅是被害人和其家属，罪犯的家庭和子女也因此遭受严重的打击。母婴监区的设立能够保障妈妈犯人的无辜子女乃至胎儿的最大利益。设立母婴监区能够让孩子更好地生活。设立母婴监区能够使未成年子女得到应有的母爱。设立母婴监区有利于减少服刑人员子女的犯罪。设立母婴监区有利于胎儿的健康发育。

（2）有利于执行监禁刑罚。设立母婴监区，首先，有利于避免以怀孕方式规避监禁刑罚执行的现象。在新疆乌鲁木齐市，曾发生一名因贪污罪被判无期徒刑的女犯，为逃避坐牢，竟在判刑后的近 10 年里 14 次怀孕以逃避收监执行监禁刑罚的极端案例。③ 蓄意以怀孕的方式获得暂予监外执行的做法，严重损害了法律的严肃性，削弱了刑罚的惩罚性。其次，有利于对具有特殊情况的妈妈犯人执行监禁刑罚。设立母婴监区，有利于监禁被判处死刑缓期二年执行的哺乳期妇女，有利于监禁有社会危险性的妈妈犯人，有利于监禁在暂予监外执行过程中被收监的妈妈犯人，有利于监禁被判处死缓后怀孕的妇女。

（3）有利于改造妈妈犯人。女性普遍具有比较敏感和感情脆弱的特征，对于孕妇和刚刚分娩的妈妈犯人来讲更是这样。抚育孩子是母亲的本能，如果一生下来或刚刚断奶就母子分离，不仅对孩子太过残忍，对母亲也会造成重大创伤。创造一个既让犯人得到监禁惩罚，又让犯人履行母亲天职的环境，对于妈妈犯人的改造和重返社会都大有裨益，这也可以体现我国人道主义的行刑政策和宽严相济的刑事政策。

2. 设立母婴监区的立法例

在监狱中设立母婴监区，是我国早期、香港、台湾地区以及不少国家实行的制度。

---

① 司法部预防犯罪研究所课题组：《监狱服刑人员未成年子女基本情况调查报告》，载《犯罪与改造研究》2006 年第 8 期。

② 程雷、吕晓刚、陈建军：《我国女性在押人员处遇状况研究报告》，http://www.law.ruc.edu.cn/article/？48916.html［2015-4-20］。

③ 潘从武、白雪晴《乌市一女子怀孕14次欲逃避坐牢终被收监》，http://www.legaldaily.com.cn/index/content/2015-08/12/content_ 6218084.htm?node=20908［2015-8-20］。

（1）我国的早期实践。我国早期曾经允许母亲携带子女在监狱中一起生活。1913年北洋政府所制定的《中华民国监狱规则》，是中国正式颁布施行的第一部比较完备的监狱法规①。该规则第十六条规定："收监妇女有请携带其子女者，非认为不得已时不得许之。需携带子女以满一岁为限。在监内分娩之子女亦同。但该子女已达限制年龄，若无相当领受人又无在外安置方法时得延至三岁。"第十八条规定："怀孕七月以上以及分娩未满一月者"，不得收监。第六十六条规定对病人的医治制度："孕妇、产妇、弱者、废疾以病者论。"②可见，早在100多年前，我国的法律就对妈妈犯人有所优待，允许妈妈犯人在监狱内养育子女。但是当时的监狱并没有给妈妈犯人和其子女提供很好的保障，例如，《中华民国监狱规则》第五十六条规定："妇女携带之子女得自备衣食及日用必须杂具。"③

1946年南京国民政府颁布实施的《监狱行刑法》也有类似的内容。该法第十条规定："入监妇女请求携带子女者，得准许之。但以未满三岁者为限。前项子女满三岁后，无相当之人受领，又无法寄养者，得延期六个月，期满后交付救济处所收留。前二项规定，于监内分娩之子女，亦适用之。"④这部法律比之前有所进步的地方在于，第一，允许在监狱内分娩；第二，规定了一些与携子入监相配套的保障措施，在给养、生产、医疗卫生等方面给妈妈犯人以特殊照顾。

（2）我国台湾地区和香港特别行政区的做法。我国台湾地区的所谓"监狱行刑法"基本承袭了民国时期的法律，允许母亲携带儿童入监并在监狱中设立保育中心。台湾地区"监狱行刑法实施细则"第13条规定："受刑人携带或在监分娩之子女，应于女监设置保育室收容之。受刑人在监分娩之子女，其证明文件不得记载与监狱有关之事项。受刑人之子女在监收容年逾三岁，无相当之人领养时，得洽商各公私立育幼救济机构或其他社会福利团体收容之。"台湾地区的妈妈犯人白天会去工厂工作，孩子留在保育中心里，晚上孩子同母亲一起在监室就寝。

我国香港特别行政区的女子监狱为妈妈犯人制定了特殊的政策。香港的《监狱规则》第21条规定："（1）女囚犯的子女可随同母亲收纳入狱，

---

① 杨木高：《中国女犯矫正制度研究》，南京大学出版社，2012年版，第15页。
② 万安中：《中国监狱史》，北京·中国政法大学出版社，2015年版，第141页。
③ 杨木高：《民国时期女犯矫正制度研究》，载《犯罪与改造研究》2013年第5期。
④ 杨木高：《中国女犯矫正制度研究》，南京大学出版社，2012年版，第16—17页。

并在其母亲正常哺乳期间留在狱中;在此情况下进入监狱的儿童,在医生核证其适合移送之前,不得将其与母亲分离。(2)根据第(1)款被收纳入狱的儿童,如出生超过 9 个月或在狱中年龄届满 9 个月,医生须就其认为该儿童是否需要或适宜留在狱中向署长报告。如该儿童的亲戚愿意并有能力承担对该儿童的照顾,而署长认为该人是承担照顾该儿童的适当人选,则署长可将之交付该人照顾。如署长未能寻获可妥当交托照顾该儿童的亲戚,则可将该儿童交付行政长官批准的任何人或机构照顾。(3)尽管有第(1)及(2)款的规定,署长可准许任何囚犯的子女留在狱中,直至其母亲服刑完毕或该儿童年满 3 岁为止,此两个期限以较早届满者为准。(4)留在狱中的囚犯子女,可获供应衣物,费用由公帑支付。"孩子能否随妈妈犯人进入监狱是由法院进行裁决的,而根据上述规定何时离开监狱则是由署长来掌握的。法律中规定的自由裁量权,可以让监狱当局根据妈妈犯人和其子女不同的情况,作出不同的安排。对于怀孕的女犯,监狱可为其提供产前及产后护理服务,但分娩时一般送往公立医院①。

(3)有关国家的做法

一些国家对于妈妈犯人的管理有不同的做法。世界卫生组织 2008 年底公布的数据显示,全球共有约 50 万名女性被关押者②,如此庞大的女犯群体引起了世界各国的普遍重视。世界预防犯罪和刑事司法非政府组织联盟曾就携子入监的问题在世界 70 个国家和地区进行了调查,结果发现,各国及地区与此有关的法律规定不一,法律条文与实际做法之间也有较大差距。大致可分为三种情况:第一种情况是不允许妈妈犯人在监狱中分娩和养育子女,如挪威;第二种情况是允许妈妈犯人在监狱中分娩和养育子女,但是实践中较少采用,如新西兰和瑞典;第三种情况是在法律和实践中均允许妈妈犯人在监狱中分娩和养育子女,如日本、土耳其等。1987 年调查数据表明,有 50 多个国家及地区允许妈妈犯人携带子女服刑,占被调查总数的 75%以上。③

随着社会的发展和观念的变化,近些年来,越来越多的国家开始在监

---

① 香港惩教署:《医疗服务》,http://www.csd.gov.hk/sc_chi/facility/facility_mgt/ins_pen.shtml [2015-4-20]。

② 2008 年 11 月 13 日世界卫生组织在乌克兰基辅召开监狱妇女卫生大会时公布的数据,参见红雀:《ICRC:女犯更需要特殊关爱》,2009 年 3 月 6 日《法制日报》。

③ 参见程味秋、卞建林:《女犯与其幼龄子女问题》,载《比较法研究》1989 年第 2 期。文中的数字是引者计算的。

狱中设立育儿机构,设立母婴监区已经成为世界监狱发展的一个趋势。例如在欧洲,虽然欧洲人权法院没有强制性要求,但是欧洲除了挪威和马耳他,其他国家都设立了类似的母婴监区,允许孩子和妈妈犯人一起在监狱中生活①。世界各国在监狱中给儿童提供的待遇差别很大,有的为儿童提供了单独的食宿并配备专业医护人员,有的甚至连儿童的生活供给都需要妈妈犯人自己解决②。

在俄罗斯,有矫正机构幼儿园。根据《俄罗斯联邦刑事执行法典》第100条规定,怀孕、哺乳及有年幼子女的女性被处刑人员物质生活保障的特点:第一,在有年幼子女的女性被处刑人员履行刑罚的矫正机构内可以设置幼儿园。矫正机构幼儿园应当具有保障儿童正常生活与发展的必需条件。有3岁以下年幼子女的女性被处刑人员可以安置在矫正机构幼儿园,工作之余的自由时间同子女在一起不受限制。可以准许上述人员同其子女共同生活。第二,经女性被处刑人员同意可以将其子女移交亲属或根据监管监护机关决定交由其他人员,或者将已满3岁的年幼子女移送至相应的儿童机构。第三,如果养育在矫正机构幼儿园的幼儿年满3岁,而其母亲刑罚的履行期限距离完毕已不足一年,则矫正机构的行政管理部门可以延长幼儿在矫正机构幼儿园的留置时间,直至其母亲将全部刑罚期限履行完毕。第四,应当对怀孕的女性被处刑人员、处于生产期或者产后期的女性被处刑人员提供专门的医疗服务③。此外,俄罗斯的法律还在饮食、购买日用品等方面,规定了对妈妈犯人予以特殊对待的内容。其中对妈妈犯人特别规定的"离监出行"措施,体现了俄罗斯法律中的人道主义精神,《俄罗斯联邦刑事执行法典》第97条第2款规定:"对有子女抚养在矫正院婴儿室的女性被处刑人员,可以准许离开矫正院短期出行15日以便安置子女到亲属处或幼儿园……"④

在美国,有监狱幼儿园项目。20世纪50年代,美国的很多女子监狱就开设了监狱幼儿园,但在70年代被大量废弃,直到近十几年又开始重新

---

① Michal Gilad & Gat Ta,"U. S. v. My Mommy: Evaluation of Prison Nurseries as a Solution for Children of Incarcerated Women", New York University Review of Law & Social Change, May, 2013, Vol. 37 (2): 371-402.

② 程味秋、卞建林:《女犯与其幼龄子女问题》,载《比较法研究》1989年第2期。

③ 《俄罗斯联邦刑事执行法典》(赵路译),北京·中国人民公安大学出版社,2009年版,第69页。

④ 《俄罗斯联邦刑事执行法典》(赵路译),北京·中国人民公安大学出版社,2009年版,第65页。

兴起①。美国司法部1999年公布的一份报告显示，大约5%的女犯入狱时已经怀孕②。美国司法统计局在2008年的调查显示，约有3%到4%的女罪犯会在监狱中产子③。美国联邦监狱有近3%的女犯、各州监狱超过4%的女犯会在监禁时分娩④。虽然比例不大，但是"妈妈犯人"的数量还是较多的，仅美国加利福尼亚州乔奇拉市的山谷州立女子监狱，每年就有约340名婴儿降生⑤。美国的大多数监狱幼儿园都是由州矫正局管理的，在数量较多的州中，有多达13个监狱幼儿园；在数量较少的州中，也有1个监狱幼儿园；美国妇女监狱协会（Women's Prison Association）2009年发表了对8个州的监狱中运行的9个监狱幼儿园项目（prison nursery program, PNP）的调查结果⑥。大部分监狱幼儿园设置在监狱内与其他犯人隔离开来的单独区域中，除了纽约外，美国的监狱幼儿园只接收在监狱内出生的婴儿⑦。佛罗里达州甚至由矫正部门负起对新生儿的责任，为孩子的安置安排监护意见听证会。集中围绕母亲面临的养育孩子问题的其他创新项目是生存技能培训、职业培训和为释放做好准备的教育，乃至某些对生活的项目⑧。

在英国，监狱中设立了母婴单元。英国在20世纪60年代开始正式建立了母婴单元（mother and baby unit, MBU），供女犯和其幼儿在一起生

---

① Villanueva & Chandra Kring, "Mothers, Infants and Imprisonment: A National Look at Prison Nurseries and Community-Based Alternatives", http://www.wpaonline.org/wpaassets/Mothers_Infants_and_Imprisonment_2009.pdf ［2015-8-24］.

② 杨木高：《美国女犯矫正制度研究》，载《贵州警官职业学院学报》2012年第2期。

③ 周峰：《孕妇成惯偷，错在法律有漏洞》，http://news.163.com/special/reviews/pregnantinmate150902.html ［2017-04-12］。

④ Julie Campbell & Joseph R. Carlson, "Correctional Administrators' Perceptions of Prison Nurseries", *Criminal Justice and Behavior*, 2012, Vol. 39 (8): 1063-1074.

⑤ 朱盈库：《镜头记录美监狱怀孕女囚母子分离之痛》，http://travel.cnr.cn/list/20150326/t20150326_518131660.ohtml ［2017-04-12］。

⑥ M. W. Byrnea & L. S. Goshina & S. S. Joestlb, "Intergenerational Transmission of Attachment for Infants Raised in a Prison Nursery", *Attachment & Human Development*, Vol. 12 (No. 4, July 2010): 377.

⑦ Villanueva & Chandra Kring, "Mothers, Infants and Imprisonment: A National Look at Prison Nurseries and Community-Based Alternatives", http://www.wpaonline.org/wpaassets/Mothers_Infants_and_Imprisonment_2009.pdf ［2015-8-24］.

⑧ ［美］理查德·霍金斯、杰弗里·阿尔伯特：《美国监狱制度》（孙晓雳、林遐译），北京·中国人民公安大学出版社1991年版，第387—388页。

活。到 2013 年时，在英格兰和威尔士有 7 个母婴单元①。自 2005 年 4 月到 2008 年 7 月，一共有 283 名婴儿在英国女子监狱降生②。英国 1999 年颁布的《监狱条例》第 9 条规定："女犯的婴儿可以和其一起待在监狱里，监狱必须提供一切抚养和照顾婴儿必要的条件。"③《英国监狱法》规定："女犯的婴孩在哺乳期可随母亲一起入监，除特别情况之外，1 岁以上的小孩不得留在狱中。"④ 怀孕的女犯到了后期可能会转入母婴单元中，分娩会被尽量安排在当地的社会医院，以保证有专业卫生保健⑤，也避免在孩子的出生证明上写有监狱。对于在母婴单元中与母亲一起生活的婴儿的年龄，有的监狱规定为 9 个月，有的规定为 18 个月；如果孩子年龄届满后妈妈犯人的余刑较短，可以视情况延长一段时间。母婴单元安排有专业的育婴人员，也会经常让孩子走出监狱，来体验正常的互动，拥有社区经验⑥。英国布鲁兹费尔德女子监狱还有购物中心，里面的儿童游乐场放满了玩具、游戏设备和书本⑦。

在德国，监狱中有母子监房。德国监狱中母子项目的特点是允许孩子滞留的时间较长，而且种类多样。《德意志联邦共和国刑罚执行法》规定："在怀孕期间和分娩以后，犯人有权要求在监狱内得到医疗服务和助产士的帮助。""犯人的孩子为学前年龄的，经有决定暂住权的人的同意，可将其安置于其母亲所在之监狱。"⑧ 在德国法兰克福普伦格海姆（Preungesheim）的一座具有百年历史的高警戒度妇女监狱内，对被监禁母亲及其子女实行一项综合性计划。该计划向有年幼子女的高危险度女犯和

---

① Michelle Sleed & Tessa Baradonb & Peter Fonagya, "New Beginnings for Mothers and Babies in Prison: A Cluster Randomized Controlled Trial", *Attachment & Human Development*, 2013, Vol. 15 (4): 350.
② 张敖:《性囚犯的现状研究及其启示》，载《四川警察学院学报》2013 年第 6 期。
③ 种若静:《英国女子监狱管理初探》，载《犯罪与改造研究》2007 年第 1 期。
④ 潘蓓蓓:《人性化管理对女性罪犯改造的作用研究》，复旦大学硕士学位论文，2014 年。
⑤ 吴宗宪:《西方犯罪学史》（第二版），第三卷，北京·中国人民公安大学出版社，2009 年版，第 577—578 页。
⑥ D. Black, H. Payne, R. Lansdown & A. Gregoire, "Babies Behind Bars Revisited: Mother and Baby Units in Prisons, in the UK, 2004", *Archives of Disease in Childhood*, Oct, 2004, Vol. 89 (10): 896. Diane Caddle & Mary Eaton, "Mothers in Prison," *Criminal Justice Matters*, 1997, Vol. 30 (1): 21-23.
⑦ 潘蓓蓓:《人性化管理对女性罪犯改造的作用研究》，复旦大学硕士学位论文，2014 年，第 43 页。
⑧ 中华人民共和国司法部编:《外国监狱法规汇编》（二），北京·社会科学文献出版社，1988 年版，第 235 页。

低危险度女犯提供食宿。监狱中设有两类母婴监房：（1）封闭式母子监房（closed mother-child house），设在监狱中与其他监区隔离的封闭区域中，供高危险度的妈妈犯人和年幼子女居住。年幼子女可以在这里住到 3 岁。（2）开放式母子监房（open mother-child house），与监狱外的社区为邻，供低危险度的妈妈犯人和年幼子女居住；孩子可以在这里住到 5 岁。白天，妈妈犯人在工厂工作，孩子都到开放式母婴监房里，由专人进行看管，年龄稍大的可进入附近的幼儿园。监狱方也会经常组织孩子们到监狱外面，去动物园、进行森林探险或者去邻近的社区。孩子到了入学年龄就不能在监狱中生活，但是如果妈妈犯人可以进行工作释放（work release），居住在监狱附近的孩子依然可以享受母亲的照顾。监狱方允许妈妈犯人每天在孩子起床之前回到家中，一直照顾孩子到晚上睡觉，然后回到监狱中就寝[1]。德国给不同危险度的妈妈犯人提供不同的方式来照顾孩子，既保障了社会的安定，又让孩子享受了母亲的关爱。

综上所述，已经设立了母婴监区的国家的实践表明，这类监区普遍发挥了积极的作用。由于母婴监区的实践取得了不错的效果，欧洲建议将妈妈犯人和孩子一起生活的项目拓展到年岁稍大的其他未成年子女身上[2]。

3. 设立母婴监区的可行性

我国早期、台湾地区和香港特别行政区以及不少国家设立母婴监区的做法已经表明，在监狱内实现这种制度，是可行的。我国以往的实践和域外目前的做法，都给我国监狱中设立母婴监区提供了有益的启发和重要的借鉴。同时，也可以从其他方面分析实行这种制度的可行性。

设立母婴监区并让妈妈犯人在监狱里养育年幼子女的做法，最有可能遭到人们质疑的情况，大概有两个方面：第一，监狱的环境是否适合儿童的成长？第二，母婴监区的费用会不会大大增加国家的负担？我们的分析发现，这两个方面的情况并没有人们想象的严重；从这两个方面来看，设立母婴监区也是可行的。

第一，母婴监区的环境可以调控。母婴监区的环境包括物理环境和人文环境，这些环境是可以人为调控的，通过调整可以将监狱环境对年幼子

---

[1] Kelsey Kauffman, "Mothers in Prison", *Corrections Today*, Feb 2001, Vol. 63 (1): 64.
[2] Michal Gilad & Gat Ta, "U. S. v. My Mommy: Evaluation of Prison Nurseries as a Solution for Children of Incarcerated Women", *New York University Review of Law & Social Change*, May, 2013, Vol. 37 (2): 394-401.

女的负面影响降到最低限度。首先，可以通过物理隔离减少监狱环境的负面影响。有关国家和地区设立母婴监区的普遍做法是，在监狱中设立一个独立的区域，从空间上将母婴监区与其他监区隔离开来。母婴监区的这种空间独立性，可以有效避免监狱中的其他犯人及设施等对孩子的干扰。其次，可以通过对母婴监区与监舍等环境的独特设计、色彩的恰当运用等措施，充分降低母婴监区的环境可能给孩子带来的负面影响。再次，可以通过培训工作人员改善母婴监区的社会心理环境。在母婴监区工作的人员，应当是经过系统培训的人员，他们掌握如何管理和照顾孕妇、哺乳期妇女、婴儿及幼儿的知识和技能。有些国家会直接聘用幼教工作者在母婴监区工作，对孩子提供良好的早期教育。最后，通过监狱内外的积极交流降低监狱环境的负面影响。有关国家和地区为了尽可能让母婴监区的孩子和监狱外的孩子一样生活，会经常带儿童走出监狱，社会团体的介入也会增加孩子接触社会的机会。

对监狱环境的有效的人工调控，可以取得较好的效果。美国监狱的工作人员表示，在监狱中的儿童并不知道自己是在监狱中，只是知道自己和母亲生活在一起。由于妈妈犯人在有经验的人的指导下抚养小孩，监狱幼儿园中的孩子显得健康快乐、发育良好[1]。对英国母婴单元中妈妈犯人的调查显示，半数以上的妈妈犯人认为儿童的发展没有受到监狱环境的影响。研究也显示，母婴监区的儿童在健康及安全方面和被放在社区抚养的孩子没有什么区别[2]，甚至在安全方面比低收入的福利机构更好。根据慈善组织的调查，监狱的环境或许不如外界，但可能是小生命最好的一个庇护场所[3]。

如果在监狱中设立母婴监区，孩子拥有了基本的住宿、饮食和医疗条件，还有母亲在身边随时照顾，就可以使幼儿能够在一个安全、健康、卫生的环境里度过人生最初的时期，对于妈妈犯人的孩子来说应当是最好的选择。

第二，母婴监区的费用并不昂贵。根据调查和比较，母婴监区的费用

---

[1] Michal Gilad & Gat Ta, "U. S. v. My Mommy: Evaluation of Prison Nurseries as a Solution for Children of Incarcerated Women", *New York University Review of Law & Social Change*, May, 2013, Vol. 37 (2): 371-402.

[2] Diane Caddle & Mary Eaton, "Mothers in Prison", *Criminal Justice Matters*, 1997, Vol. 30 (1): 21-23.

[3] 林海：《监狱里的妈妈和孩子》，2012年5月15日《法制日报》。

其实并不昂贵。根据美国监狱的统计数字，在监内一个婴儿一年的花销是1.1万美元，这个数字看似庞大，但是与其他替代方式相比却是很节省的。在美国，妈妈犯人的孩子如果无人看管会被送到寄养家庭，政府每年给每个寄养家庭要支付4万美元，而且，政府部门表示，这样的价钱已经很难吸引到足够的寄养家庭来抚养孩子①。

同时，还可以从其他方面考虑相关的经济问题。如上所述，让妈妈犯人和其幼年子女生活在一起，可以降低妈妈犯人的再犯罪率，也可以降低其子女在未来犯罪的可能性。如果妈妈犯人及其子女在未来的犯罪率都能够降低，那么，就可以减少为了应对这些犯罪而带来的开支，就可以节省与犯罪有关的资源耗费。加拿大的有关专家表示，让女犯与她们的新生儿在一起生活，不但是宪法赋予的基本人权，有利于女犯的改过自新、明显减少她们重新犯罪的可能性，而且不用社会福利机构去抚养婴儿、减少了社会和纳税人的经济负担，是只有好处没有坏处的项目②。

综上所述，设立母婴监区后会大量减少其他方面的支出，从短期和长期来看都会为国家节省资金；从经济效益的角度来讲，设立母婴监区具有很大的可行性。

4. 在我国监狱设立母婴监区的构想

由上可见，在我国的监狱中设立母婴监区不仅必要而且可行。为此，需要进一步探讨如何在我国监狱中设立母婴监区的内容。

（1）完善立法构想。首先，要完善我国刑事诉讼法和监狱法的相关规定。考虑到监狱的环境势必会对儿童的成长带来一定的负面影响，除非确有必要不应让儿童生活在监狱里，所以在刑事诉讼法中应当继续保留允许孕妇和正在哺乳的妇女暂予监外执行的规定。2010年联合国大会通过的《联合国关于女性囚犯待遇和女性罪犯非拘禁措施的规则》（曼谷规则）③是联合国关于女犯监禁的指导性规则，其中第2条第2款规定："在收监之前和收监时，应允许负有养育子女责任的妇女为子女做好安排，考虑到儿童的最高利益，包括在可能情况下留出一段合理的暂不拘押时间。"我

---

① Michal Gilad & Gat Ta, "U. S. v. My Mommy: Evaluation of Prison Nurseries as a Solution for Children of Incarcerated Women", *New York University Review of Law & Social Change*, May, 2013, Vol. 37（2）: 371-402.

② 方华：《卑诗省女囚争与婴儿一起生活权利引争议》，http://www.lahoo.ca/article-8425-1.html［2015-4-20］。

③ 以下简称《曼谷规则》。

国对孕妇和哺乳期妇女适用的暂予监外执行规定符合《曼谷规则》的精神。

但是,对于蓄意以怀孕或哺乳的方式逃避监禁刑罚制裁的妈妈犯人,应当规定予以收监执行的内容。还应当考虑在刑事诉讼法中明确规定哺乳期的时间范围。在规定哺乳期的时间范围时,可以借鉴卫生部等5部门1993年11月26日发布的《女职工保健工作规定》、劳动部1989年1月20日发布的《女职工劳动保护规定问题解答》等文件,明确规定哺乳期为一年或者表述为"婴儿满一周岁",并且规定婴幼儿体弱多病时可以延长哺乳期的特殊条款,以便最大限度地促进儿童的健康成长。

同时,必须完善监狱法第十九条关于"不准携带子女在监狱中服刑"的规定。监狱法的这条规定,考虑了罪犯携带子女在监狱服刑的弊端,有一定的积极价值,但是,并没有考虑其他的特殊情况,不利于解决相关问题。因此,可以保留现有的规定,作为监狱法第十九条的第一款,体现监狱系统对于这个问题的基本态度,同时,应当考虑在该条中增加第二款:"符合特定条件的女犯可以携带年幼子女在监狱服刑,监狱提供相应的生活条件。"在完善监狱立法时,应当参考《曼谷规则》第49条的规定:"是否允许子女与狱中母亲待在一起的决定应以儿童的最高利益为本。与狱中母亲待在一起的儿童绝不应被作为囚犯对待。"

其次,要完善相关的部门规章。在修改和完善相关立法之后,应当在国家监狱主管部门发布的规章中,对母婴监区的设立标准和管理制度等作出具体的规定。

(2)进入条件构想。能够携带年幼子女进入母婴监区的妈妈犯人应当符合相关条件。在这些条件中,最重要的条件应当是年幼子女的最大利益。设置这样的条件,符合1992年对我国生效的联合国《儿童权利公约》的内容,该公约第3条第1款规定:"关于儿童的一切行动,不论是由公私社会福利机构、法院、行政当局或立法机构执行,均应以儿童的最大利益为一种首要考虑。"联合国2015年通过的《曼德拉规则》第29条第1款规定:"允许儿童在监狱与自己父/母同住的决定应当基于相关儿童的最佳利益。"

我们考虑,携带子女进入母婴监区应当符合下列条件:

第一,妈妈犯人的孩子在监狱外无人抚养。女犯的那些在监狱之外无人抚养的年幼子女,可以在母婴监区与妈妈犯人一起生活。其中无人抚养指孩子的父亲、祖父母、其他亲友等都不愿意抚养或者确实没有能力抚养。这里的"愿意"是指当事人的主观意愿;"能力"是指当事人的身体状况、精神状况、经济能力等情况。如果监狱外有亲属愿意并且能够抚养妈妈犯人的年幼子女,应当尽量将孩子安排在监狱外面生活。

第二,妈妈犯人愿意并有能力抚养孩子。妈妈犯人愿意并且有能力抚养孩子时,可以将孩子安置在母婴监区。国外很多的母婴监区项目实行主动申请制,妈妈犯人主动要求将孩子留在自己身边抚养。如果妈妈犯人认为监狱外的环境更适合自己的子女,监狱当局应当尊重妈妈犯人的选择。同时,妈妈犯人的身体和精神情况表明她有能力抚养自己的子女。如果妈妈犯人患有严重疾病或者有严重恶习、暴力倾向等情况,无力或者不宜照顾年幼子女时,就不应当进入母婴监区。

第三,孩子由妈妈犯人抚养比进入福利机构更好。当孩子由妈妈犯人抚养比进入福利机构更好时,可以将母子安置在母婴监区。刑事司法机关应以孩子的最大利益为标准,对具体案例作出裁决。设立母婴监区的根本目的是给妈妈犯人的年幼子女创造更好的生活环境,如果送入母婴监区抚养更有利于年幼子女的发育成长时,不应当将其送入福利机构生活。

(3) 离开条件构想。应当合理设定年幼子女离开母婴监区的条件。我们认为,在具备下列条件或者发生下列情况时,让女犯的年幼子女离开母婴监区。

第一,妈妈犯人或其子女发生重要变化。例如,妈妈犯人刑满释放、获得假释、死亡、严重伤残需要保外就医等情况下,让年幼子女离开母婴监区。年幼子女死亡或者发生严重伤残等情况时,也让妈妈犯人离开母婴监区。

第二,儿童已达规定年龄。英国《监狱规则4801》指出:幼儿在监狱停留时间太长要导致其监狱化[1]。关于儿童能在监狱生活的年龄上限,有关国家的规定各不相同,常见的年龄上限是哺乳期满或者3周岁。年龄限制最严的为6个月,如荷兰、匈牙利等国;年龄限制最宽的为6岁,如西班牙、德国[2]。在设定婴儿与母亲分开的年龄上限时,应当综合考虑妈妈

---

[1] 夏宗素:《女犯特殊权益保护的比较研究》,载《中国监狱学刊》2012年第1期,第12页。

[2] Michal Gilad & Gat Ta, "U. S. v. My Mommy: Evaluation of Prison Nurseries as a Solution for Children of Incarcerated Women", *New York University Review of Law & Social Change*, May, 2013, Vol. 37 (2): 396.

犯人的刑期、婴儿对母亲的需要程度和监狱环境对于婴儿的影响等方面。从依恋的角度来说，从出生到两岁左右是形成对母亲的依恋关系的重要时期①。从婴儿感情承担能力来说，90%的婴儿在6个月至2岁时与母亲的分离都会导致分离焦虑和痛苦，而3岁时只有10%的婴幼儿会有分离焦虑，而且很快痛苦就会消失。② 从儿童的独立能力来说，我国规定的进入幼儿园的年龄是3岁，3岁以后的儿童就应当接受学前教育。从犯罪学的研究来看，英国精神病学家和犯罪心理学家约翰·鲍尔比（John Bowlby, 1907—1990）在20世纪50年代发表的有关研究成果表明，任何形式的母爱剥夺（在出生后头几年中与母亲的完全分离、部分分离以及母亲或母亲般人物不断变更）都会导致异常人格和行为，包括少年犯罪行为，下列3种情况的消极影响尤其明显：①在出生后的头3年中缺乏对母亲般人物形成依恋的机会；②在出生后的头3年或头4年中，至少3个月和可能是6个月以上的母爱剥夺；③在出生后的头3年或头4年中，母亲般人物的变更③。这表明，3岁是一个重要的时间节点，幼儿3岁之后与母亲长期分离导致的消极后果会轻一些。

结合上述研究和规定，我们认为，3岁是比较适合的年龄界限，已满3岁的儿童可以离开母婴监区上幼儿园或者交由亲属等抚养。另外，也可以有适当的变通规则，例如，在离母亲释放或假释不满6个月的情况下，可允许儿童随母亲继续生活直至妈妈犯人出狱。又如，如果儿童具有身体十分虚弱等特殊情况，可以延长在母婴监区生活的时间。

第三，妈妈犯人不适合在母婴监区生活。监狱部门认为妈妈犯人给母婴监区的管理造成困难或者对其他母子具有危险性时，可以令其离开母婴监区，例如，妈妈犯人有多次违反监规，再次故意犯罪等情形。

第四，妈妈犯人自愿离开母婴监区。妈妈犯人携带年幼子女服刑是迫不得已的做法，如果妈妈犯人觉得离开母婴监区更适合孩子的发育成长，可以自愿离开母婴监区。例如，监狱外出现了合适的可以抚养孩子的人（包括孩子的父亲刑满释放能够抚养孩子）时，就可以申请将孩子送到监

---

① 王淑珍：《母亲与幼儿的健康成长和成才》，http://www.pep.com.cn/xgjy/xqjy/yejz/jzyf/jjgn/201008/t20100823_704748.htm [2015-4-20]。

② 焦健、胡华：《0—3岁儿童早期综合发展与教育管理》，北京·中国社会科学出版社，2008年版，第26页。

③ 吴宗宪：《西方犯罪学史》（第二版），第三卷，北京·中国人民公安大学出版社，2010年版，第841页。

狱外面抚养和离开母婴监区。又如，当妈妈犯人觉得监狱外的环境对孩子成长更加有利时，也可以随时申请将孩子送往社会福利机构等养育并退出母婴监区。

此外，在妈妈犯人和年幼子女离开母婴监区后，监狱部门要尽量帮助妈妈犯人和其子女维系亲子关系。《曼谷规则》第 25 条第 3 款规定："子女与母亲分开并安排由家人或亲属照看或通过其他替代方式照看之后，应在符合儿童最高利益和无损公共安全的情况下，为女性囚犯与子女会面提供尽可能多的机会和便利。"这项规则具有很大的合理性，应当予以重视。首先，监狱应当在条件允许的情况下，尽量为妈妈犯人和其年幼子女设立特殊的会见室。例如，建立开放式会见室或者接触式会见室，其中不设置物理隔离措施，使妈妈犯人能够在会见时与年幼子女进行亲密的接触。其次，营造适合的家庭会见氛围。例如，放置一些儿童玩具、书籍等装饰品，在墙壁上涂上温暖的色彩、绘制亲切温馨的图案，监狱工作人员保持随和自然的态度等，尽量消除使儿童感到压抑和拘谨的因素。再次，延长母子会见的时间。为了增进妈妈犯人与其年幼子女的感情，在这类会见中，应当允许、鼓励妈妈犯人与其年幼子女进行较长时间的探视和接触。最后，其他管理问题。例如，监狱部门在接受儿童前来探视时，应注意搜身等活动可能给儿童带来的消极影响，尽可能减少这类活动的消极影响。应当切实遵守《曼谷规则》第 21 条的规定："监狱工作人员在搜查狱中陪伴母亲的儿童以及探监儿童时，应表现出称职的能力、职业水准和敏感性，并应维护尊重和尊严。"

（十）关注罪犯宗教的问题

在修改监狱法的过程中，很有必要关注罪犯宗教的问题。

1. 落实宪法规定内容

我国宪法规定公民有宗教信仰自由，监狱法应当贯彻落实宪法的规定。我国宪法第三十六条规定，"中华人民共和国公民有宗教信仰自由。任何国家机关、社会团体和个人不得强制公民信仰宗教或者不信仰宗教，不得歧视信仰宗教的公民和不信仰宗教的公民。国家保护正常的宗教活动。任何人不得利用宗教进行破坏社会秩序、损害公民身体健康、妨碍国家教育制度的活动。宗教团体和宗教事务不受外国势力的支配。"宪法的这条规定适用于所有中国公民，对于监狱也不例外。对于在监狱中服刑的中国公民而言，虽然他们是罪犯，但也是中国公民，是犯了罪的公民，他们的宗教信仰自由应当得到尊重，不能因为犯罪而剥夺他们的宗教信仰。在不影响监管安全和罪犯改造的情况下，应当给他们的宗教信仰自由提供条件，帮助他们实现宗教信仰自由。这同样是依法治国的要求，是法治文明进步的体现。我国监狱法缺乏这方面的规定，是没有在这个领域贯彻落实宪法规定的表现，应当通过修改和完善监狱法的规定去解决这方面的问题。

2. 考虑国际社会情况

尊重罪犯的宗教信仰并给监狱中的罪犯提供宗教信仰条件，是国际社会中普遍的做法。在这方面，特别值得关注的有下列内容①。

(1) 尊重罪犯的宗教自由权

在国际社会中，罪犯的宗教自由权是得到广泛尊重的权利。宗教自由权（right to religious freedom）是犯人在宗教信仰和宗教活动方面享有的权利。

在不少国家的监狱中，犯人的宗教权利受到广泛的保护。例如，在英国监狱局编印的一本《宗教活动目录与指南》（Directory and Guide on Religious Practices）中，详细论述了各种主要的宗教、允许在监狱中可以进行的宗教仪式以及在监狱中可以拥有的宗教物品。

不过，究竟哪些宗教属于可以允许在监狱中进行合法活动的宗教，不同的国家有一定的差别。一般而言，像基督教［包括罗马天主教（Roman Catholic Church）、英国国教会（Church of England）、东正教（Orthodox Church）、独立教会（Free Church）等］、佛教（Buddhism）、伊斯兰教（Islam，Muslim）等这些得到广泛承认的宗教，信仰它们的犯人的宗教权利当然会受到保护。

英国的一份监狱方面的出版物——《应付监狱：监狱工作者有关监狱生活的指南》（以下简称《监狱生活指南》）中列举的宗教，除了上述宗教之外，还包括：印度教（Hinduism）、耆那教（Jainism）、犹太教（Judaism）、印度锡克教（Sikhism）、中国宗教（Chinese religion）、基督教科学派（Church of Christ, Scientist）、巴哈教派（Baha'i）、摩门教（Mormon）、耶和华见证人（Jehovah's Witness）、基督复临安息日会教派（Seventh-day Adventism）、严格的素食主义（Veganism）、拉斯特法里崇拜

---

① 参见吴宗宪：《当代西方监狱学》，北京·法律出版社，2005年版，第437—440页。

（Rastafarianism）。

但是，根据英国监狱局的文件（Circular Instruction 51/1989），不允许科学论派（Scientology）、黑人穆斯林（Black Muslim）和拉斯特法里崇拜（Rastafarianism）的信徒在监狱中合法活动。

而在美国，最早的犯人权利诉讼就涉及黑人穆斯林（Black Muslim）犯人。在20世纪60年代初期，一些法庭的判决中，允许监狱当局禁止黑人穆斯林犯人从事礼拜活动，也禁止这类犯人学习其教义。当代的法庭判决中，承认黑人穆斯林是一种合法宗教，要求监狱使用和其他宗教一样的标准对待黑人穆斯林犯人。同样是在美国，一家联邦上诉法院裁决（1986年），巫术崇拜教派（Church of Wicca）被认为是一种正当的宗教（valid religion），但是，考虑到监狱的安全，犯人不得拥有危及监狱安全的崇拜物品。1996年，美国一个地区法院的法官爱德华·诺丁汉（Edward W. Nottingham）在判决中要求监狱允许犯人行使"实践魔鬼崇拜权"（right to practice Satanism）。

犯人在宗教方面的具体权利包括：

①集体开展宗教活动权（right of assembly for religious services and groups）。这是指信仰宗教的多名犯人在一起开展宗教活动的权利。这项权利与"享受宗教服务权"（right to hold religious services）的含义接近。

②参加其他宗教团体的活动的权利（right to attend services of other religious groups）。这是指犯人可以参加监狱外的宗教团体组织的宗教活动的权利。

③接受牧师探视权（right to receive visits from ministers）。这是指犯人可以接受专职宗教牧师的探视的权利。现在，在很多西方国家的监狱中，设立了专职的监狱牧师职位，监狱牧师就像其他监狱工作人员一样，是监狱的正式工作人员，这样的牧师自然可以探视服刑的犯人。同时，很多西方国家的监狱一般都允许监狱外面的牧师到监狱中探视犯人，为犯人提供宗教服务；在一些监狱，甚至监狱方面邀请社区的牧师到监狱中为犯人进行宗教教诲。在美国、捷克、荷兰等国家，都有这方面的规定。

④与宗教领导人通信权（right to correspond with religious leaders）。这是指犯人可以就宗教问题与宗教领导人通信的权利。不过，这种通信不享受免予检查的优惠待遇。监狱方面可以检查这种信件的内容，以便确认信件的内容是属于精神辅导和劝解（spiritual guidance and advice）方面的，

而不是用于其他宗教目的或者其他目的的。

⑤遵守宗教饮食法律权（right to observe religious dietary laws）。这是指监狱要保证犯人按照宗教关于饮食方面的规定为犯人提供相应饮食的权利。这项权利在西方国家中得到普遍的尊重。例如，在英国，明确规定犯人有权获得符合其宗教要求的饮食。这项权利的主要内容往往是要求为一些宗教的犯人提供不含猪肉的食品（pork-free meals）。伊斯兰教、黑人穆斯林、佛教、犹太教等宗教的犯人，都有这方面的要求。

⑥佩戴宗教徽章权（right to wear religious insignia）。这是指犯人拥有和佩戴宗教徽章的权利。一般而言，西方国家的监狱中，都允许犯人拥有和佩戴所属宗教的徽章和纪念章（medal），例如，十字架项链等。但是，如果监狱认为，犯人有可能把宗教徽章和大纪念章（medallion）作为武器使用时，监狱官员可以禁止犯人行使这项权利。

⑦劝说别人信教权（right to proselytize）。这是指犯人在监狱中劝说其他犯人相信某一宗教的权利。

（2）提供多方面的宗教服务

在很多国家，通过宗教计划为监狱中的罪犯提供多方面的宗教服务。监狱中的宗教计划（religious program）是指为犯人提供宗教服务的矫正计划。实施这类计划的活动，通常称为"宗教服务"（religious services）。

从一些西方国家的情况来看，这类宗教计划或者宗教服务具有下列特点。

第一，普遍性。西方国家监狱中的宗教计划和服务具有普遍性的特点。这意味着，由于犯人中信仰宗教的人数很多，因此，几乎在所有的西方国家的所有监狱中，都有这类计划和相应的服务。例如，在意大利，根据《意大利监狱法》第26条的规定，犯人和被收容人员有表达自己的宗教信仰、参加修道、从事礼拜活动的自由。举行狱内天主教仪式受保障。各监狱至少设有1名牧师。信仰其他宗教者，有权根据自己的要求接受本宗教司铎人员帮助并举行礼拜仪式。

第二，专业性。西方国家监狱中宗教计划和宗教服务的专业性，是指宗教计划和宗教服务活动是由专门的宗教人员——监狱牧师提供的。监狱牧师是符合社会上对宗教专业人员的资格要求的专门人员，他们必须接受过正规的神学教育，获得神学方面的学位，得到当地教会的资格认可。

第三，正规性。西方国家监狱中宗教计划和宗教服务的正规性，是指宗教计划和宗教服务是监狱中正规的矫正计划和活动的组成部分，受法律的保护和调整。在西方国家的监狱内，不仅在很多监狱有专职的监狱牧师，而且在大多数监狱中往往有完备的宗教场地和设施（教堂等）；宗教计划和宗教服务纳入监狱规划；宗教活动是监狱日常活动的组成部分之一；犯人参加宗教活动得到法律的保护。

第四，合法性。在西方国家，犯人开展宗教活动和获得宗教服务，通常是一项法律规定的权利。很多国家的监狱法规都规定了这样的内容：只要不妨碍矫正机构的安全或者其他人的宗教权利和安全，犯人就有权进行宗教活动。例如，加拿大《矫正与有条件释放法》第75条规定，"在不超出为保证监狱安全和人员安全所规定的合理限度内，犯人有权自由地和公开地参加和表明宗教与精神信仰。"

西方国家监狱中对宗教活动的管理，主要包括下列内容。

第一，招募宗教工作人员。监狱中的宗教服务，是由监狱牧师和其他宗教工作人员管理和提供的。因此，在监狱中制订和执行宗教计划的重要环节，就是招募合格的宗教工作人员。从一些国家的情况来看，应聘监狱牧师的人员，必须符合一定的条件。例如，获得宗教方面的学位，有从事宗教服务工作的经验等。

监狱中设置的专职的监狱牧师，是极为重要的监狱工作人员。监狱牧师（prison chaplain）是在监狱中管理、监督和设计宗教服务计划与宗教设施的专业人员。1987年通过的《欧洲监狱规则》第47条第1款规定："如果矫正机构内有足够数量的信仰同一宗教的犯人，应当任命和批准1名合格的该宗教的代表。如果犯人的数量证实这样做是合理的并且条件允许的话，该宗教代表应当是专职的。"英国1952年的《监狱法》第7条规定，"（1）每个监狱都应当有一名监狱长、监狱牧师、医疗官员和必要的其他官员。……（4）监狱牧师和任何助理牧师（assistant chaplain）应当是英国国教会的神职人员。"从这些规定可以看出，监狱牧师在监狱官员中的法律地位是较高的。

对于一些地理位置比较偏远的监狱来说，招募合格的宗教工作人员往往是有困难的。在这种情况下，一些难以招募到专职宗教工作人员的监狱，包括一些规模很小的监狱，或者是为了给数量较少的宗教派别的犯人提供宗教服务，往往采取使用合同制牧师（contract chaplain）的做法。所谓"合同制牧师"，就是根据所签订的合同，由当地社区的宗教组织派到监狱中为犯人提供宗教服务的牧师。他们定期或者不定期地按照合同要求到监狱中开展宗教工作。

第二，进行宗教登记。由于宗教服务是监狱向犯人提供的重要服务，是监狱管理的重要方面；获得宗教服务也是犯人的基本权利之一。因此，为了保证宗教服务的顺利进行，保证犯人的宗教权利，对入监的犯人进行宗教登记（religious registration），就成为监狱宗教服务的重要内容。所谓"宗教登记"，就是确认犯人的宗教信仰并登记在册的活动。这是一项重要的活动，犯人以后的宗教活动要根据登记的内容进行。

第三，提供宗教服务。监狱牧师和其他宗教人员，包括宗教志愿人员为犯人提供多种多样的宗教服务。这些服务包括举行宗教仪式（例如洗礼、礼拜、祈祷等），提供个别化的或者集体性的宗教辅导，提供宗教书籍、资料和其他物品，管理宗教设施，提供宗教帮助等。

第四，尊重宗教习俗。不同的宗教往往有不同的戒律和习俗。在监狱的宗教服务中，很重要的内容就是了解犯人所属宗教的习俗和戒律，尊重犯人的宗教习俗。在这方面，比较具有普遍性的习俗是在饮食方面，监狱要为犯人提供符合宗教戒律要求的宗教饮食（religious diet）。例如，伊斯兰教等一些宗教的教徒不吃猪肉，监狱要为这些宗教的犯人提供非猪肉食品。

第五，管理其他宗教事务。监狱牧师和宗教工作人员还从事其他与宗教有关的工作。例如，对于犯人的某些要求、行为等是否符合宗教教义提出解释，管理宗教物品，管理宗教志愿人员，提供有关宗教节日的信息等。

第六，监狱教堂。监狱教堂（prison chapel）是在监狱中为犯人提供宗教服务的建筑设施。在西方国家的监狱中，监狱教堂在监狱系统的运行中发挥着重要的作用。从西方国家监狱教堂的情况来看，监狱教堂的特点是：一是普遍性。监狱教堂是西方国家监狱中极为重要的建筑设施。可以说，监狱教堂是监狱的基本设施之一，几乎在所有的监狱中，都有规模不等的教堂。很难发现没有教堂或者类似用途建筑的监狱或者矫正机构。例如，根据意大利《监狱法执行细则》第55条的规定，各监狱根据宗教活动的要求，为举行天主教仪式配设一座或者数座教堂。二是重要性。监狱教堂在监狱的管理和犯人的改造中，发挥着极为重要的作用。从监狱管理来看，监狱牧师往往是监狱的重要工作人员，在监狱事务的管理中，发挥着不可替代的作用。监狱日常活动的安排、监狱大量活动的举行，往往都与宗教有不同程度的联系。从历史上来看，监狱管理制度的发展变化，与宗教人员的努力和监狱教堂的建立与活动，有密切的关系。从改造犯人来看，监狱教堂和监狱牧师在感化犯人、促使犯人心灵和行为的转化方面，发挥着极其重要的作用。很多犯人的变化，往往是宗教教诲的结果。三是兼容性。监狱教堂发挥着多方面的作用：监狱教堂是监狱牧师的办公场所；监狱教堂为多种宗教提供宗教服务；监狱教堂不仅为信仰宗教的犯人提供宗教服务，也欢迎其他不信仰宗教的犯人到教堂参加有关的宗教活动，接受宗教学说的影响，体验宗教气氛的熏陶。四是高效性。监狱教堂往往是一个繁忙的场所，在那里要举行很多宗教方面的活动。在西方国家的很多监狱中，人们都在高效地使用监狱教堂，最大限度地发挥监狱教堂在感化犯人方面的作用。

（3）国际社会的倡导

考虑到宗教对于感化罪犯、保障罪犯权利等方面的重要性，联合国和其他区域性国际组织也倡导在监狱中开展正常的宗教活动。2015年修订的联合国《曼德拉规则》详细论述了这方面的内容。该规则第65条指出："1. 如果监狱囚禁的同一宗教囚犯达到相当人数，应指派或批准该宗教的合格代表一人。如果就囚犯人数而言确实恰当而条件又许可，则该代表应为专任。2. 本项规则第1款中指派的或批准的合格代表应被准许按期举行仪式，并在适当时间，私下前往同一宗教的囚犯处进行宗教访问。3. 不得拒绝囚犯往访任一宗教的合格代表。但如果囚犯反对任何宗教代表前来访问，此种态度应受充分尊重。"该规则第66条指出，"在可行范围之内，囚犯应准参加监狱举行的仪式并准持有所属教派宗教戒律和教义的书籍，以满足其宗教生活的需要。"

2006年版的《欧洲监狱规则》也专门规定了监狱中罪犯的宗教事务方面的内容。该规则第29条规定："29.1 应当尊重犯人的思想、良心和宗教自由。29.2 应当在切实可行的范围内制定监狱制度，以使允许犯人实践其宗教，遵循其信仰，参加由该宗教或者信仰方面得到认可的代表主持的服务或者会议，接受该宗教或者信仰的代表进行的私人探视，拥有与其宗教或者信仰有关的书籍或者文学作品。29.3 不得强迫犯人从事某种宗教或者信仰活动、参加宗教仪式或者会议、参加宗教活动、接受任何宗教或者信仰的代表的探视。"

我国在修改监狱法的过程中,应当关注国际社会的这种情况,借鉴其中有益的内容,完善我国的相关规定。

3. 利用宗教资源改造罪犯

在宗教教义中,有不少与我国监狱工作的任务和原则一致的内容,它们是可以用来改造罪犯的有效资源。例如,在基督教(天主教、东正教、新教)的"十诫"中,有孝敬父母、不可杀人、不可奸淫、不可偷盗、不可作假见证陷害人、不可贪恋别人的妻子财物等内容①。又如,在佛教的"十戒"中,有不杀生、不偷盗、不淫、不妄语、不饮酒等内容②;在佛教的"十恶"中,有杀生、偷盗、邪淫、妄语、两舌(离间语)、恶口(粗恶语)、绮语(杂秽语)、贪欲、瞋恚、邪见的内容③;在佛教的"十善"中,有不杀生、不偷盗、不邪淫、不妄语、不两舌、不恶口、不绮语、不贪欲、不瞋恚、不邪见的内容④。再如,在伊斯兰教的《古兰经》中,要求穆斯林为人正直,诚实做人,以德报德,保护"自身和家属",与人相处中"坚忍、行善、守中、安分、宽恕、诚实、勇敢"⑤;《古兰经》劝善戒恶,主张人们秉公做证、保持纯洁等,反对自相残杀、搞分裂、虐待孤儿、借诈术侵蚀他人财产、侵蚀公物、在地方上作恶、骄傲、自满、自大等⑥。可以说,这些内容都是教育罪犯积德行善、改过迁善的,完全可以用来转变和改造罪犯。实际上,我们已经在监狱工作中开始利用宗教资源转化信仰宗教的罪犯。例如,新疆监狱系统在转化危害国家安全罪犯的过程中,深入开展"去极端化"教育,邀请宗教学者讲宗教正信⑦;组织罪

---

① 参见任继愈主编:《宗教词典》,上海辞书出版社,1981年版,第18页。
② 参见任继愈主编:《宗教词典》,上海辞书出版社,1981年版,第17页。
③ 参见任继愈主编:《宗教词典》,上海辞书出版社,1981年版,第18页。
④ 参见任继愈主编:《宗教词典》,上海辞书出版社,1981年版,第18—19页。
⑤ 曹榕、杨晓峰:《〈古兰经〉及早期伊斯兰社会伦理道德观初探》,载《社会科学家》2008年第8期,第152—154页。
⑥ 唐小蓉、陈昌文:《〈古兰经〉:伊斯兰的精神世界与行为导向》,载《新疆社会科学》2006年第5期,第65—66页。
⑦ 曹志恒、于涛:《新疆对11名危害国家安全罪犯依法减刑》,http://politics.people.com.cn/n1/2016/0203/c1001-28106183.html [2016-11-1]。

犯学习《古兰经》①;定期与宗教人士、境外朝觐人员举行座谈会②等。应当通过完善监狱法内容,规范这些方面的工作。

(十一) 其他内容方面的问题

除了立法技术上存在的问题外,监狱法在立法内容上也存在诸多问题,需要在修改监狱法时认真分析和妥善解决。立法内容层面的问题可分为实体性问题和程序性问题。其中,实体性问题主要是指与罪犯实体性权利和义务相关的问题,而程序性问题主要是指罪犯程序性权利和义务相关的问题。

1. 实体性问题及其解决

(1) 缺乏关于法律责任的规定③

法律和其他社会规范的显著区别,就是法律是以国家强制力保证执行的行为规范,而行使国家强制力的重要前提,就是规定了对于违法行为的法律责任。在明确规定了对违法行为的法律责任时,如果出现了违法行为,就会以国家强制力为后盾,迫使违法者承担相应的法律责任。法律责任的规定与落实,是保证严格遵守和执行法律规定的重要保障。因此,在制定某项立法时,都很重视法律责任方面的规定。但是,这种情况在监狱法中似乎没有得到体现。

仔细分析监狱法的条文,就会发现其中的很多规定属于号召性规定,没有规定法律责任,致使这类规定由于缺乏约束性措施而无法保障其执行。这些条文仅仅号召、要求、提倡有关机关或者人员如何执行刑罚,但是,对于违反这些号召性规定的违法行为,往往没有规定明确的法律后果。结果,导致大量规定充满"弹性",得不到严格遵守和执行。例如,监狱法第三十条规定:"减刑建议由监狱向人民法院提出,人民法院应当自收到减刑建议书之日起一个月内予以审核裁定;案情复杂或者情况特殊的,可以延长一个月。"如果人民法院在收到减刑建议书的两个月之后还

---

① 胡从付、刘才生:《远离极端 抵御渗透——新疆生产建设兵团第三师监狱管理局服刑人员"去极端化"现身说法暨大型图片宣传活动侧记》,载《法律与生活》2016年第1期下,第62页。

② 苏强:《兵团监狱局工作组"七项举措"力促"去极端化"工作显成效》,http://www.xjbt.gov.cn/xw/bmdt/1454251.shtml [2016-11-1]。

③ 吴宗宪:《论〈监狱法〉的修改与完善》,载《中国社会科学院研究生院学报》2010年第1期,第95页。

不"审核裁定"的,应该承担什么法律责任?对此没有规定。在实践中,一些地区的法院往往不能按照监狱法规定的时间范围裁定减刑,而监狱机关没有任何制约措施。因此,监狱法这一条规定的内容缺乏权威性,属于"刚性"不足的弹性条款。因此,在未来修改监狱法的过程中,对于可能出现的违法行为,都要规定相应的法律责任和追究法律责任的具体机制。

(2) 缺少监狱分类和罪犯分类规定

恰当的监狱分类和罪犯分类,是监狱管理科学化的重要体现,也是我国监狱未来发展的方向。然而,在目前,我国缺乏监狱分类和罪犯分类的规定。

首先,缺乏监狱分类规定。我国的监狱主要分为三类:未成年犯管教所(简称"未管所",关押未成年犯的监狱)、女犯监狱和成年男犯监狱;除此之外,没有其他的分类,特别是对于在监狱总数中占绝大多数的成年男犯监狱,没有进一步的明确分类标准。在实践中,有些省份根据罪犯所判刑罚轻重,将监狱划分为重刑犯监狱和轻刑犯监狱。在一些地区根据罪犯特征成立了一些关押特定类型的监狱,如监狱分类中心、新收犯监狱、出监监狱、老年犯监狱、职务犯监狱等,但是,这些做法缺乏规范性和统一性。因此,在监狱法修订过程中,应当考虑监狱分类问题;在监狱工作的未来发展中,应当将这些实践探索加以完善并且将其中的有益做法固定下来,在借鉴国际上通行的监狱分类方法的基础上,建立中国的监狱分类体系。例如,可以根据监狱关押对象人身危险性的不同,按照不同的戒备等级将我国监狱分为严管监狱或者"高度戒备监狱"、普管监狱或者"中度戒备监狱"和宽管监狱或者"低度戒备监狱";不同戒备等级监狱在基本建设、狱政设施、警戒设施、技术装备和警力配备等方面进行区分。这既可以降低行刑成本,又可以更好地促进罪犯回归社会。

其次,缺乏统一的罪犯分类规定。在长期管理罪犯的过程中,各地在分类管理罪犯和对不同类型罪犯实行分类处遇方面,进行了不少探索,但是,存在分类方法粗放、分类处遇力度不够的问题。就分类方法而言,存在下列问题:第一,分类标准简单,强调以犯罪性质为主进行分类,对于其他因素,如人身危险性、改造难易程度等,缺乏应有的关注。第二,分类方法简单。既没有专门化的分类工具,如量表、细则等,也没有专业性的机构和人员。第三,分类的动态性不够。目前的罪犯分类主要局限于初次分类,缺乏重新分类,即根据罪犯的改造表现进行的分类。罪犯分类方法方面存在的这些情况,限制了分类制度在指引监管改造活动、激励罪犯接受改造等方面的积极功能的发挥①。同时,就分类处遇力度而言,也存在一些问题。例如,由于缺乏监狱分类,对于不同类型罪犯的分类处遇差别很小,难以增强分类处遇的激励强度。又如,缺乏不同类型罪犯在不同类型监狱之间的流动,使改造表现良好的罪犯无法有效改善服刑环境,难以发挥不同类型监狱的激励或者惩罚作用。如果改造表现良好的罪犯能够逐步从严管监狱向普管监狱、宽管监狱流动,就能够充分体现服刑环境的改变对于罪犯的激励作用;同样,如果让改造表现不好的罪犯进行反向流动,即从宽管监狱向普管监狱、严管监狱流动,就可以有效发挥服刑环境的改变对于罪犯的惩罚作用。因此,在监狱法的修改中,不仅要对分类教育作出规定,还要对分类处遇的其他方面作出明确规定,从而促进罪犯分类的科学化,更好地发挥罪犯分类在监狱管理和罪犯改造中的积极作用。

(3) 监狱工作人员的分类问题②

目前,中国监狱中的所有工作人员都是警察,缺乏对监狱工作人员的进一步分类。这种状况的产生,有复杂的原因。但是,事实已经证明,所有监狱工作人员都是警察的做法,不利于监狱工作人员素质的提高,不利于监狱工作人员的专业化发展,不利于建立合理的专业人员待遇制度,也不利于开展很多罪犯教育改造等方面的工作。因此,有必要对监狱工作人员进行分类。在修订监狱法时,应当对监狱工作人员的类型作出科学的规定。例如,可以根据中国监狱的情况和罪犯管理与改造的需要,在监狱法中增加监狱工作人员分类制度的原则性规定。至于具体如何进行监狱工作人员分类,可以由司法部在充分调查研究的基础上,通过颁布部门规章的方式加以规定。

(4) 关于不同性别工作人员看守罪犯的问题③

监狱法第四十条规定:"女犯由女性人民警察直接管理。"这一条规定仅仅考虑了问题的一个方面,即男性警察直接管理女犯可能会对女犯的生活带来不便,甚至可能会使男性警察容易利用工作之便侵害女犯。但是,却忽略了问题的其他方面。立法者没有认识到,在监狱的封闭环境中,创

---

① 吴宗宪:《监狱学导论》,北京·法律出版社,2012年版,第370—371页。
② 吴宗宪:《论〈监狱法〉的修改与完善》,载《中国社会科学院研究生院学报》2010年第1期,第96页。
③ 吴宗宪:《论〈监狱法〉的修改与完善》,载《中国社会科学院研究生院学报》2010年第1期,第98页。

造正常的服刑环境对于罪犯人格的维护、情绪的疏泄、心理的健康等，都具有重要意义。立法者也没有认识到，服刑环境中异性的存在，能够发挥自然的影响力，有利于促进罪犯表现出良好的行为方式和健康的精神面貌。因此，可以考虑在修改监狱法时，不作这样的规定，为监狱工作人员改革监管方式提供必要的自由度。

（5）"期间"的规定需进一步明确①

在立法中明确时间界限，是增强立法确定性和执法严肃性的重要体现。监狱法虽然只有区区 78 个条文，但是，对于"期间"的规定却存在不明确、不具体的问题。在"期间"规定上用"及时"（第十六条、第二十一条第二款、第二十二条、第二十三条、第二十七条、第二十八条有 2 处、第三十一条）、"立即"（第二十六条第二款、第四十二条、第五十五条第一、三款）、"即时"（第四十二条有 2 处）等含糊表述的就有 14 处之多！其中，"即时"一词属于在日常生活和专业文献中都较少使用的生僻词。在立法中对"期间"作出含糊的规定，甚至使用生僻词描述时间期限，这是立法缺乏严谨性、严肃性的一种表现。在修改监狱法时，应当以"日"甚至"小时"为时间单位，明确规定期限的时间范围，增强立法规定对于刑罚执行活动的时间制约性，增强这类规定的可操作性。

（6）罪犯劳动报酬的分配问题

现行监狱法第七十二条规定，监狱对参加劳动的罪犯，应当按照有关规定给予报酬并执行国家有关劳动保护的规定。目前我国一些监狱向参加劳动的罪犯支付劳动报酬，但是总体而言，存在一些问题。例如，各地做法不统一，罪犯劳动报酬发放率偏低，即使发放，劳动报酬也极少等。罪犯的劳动报酬至少应当达到一定标准，同时，应当低于社会上同工种的最低工资。这是因为，第一，罪犯的劳动强度与社会上同工种的劳动者相当，甚至强度更大，劳动报酬太低也不利于调动罪犯的劳动积极性。第二，罪犯劳动报酬有很多正当用途，劳动报酬太低，不能满足需要。第三，罪犯在监狱生活中不缴纳任何费用，这虽然是现代监狱制度的特色，但是，让全体纳税人负担由于少数人犯罪而产生的监狱费用，也缺乏公平性，因此，需要从罪犯劳动报酬中留下一部分上缴国库，作为他们公平负

---

① 吴宗宪：《论〈监狱法〉的修改与完善》，载《中国社会科学院研究生院学报》2010 年第 1 期，第 99 页。

担监狱费用的资金①。因此，在修改监狱法时，可以对罪犯的劳动报酬问题作出明确规定，规范这方面的做法。

（7）减刑条件问题

现行监狱法在减刑条件的规定上与刑法的规定并不完全一致，影响了两部法律之间的衔接。我国刑法第七十八条规定："被判处管制、拘役、有期徒刑、无期徒刑的犯罪分子，在执行期间，如果认真遵守监规，接受教育改造，确有悔改表现的，或者有立功表现的，可以减刑；有下列重大立功表现之一的，应当减刑……"而在监狱法第二十九条规定："被判处无期徒刑、有期徒刑的罪犯，在服刑期间确有悔改或立功表现的，根据监狱考核的结果，可以减刑。有下列重大立功表现之一的，应当减刑……"缺少"遵守监规，接受教育改造"的规定，与我国刑法规定不符。在修改监狱法时应当解决与刑法规定衔接的问题。

（8）武装警戒问题②

在我国监狱中，外围的武装警戒由武装警察负责。监狱法四十一条规定："监狱的武装警戒由人民武装警察部队负责，具体办法由国务院、中央军事委员会规定。"但是，自监狱法1994年颁布以来，20多年过去了，仍然没有看到国务院和中央军事委员会作出相关的规定，使监狱法的这一规定长期得不到贯彻落实，监狱和担负外围武装警戒任务的武装警察之间的关系缺乏明确的法律规范的调整。在修改监狱法时，应当在考虑以往规定和目前实际做法的基础上，妥善解决这个问题。具体办法可以考虑如下：在监狱法中明确规定"监狱对执行警戒任务的武装警察实行业务领导"的内容。同时，在监狱法中对于监狱和武装警察之间的工作机制，还可以作出更多的规定。例如，规定在武装警察与监狱之间根据需要举行联席会议等。

2. 程序性问题及其解决

（1）追捕逃犯问题③

监狱法关于追捕逃犯的规定存在问题。追捕逃跑的罪犯是监狱工作中可能会不断遇到的问题，这个问题的合理解决对于维护监管秩序和保护社

---

① 吴宗宪：《监狱学导论》，北京·法律出版社，2012年版，第548页。
② 参见吴宗宪：《论〈监狱法〉的修改与完善》，载《中国社会科学院研究生院学报》2010年第1期，第96—97页。
③ 吴宗宪：《论〈监狱法〉的修改与完善》，载《中国社会科学院研究生院学报》2010年第1期，第98页。

会安全,都具有重要的意义。但是,监狱法第四十二条的规定,不利于这个问题的恰当解决。该条规定:"监狱发现在押罪犯脱逃,应当即时将其抓获,不能即时抓获的,应当立即通知公安机关,由公安机关负责追捕,监狱密切配合。"这一条规定存在三方面的问题:首先,"即时"的表述存在问题。"即时"是一个含糊的词语,没有明确的时间界限。其次,所讲的"公安机关"不明确。究竟是指监狱所在地的公安机关,还是罪犯户籍所在地或者犯罪前常住地的公安机关,或者是其他公安机关?最后,没有涉及监督检查问题。监狱发生罪犯脱逃行为,是重大的监管安全事件,刑事执行检察部门应当了解情况,及时进行监督检查。因此,在修订监狱法时,需要解决这个问题。

(2)罪犯特赦问题

监狱法缺少关于特赦的程序性规定。特赦是指国家权力机关决定免除特定种类罪犯的剩余刑期的法律制度。宪法第六十七条第十七款规定,全国人大常委会有决定特赦的职权,第八十条规定国家主席有根据全国人大和全国人大常委会的决定发布特赦令的职权,刑法第六十五、六十六条涉及了"赦免"的内容。特赦不仅是我国一项重要的法律制度,也是包含大量的刑罚执行内容的法律制度,与监狱法的关系极为密切。自1959年首次实行特赦以来,我国已经在1960年、1961年、1963年、1964年、1966年、1975年、2015年和2019年实行了特赦。但是,对于这样一项重要的涉及刑罚执行内容的法律制度,监狱法没有任何规定,这是监狱法的重大缺陷。在修改监狱法时,应当在总结特赦实践的基础上,对"特赦"的相关内容作出明确规定,进一步完善特赦制度。

(3)关于释放时间[①]

监狱法对释放时间缺乏具体的规定。监狱法第三十五条规定:"罪犯服刑期满,监狱应当按期释放并发给释放证明书。"但是,对于什么是"按期释放",却没有明确的规定。在实践中,不同的监狱采取了不同的时间标准,有的是在期满当天的上午,有的是在下午,甚至有的在第二天,各地执行不统一。对于在监狱中服刑的罪犯而言,在监狱中服刑真正是"度日如年";在服刑期满之后,他们一刻也不想待在监狱中,及时将他们释放出去,不仅是对他们的尊重,也是严格执法的具体表现。因此,在修

---

① 参见吴宗宪:《论〈监狱法〉的修改与完善》,载《中国社会科学院研究生院学报》2010年第1期,第99页。

改监狱法时，应当解决这个问题。从所见到的资料来看，对于释放时间的规定，立法中采取了两种方式：第一，明示式，即明确规定释放的时间。例如，《日本监狱法》第 68 条规定："刑满者，在其刑期届满的第二天午后 6 时以前，予以释放。"第二，授权式，即在立法中授权有关机关制定具体的释放时间方面的规定。例如，《丹麦刑事执行法》第 79 条第 2 款规定，"司法部长应当制定有关释放时间以及短时间提前释放之规则"。

在未来修改监狱法时，应当对释放时间作出明示式的规定。可供选择的具体方案可以有三种：

一是规定刑满释放的时间。例如，对于刑满出狱的罪犯，应当规定在服刑期满当天上午 8 时或者更合适的时间释放。之所以规定在早晨释放，是因为被释放人员要有充裕的时间办理相关手续、解决回家的交通等问题。

二是规定其他释放的时间。对于被特赦罪犯的具体释放时间、被假释罪犯的具体释放时间以及有其他特殊情况的罪犯的具体释放时间，例如，对于患重病罪犯的释放时间，可以作出特别规定。从一些国家的规定来看，如果罪犯在服刑期满时患有重病的话，可以根据刑释人员的请求，仍然留在监狱中继续治疗，待疾病缓解后再离开监狱。例如，《日本监狱法》第 69 条规定："被释放者患有重病，仍在监狱治疗中的，可根据其请求，准许其继续在监。"这类规定值得我们在修改监狱法时借鉴。

三是授权主管机关另行规定。可以授权国家监狱主管部门就释放时间等事项另行制定办法。

（4）关于服刑罪犯死亡后的处理问题

监狱法对于服刑罪犯死亡后的处理问题的规定有待改进。监狱法第五十五条虽然对罪犯服刑期间死亡后的处理问题作出了相应的规定，但是由于规定过于原则，并且没有赋予监狱相应的权限，造成监狱有时在处理罪犯死亡问题上备受牵制，工作十分被动。特别是在服刑罪犯死亡后家属有疑义的情况下，虽经检察院检验后对死亡原因作出鉴定，而服刑罪犯的亲属仍无理取闹、拒绝火化尸体时，监狱对此常常感到束手无策，难有好的解决办法。一些监狱为了平息事端，最后只好花钱了事。为了解决此类问题，近年来，有关部门在深入调研的基础上，对此问题作出了新的规定，例如，最高人民检察院、民政部和司法部 2015 年 3 月 18 日联合发布了《监狱罪犯死亡处理规定》。在修改监狱法时，应当考虑新发布的相关规定中的内容，进一步完善处理罪犯死亡问题的法律制度。

四、立法技术层面的完善

立法技术是指立法活动过程中所应体现和遵循的有关法律制定、修改、废止和补充的技巧规则的总称，其核心内容是立法结构和立法语言。我国现行监狱法无论是在立法结构还是在立法语言上，都存在一些问题，需要在监狱法修订时认真对待并加以完善。

（一）立法结构问题与改善

立法结构是否合理是判断一部立法成熟与否的重要标志。现行监狱法共分为七章，主要依据"刑罚执行""狱政管理"和"教育改造"三大基本改造手段对章节逻辑结构进行划分。这种立法逻辑结构有其合理性，主要章节内容清晰，一目了然。但是，这种分类也存在逻辑不清、比例失调和流程不畅等问题。

1. 现行立法结构存在逻辑不清的问题

监狱法中"刑罚执行""狱政管理"和"教育改造"三大改造手段的划分标准不一，内涵外延界定不科学。

首先，在划分三大基本改造手段时，"刑罚执行"是在狭义的基础上进行界定的，即"与监禁刑的执行有关的工作与活动"[1]。但实际上，"刑罚执行"一词在立法上更应从广义上使用。"监狱是国家专门为了执行刑罚而设立的机关，它的一切活动都要依法进行，都要围绕刑罚执行工作而进行，因此，监狱依法进行的所有活动都是刑罚执行活动的组成部分。"[2]人们对一部法律中术语有广义和狭义两种解释，这是应当尽量避免的，作为立法者，应当尽量使用广义解释，这样才能更好地避免产生歧义。何况今后条件成熟时我国还将制定刑事执行法，如果在刑事执行法中还使用"刑罚执行"这样的表述作为章节标题的话，是很不严肃的事情。监狱在今后监狱法修改时不再使用"刑罚执行"一词作为章节标题。

其次，罪犯改造手段多样，除了刑罚执行、狱政管理、教育改造之外，还有心理矫治等其他多种手段；三大改造手段还可以细分为多种手

---

[1] 吴宗宪：《监狱法导论》，北京·法律出版社，2014年版，第320页。
[2] 吴宗宪：《监狱法导论》，北京·法律出版社，2014年版，第320页。

段。监狱法的章节构建不应过分从手段的视角进行解读，而应重点从监狱工作流程的视角进行分析。

2. 现行立法结构存在章节内容比例失调的问题

现行监狱法共七章78条，其中"狱政管理"一章有七节35条，约占监狱法条文的一半；"刑罚的执行"一章就有五节24条，约占1/3；"对罪犯的教育改造"也有13条。与此同时，第二章"监狱"和第六章"对未成年犯的教育改造"都是仅有4条，与"狱政管理""刑罚的执行"等章相比存在明显的比例失调问题。在监狱法修改时，应当注意章节之间的内容多寡问题，对章节进行合理划分，避免出现章节内容比例严重失调的现象。

（二）立法语言问题与改进①

1. 修改和完善章的名称

监狱法虽然条文简单，但是，在一些章的名称的表述方面却存在问题，需要加以修改和完善。

首先，要解决第二章的标题与内容不符的问题。监狱法第二章使用的标题是"监狱"，但是，仔细分析该章的内容，发现这个标题与具体规定的内容不吻合。这一章共有4条，其中只有一条（第十一条）是规定监狱的，其余3条是规定监狱工作人员的。为了解决这一章名实不符的问题，在修改监狱法时，应当拆分这一章，将其变为"监狱"和"监狱工作者"两章，分别规定相关内容。

其次，要解决第三章的标题存在的多种问题。监狱法沿用过去立法中使用的表达用词和在监狱系统约定俗成的表述，在第三章采用了"刑罚的执行"的名称。这个名称的准确性有待进一步探讨。严格地讲，监狱是国家的刑罚执行机关，监狱的所有工作都是在执行国家的刑罚，如果将监狱中进行的一部分工作称为"刑罚的执行"，就会使人们产生这样的错觉：监狱中进行的其他工作难道不属于"刑罚的执行"吗？因此，在修改监狱法的时候，对于这一章的标题，应当重新考虑，采用更准确的标题。同时，本章标题中有助词"的"，属于赘述，可以删去。

再次，要解决第五章的标题与实际内容不吻合的问题。这一章的标题

---

① 此部分内容主要引自吴宗宪、王虹：《论〈监狱法〉文字表述的修改与完善》，载《法学杂志》2009年第9期，第59—62页。

是"对罪犯的教育改造",但是,本章中规定的内容不仅包括习惯上所讲的"教育改造"的内容,既包括对罪犯的文化教育和职业技术教育,还包括了罪犯的"文体活动"(即文化娱乐和体育,第六十七条)、对罪犯的"社会教育"(即利用社会力量对罪犯进行的教育,第六十八条)以及"劳动改造"(即通过组织罪犯参加劳动对他们进行的改造,第六十九条至七十三条)方面的内容。建议在修改监狱法时,对这一章进行必要的修改。具体修改方法可以采用下列方法中的一种:

(1)修改本章的标题而其内容基本保持不变。可以考虑将这一章的标题改为"对罪犯的改造与服务"。其中"改造"指所有旨在促使罪犯发生积极变化的活动,包括上述的文化教育、职业技术教育、体育、社会教育以及劳动改造;"服务"是指监狱根据罪犯的需要而开展的有关工作,这方面的工作除了根据罪犯的需要提供的文化娱乐活动之外,还应当包括有关罪犯心理矫治等方面的规定。"罪犯心理矫治"现在更多地被称为"服刑人员心理矫治",它是指利用心理学原理和方法调整服刑人员心理和行为并促使其发生积极变化的活动①。目前,这方面的活动已经在大部分监狱中普遍开展起来,但是,在监狱法中却没有任何规定。因此,建议在修改监狱法时,不仅要修改第五章的标题,还应当在这一章中增加对于服刑人员心理矫治的规定。实际上,在外国立法例中可以发现在规定类似内容时使用"服务"字样的例子。例如,加拿大《矫正与附条件释放法》多处使用了"矫正服务"(correctional service)的字样(第79、80、82条)。挪威《刑罚执行法条例》(Regulations to the Execution of Sentences Act)就使用了"心理健康服务"(mental health service)(第3—6条)、"公共健康服务"(public health service)与"健康服务"(health service)(第3—16条)等术语。《欧洲监狱规则》多处使用了"服务"的字样。这里提出"服务"的概念,主要基于三个方面的考虑。第一,重视罪犯的愿望。在新中国罪犯改造的过程中,长期强调根据改造者(监狱方面)的想法组织对罪犯的改造活动,而很少考虑罪犯本人的愿望和态度。但是,事实证明,并非所有强制进行的活动都能够产生预期的改造效果,在很多情况下,强制进行的改造活动往往会引起罪犯的心理抗拒。在监狱纪律的压力下,他们表面上会参与这类活动,会进行遵从行为,但是内心并不认同这类活动,也不接受这类活动所隐含的观念。这样的改造活动往往是没有改

---

① 吴宗宪主编:《中国服刑人员心理矫治》,北京·法律出版社,2004年版,第2页。

造效果的,甚至会产生和预期相反的效果。例如,助长罪犯的抗拒心理与反社会态度,引发消极抵抗行动。因此,在监狱工作中,在组织一些活动时,应当考虑罪犯的想法,尊重他们自己的愿望。第二,考虑罪犯的需要。罪犯存在的实际需要,应当是组织监狱活动的重要依据。只有在罪犯存在具体需要的情况下有针对性地组织相应的活动,所组织的活动才能满足罪犯的需要,才能解决罪犯中存在的问题,才能调动起罪犯参加活动的积极性,这样的活动才能产生积极的效果。仅仅从监狱工作人员的观念出发而组织的不考虑罪犯需要的活动,是缺乏针对性的、无的放矢,这类活动不仅浪费了大量资源,而且也往往是无效的。第三,尊重罪犯的人格。根据罪犯的愿望和需要组织相关的监狱活动,是尊重罪犯的法律人格的重要体现,是把罪犯当作监狱法律关系中平等的主体看待的重要方面,是在监狱工作中贯彻现代法治理念的具体表现。因此,中国监狱系统的实务人员、研究人员、管理人员甚至有关的立法者,都要转变观念,认识到在监狱工作中,除了组织进行强制性、强迫性的改造活动之外,还应当根据罪犯的愿望和需要进行服务活动;向罪犯提供有关服务,也是监狱工作的必要组成部分。

(2) 对这一章的内容进行合理拆分。将这一章的内容拆分为不同的章后分别进行规定。

最后,要解决第六章的标题与实际内容不吻合的问题。这一章的标题虽然是"对未成年犯的教育改造",但是,具体内容远远超出了"教育改造"的范围。这一章不仅规定了对未成年犯的教育改造问题,还规定了未成年犯执行监禁刑罚的场所(第七十四条)、未成年犯的劳动改造(第七十五条第一款)、未成年犯的刑罚执行与年龄的关系(第七十六条)等问题。因此,建议在修改监狱法时,对这一章进行必要的修改。具体修改方法可以采用下列方法中的一种:①将这一章的标题修改为"未成年犯的刑罚执行"。如果对本章的标题进行这样的修改,那么,就使本章具有了能够容纳更多内容的空间,就可以对未成年犯执行监禁刑罚过程中存在的一些特殊问题,进行更为详细的规定。例如,对未成年犯管教所的特殊管理制度、特殊警戒制度、特殊教育制度、特殊劳动制度等,进行更多的、更加全面的规定。②对这一章的内容进行调整,并且根据调整后的内容确定章的标题。

2. 解决以偏概全的表述

目前监狱法中的一些表述存在以偏概全的问题,需要在修改监狱法时加以解决。例如，监狱法第二条第一款规定："监狱是国家的刑罚执行机关。"从逻辑分析可知，这句话是一个全称判断；依照逻辑推理，这句话的含义应当为：监狱是国家所有刑罚的执行机关。但是，这与实际情况不符，因为该条第二款规定："依照刑法和刑事诉讼法的规定，被判处死刑缓期二年执行、无期徒刑、有期徒刑的罪犯，在监狱内执行刑罚。"根据这一规定，监狱负责执行我国刑法规定的五种主刑中的"两个半"①，而被判处管制、拘役、死刑、罚金、没收财产刑罚以及被判处有期徒刑宣告缓刑的罪犯，都不在监狱中执行刑罚。因此，这样的全称判断是不恰当的，它可能反映了监狱法制定者的某种愿望，即试图把监狱变成大多数刑罚（包括所有监禁刑罚和死刑）的执行场所，但是，这并不符合监狱的实际情况。在完善该款的规定时，还有一个如何理解"监狱"概念的问题。在中国目前的很多场合中，往往把"监狱"和"看守所"区分开来，仅仅狭义地把监狱理解为关押已决犯的场所，监狱法就是这样使用"监狱"一词的。这样区分的重要原因是监狱和看守所分别由不同的部门管理：监狱由司法行政机关管理（最高管理机关是司法部），而看守所由公安机关管理（最高管理机关是公安部）。但是，在其他情况下，对监狱作广义的理解，即把看守所看成是监狱的一种类型，即看守所就是未决犯监狱②。所以，在修改监狱法时，存在对"监狱"一词如何理解的问题。如果对监狱作广义的理解，那么，该款应当修改为"监狱是国家监禁刑罚的执行机关"，因为非监禁刑罚不在监狱中执行；如果对监狱作狭义的理解，那么，就应当修改为"监狱是国家大部分监禁刑罚的执行机关"，因为属于监禁刑的拘役和刑期较短的有期徒刑③，都不在狭义的"监狱"中执行。

3. 解决概念混乱的问题

在我国刑法学中，明确区分刑种和刑罚执行制度。例如，认为死刑是一种刑罚种类（刑种），而死刑缓期执行"不是独立的刑种，而是死刑的一种执行制度"④。因此，在法条中不能将不同性质的对象同等对待和并列规定，否则就会产生概念错误。但是，监狱法第二条第二款就犯了这样的

---

① 力康泰、韩玉胜、袁登明：《刑事执行一体化初探》，载《犯罪与改造研究》2000年第10期，第16页。
② 吴宗宪：《当代西方监狱学》，北京·法律出版社，2005年版，第90页。
③ 根据刑事诉讼法第二百五十三条第二款的规定："对被判处有期徒刑的罪犯，在被交付执行刑罚钱，剩余刑期在三个月以下的，由看守所代为执行。"
④ 高铭暄、马克昌主编：《刑法学》（第五版），北京大学出版社，2011年版，第239页。

错误。该款规定："依照刑法和刑事诉讼法的规定，被判处死刑缓期二年执行、无期徒刑、有期徒刑的罪犯，在监狱内执行刑罚。"其中，"被判处死刑缓期二年执行"指的是刑罚执行制度，而无期徒刑和有期徒刑则属于刑种。因此，这款的规定发生了将不同性质的对象进行并列规定的错误，其中包含着概念混乱。建议在修改监狱法时，把这一款修改为"依照刑法和刑事诉讼法的规定，被判处死刑（缓期二年执行）、无期徒刑、有期徒刑的罪犯，在监狱内执行刑罚"。用括号将"缓期二年执行"几个词语括起来，一方面使罪犯一词之前的定语具有一致性，即都是刑种，另一方面也表明这里所讲的"死刑"的独特之处，即这里所讲的死刑实际上是指缓期二年执行的死刑（刑罚执行制度），而不是立即执行的死刑（刑种）。

当然，如果考虑到在未来死刑也在监狱执行并且将看守所也纳入监狱系统进行管理的话，可以根据未来的变化调整这方面的表述。例如，可以将这一款修改为"依照刑法和刑事诉讼法的规定，被判处死刑和监禁刑的罪犯在监狱中执行刑罚"。

4. 解决"代为执行"的问题

监狱法第十五条第二款规定："罪犯在被交付执行刑罚前，剩余刑期在三个月以下的，由看守所代为执行。"在这里，"代为执行"一词的含义不清，意思不明。从立法资料来看，这一条的规定来源于刑事诉讼法第二百五十三条第二款，该款规定："对于被判处有期徒刑的罪犯，在被交付执行刑罚前，剩余刑期在三个月以下的，由看守所代为执行。"那么，这些规定中的"代为执行"是什么意思呢？是不是指看守所"代替"或者"代表"监狱执行呢？如果是这样的话，就是指看守所在帮助监狱对这一部分罪犯执行刑罚。如果可以这样理解，那么，是否包含着监狱要指导甚至领导看守所对这部分罪犯的刑罚执行工作的含义呢？因为如果对这些词语进行逻辑推理的话，就会得出这样的结论。如果不能这样理解，又该怎样理解呢？所以，在未来修改监狱法时，建议首先深入研究和明确这一款的立法意图和确切含义，然后再使用更加准确的词语作出规定。

5. 解决主语不当的问题

监狱法的一些规定存在主语不当的问题。例如，第四十五条规定："监狱遇有……之一的，可以使用戒具。"在这句话中，存在主语不当的语法毛病，其中所讲的"监狱"，实际上应当是"监狱人民警察"。因此，在修改监狱法时，应当将其中的"监狱"改为"监狱人民警察"。

6. 解决语言赘述的问题

监狱法的一些条文存在同义词或者近义词重叠赘述的问题。例如，第四十五条第一款第二项规定，"罪犯有使用暴力行为的"。这项规定中使用了两个谓语动词"有"和"使用"，是明显的重复使用谓语，属于语法错误。在修改时，应当选择使用一个谓语词。考虑到与该款中第一项的表述的对应，可以将这项修改为"罪犯有暴力行为的"。

7. 解决意图不清的问题

监狱法的一些规定意图不清。例如，第四十八条规定："罪犯在监狱服刑期间，按照规定，可以会见亲属、监护人。"该条中"按照规定"的含义不明确，立法意图不清楚。这是因为，在这里提出"按照规定"，似乎是要参照其他的规定解决会见亲属和监护人的问题。但是，应当认识到，这样的规定是不合理的。首先，监狱法是目前有关监狱工作的最高规格的立法，这样的立法所规定的内容，应当是作出其他规定的依据，而不是相反；监狱法不应当依赖其他下位的规定作出自己的规定。其次，监狱法的上位法，例如刑法和刑事诉讼法都不可能作出这样的规定。如果把"按照规定"理解为按照监狱法的上位法中的规定，在立法技术上是恰当的，但是，在实际上是不可能的。这是因为，罪犯会见他人是监狱管理中的一个具体问题，有关的上位法律不可能也不应该对这样具体的问题作出明确规定，有关的上位法律有更多更重要的事项加以规定，它们不会也不应该越俎代庖，规定属于下位法律调整范围的内容。因此，在修改时，可以考虑删除"按照规定"的表述，在"会见亲属、监护人"之后，增加一句"具体办法另行制定"。如果这样修改，既可以与监狱法是监狱领域中最高立法的地位相吻合，也可以为监狱管理部门作出更具体的规定提供法律依据。

8. 解决表述混乱的问题

监狱法中有的表述混乱。例如，第七十五条第一款规定："对未成年犯执行刑罚应当以教育改造为主。未成年犯的劳动，应当符合未成年人的特点，以学习文化和生产技能为主。"这一款将不同的内容硬性规定在一款内，甚至规定在一句话内，造成了表述混乱。什么是"未成年犯的劳动"？"未成年犯的劳动"中包括了"学习文化和生产技能"的内容吗？如果不包括，为什么在规定"劳动"之后，又紧接着规定"学习文化和生产技能"呢？这句话显然逻辑不通。同时，既然在本款一开始就明确提出了"教育改造",那么,后面的规定就应当围绕教育改造展开,接着规定"学习文化和生产技能"方面的内容,而不应当中间又插入"劳动"方面的内容。

因此,为了逻辑严密和意思清晰,在修订监狱法时,可以考虑将这一款分为两款加以规定,其中,第一款可以表述为:"对未成年犯执行刑罚应当以教育改造为主。"第二款可以表述为:"未成年犯的劳动,应当符合未成年人的特点,以学习生产技能为主。"因为学习文化的内容已经包含在"教育改造"中。

9. 消除对"可以"的混乱使用

在监狱法中存在多处不恰当使用"可以"一词的现象。大体而言,可以分为下列类型。

第一,弱化罪犯的权利。例如,第四十七条"罪犯在服刑期间可以与他人通信",第四十八条"罪犯在监狱服刑期间,按照规定,可以会见亲属、监护人"等所规定的都是罪犯在服刑期间应当享有的权利,这是现代监狱工作中的基本共识。但是,监狱法在规定它们时,却使用了"可以"这样模棱两可的词语,在客观上产生了弱化罪犯权利的效果。应当认识到,这些规定所涉及的内容是罪犯的权利,在具体表述时,自然要使用体现罪犯权利的词语,即用"有权"代替"可以"。当然,为了维护监管安全,可以考虑对第四十七条进行更加详细的规定:"罪犯在服刑期间有权与他人通信,具体办法另行制定。"对于第四十八条,也可以进行类似的修改。

第二,淡化执法者的职责。监狱法在规定执法者的职责时,使用"可以"字样,在客观上淡化了执法者应当履行的职责,似乎执法者可以这样做,也可以不这样做,从而在客观上有可能给执法者不尽职责提供借口或者依据。例如,监狱法第五十五条第二款中规定:"人民检察院对监狱的医疗鉴定有疑义的,可以重新对死亡原因作出鉴定。"作为专门的法律监督机关,在对罪犯因病死亡的鉴定有疑义时,必须认真对待,应当重新鉴定,从而查明事实、追求公平、主持正义,而不能无所作为,敷衍搪塞。因此,在修改监狱法时,可以考虑将这一款修改为:"人民检察院对监狱的医疗鉴定有疑义的,应当重新对死亡原因作出鉴定。"又如,监狱法第四十七条中也有这样的规定:"监狱发现有碍罪犯改造内容的信件,可以扣留。"既然发现罪犯的信件中有不被允许的内容,那么,任意处理这样的信件（可以扣留，也可以不扣留），岂不是在渎职吗？因此，在修改监狱法时，可以考虑将这一条中的"可以"改为"应当"，从而强调执法者必须严格履行职责，而不能以不作为的方式渎职。

综上所述可见，监狱法中确实存在文字表述方面的问题。这些问题的发生，首先表明监狱法存在立法质量不高的问题，说明对于监狱法的文本缺乏严谨细致的推敲。其次，也表明对于监狱立法的理论研究存在严重的不足。高质量的监狱学理论研究成果应当是高水平的监狱立法的必要基础，缺乏这种基础的立法，只能是水平较低、瑕疵较多的立法。再次，也说明监狱系统存在"熟视无睹"和理论素养不足的现象。监狱法已经颁布20多年，但是，期间发表的专门探讨监狱法文字表述的高质量研究成果很少，人们对于监狱法中存在的文字表述问题"熟视无睹"，这种现象背后存在的问题是人们的专业理论素养不足。因此，要科学地修改和完善监狱法，必须要加强对监狱学理论和监狱法文本的深入研究。

五、与其他法律的衔接

尽管2012年10月26日第十一届全国人民代表大会常务委员会第二十九次会议通过的《关于修改〈中华人民共和国监狱法〉的决定》，对监狱法作了7个方面的修改，解决了监狱法中存在的一些重大问题，也解决了与当时已经颁布的其他法律的衔接问题，进一步完善了监狱法的内容。不过，在修改监狱法之后，我国陆续颁布和实施了一些新的法律，其中有一些涉及监狱工作的内容，应当在修改监狱法时予以考虑，协调解决。

（一）立法法的修正

2015年修正的立法法，对于立法工作提出了新的要求。例如，该法第六条第二款规定："法律规范应当明确、具体，具有针对性和可执行性。"这是一项很高的立法要求，以此衡量监狱法的内容，可以发现监狱法的一些条文中存在用语模糊、可操作性不强等问题。有研究曾指出，监狱法既是实体法又是程序法，随意性大，在78个条文中，在"期间"的规定上，涉及"及时""立即"表述的有14处之多。[①] 另外，还有些监狱法的条文

[①] 谢利苹：《关于监狱法修改和完善的思考》，载《中国司法》2009年第2期，第35页。包括监狱法的第四十一条、第四十六条、第四十八条、第五十条、第七十二条和第七十三条。

表述为"依照有关规定",但究竟是依照哪些规定却又未明确。显然,监狱法的类似情形不符合立法法的要求,应当在修改监狱法时认真解决此类问题。

(二) 刑法修正案 (九) 的出台

2015年通过的刑法修正案(九)中,有一些与监狱工作相关的规定。相对于刑法修正案(八),刑法修正案(九)对刑法的"总则"部分作了相应调整。其中,与监狱法相关的包括以下三处。

1. 被判处死刑缓期二年执行的罪犯立即执行的条件的变化

根据刑法修正案(九),对于被判处死刑缓期二年执行的罪犯,只有在故意犯罪并且情节恶劣的情况才予以立即执行死刑。按照刑事诉讼法规定,被判处死刑缓期二年执行的罪犯是在监狱执行刑罚。那么,这些罪犯的故意犯罪在哪些情况下构成情节恶劣?这个问题主要是刑法规定的内容,但是,在修改监狱法时应当予以关注。

2. 对某些罪犯终身监禁,不得减刑、假释的规定

根据刑法修正案(九),对于一部分实施贪污、贿赂犯罪的犯罪分子,被判处死刑缓期执行的,人民法院根据犯罪情节等情况可以同时决定在其死刑缓期执行二年期满依法减为无期徒刑后,终身监禁,不得减刑、假释。由此,监狱法第二十九条关于减刑的规定、第三十二条关于假释的规定,就需要作相应修改。

3. 禁止从业的规定

刑法修正案(九)给刑法新增第三十七条之一,规定了禁止从业事项:"因利用职业便利实施犯罪,或者实施违背职业要求的特定义务的犯罪被判处刑罚的,人民法院可以根据犯罪情况和预防再犯罪的需要,禁止其自刑罚执行完毕之日或者假释之日起从事相关职业,期限为三年至五年。被禁止从事相关职业的人违反人民法院依照前款规定作出的决定的,由公安机关依法给予处罚;情节严重的,依照本法第三百一十三条的规定定罪处罚。其他法律、行政法规对其从事相关职业另有禁止或者限制性规定的,从其规定。"这一规定对于部分刑满释放人员有影响,与监狱法第三十七条、第三十八条的内容相关,在修改监狱法时应当考虑刑法的变化。

（三）精神卫生法的实施

第十一届全国人民代表大会常务委员会第二十九次会议于 2012 年 10 月 26 日通过的《中华人民共和国精神卫生法》①，与监狱工作有一定关系。该法第十八条规定："监狱、看守所、拘留所、强制隔离戒毒所等场所，应当对服刑人员，被依法拘留、逮捕、强制隔离戒毒的人员等，开展精神卫生知识宣传，关注其心理健康状况，必要时提供心理咨询和心理辅导。"该条规定不仅是对监狱中的罪犯心理矫治工作的要求，也与多年来我国监狱中开展的罪犯心理矫治工作相吻合，因此，在修改监狱法时，应当考虑精神卫生法的这条内容，对罪犯的心理健康教育等心理矫治作出明确规定。监狱法在这方面的规定，不仅与精神卫生法的内容相衔接，也为进一步规范监狱中的罪犯心理矫治工作、促进在监狱中开展的罪犯心理矫治工作，提供明确的法律依据。

（四）反恐怖主义法的通过

为了适应打击恐怖主义的需要，第十二届全国人民代表大会常务委员会第十八次会议于 2015 年 12 月 27 日通过了《中华人民共和国反恐怖主义法》②，该法中有两条与监狱工作密切相关。

第二十九条第二款规定："监狱、看守所、社区矫正机构应当加强对服刑的恐怖活动罪犯和极端主义罪犯的管理、教育、矫正等工作。监狱、看守所对恐怖活动罪犯和极端主义罪犯，根据教育改造和维护监管秩序的需要，可以与普通刑事罪犯混合关押，也可以个别关押。"

第三十条第一款规定："对恐怖活动罪犯和极端主义罪犯被判处徒刑以上刑罚的，监狱、看守所应当在刑满释放前根据其犯罪性质、情节和社会危害程度，服刑期间的表现，释放后对所居住社区的影响等进行社会危险性评估。进行社会危险性评估，应当听取有关基层组织和原办案机关的意见。经评估具有社会危险性的，监狱、看守所应当向罪犯服刑地的中级人民法院提出安置教育建议，并将建议书副本抄送同级人民检察院。"第二款规定："罪犯服刑地的中级人民法院对于确有社会危险性的，应当在罪犯刑满释放前作出责令其在刑满释放后接受安置教育的决定。决定书副

---

① 以下简称精神卫生法。
② 以下简称反恐怖主义法。

本应当抄送同级人民检察院。被决定安置教育的人员对决定不服的，可以向上一级人民法院申请复议。"第三款规定："安置教育由省级人民政府组织实施。安置教育机构应当每年对被安置教育人员进行评估，对于确有悔改表现，不致再危害社会的，应当及时提出解除安置教育的意见，报决定安置教育的中级人民法院作出决定。被安置教育人员有权申请解除安置教育。"第四款规定："人民检察院对安置教育的决定和执行实行监督。"

反恐怖主义法中这两条规定的内容，是监狱法的规定没有的，也是监狱法在修改时需要增加的内容。首先，要考虑对在监狱中服刑的恐怖活动罪犯和极端主义罪犯的教育问题。其次，要考虑在释放前对恐怖活动罪犯和极端主义罪犯进行社会危险性评估的问题。最后，要考虑对于经过社会危险性评估发现确有社会危险性的释放人员的安置教育问题。

（五）监察法的通过

2018 年 3 月 20 日第十三届全国人民代表大会第一次会议通过的《中华人民共和国监察法》①，在对公职人员的监督方面，有重大发展，进一步拓宽了监察的对象，实现了对公职人员监察的全覆盖。在监狱法的修改过程中，应当考虑监察法的内容，实现监察法与监狱法内容的有机衔接。

（六）社区矫正法的颁布

全国人大常委会 2019 年 12 月 28 日表决通过的《中华人民共和国社区矫正法》②，是我国刑事法治发展历史上的重要事件，其内容也与监狱法有密切的联系，应当注意监狱法与该法的衔接。

社区矫正法与监狱法的衔接，主要涉及下列方面：

一是缓刑的相关事项。对于被宣告缓刑的罪犯，在社区矫正领域中的工作包括判决前的调查评估（第十八条）、宣告后的报到（第十九、二十一条）、监督管理（第四章）、帮困扶助（第五章）、对违反规定的缓刑罪犯的处罚及收监（第二十八条）等。

二是假释的相关事项。对于被裁定假释的罪犯，在社区矫正领域中的工作包括裁定前的调查评估（第十八条）、假释后的报到（第十九、二十一条）、监督管理（第四章）、帮困扶助（第五章）、对违反规定的假释罪

---

① 以下简称监察法。
② 以下简称社区矫正法。

犯的处罚及收监（第二十八条）等。

三是暂予监外执行的决定与执行。根据刑事诉讼法第二百六十五条第五款和社区矫正法第十七条第四款的规定，监狱是暂予监外执行的决定机关之一，被交付执行监禁刑罚后的罪犯具有暂予监外执行情形的，由省级监狱管理机关决定是否批准暂予监外执行。同时，根据刑事诉讼法第二百六十九条和社区矫正法第一条的规定，暂予监外执行的罪犯，由社区矫正机构负责执行。

为了执行暂予监外执行，社区矫正法规定了相关的事项。

第一，移送。监狱管理机关批准暂予监外执行的社区矫正对象，由监狱自收到批准决定之日起10日内将社区矫正对象移送社区矫正机构（第二十一条第三款）。

第二，监督管理和帮困扶助。对于暂予监外执行的罪犯，社区矫正机构要负责日常监督管理（第四章）和帮困扶助（第五章）。

第三，处罚。对于在暂予监外执行期间违反规定的暂予监外执行罪犯，社区矫正机构视情节依法给予训诫、警告、提请公安机关予以治安管理处罚，或者依法提请撤销暂予监外执行并收监执行（第二十八条、第四十九条）。

总之，在与相关法律制度的衔接方面，存在一些复杂的问题。在修改监狱法时，要根据监狱法的特点、监狱工作的实践等，作出相应的规定。

六、重视对域外内容的借鉴

世界各国之间交流监狱法治建设经验，是完善监狱法治的重要途径。从相关资料来看，这方面的事例不少。例如，18世纪中后期，英国监狱改革家约翰·霍华德（John Howard, 1726—1790）以及英国哲学家和法学家杰里米·边沁（Jeremy Bentham, 1748—1832）关于建立感化院（penitentiary）的监狱改良思想不仅在英国开花结果，而且还横渡大西洋，在美国生根发芽[1]。20世纪20年代，美国创立的宾夕法尼亚制（Pennsylvania system），亦称"独居制"（separate system），则备受欧洲国家的青睐。1846年在德国召开的第一届国际监狱大会（First International Prison Congress）

---

[1] Todd R. Clear & George F. Cole, *American Corrections*, 9th ed. (Belmont, CA: Wadsworth Publishing Company, 2001), pp. 39–41.

上，绝大多数人赞同宾夕法尼亚模式（Pennsylvania model），此后，这种监狱制度迅速在德国、法国、比利时以及荷兰等国得到采用①。

在我国现代监狱制度的建立过程中，也很好地借鉴了国际社会的做法。例如，清末监狱改良即以借鉴域外制度为开端。1910年，日本监狱学家小河滋次郎博士受托起草《大清监狱律（草案）》，在中国监狱立法史上留下了里程碑式的印记②。1949年后，1954年公布实施的《中华人民共和国劳改工作条例》大量吸收了苏联关于劳动改造罪犯的理论学说和实践经验③。因此，国内学者翟中东教授等认为，像中国这样的发展中国家的监狱法立法，其理想的立法模式应当是：第一，继承本国历史上探索的积极成果；第二，保持对外开放，吸收国际上合理的理论与制度。前者的价值在于积累已有的经过实践检验适合国情，同时又有效的经验；后者的价值在于借鉴他国经验与研究成果，促进本国监狱制度的现代化④。所以，在修改监狱法的过程中，也要从域外监狱立法理论、域外监狱立法文本、联合国监狱管理规范三个方面梳理相关经验，为我国监狱法的修改提供参照。

（一）域外监狱立法理论

域外监狱立法理论的核心在于要求充分保障罪犯权利，并极力论证其正当性。例如，2006年《欧洲监狱规则（草案）》的起草者之一、英国诺丁汉大学法学院的德克·范·齐尔·施米特（Dirk Van Zyl Smit）教授等人认为："监狱的问题就是为罪犯的权利提供一种刑罚学的构架。"⑤ 学者们论证罪犯权利正当性的逻辑进路主要有以下三个方面。

1. 监狱机构的特殊性

与学校、邮局、商场、车站等许多社会机构相比，监狱有其特殊性。美国著名社会学家欧文·戈夫曼（Erving Goffman，1922—1982）曾将监狱

---

① Todd R. Clear & George F. Cole, *American Corrections*, 9th ed. (Belmont, CA: Wadsworth Publishing Company, 2001), p. 51.
② 郭明：《中国监狱学史纲》，北京·中国方正出版社，2005年版，第94—95页。
③ 《中国劳改学研究》编写组：《中国劳改学研究》，北京·中国社会科学文献出版社，1992年版，第38—39页。
④ 翟中东、孙霞：《监狱法立法不足及修改原则》，载《犯罪与改造研究》2014年第10期，第24—31页。
⑤ Dirk Van Zyl Smit & Sonja Snacken, *Principles of European Prison Law and Policy* (New York: Oxford University Press, 2009), p. 38.

描述为"全面控制机构"（total institutions）的典型代表。所谓全面控制机构就是全面、严密地控制人们行为的机构。根据戈夫曼的论述，这类机构是大量情况相似的个体共同居住和工作的一个场所；这些个体在相当长的一段时间内与广泛的社会断绝往来，从而一起形成了一个封闭的、管理正式的、循环往复的生活模式①。戈夫曼将全面控制机构大致分为孤儿院、精神病院、监狱、军队以及修道院五种。孤儿院、精神病院、军队以及修道院全面控制机构分别会为孤儿、精神病患者、军人以及僧侣谋求福利，监狱则不同，监狱的主要目标是保护社会大众免受罪犯的侵害，而不是为罪犯谋求福利。因此，社会对安全的需求基本上决定了监狱的日常生活形态。从入监开始，罪犯就需要拍照片、录指纹、移交个人物品、接受裸体检查、脱下个人服装并更换统一的囚服。监狱剥夺罪犯的社会角色，代之以罪犯的角色。监禁使罪犯丧失脸面和隐私、丧失控制自己命运的能力和尊严；监狱日复一日地进行搜查监舍、检查信件、裸体搜身以检查违禁品等活动，从而进一步控制罪犯的行为。

监狱用这种精细的方式来控制罪犯的生活，以维护监狱的权威，形成自身的特色，包括森严的等级制度、烦琐的例行公事、官僚的分类体系、可怕的社会隔绝等。这种严密控制的监狱生活给罪犯的身体与心理造成了巨大损害。国外很多实证研究表明，罪犯身心受到的巨大损害包括身体机能退化、反应迟钝、自我意识下降、自我导向的敌意增加、对外部关系和未来失去兴趣，严重的甚至产生人格监狱化②。欧洲人权法院（European Court of Human Rights）也承认存在这些损害。约翰·欧文（John Irvin）等学者认为：虽然官方的监禁目的并不包括伤害罪犯；但是，监禁无不造成伤害③。因此，承认罪犯拥有权利并保证有效实现罪犯权利，是限制监狱

---

① Erving Goffman, *Asylums: Essays on the Social Situation of Mental Patients and Other Inmates* (New York: Anchor Books, 1961), p. XIII.

② Harjit S. Sandhu, "The Impact of Short-Term Institutionalization on Prison Inmates", *The British Journal of Criminology*, Vol. 4, No. 5 (July 1964), pp. 461-474. P. A. Banister, F. V. Smith, K. J. Heskin & N. Bolton, "Psychological Correlates of Long-term Imprisonment", *The British Journal of Criminology*, Vol. 13, No. 4 (October 1973), pp. 312-330. K. J. Heskin, N. Bolton, F. V. Smith & P. A. Banister, "Psychological Correlates of Long-Term Imprisonment: III Attitudinal Variables", *The British Journal of Criminology*, Vol. 14, No. 2 (April 1974), pp. 150-157. 关于"罪犯人格监狱化的一般机制"的中文文献，参见郭明：《监狱学基础理论》，北京·中国政法大学出版社2015年版，第73—76页。

③ John Irwin & Barbara Owen, "Harm and The Contemporary Prison", in Alison Liebling & Shadd Maruna (eds.), *The Effects of Imprisonment* (Cullompton, Devon, UK: Willan, 2005), p. 94.

伤害的重要方式。

监狱与其他全面控制机构的另一个重要区别就是，管理者与罪犯的权力对比严重失衡。罪犯受到他们并不一定认可的权威的控制，而这一权威的代表（监狱工作人员）可以使用武力压制罪犯以维护其权威。所以，监狱很容易产生权力垄断和暴政。第二次世界大战期间的纳粹集中营就是典型的例证。纳粹集中营的经历表明，人被剥夺自由之后会产生极端的依赖。在监狱中，这种极端的依赖蕴含着管理者滥用权力去实施酷刑甚至进行种族灭绝的巨大风险。美国心理学家菲利普·津巴多（Philip Zimbardo）[1]和斯坦利·米尔格拉姆（Stanley Milgram）[2]等学者的科学实验已经证明，不只是少数纳粹分子才有极端行为，只要给予合适的条件和激励，很多普通民众也会对罪犯实施同样惊人的暴行。在民主社会中，监狱工作人员对罪犯实施集权的、残忍的、持久的压制，并不能被人们接受。为了尽可能防止存在权力垄断的监狱对罪犯实施酷刑等极端行为，赋予罪犯应有的权利是极为必要的。

2. 监禁刑罚的目的

既然确有必要保障罪犯权利，那么罪犯权利的边界在哪里？其具体内容又是什么？学者们认为，这取决于政府秉持何种监禁刑罚目的观。"刑罚目的观体现的是人们从根本上希望刑罚所能实现的目标；刑罚的具体规定、量定和执行都是实现特定的刑罚目的观的手段。"[3] 监禁刑的刑罚目的具有一定的复杂性。报应主义论者将刑罚视为对犯罪行为的报复与反应。犯罪是一种恶害，而刑罚的显著特征就是痛苦。对罪犯实施刑罚是基于报应的原理，符合正义的要求[4]。绝对报应主义论者伊曼努尔·康德（Immanuel Kant，1724—1804）认为，刑罚只能是报应，除此之外，作为报应的刑罚本身不具有也不应当去追求其他任何目的。"法院的惩罚绝对不能仅仅作为促进另一种善的手段，不论是对犯罪者本人或者对公民社会。因

---

[1] 津巴多的斯坦福监狱实验报告，参见 Craig Haney, Curtis Banks & Philip Zimbardo, "Interpersonal Dynamics in a Simulated Prison", *International Journal of Criminology and Penology*, No. 1 (1973), pp. 69-97。

[2] 米尔格拉姆的电击实验，参见［美］斯坦利·米尔格拉姆：《对权威的服从》（赵萍萍、王利群译），北京·新华出版社，2015年版。

[3] 李川：《刑罚目的理论的反思与重构》，北京·法律出版社，2010年版，第1页。

[4] 参见董淑君：《刑罚的要义》，北京·人民出版社，2004年版，第126页。

为一个人绝对不应该仅仅作为一种手段去达到他人的目的。"①

单纯强调报应的刑罚目的观过于狭窄，因而遭到功利主义论者的强烈批判。切萨雷·贝卡利亚（Cesare Beccaria，1738—1794）②指出："刑罚的目的既不是要摧残折磨一个感知者，也不是要消除业已犯下的罪行。……刑罚的目的仅仅在于：防止罪犯重新侵害公民，并规诫其他人不要重蹈覆辙。"③功利主义论者在方法论上坚持结果主义，认为刑罚的目的在于减少未来的犯罪，而一般预防和特殊预防可以实现这一目的。一般预防就是借助刑罚的威慑力，让普通公民遵纪守法，避免犯罪。特殊预防就是通过刑罚威慑、隔离监禁、教育改造等方式来减少罪犯重新犯罪的可能性。单纯追求预防犯罪的功利主义刑罚目的观也不能让人完全信服。20世纪中后期，就出现了折中主义论者，将报应主义的"正义"与功利主义的"预防"都视为刑罚的目的所在。

由此可见，如何平衡报应与功利，如何教育、矫正、改造罪犯，使之重返社会，就成为世界各国监狱立法无法回避的现实问题。20世纪70年代，德国、英国以及欧洲人权法院就抛弃了罪犯权利因被剥夺自由而受到固有限制的理论。人们在看待罪犯的自由时，区分两类自由，即人身自由（personal liberty）与剩余自由（residual liberty）。虽然监禁制裁的判决使罪犯失去了人身自由，不过，在监狱范围内，剩余自由以及相关人权应该留给罪犯。人身自由与剩余自由这两个相互区别的概念，比较清晰地划定了罪犯权利的边界。在"剩余自由"范围内，罪犯拥有哪些具体的权利呢？在英国，人们已经接受这样的观念，即"尽管罪犯被监禁，但仍然保留所有不被明示或必然暗示所夺走的公民权利"④。相比较而言，德国赋予罪犯权利的内容更为明确一些。德国联邦宪法法院将罪犯再社会化确定为执行监禁刑罚的明确目标。在这一宪法原则的指引下，德国法院确认罪犯在法

---

① [德]康德：《法的形而上学原理——权利的科学》（沈叔平译），北京·商务印书馆，2002年版，第164页。

② 贝卡利亚的刑罚思想虽然有很大报应的成分，但一般也被认为是功利主义的。参见董淑君：《刑罚的要义》，北京·人民出版社，2004年版，第34页。

③ [意]切萨雷·贝卡利亚：《论犯罪与刑罚》（黄风译），北京·中国方正出版社，2004年版，第28页。

④ Dirk Van Zyl Smit & Sonja Snacken, *Principles of European Prison Law and Policy* (New York: Oxford University Press, 2009), p. 77.

律上拥有消极权利（negative rights）和积极权利（positive rights）[①]。"消极权利"与"积极权利"的区分，一直被认为是德国等大陆法系国家宪法教义学上的固有学理[②]。宪法上所规定的、由公民所享有的权利，一般被称为"基本权利"。传统宪法理论一般以基本权利实现需要国家介入的程度为标准，把基本权利分为消极权利和积极权利，并以此为基础确定国家相应的义务。消极权利如生命、自由、财产和人身安全权，住宅权，通信自由，迁徙自由，思想、良心和宗教自由，主张和发表意见的自由，和平集会以及结社自由等，人们一般称为"自由权"。从各国人权保障的历史看，这类权利最容易受到国家公权力的侵害，因而宪法对这类权利予以规定，其目的在于创造一个排除国家权力恣意介入的个人自由活动空间，所以消极权利又被称为"免予国家干涉的权利"。积极权利如工作权、休息权、生存权、社会保障权、受教育权、社会文化生活权以及对其所创作的任何科学、文学或美术作品而产生的精神和物质的利益享有受保护的权利等，人们一般称为"社会权"。公民这类权利的实现需要国家权力的积极介入以提供法律上、组织上及财政上的保障，所以积极权利又被称为"免予国家匮乏的权利"[③]。1976年通过的德国《刑事执行法》在总则部分就确立了追求罪犯再社会化的监狱管理目的，并要求保障罪犯的消极权利。在行刑实践中，德国也存在一些罪犯权利实现的体制障碍，例如监狱官员抵制、法律援助不足等。面对这些障碍，德国联邦法院一直重申罪犯再社会化的宪法原则，并不断发展罪犯的积极权利，如获得足够的劳动报酬的权利、获得以回归社会为目的的判决的权利、离监探亲以及其他形式的消遣放松的权利等[④]。

3. 人权事业的发展

学者们还从国内与国际人权事业的发展来寻找保障罪犯人权的根据。

[①] Dirk Van Zyl Smit & Sonja Snacken, *Principles of European Prison Law and Policy* (New York: Oxford University Press, 2009), p.78.

[②] 周刚志:《论"消极权利"与"积极权利"——中国宪法权利性质之实证分析》，载《法学评论》2015年第3期，第40—47页。

[③] 杨福忠:《消极权利与立法者的积极义务——以德国联邦宪法法院第二次堕胎判决为例》，载《北方法学》2011年第1期，第111—119页。

[④] Liora Lazarus, "Conceptions of Liberty Deprivation", *The Modern Law Review*, Vol.69, No.5 (August 2006), pp.738-769.

近代以来，西方发达国家逐步强调下列三项基本的宪法原则①：

（1）人权（human rights）。人权被视为政治结构的核心。在防止国家公权力不必要地干预和侵犯私人领域时，人权是公民自我保护的壁垒。在需要国家采取行动保护个人利益时，人权是救助公民的指示器。

（2）法治（rule of law）。法治原则要求监狱管理必须理性，对管理者大量的自由决定进行限制。为了防止罪犯免受监狱管理者武断的、情绪化的发号施令之苦，就要重视法治原则。

（3）民主（democracy）。民主则要求政府考虑大多数人的意愿，并关护公共利益。罪犯人权也是公共利益的组成部分。大多数时候，社会大众对于监狱内部的日常运作漠不关心。然而，越狱或暴动等特殊事件或丑闻的发生又会牵动着公众神经。监禁条件不人道的偶然报道也会突然引发一时的媒体关注或政治炒作。这些都会对监狱管理的合法性产生不良影响。这也清晰地表明，民主原则要求政府关护罪犯人权这一公共利益确有必要。

上述三个基本原则都证明了保障罪犯人权的合法性。这意味着判决的执行、剥夺自由的措施、监狱的管理等刑事司法实践应该与这些基本原则相一致。

区域性人权公约也是该地区各个缔约国在监狱立法中保护罪犯权利的重要法律渊源。欧洲是区域性人权国际保护发展最早也最发达的地区。欧洲理事会以1953年9月生效的《欧洲人权公约》为据，创立了人权保护的第一个国际机制②。《欧洲人权公约》第3条规定："任何人不得施以酷刑或非人道或有辱人格的待遇或处罚。"③ 2006年修订的《欧洲监狱规则》第1条、第2条、第3条分别规定："所有被剥夺自由的人都应受到尊重其人权的待遇。""被剥夺自由的人保留所有没有通过判决或者拘留决定予以合法剥夺的权利。""对被剥夺自由的人进行的限制，应当是必要的最低限

---

① Paul De Hert & Serge Gutwirth, "Rawls' Political Conception of Rights and Liberties", in M. Van Hoeck (ed.), *Epistemology and Methodology of Comparative Law* (Oxford: Hart, 2004), pp. 317-357.

② 杜仕菊：《欧洲人权的理论与实践——以欧洲社会现代化进程为视角》，杭州·浙江人民出版社，2009年版，第66页。

③ Sir Nigel Rodley & Matt Pollard, *The Treatment of Prisoners under International Law* (New York: Oxford University Press Inc., 2009), p. 637.

度的限制，并与进行限制的合法目标相适应。"① 这是《欧洲监狱规则》尊重罪犯人权的 3 个基本原则，成为各缔约国保障罪犯人权的国际法渊源。1969 年 11 月生效的《美洲人权公约》、1986 年 10 月生效的《非洲人权和民族权宪章》则分别为美洲与非洲国家保障罪犯人权奠定了国际法渊源。

全球性的国际人权公约也成为世界各国保障罪犯人权的重要基础。自联合国成立以来，已经根据《联合国宪章》的精神制定了一系列关于人权的文件，其中最重要的是 1948 年制定的《世界人权宣言》、1966 年制定的《经济、社会及文化权利国际公约》和《公民权利和政治权利国际公约》。这三个法律文书和《公民权利和政治权利国际公约》任择议定书被统称为"国际人权宪章"（International Bill of Human Rights）②。1984 年，联合国大会还通过了《禁止酷刑和其他残忍、不人道或有辱人格的待遇或处罚公约》。这些国际公约的缔约国必须承担遵守、履行公约的义务，并将国际公约中确立的刑事司法准则贯彻到国内立法中去。

（二）域外监狱立法文本

基于上述认识和精神，欧洲、美洲等世界发达国家在监狱立法时十分重视保障罪犯权利，努力平衡管理者与罪犯之间的力量对比，以维护监狱系统的正常运转。在此，我们以域外一些国家与地区的监狱法或刑事执行法文本为参照，以保障罪犯权利为视角，从监狱工作人员、罪犯、对监狱的监督三个方面探讨我国监狱法修改时值得借鉴的相关制度。

1. 监狱工作人员

监狱工作人员在监狱的运行中发挥着极其重要的作用。"监狱的日常道德氛围以及痛苦程度，取决于监狱工作人员与罪犯之间的关系状况。"③监狱工作人员与罪犯之间建设性的、积极的关系，不仅可以降低虐待罪犯的风险，而且还会提高监狱对罪犯的控制能力和安全水平。如何才能使监狱工作人员与罪犯之间形成良性互动，从而使监狱拥有面向未来的、积极的道德氛围并减轻痛苦呢？有些国家与国际组织认为需要从改变监狱工作人员入手。欧洲防止酷刑委员会在 2001 年的年度总报告中指出：人道的监

---

① 《欧洲监狱规则》（吴宗宪译），载《犯罪与改造研究》2019 年第 6 期，第 69 页。
② 杨宇冠：《人权法》，北京·中国人民公安大学出版社，2003 年版，第 9 页。
③ Ben Crewe, "The Sociology of Imprisonment", in Yvonne Jewkes (ed.), *Handbook of Prisons* (Devon, UK: Willan, 2007), p. 142.

狱系统的基石,是经过正规招募和培训的工作人员。他们知道怎样采取合适的态度来处理与罪犯的关系。他们将自己的工作视为职业而不仅仅是谋生的手段。真正的专业精神要求他们在关注安全和良好秩序的同时,能够以体面的、人道的方式对待罪犯①。

基于上述认识,在一些监狱立法中规定了提高监狱工作人员的社会地位、明确监狱工作的岗位和职责、改善职员的工作环境等内容。例如,加拿大1992年《矫正与有条件释放法》第4条第i款规定:"矫正局应当适当选拔、培训职员,并给予职员:(i)适当的职业发展机会;(ii)良好的工作条件,包括个人尊严不受损害的工作环境;(iii)参与制定矫正政策和计划的机会。"② 这款关于矫正职员的规定,是加拿大矫正服务指导原则之一。2006年修订的《欧洲监狱规则》第8条规定:"监狱工作人员提供重要的公共服务,他们的招聘、培训和工作条件应当使他们能够在照顾犯人方面保持高标准。"③ 这是《欧洲监狱规则》首次将对监狱管理人员的要求上升到刑罚执行基本原则的高度。以前监狱工作被认为是低端的,工作人员的社会地位低下也就不足为奇。强调监狱工作是一项重要的公共服务事业,意在正面提高工作人员的社会地位。《欧洲监狱规则》还在第5部分用6个条文对严格筛选监狱工作人员以及相关培训进行了详细规定。

有些国家通过监狱立法明确工作岗位以及其职责,以提升工作人员的整体素质。新加坡《监狱法》在第4部分以专章规定了监狱工作人员的内容,条文多达13个。这些条文详细界定了监狱专员(Commissioner of Prisons)、警长、医生、警员的岗位职责,并列举了警员使用武器、不得使用武器的各种情形。第31条第7款还说明了使用武器的限度为"尽可能使对方失去反抗能力而不致死"④。德国《刑事执行法》则在第155条和第156条规定了监狱工作人员由五种不同身份的人员组成:监狱长和代理监狱长、行政人员、总务执行人员(Allgemeiner Vollzugsdienst)、工务人员(Werkdienst)、社会工作人员,包括牧师、教师、心理医生和社会工作者。

---

① Dirk Van Zyl Smit & Sonja Snacken, *Principles of European Prison Law and Policy*(New York: Oxford University Press, 2009), p.111.

② Corrections and Conditional Release Act, http://laws-lois.justice.gc.ca [2016-08-06].

③ 《欧洲监狱规则》(吴宗宪译),载《犯罪与改造研究》2019年第6期,第69页。

④ The Statutes of the Republic of Singapore Prisons Act (Chapter 247) pp.15-20. http://statutes.agc.gov.sg/aol/download/0/0/pdf/binaryFile/pdfFile.pdf? CompId:b6147001-8a6f-47dc-8594-f036543657a6 [2016-08-10].

德国《刑事执行法》第 155 条第 2 款还规定，各州有义务提供足够数量的各类监狱工作人员以保证其各自任务的履行①。

对于罪犯来说，如果监狱工作人员分工明确、富有人道精神而且充满热情，就是罪犯的一种福利。有论者指出，近几年来，"安全至上"等畸形"安全观"使我们的监狱管理在排班、巡查、定责、问责等诸多方面进行了严密的设计，高强度的工作模式导致监狱警察的时间、精力、体力都容易出现透支情况②，也使职业倦怠现象较为广泛地存在于监狱警察队伍之中。一些监狱机关对监狱警察在日常管理中出现的违规违纪行为进行经济处罚，挫伤了监狱警察工作的积极性、主动性。此外，我国监狱工作者往往扮演多种社会角色，最基本的角色包括监狱管理者、罪犯改造者，除此之外，还有生产经营者、心理咨询员、社会工作者等。众多的角色，容易使监狱工作者产生角色冲突和角色超载，引起他们的工作压力③。这种状况与上述国外监狱立法中的原则要求形成强烈反差。近年来，对监狱工作人员进行分类、维护监狱警察合法权益的呼声也日益高涨。在修改监狱法时，应当借鉴上述国外的立法经验，以解决这方面存在的突出问题。

2. 罪犯

域外一些国家和地区在监狱立法中重视罪犯权利的保障。例如，德国《刑事执行法》的一个重大特点就是立法的指导思想采取罪犯权利中心主义，整部法律立足于保护罪犯权利免受国家公权力的侵害④。从一些国家监狱法编排体例上也能看出这种罪犯权利中心的立法理念。2010 年英国最新修订的《监狱规则1999》由"说明、罪犯、监狱工作人员、访问监狱、独立监督委员会、附则"六个部分构成，共计 85 条，其中第二部分"罪犯"包括59 个条义。在这 59 个条文中，也是将监狱培训与矫正目的、鼓励与外界保持联系、安置帮教、优惠待遇、临时释放、请愿与诉冤、宗教信仰、就医、衣物食宿、卫生、教育与图书馆等罪犯权利事项先行规定，而将入监检查、日常监控、违规违纪等事项放在后面⑤。《俄罗斯联邦刑事

---

① 参见司绍寒：《德国刑事执行法》，北京·中国长安出版社，2010 年版，第 73 页。
② 宫照军：《监狱警察职业倦怠现状研究》，载《犯罪与改造研究》2015 年第 5 期，第 18—23 页。
③ 吴宗宪：《监狱学导论》，北京·法律出版社，2012 年版，第 82 页。
④ 司绍寒：《德国刑事执行法》，北京·中国长安出版社，2010 年版，第 13 页。
⑤ Margaret Obi, *Blackstone's Prison Law Handbook* 2014 - 2015 (Oxford：Oxford University Press, 2013), pp. 337-379.

执行法典》在第一编第二章以"被处刑人员的法律地位"为标题,对罪犯法律地位的基础、罪犯的基本义务、罪犯的基本权利、罪犯的人身安全权利、保障罪犯的信仰自由和宗教信仰自由、罪犯诉冤等涉及罪犯一般权利的事项进行了规定,并作为俄罗斯联邦刑事执行立法的基本原则[①]。这样便于罪犯在学习监狱法规时,首先知道自己拥有哪些权利,然后才去关注应该遵守哪些纪律。

保护罪犯人权的观点也得到研究者的肯定。国内刑法学者王利荣教授认为,现代行刑除了"以恶制恶"的基本机能,还有"罪犯人权保护"的重要机能[②]。但是,目前监狱法的编排模式尚不足以体现这种"罪犯人权保护"的机能。诚如汪勇博士所言:监狱法按照"总则—监狱—刑罚执行—狱政管理—教育改造(由两章规定,其中包含劳动改造)—附则"有序排列,由监狱主导行刑关系的意图表现强烈,而罪犯主体的地位没有得到应有的体现[③]。这是一种由监狱主导的立法思想的必然结果。我们认为,在修改监狱法时,可以适度参照英国《监狱规则1999》《俄罗斯联邦刑事执行法典》的立法体例,也可以考虑采纳汪勇博士的建议,即"以监狱和罪犯两个主体的权利(力)义务关系的产生、变更和消灭来安排监狱法的章节和条文次序"。

部分国家对罪犯权利保障的重视,还体现在监狱法有关罪犯权利条文的精细程度上。丹麦《刑事执行法》的第9章从请假、探视、信函收发、电话通话、阅读报纸和收听收看广播电视、与媒体接触6个方面规定了罪犯与狱外的联系。第51条第1款规定:"囚犯有权每周至少有一次一小时接受探视的时间,并尽可能允许探视时间延长至两小时。各个行刑机构可以准许增加本款第一句规定之探视次数。"[④] 南非共和国《矫正法》第11条是有关锻炼的规定:"为了保持健康,必须为每名被监禁人提供充分的运动机会,被监禁人有权进行每日至少1小时的运动。如果天气允许,这种运动必须在户外进行。"[⑤] 这种非常精确的立法为实现罪犯相关权利提供

[①] 《俄罗斯联邦刑事执行法典》(赵路译),北京·中国人民公安大学出版社,2009年版,第7—12页。
[②] 王利荣:《行刑法律机能研究》,北京·法律出版社,2001年版,第87—154页。
[③] 汪勇:《完善监狱法的模式及修正理念——兼论监狱法修订应处理的若干关系》,载《云南大学学报法学版》2005年第6期,第55—60页。
[④] 《丹麦刑法典与丹麦刑事执行法》(谢望原译),北京大学出版社,2005年版,第93页。
[⑤] 席逢遥、丁盛编译:《南非共和国矫正法(一)》,载《犯罪与改造研究》2012年第3期,第71—80页。

了可操作的量化保证。与此相比,我国监狱法的许多规定缺乏具体性和可操作性。有论者指出,我国立法者采取"宜粗不宜细"的做法,从宏观视野、战略高度进行原则性、概括性设计,虽然有一定的优点,例如有利于维持立法的稳定性,但是,其缺陷更加明显,很不利于对立法内容的贯彻落实,甚至有违我国"依法治国""以人为本"的国策。在监狱法修改时,可以对罪犯生活的实物量标准、罪犯劳动报酬以及通信会见等涉及罪犯权利的事项进行量化规定,增强法律条文的可操作性。

3. 对监狱的监督

相对于封闭的监狱而言,实行有效的监督是极其重要的。封闭的监狱环境与制度,导致在管理上形成监狱内部与外部社会以及监狱内部各功能区块的相互隔离;被限制和剥夺人身自由的罪犯处于监狱工作人员的绝对权力控制之下,其合法权益很容易被监狱工作人员以执法名义侵犯。因此,各国都非常重视对监狱工作的监督,但在立法形式上存在一定差异。《俄罗斯联邦刑事执行法典》第12条第4款规定:"被处刑人员享有向刑罚执行机关与机构的行政管理部门、刑罚执行机关与机构的上级机关、法院、检察机关、国家权力机关及地方自治机关、社会团体,以及国家间人的权利与自由保护机关提出建议、声明与申诉的权利。"[①] 这一原则性的规定形成了俄罗斯对刑罚执行三个层次的监督体系:国家监督、社会监督、国际监督。该法典还从第19条至第23条对国家权力机关、法院、上级主管部门、检察机关、社会团体5个主体的监督权逐一细化。这体现了俄罗斯联邦对刑罚执行监督的立法比较全面。

英国的监狱监督立法也较有特色。2010年英国最新修订的《监狱规则1999》在第5部分用7个条文对国务大臣为每个监狱任命独立监督委员会(Independent Monitoring Board)的相关事项进行了详细规定。这些事项包括独立监督委员会监督员的任职资格、任职期限、岗位培训、任命解除以及独立监督委员会的议事程序、一般职责、特殊职责、向国务大臣提交年度报告等。《监狱规则1999》第78条规定的独立监督委员会的特殊职责是:听取罪犯的投诉或请愿、经常检查罪犯的伙食、调查罪犯因监禁环境而遭受的身体健康或者心理健康方面的伤害。为了有效履行职责,《监狱规则1999》第79条规定监督员应该经常探访监狱,监督员有权随时进入

---

① 《俄罗斯联邦刑事执行法典》(赵路译),北京·中国人民公安大学出版社,2009年版,第9页。

监狱各个部门、接触所有罪犯、不受监狱工作人员监督监听地访谈任何罪犯、查阅监狱记录①。

一些国家尤其重视对监狱的社会监督。"社会监督是指公民、法人或者其他社会组织对监狱工作进行的监督。"②《俄罗斯联邦刑事执行法典》赋予公民以社会团体形式对刑罚执行是否公正合理进行监督的权利。社会监督的客体是被羁押人员和罪犯的权利与合法利益的保障、羁押的环境条件、劳动处遇（其中包括处罚措施）、涉及未成年人发展要求的遵守情况等。社会监督的形式主要包括视察受监督的监禁场所、参与相关审查活动、会见罪犯并提供法律援助、查阅羁押条件与奖惩措施等相关材料、向国家权力机关等有关监督机关反映罪犯的诉求、通过大众媒体向社会通报有关监督审查结果等③。英国监狱也存在三个外部监督机构：皇家监狱检察署、监狱及缓刑服务渎职调查机构、独立监督委员会。独立监督委员会的监督员由民间社会人士志愿担任，没有工作报酬，与监狱没有任何利益牵连。独立监督委员会与监狱之间也不存在任何附属关系。因此，有论者将独立监督委员会视为英国监狱的社会监督机构④。社会监督机构通过新闻媒介的传播，对社会大众产生广泛的影响，使社会大众对监狱状况有一个可信任的了解，是监狱与社会进行沟通的一个重要桥梁。我国监狱法第四十四条、第六十八条分别规定社会力量有义务协助监狱做好安全警戒工作和罪犯的教育改造工作，却没有赋予社会力量监督监狱工作的权利。希望监狱法修改时能够借鉴俄罗斯与英国的立法经验，让社会力量参与监狱工作时既有义务协助，也有权利监督。

（三）联合国的相关文献

联合国在改进监狱管理等方面进行了大量的努力，应当重视联合国有关监狱工作的各类文献。《联合国宪章》第 1 条第 3 款规定，联合国的宗旨之一是"促成国际合作，以解决国际属于经济、社会、文化及人类福利

---

① Margaret Obi, *Blackstone's Prison Law Handbook 2014-2015* (Oxford: Oxford University Press, 2013), pp. 374–377.

② 吴宗宪：《监狱学导论》，北京·法律出版社，2012 年版，第 598 页。

③ 参见刘旭、李深、田越光：《俄罗斯联邦刑事执行制度研究（续4）——刑罚执行机关及其工作监督制度》，载《中国监狱学刊》2012 年第 2 期，第 146—151 页。

④ 叶旺春：《英国监狱社会监督制度及对我国的借鉴价值》，载《中国监狱学刊》2011 年第 2 期，第 155—159 页。

性质之国际问题，且不分种族、性别、语言或宗教，增进并激励对于全体人类之人权及基本自由之尊重"①。犯罪危害经济发展和社会进步，威胁公民的人权和基本自由。因此，联合国自1945年创立之初就开展预防犯罪和刑事司法活动，发布了大量的文献。

联合国发布的相关文献种类较多，可以按照不同标准进行分类。例如，按照联合国文献约束力的强弱，可以将其划分为"硬法"和"软法"（具体内容已如上述）。又如，仅就监狱管理方面"软法"而言，可以根据其内容和特点，将它们分为三类：第一类是联合国关于监狱管理的专门规范；第二类是联合国关于预防犯罪和刑事司法的一些综合性的标准或准则，其中含有监狱管理方面的内容；第三类是联合国关于人权的标准或规则，其中含有监狱管理方面的内容②。国际人权宪章体系的相关内容上文已有涉及。限于篇幅，这里仅选取联合国关于监狱管理的3个专门规范，探讨我国监狱法修改中可资借鉴的内容。

1.《联合国囚犯待遇最低限度标准规则》

《联合国囚犯待遇最低限度标准规则》是1955年在第一届联合国预防犯罪和罪犯待遇大会上通过的有关监狱工作的基本规则。2015年12月17日，联合国大会以A/RES/70/175号决议通过了最新修订的《联合国囚犯待遇最低限度标准规则》（United Nations Standard Minimum Rules for the Treatment of Prisoners〈The Nelson Mandela Rules〉）③，并在文件标题中添加了"纳尔逊·曼德拉规则（the Nelson Mandela Rules）"字样，以纪念南非前总统纳尔逊·曼德拉（1918—2013）的精神遗产；曼德拉在为人权、平等、民主、倡导和平文化的斗争中，曾在监狱度过27年④。《曼德拉规则》在尊重囚犯作为人所固有的尊严和价值、医疗保健服务、纪律和惩罚、对被剥夺自由的弱势群体的保护、完善罪犯申诉权等方面，作了大幅度修改⑤。虽然该规则不具有法律约束力，仅具有指导意义，但仍然是

---

① 联合国·《联合国宪章》，http://www.un.org/zh/sections/un-charter/chapter-i/index.html [2016-07-31]。

② 郭建安：《联合国监狱管理规范概述》，北京·法律出版社，2001年版，第36页。

③ 联合国第70届大会A/RES/70/175号决议：《联合国囚犯待遇最低限度标准规则（纳尔逊·曼德拉规则）》，https://documents-dds-ny.un.org/doc/UNDOC/GEN/N15/443/40/pdf/N1544340.pdf?OpenElement [2016-07-31]。

④ 《联合国囚犯待遇最低限度标准规则（纳尔逊·曼德拉规则）》，第5页。

⑤ 参见司绍寒：《〈曼德拉规则〉与我国监狱法发展——评〈联合国囚犯待遇最低限度标准规则〉的最新修订》，载《犯罪与改造研究》2015年第11期，第75—80页。

世界各国监狱立法的重要参考依据。我们认为，我国监狱法修改值得借鉴以下4个方面。

(1) 对于国际社会监狱制度的最新发展

《曼德拉规则》是整合了多年来联合国在监狱领域中的相关文献内容后产生的集大成的文件。根据《曼德拉规则》前言中的介绍，该规则整合了自1955年在第一届联合国预防犯罪和罪犯待遇大会上通过《囚犯待遇最低限度标准规则》以来联合国在人权和相关领域中制定的所有公约，所发布的所有宣言、原则、准则等文献中的相关内容。仅就公约而言，吸收了《公民权利和政治权利国际公约》《经济、社会及文化权利国际公约》《禁止酷刑和其他残忍、不人道或有辱人格的待遇或处罚公约》及其《任择议定书》的内容。至于其他文献，可以说穷尽了联合国发布的与监狱工作有关的所有宣言、原则、准则等文献中的相关内容。因此，这个规则是联合国在监狱领域中发布时间最近（最新）、涉及范围最广、论述内容最全、凝聚了最广泛共识的综合性文件，是对全人类在监狱管理领域中文明、进步和智慧的最新概括和集中体现。联合国的专家组经过5年的努力才完成这份文件。这个原则除了长长的"前言"之外，其本身共有4个"序言"和122条规则，中文版字数达2.2万多字；与1955年的《囚犯待遇最低限度标准规则》相比，《曼德拉规则》的规则数量增加了27条，而中文版的字数则增加了一倍（1955年规则中文版仅仅1.1万多字）。可以说，《曼德拉规则》的内容体现了联合国在监狱问题上的基本立场和态度，通过这个文件的内容，可以了解联合国在监狱领域的主要观点和建议。因此，在修改监狱法时，高度重视《曼德拉规则》的内容，全面、详细地关注和参考了《曼德拉规则》的内容。

(2) 兼顾特殊类型罪犯需求的条文编排方式

《曼德拉规则》的编排方式有值得借鉴之处。《曼德拉规则》仍然保留了原来规则的编排方式，分为序言、一般适用的规则、适用于特殊类别的规则三个部分。对于特殊类型的囚犯的有关事项，例如有精神残疾和健康问题的囚犯、在押或等候审讯的囚犯、民事囚犯、未经指控而被逮捕或拘留的人，集中规定在第三部分中。从立法技术角度来说，这种编排模式比较科学合理地兼顾保护各种特殊类别囚犯的相关需求和权利。考虑到未成年犯的特殊性，我国监狱法对未成年犯的教育改造进行了专章规定，突出其重要性。如此立法的初衷被广为称赞。但是，这种编排方式也有缺陷，即整部法律体系的逻辑自洽存在瑕疵。监狱法还涉及女犯、少数民族罪犯等特殊群体。例如，第十八条第二款规定女犯入监时由女性人民警察检查；第四十条规定女犯由女性人民警察直接管理；第五十二条规定："对少数民族罪犯的特殊生活习惯，应当予以照顾。"在行刑实践中，人们还呼吁监狱法应当对外国籍罪犯的刑罚执行作出规定。如何突出各种特殊类别罪犯的合法权利呢？有论者指出，从未来女犯矫正制度的发展方向来看，需要加强女犯矫正制度的法制化建设，并建议在监狱法修改时将"女犯矫正工作"设立独立章节，以强化女犯改造工作。[1] 在修改监狱法时，可以借鉴《曼德拉规则》的编排方式来处理特殊类别罪犯的有关事项。

（3）发挥罪犯档案数据的循证研究价值

《曼德拉规则》重视发挥罪犯档案数据的循证研究价值。《曼德拉规则》两次出现"循证"（evidence-based）的概念。一处为规则第10条："囚犯档案管理系统还应当用于生成关于监狱人口趋势和特点的可靠数据，包括居住率，以便为循证决策提供依据。"另一处规则第75.2条："所有监狱工作人员就职前应就其一般和特定职责接受定制训练，训练应当反映刑罚科学的当代最佳循证做法。"这体现了《曼德拉规则》紧跟当代刑罚实践的最新发展的特色。在我国，循证矫正已经得到重视。2012年2月，司法部预防犯罪研究所成立课题组，对国外循证矫正的理论与经验展开研究，并以特稿形式在《犯罪与改造研究》刊物上连续刊载《美国循证矫正实践的概念及基本特征》等编译文章，拉开了我国循证矫正研究的序幕。几年来，在循证矫正研究和实践方面已经进行了一些工作，取得了一些成绩。学者们对循证矫正数据库建设作了有益探索，也认识到将服刑人员的基础信息、成长经历、前科情况等建设为循证矫正研究基础数据的重要性[2]。人类社会已经进入"大数据"时代，深入挖掘并充分发挥犯罪大数据的学术研究价值，为制定更为科学的刑事政策服务，是公安、检察、法院、监狱等系统义不容辞的责任[3]。因此，监狱法修改时，可以新增"罪犯档案管理系统的数据为循证研究与决策提供依据"的内容。

---

[1] 杨木高：《女犯矫正制度法制化建设回顾与前瞻》，载《犯罪与改造研究》2014年第6期，第10—14页。

[2] 周勤、侯义斗、马伟青：《循证矫正信息化基础数据库建设研究》，载《犯罪与改造研究》2015年第5期，第29—31页。

[3] 张崇脉：《我国重新犯罪研究的内容分析》，载《预防青少年犯罪研究》2015年第6期，第12—22页。

(4) 促进狱内违纪行为惩罚的法定化

《曼德拉规则》进一步促进了对罪犯狱内违纪行为惩罚的法定化。《曼德拉规则》对狱内违纪行为的惩罚作了较大幅度的修订，条文由原来的 6 个增加到现在的 11 个，强调对惩罚的法定化，明确要求，有关违反纪律的行为、应受惩罚的种类和期限、有权执行惩罚的机关、与监狱一般囚犯分开的非自愿隔离等内容，都要由法律或主管行政机关的规章予以核准（参见规则第 37 条）。而且，《曼德拉规则》进一步限制了惩罚狱内违纪行为的任意性。例如，规则第 43 条规定：限制或纪律惩罚在任何情况下都不可发展成酷刑或其他残忍、不人道或有辱人格的待遇或处罚，特别应当禁止无限期的单独监禁、长期单独监禁、将囚犯关在黑暗或持续明亮的囚室中、体罚或减少囚犯饮食和饮水、集体处罚；戒具绝不应用作对违反纪律行为的惩罚；纪律惩罚或限制措施不应包括禁止与家人联系。只可在有限的一段时间内限制与家人联系的方式，而且这种惩罚方式应确实是维持安全和秩序所必要的。我国监狱法只有第五十八条对 8 种狱内违纪行为、3 种惩罚措施以及禁闭期限进行了规定；没有条文限制惩罚违纪行为的随意性。近年来，国内理论界与实务界对监狱惩罚进行了有益探讨，认识到现代监狱的惩罚功能显然已经有别于传统，表现为惩罚的法治性、文明性、适度性、人文性、监督性和救济性[①]。在修改监狱法时，应该明文禁止一些变相惩罚措施，例如剥夺违纪罪犯与家人的联系等。

2. 《联合国保护被剥夺自由少年规则》

《联合国保护被剥夺自由少年规则》于 1990 年 12 月 14 日由联合国大会第 68 次全体会议以 45/113 号决议通过。这个规则是《联合国囚犯待遇最低限度标准规则》《保护所有遭受任何形式拘留或监禁的人的原则》以及《联合国少年司法最低限度标准规则》在青少年监禁领域的特殊体现[②]。该规则共 87 条，对被剥夺自由少年的诸多方面作出有别于成年犯的规定。例如，该规则第 67 条写道："应严格禁止任何构成残忍、不人道或有辱人格的待遇的惩戒措施，其中包括体罚、关在暗室、密闭或单独禁闭或其他任何有害少年身心健康的惩罚。"[③] 我国监狱法单列专章规定了对于未成年

---

① 陈光明：《现代监狱惩罚新探——兼谈监狱法若干条文之修改》，载《中国监狱学刊》2011 年第 1 期，第 28—33 页。

② 卞建林、杨宇冠：《联合国刑事司法准则撮要》，北京·中国政法大学出版社，2003 年版，第 225 页。

③ 郭建安：《联合国监狱管理规范概述》，北京·法律出版社，2001 年版，第 216 页。

犯的教育改造，突出了未成年犯的特殊性以及教育改造的重要性，其重大意义不必多言。但是与《联合国保护被剥夺自由少年规则》相比，我国监狱法对未成年犯权利的保护还存在差距。例如，"对未成年犯的教育改造"这一章共计 4 个条文，均没有涉及对未成年犯使用戒具、武力以及惩戒措施与程序；而这一章最后一条即第 77 条写道："对未成年犯的管理和教育改造，本章未作规定的，适用本法的有关规定。"这就意味着适用于成年犯的警告、记过、禁闭等惩戒措施同样也适用于未成年犯。1999 年 12 月 18 日司法部第 56 号令《未成年犯管教所管理规定》第六十二条对此也予以确认：未成年犯有监狱法第五十八条规定的破坏监管秩序情形之一的，未成年犯管教所可以给予警告、记过或禁闭处分[①]。我们认为，单独禁闭这一惩罚措施会对未成年人身心健康造成很大损害，在监狱法修改时，可以考虑采纳《联合国保护被剥夺自由少年规则》的倡议，严格禁止对未成年犯适用单独禁闭的惩罚措施。

3. 《联合国关于外国籍囚犯待遇的建议》

《联合国关于外国籍囚犯待遇的建议》是在联合国第七届预防犯罪和罪犯待遇大会通过的一份重要文献，这次大会于 1985 年 8 月 26 日至 9 月 6 日在意大利米兰举行[②]。该建议倡导各会员国在教育、职业培训、劳动、离监休假等方面给予外国籍囚犯与本国囚犯相同的待遇。同时，建议在语言、同外界接触、申诉、饮食、宗教信仰、法律、住宿等方面，所在监狱应当对外国籍囚犯予以应有的照顾和帮助。改革开放之后，来华经商、工作、学习、旅游、探亲的外国人日益增多，外国人在我国犯罪的情况也日渐突出，一些犯罪的外国人因此而进入监狱服刑。如何矫正这些外国籍罪犯，已经成为我国监狱管理机关面临的一个现实问题。监狱法颁布之前，就有人意识到这一问题并探讨建立外国籍罪犯移管制度[③]。然而令人遗憾的是，1994 年的监狱法没有涉及外国籍罪犯的条款。随着改革开放的深入，外国籍罪犯的数量不断增加。监狱人民警察在监管外国籍罪犯的实践中，在处理会见、通信、减刑、假释、暂予监外执行、移管、死亡、释放

[①] 司法部监狱管理局：《监狱工作手册（1998.1-2003.1）》（第四辑），北京·法律出版社，2003 年版，第 297 页。

[②] Seventh United Nations Congress on the Prevention of Crime and the Treatment of Offenders, Milan, 26 August – 6 September 1985: *Report of the Secretariat* (United Nations publication, Sales No. E. 86. IV. 1), Chap. I, sect. D. 1, Annex II, p. 57.

[③] 郑勇：《论外籍囚犯的移管问题》，载《政法论丛》1993 年第 1 期，第 68—74 页。

等事项时存在无法可依、无章可循的现象。为了解决这方面的问题，2002年4月25—27日，司法部监狱管理局在上海召开了部分省（区、市）外国籍罪犯管理研讨会，形成了《外国籍罪犯管理工作研讨会纪要》，要求相关监狱予以落实①。近年来，外国籍罪犯迅速增加，截至2013年年底，有29个省区市86所监狱关押外国籍罪犯6225人，涉及近百个国家和地区②。外国籍罪犯矫正涉及我国参加相关国际条约的履行义务，事关国家利益和我国的国际形象，应当认真对待。也有论者对外国籍罪犯矫正的立法模式、立法内容以及立法层次提出一些建议③。在修改监狱法时，应以《联合国关于外国籍囚犯待遇的建议》为基础，参考相关国家的立法文本，增加外国籍罪犯刑罚执行的相关内容，为加强外国籍罪犯管理提供法律依据。

此外，在修改监狱法时，还应当认真关注联合国的其他相关文献。例如，1966年的《公民权利和政治权利国际公约》、1984年的《禁止酷刑和其他残忍、不人道或有辱人格的待遇或处罚公约》、1989年的《儿童权利公约》以及联合国大会1990年12月14日通过的《囚犯待遇基本原则》（该原则正文有11条）、联合国大会2010年12月21日以65/229号决议通过的《联合国关于女性囚犯待遇和女性罪犯非拘禁措施的规则（曼谷规则）》（该规则有70条）等。

（四）区域性的相关文献

一些地区发布的地区性相关文献，对于我国监狱法的完善，也有重要的参考价值。这方面的代表性文献，就是欧洲理事会（Council of Europe，又译为"欧洲委员会"）通过的《欧洲监狱规则》（European Prison Rules）。这个规则被称为联合国《囚犯待遇最低限度标准规则》的欧洲版，是指导欧洲监狱工作的基本文献，在1997年2月12日举行的欧洲理事会部长代表会议上经部长委员会通过。1997年通过的《欧洲监狱规则》，

---

① 参见司法部办公厅：《关于印发〈外国籍罪犯管理工作研讨会纪要〉的通知》，司法部监狱管理局编：《监狱工作手册（1998.1—2003.1）》（第四辑），北京·法律出版社，2003年版，第210—214页。

② 李豫黔：《全面推进法治监狱建设——监狱法颁布实施20年的回顾与思考》，载《犯罪与改造研究》2014年第4期，第15—25页。

③ 杨木高、杨帆：《外籍犯矫正立法问题研究》，载《中国监狱学刊》2015年第3期，第58—64页。

包括序言和 100 条规则①，汉语译文 15000 多字，大大丰富了联合国《囚犯待遇最低限度标准规则》的内容。

该规则的最新版，是 2006 年版的《欧洲监狱规则》②。这个版本的规则，包括 108 条，汉语译文 22000 多字，进一步扩展了 1997 年版的《欧洲监狱规则》的内容，反映了欧洲国家在监狱管理和罪犯矫正方面的新发展。

《欧洲监狱规则》体现了欧洲大多数国家在监狱工作中的经验与共识，其参考价值远远优于某个国家的监狱立法，在修改我国监狱法时值得重视和借鉴。

---

① 由吴宗宪翻译的汉语译文，收入吴宗宪：《当代西方监狱学》，北京·法律出版社，2005 年版，第 837—854 页。

② 由吴宗宪翻译的该版本的汉语译文，刊登在《犯罪与改造研究》2019 年第 6 期，第 68—80 页。

第二部分　我国监狱法修改建议方案

在这一部分中,论述对于如何进一步修改和完善我国监狱法的具体建议和相关理由。我国监狱法1994年12月29日第八届全国人民代表大会常务委员会第十一次会议通过,根据2012年10月26日第十一届全国人民代表大会常务委员会第二十九次会议修正,下文中的修改建议方案就是在此基础上提出的。

引言：修改概要

在论述修改建议方案的具体内容之前,可以通过将本修改方案与监狱法的比较,了解修改建议的大致情况。

1. 总的修改情况

在修改监狱法的过程中,充分重视监狱法的历史贡献和重要价值,没有出现直接删去监狱法条文的情况。

对于监狱法的修改,大致分为3种情况：

（1）保留内容。这是指保留监狱法的条文的情况。在论述的过程中,往往标明"本条是保留的监狱法第×条（第×款）"的字样。

（2）修改内容。这是指对监狱法的条文进行了不同形式和程度的修改。从修改形式而言,有的调整了位置（例如,将一些内容从其他章中调整到"总则"中,或者相反）,有的调整了结构（例如,将监狱法的条文分拆后规定在不同的条文中,或者将监狱法在不同条文中规定的内容合并为一条加以规定）。从修改程度而言,有的是对个别词语的微调,有的则是对整个条文的重新表述等。对于修改的内容,往往标明"本条是在修改监狱法第×条的基础上形成的。所作的修改……"的字样。

（3）新增内容。这是指新增加监狱法中没有的章、节、条和文字的修改。对于新增加的内容，往往标明"本条是新增加的。新增这一条的主要理由是……"的字样。

本修改方案新增加了不少内容。除了在表述中增加词语等情况之外，新增加了独立的章和节。从章来看，新增加了5章，即第三章监狱工作者、第四章罪犯、第八章对罪犯的劳动改造、第九章对特殊罪犯的矫正、第十章法律责任。从节来看，新增加了9节，即第五章第五节赦免和移管，第六章第二节住宿和监舍管理、第三节安全管理、第十节宗教事务，第九章第二节女犯、第三节少数民族罪犯、第四节老年犯、第五节外籍犯、第六节病犯。

2. 条文数量比较

通过监狱法条文数量和我们提出的修改方案中条文数量的比较，可以看出在修改方面所作努力的情况。

监狱法共7章78条，修改方案共11章176条，新增98条，新增225.64%。

在监狱法的相关章与内容对应或者相似的修改方案的章中，条文数往往也有变化：

（1）在总则章中，监狱法第一章10条，修改方案第一章10条；

（2）在监狱章中，监狱法第二章4条，修改方案第二章7条；

（3）在规定刑罚执行的章中，监狱法第三章24条，修改方案第五章31条；

（4）在规定狱政管理的章中，监狱法第四章22条，修改方案第五章34条。

3. 条文结构比较

尽管在修改监狱法的过程中，课题组尽可能保留监狱法的结构，但是，根据结构服从内容的原则，不得不根据表达内容的需要，对于监狱法的结构进行了调整。这样调整之后，本修改方案的条文结构与监狱法的条文结构有较大的差异。仅就章和节两个层次的结构来看，可以看出两者的差别较大。

修改方案条文结构	监狱法条文结构	主要修改内容
第一章 总则	第一章 总则	修改和增加了条文
第二章 监狱	第二章 监狱	
第三章 监狱工作者		新增一章
第四章 罪犯		新增一章
第五章 行刑管理 第一节 收监 第二节 对罪犯申诉、控告、检举和投诉的处理 第三节 暂予监外执行 第四节 减刑和假释 第五节 赦免和移管 第六节 释放和安置	第三章 刑罚的执行 第一节 收监 第二节 对罪犯提出的申诉、控告、检举的处理 第三节 监外执行 第四节 减刑、假释 第五节 释放和安置	修改章的标题 修改了标题，增加了内容 规范第三节的标题 微调第四节的标题 新增第五节 原来的第五节
第六章 狱政管理 第一节 分押分管 第二节 住宿和监舍管理 第三节 安全管理 第四节 警戒 第五节 警械和武器的使用 第六节 通信、会见 第七节 生活、卫生 第八节 考核与奖惩 第九节 对罪犯又犯罪的处理 第十节 宗教事务	第四章 狱政管理 第一节 分押分管 第二节 警戒 第三节 戒具和武器的使用 第四节 通信、会见 第五节 生活、卫生 第六节 奖惩 第七节 对罪犯服刑期间犯罪的处理	微调章标题 新增第二节 新增第三节 微调节标题 完善了标题的内容 微调节标题 新增第十节
第七章 教育改造	第五章 对罪犯的教育改造	调整了监狱法的内容
第八章 劳动改造	部分内容规定在第五章中	新增一章
第九章 特殊罪犯矫正 第一节 未成年犯 第二节 女犯 第三节 少数民族罪犯 第四节 老年犯 第五节 外籍犯 第六节 病犯	第六章 对未成年犯的教育改造	新增一章 新增第二节 新增第三节 新增第四节 新增第五节 新增第六节
第十章 法律责任		新增一章
第十一章 附则	第七章 附则	

第一章 总则

第 0101 条① 为依法②执行刑罚，惩罚和改造罪犯，预防和减少犯罪，促使罪犯顺利回归社会，根据宪法，制定本法。

【立法理由】本条是在修改监狱法第一条的基础上形成的。该条规定，"为了正确执行刑罚，惩罚和改造罪犯，预防和减少犯罪，根据宪法，制定本法。"对该条所作的修改有两处：

1. 将"正确"改为"依法"

原来的条文规定"为了正确执行刑罚"，其中的"正确"一词不是典型的法律用语，也缺乏判定是否正确的具体标准，甚至会出现不同的人员对于正确与否的不同判断。将"正确"改为"依法"，能够更好地体现监狱法的特点：一方面，要依照宪法和相关法律规定监狱法的内容；另一方面，监狱法的规定为监狱工作提供了法律依据。

2. 增加了"促使罪犯顺利回归社会"的表述

促使罪犯回归社会是监狱刑罚执行的重要目标，是监狱工作的重要内容，在我国监狱中服刑的罪犯中，除了极少数在监狱服刑期间死亡的罪犯之外，绝大多数罪犯最终都要回归社会，监狱应当在日常工作中为罪犯顺利回归社会进行必要的准备，使出狱的罪犯能够顺利适应社会生活，预防他们在出狱后由于社会适应不良而对社会产生新的危害。因此，在修改监狱法时，应当补充这方面的内容，提醒监狱部门高度重视这方面的工作。

促使罪犯顺利回归社会，是国际社会的普遍共识。联合国大会 2015 年 12 月 17 日以 A/RES/70/175 号决议通过了最新修订的《联合国囚犯待遇最低限度标准规则（纳尔逊·曼德拉规则）》③第 4.1 条提出："判处监禁或剥夺人的自由的类似措施的目的主要是保护社会避免受犯罪之害并减少再犯。唯有利用监禁期间在可能范围内确保犯人释放后重新融入社会，从而能够遵守法律、自食其力，才能达到这一目的。"一些国家和地区的刑

---

① 条文序号的前两位数字是章的序号，后两位数字是本章内条文的序号。
② 在本修改方案中，下画线的部分是修改的或者新增加的内容。
③ 《联合国囚犯待遇最低限度标准规则（纳尔逊·曼德拉规则）》，https://documents-dds-ny.un.org/doc/UNDOC/GEN/N15/443/40/PDF/N1544340.pdf? OpenElement［2016-07-31］。以下简称"《曼德拉规则》"。

事执行法都有类似的规定。例如，韩国《行刑法》第1条规定："为了正确矫正受刑者，培养其健全的公民意识和良好的行为习惯，实施职业技术教育，以便早日回归社会，而且为了规定对未决收容者的收容事项，制定本法。"我国台湾地区的"监狱行刑法"第1条规定："徒刑、拘役之执行，以使受刑人改悔向上，适于社会生活为目的。"

第0102条 监狱是国家的<u>监禁</u>刑罚执行机关。

被判处死刑（缓期二年执行）、无期徒刑、有期徒刑的罪犯在监狱内执行刑罚，<u>法律另有规定的除外</u>。

【立法理由】本条是在修改监狱法第二条的基础上形成的。该条规定："监狱是国家的刑罚执行机关。"（第一款）"依照刑法和刑事诉讼法的规定，被判处死刑缓期二年执行、无期徒刑、有期徒刑的罪犯，在监狱内执行刑罚。"（第二款）对该条所作的修改有4处。

1. 修改了对监狱的定义式表述

监狱法第二条第一款的规定是有问题的。因为这一款中关于"监狱是国家的刑罚执行机关"的规定是一个全称判断，从字面意思来看，意味着监狱是国家所有刑罚的执行机关，这与实际情况不符。从我国监狱运行的实际情况来看，监狱仅仅是监禁刑的执行机关，监狱并不执行非监禁刑，例如罚金、没收财产、剥夺政治权利等刑罚，都不是监狱执行的；严格来讲，我国的监狱甚至也不是所有监禁刑的执行机关，因为根据刑事诉讼法第二百五十三条第二款的规定："对被判处有期徒刑的罪犯，在被交付执行刑罚前，剩余刑期在三个月以下的，由看守所代为执行。对被判处拘役的罪犯，由公安机关执行。"这意味着，属于监禁刑的一部分有期徒刑以及拘役，都不是在监狱中执行的。因此，对第二条第一款进行这样的修改，更加符合我国监狱执行刑罚的实际情况。修改为"监狱是国家的监禁刑罚执行机关"。

2. 去掉"依照刑法和刑事诉讼法的规定"

我们建议去掉监狱法第一条第二款中"依照刑法和刑事诉讼法的规定"的表述。之所以进行这样的修改，这主要是基于两方面的考虑：①行文简洁。监狱法作为刑事执行法，它的规定必然要考虑其他刑事立法的内容，特别是刑法和刑事诉讼法的规定，但是，没有必要在这里突出强调这方面的内容。②避免可能产生的法律不协调。在未来的刑事立法中，还会有新的刑事立法出现，这些立法中可能会有关于监禁刑执行的内容，如果这里仅仅规定"依照刑法和刑事诉讼法的规定"，也可能与未来的修改立法不协调。从中国刑事法治的发展来看，未来至少会有两部刑事立法，一是正在制定的社区矫正法，其中可能会有涉及监禁刑执行的内容；二是看守所法。根据我国立法法第八条的规定，涉及"犯罪和刑罚"的事项，只能通过制定法律来规范，在目前，尽管看守所执行一部分刑罚，但是，调整这方面事务的立法，仅仅有国务院1990年3月17日发布的《中华人民共和国看守所条例》①和公安部2013年修订的《看守所留所执行刑罚罪犯管理办法》，它们都不是立法法规定的国家立法机关制定的法律。因此，根据立法法的规定，应当制定看守所法，其中也可能涉及监禁刑执行事务。

3. 调整了第二款的刑罚名称

监狱法第二条第二款将"死刑缓期二年执行"与无期徒刑、有期徒刑并列，是不恰当的。这是因为，根据刑法学理论，"死刑缓期二年执行"不是一种刑罚种类（刑种），而是一种刑罚执行制度②，不能与作为刑罚种类的无期徒刑和有期徒刑并列，因此，用圆括号将"缓期二年执行"括起来，以便解决将刑罚种类并列的问题。

4. 增加"法律另有规定的除外"

之所以增加这方面的内容，主要是考虑两个方面：第一，呼应刑事诉讼法第二百五十三条第二款关于看守所执行部分有期徒刑的规定。由于这个规定，监狱实际上仅仅执行一部分有期徒刑，而不是全部的有期徒刑，因此，应当在规定监狱执行的刑罚时，关注到这个事实。第二，为未来可能在执行监禁刑方面进行的调整和变化预留空间，属于前瞻性的规定。例如，近年来，我国一些地方已经进行了设立短刑犯监狱的尝试，将那些在看守所中执行的罪犯纳入短刑犯监狱中执行刑罚，这类监狱由司法行政部门管理。

<u>**第0103条**③ 监狱应当通过建立科学的制度、实行严格的管理、采取有效的方法等途径，切实维护罪犯的身心健康，确保罪犯的生命安全。</u>

---

① 以下简称"看守所条例"。
② 高铭暄、马克昌主编：《刑法学》，北京大学出版社，2011年版，第239页。
③ 条文序号下画线，表明该条是新增加的条文。

【立法理由】 本条是新增加的。新增这一条的主要理由是保障罪犯在监狱服刑期间的健康和生命安全。近年来，通过建设现代化文明监狱等措施，我国监狱的设施条件、管理水平等有了很大的改善，罪犯在监狱中的身心健康和生命安全有了更好的保障，但是，对于这方面工作的重要性的认识和重视程度，仍然有待提高。一种屡次出现的现象是，每当监狱脱逃一名罪犯之后，立即会引起高度的重视，甚至会变成地区性甚至全国性的热点问题和重大事件，与此相比，监狱中发生罪犯自杀死亡、在劳动中由于发生事故而死亡等问题时，对它的关注程度远远赶不上罪犯脱逃。这是很不合理的。实际上，对于监狱而言，维护罪犯的健康和保障罪犯的生命安全，才是监狱第一位的责任。既然法律没有剥夺罪犯的生命，没有给罪犯判处死刑，那么，监狱就应当保障罪犯的健康和生命安全；除非在服刑期间发生正常死亡①，罪犯不应当在服刑期间损害健康和丧失性命。否则，就是监狱的失职。

应当是，罪犯非正常死亡②是比罪犯脱逃更严重的问题。这是因为，首先，问题的严重性不同。罪犯死亡往往是难以补救的事件，人死不能复生，罪犯也不例外。生命权是人们最重要的法律权利，对于罪犯而言同样如此。在侵犯罪犯权利的事件中，没有比侵犯罪犯的生命权更严重的情形。与此不同，罪犯脱逃之后往往是可以被抓获的，在发生罪犯脱逃事件之后，可以有补救措施。更为重要的是，应当认识到，罪犯脱逃是一种具有多重目的的行为，脱逃出狱的罪犯并非都会进行危害社会的行为；脱逃后造成严重危害社会后果的，仅仅是一部分脱逃的罪犯。其次，发生的概率不同。在监狱中，罪犯脱逃并不是经常发生的，特别是自从监狱取消了户外劳动③和外役劳动④之后，罪犯的所有活动差不多都在大墙内进行，高

---

① 正常死亡是指因人体衰老或者疾病等原因导致的自然死亡。

② 非正常死亡是指自杀死亡，或者由于自然灾害、意外事故、他杀、体罚虐待、击毙以及其他外部原因作用于人体造成的死亡。

③ 户外劳动是指罪犯在监狱围墙之外进行的劳动。在我国的监狱系统中，过去很多监狱都有农场、林场、茶场等，罪犯经常性地要在这些场所中进行户外劳动。后来，取消了罪犯在监狱大墙之外进行的户外劳动。

④ 外役劳动是指组织罪犯到社会上进行的有关劳动。例如，在中华人民共和国成立初期，监狱组织罪犯到铁路工地进行挖地基等劳动，后来，一些监狱也组织罪犯施工队，到社会上承揽民用工程等。监狱体制改革后，由于国家保障了监狱经费，因此，彻底禁止罪犯从事这类劳动。

大结实的监狱围墙①极大地限制了罪犯从监狱脱逃的可能性,罪犯从监狱脱逃已经变成一种"小概率"事件。与此不同,罪犯在服刑期间自杀死亡、在参加劳动中由于生产事故等而死亡的事件,有更大的发生率。因此,在日常监狱工作中,在维护监管安全方面,应当更加重视对于罪犯健康的维护和对于罪犯生命安全的保护。最后,因果顺序不同。在监狱服刑的罪犯脱逃的重要原因之一,是监狱中的管理与生活等存在严重问题,以致罪犯的身心健康无法维持,甚至生命安全都难以保障。如果监狱在维护罪犯身心健康、保障罪犯生命安全方面做得很好,就可以大大减少因此而发生的罪犯脱逃事件,也才能给监狱从事其他的教育改造等工作提供必要的基础。如果罪犯的身心健康和生命安全都难以保障,罪犯根本不可能真心实意地接受监狱的教育改造等安排。

因此,为了促使监狱管理部门和监狱工作者高度重视这方面的问题,应当在监狱法的总则中,专门作出这方面的规定。

第0104条 监狱对罪犯实行惩罚和改造相结合、教育和劳动相结合的原则,将罪犯改造成为守法公民。

【立法理由】 本条是保留的监狱法第三条。这一条规定监狱工作的基本原则,内容恰当,予以保留。

第0105条 监狱依法监管罪犯,根据改造罪犯的需要,组织罪犯劳动,对罪犯进行<u>法治教育</u>、文化教育、技术教育<u>和其他教育</u>,对罪犯开展<u>心理矫治工作</u>。

【立法理由】 本条是在修改监狱法第四条的基础上形成的。该条规定:"监狱对罪犯应当依法监管,根据改造罪犯的需要,组织罪犯从事生产劳动,对罪犯进行思想教育、文化教育、技术教育。"对该条所作的修改有6个方面。

1. 修改了"从事生产劳动"

监狱法规定"组织罪犯从事生产劳动"存在下列问题:第一,"从事"与"劳动"并用,属于赘述,删去"从事",不仅表述简练,而且完全不影响所表达的意思。第二,将罪犯的劳动限制为"生产劳动",与事实不

---

① 司法部2002年6月19日发布的《监狱建设标准》第三十九条规定,"监狱围墙一般应高出地面5.5m,并达到490mm厚砖墙的安全防护要求"。

符。我国监狱中罪犯从事的劳动,不仅有生产劳动,还有维护监狱运行的劳动,包括打扫监舍卫生、维护监狱环境、修理监狱设施、管理监狱图书、参加烹饪活动等。

2. 删去了"思想教育"

之所以删去"思想教育",主要是因为下列理由:

(1)"思想教育"概念的使用有偏差。从字面意思来看,思想教育就是对罪犯进行的思想方面的教育,但是,从权威工具书中的解释来看,监狱中对罪犯开展的相关教育工作,与人们一般理解的"思想"和"思想教育"的含义,有较大的差别。例如,《现代汉语词典》对于"思想"的解释是:"①客观存在反映在人的意识中经过思维活动而产生的结果。②念头,想法。"① 又如,《辞海》对于"思想教育"的解释是:"一般取其狭义,指使受教育者形成世界观、人生观的教育。与道德教育、政治教育并列。在我国,其任务是:以辩证唯物主义、历史唯物主义为指导,使受教育者逐步确立科学的世界观,培养他们勇于实践的精神、实事求是的态度和科学的思想方法等,提高他们的社会主义觉悟和辨别是非的能力。广义的还包括道德教育。"② 由此可见,在监狱中对罪犯进行的相关教育工作,与一般人所理解的"思想"和"思想教育"有较大差异。

(2)"思想教育"的概念不准确。对于思想教育的内容,监狱法第六十二条作了进一步的规定:"监狱应当对罪犯进行法制、道德、形势、政策、前途等内容的思想教育。"监狱法第六十二条规定的这些教育的内容,与一般理解的"思想"和"思想教育"的内容有差异,"思想教育"的概念不能准确地概括监狱中的相关教育工作的内容。

(3)规定"思想教育"不符合法学的一般学说。法律是行为规范的总称,法律调整的对象是人们的行为,尽管人们的外部行为与其内在思想有密切关系,但是,在法律条文中直接规定人们的内在思想,似乎不符合法律的一般学说。

(4)规定"思想教育"不符合国际社会的普遍做法。从国际社会有关监狱规则与立法来看,直接规定"思想"的做法并不多见。例如,《曼德

---

① 中国社会科学院语言研究所词典编辑室编:《现代汉语词典》(第6版),北京·商务印书馆,2012年版,第1230页。

② 夏征农、陈至立主编:《辞海》(第六版彩图本),上海辞书出版社,2009年版,第2130页。

拉规则》中没有关于改造罪犯思想的内容。在其他主要国家的监狱立法中，也未见到关于改造罪犯思想的规定。

3. 增加了"法治教育"

目前，全面推进依法治国，建设社会主义法治国家，已经成为我国的重要国策，对于罪犯进行法治教育，是罪犯教育工作的核心内容之一。而且，要根据用语的变化，用"法治"取代"法制"，更好地体现法治教育的内容。

4. 增加了"心理矫治工作"

在监狱中对罪犯开展的心理矫治，是指利用心理学原理和方法调整服刑人员心理和行为并促使其发生积极变化的活动。我国监狱中的服刑人员心理矫治工作开始于20世纪80年代末期，目前，几乎所有监狱中都开展这项工作。司法部2003年6月13日颁布的《监狱教育改造工作规定》中，对监狱中的服刑人员心理矫治工作进行了原则性规定，其中的第四十三条规定："监狱应当开展对服刑人员的心理矫治工作。心理矫治工作包括：心理健康教育，心理测验，心理咨询和心理疾病治疗。"司法部2007年7月4日发布的《教育改造罪犯纲要》中，对心理矫治作出了更加详细的规定。司法部监狱管理局2009年2月3日印发的《关于加强监狱心理矫治工作的指导意见》，对监狱中的心理矫治工作提出了新的要求：监狱对罪犯开展心理健康教育的普及率达到应当参加人数的100%，罪犯心理健康教育合格率达到90%；监狱对新入监罪犯的心理测试率达到应参加人数的100%；罪犯的不良心理得到有效改善，心理疾病得到及时治疗。监狱对危险罪犯、顽固罪犯、危害国家安全罪犯等重要罪犯的心理测试、心理状况动态跟踪、心理矫治档案建档率达到100%[①]。

大体而言，心理矫治工作的主要内容包括5个方面：

第一，心理评估。它是指利用多种方法全面深入地了解服刑人员存在的心理和行为问题并作出准确诊断的活动。可以使用心理测验量表等工具开展这方面的工作。

第二，心理健康教育。它是为了向服刑人员普及心理健康知识而进行的教育活动。心理健康教育是最基础的心理矫治工作，也是最具有普遍性的心理矫治工作，对于所有的服刑人员都有必要开展心理健康教育。实践

---

① 吴宗宪主编：《刑事执行法学》（第二版），北京·中国人民大学出版社，2013年版，第208页。

表明，对服刑人员进行心理健康教育，具有重要的意义。首先，帮助服刑人员认识自己的心理健康问题。服刑人员是存在较多健康问题的人群之一。调查发现，服刑人员中存在心理健康问题的人数比较多。山东省第三监狱运用16种人格因素问卷（16PF）测验表明，约70%的服刑人员存在不健康心理，其中约45%的服刑人员有较重的心理障碍。上海提篮桥监狱在心理门诊中发现，约51.4%的服刑人员存在心理障碍；上海青浦监狱应用加州人格调查表（CPI）、明尼苏达多相人格调查表（MMPI）和艾森克人格问卷（EPQ）对108名服刑人员进行的系统测量发现，52.8%的服刑人员存在不同程度的心理障碍，其中23.1%的服刑人员具有明显的反社会人格特点，29.7%的服刑人员存在病理心理问题[1]。从西方国家监狱中的情况来看，服刑人员中有一般的情绪或者心理问题的数量较多，而有严重精神疾病（serious mental illnesses）的并不是很多。例如，根据美国一些研究者在20世纪80年代后期和90年代中期以前的调查，在监狱犯人中，有严重精神疾病的犯人仅占8%左右；在看守所犯人中，有严重精神疾病的犯人仅占7%左右；在缓刑犯人中，有严重精神疾病的犯人仅占6%左右[2]。因此，有必要向服刑人员普及心理健康常识，帮助他们更好地了解自己，使他们能够知道心理问题的特点与表现，能够确定自己是否出现了心理健康问题。其次，教育服刑人员掌握自我调节方法。要通过心理健康教育，帮助服刑人员学会自我调节方法，注意预防身心疾病的发生，自我努力解决暂时性的轻微的心理问题，起码防止心理问题的恶化或者引起严重的危害后果。最后，教育服刑人员知道求助途径。使他们能够在别人的帮助下，解决自己难以克服的心理问题。

第三，心理咨询。它是应用心理学方法对服刑人员提供解释、启发和指导等帮助的活动。心理咨询是解决常见的心理问题的重要方法。

第四，心理治疗。它是利用心理学等学科的理论和技术消除服刑人员的异常心理和不良行为习惯的治疗方法与治疗活动。心理治疗是解决有比较严重的心理问题的专门方法。

第五，危机干预。它是指对处于心理危机状态中的服刑人员迅速给予

---

[1] 孙安清、章各风、王争鸣：《上海服刑人员心理矫治工作的现状及其发展》，载《犯罪与改造研究》1996年第12期，第29页。

[2] Todd R. Clear & George F. Cole, *American Corrections*, 5th ed. (Belmont, CA: West/Wadsworth, 2000), p. 324.

关怀和帮助的活动。

在修改监狱法时，应当在监狱工作内容中增加心理矫治的内容，一方面将这种卓有成效的工作固定下来，另一方面也为监狱中开展的这项工作提供明确的法律依据。

5. 增加了"其他教育"

这是一项兜底性规定[①]，将本条中没有列举的其他教育内容包括进来，为监狱根据改造罪犯的需要而开展的丰富多彩的教育提供依据。

6. 调整了文字表述

监狱法第四条原来的表述是"监狱对罪犯应当依法监管"，这个表述文字啰唆、语句不通顺，修改为"监狱依法监管罪犯"后文字表述简练，也更加符合一般的法律用语。

第 0106 条 监狱在执行刑罚的过程中，与人民法院、人民检察院和公安机关分工负责，互相配合，互相制约，以保证准确有效地执行法律。

监狱在执行刑罚的过程中，应当与人民法院、人民检察院、公安机关以及政府其他有关部门建立定期交流信息的制度。

【立法理由】本条是新增加的。新增这一条的主要理由是增加监狱机关在刑事司法活动中的制约作用。监狱作为国家刑罚执行机关，是刑事司法系统的最后一个环节，它不仅仅是前面几个刑事司法机关工作结果的被动承接机构，也应当在刑事司法过程中对前面几个刑事司法机关的工作是否合理、是否有效等，发挥合理的制约作用，从而利用其独特的工作和地位，督促前面几个刑事司法机关进一步做好刑事司法工作，弥补在工作中产生的问题，消除在工作中存在的疏漏，解决在工作中发生的错误，理顺在工作中的相互关系，从而促进整个刑事司法活动的规范化、科学化，保证刑事司法工作的公平正义。

在与人民法院、人民检察院、公安机关以及其他有关部门之间建立定期交流信息的制度，既是体现监狱在刑事司法过程中发挥制约作用的重要方面，也是增进与政府其他部门之间信息交流的重要方面。例如，监狱系统要经常向刑事司法机关（特别是法院）和其他有关机关通报监狱容量

---

① 兜底性规定又称为"兜底条款""兜底性条款"等，是指规定难以具体列举或者目前无法穷尽的事项的规定。这种规定可以有效防止法律的不周严性，预先照顾社会情势的变迁性，显著增强法律规定的前瞻性，有力维护法律条文的稳定性。

（监狱按照设计标准能够关押的罪犯的数量）的情况；在监狱的设计容量接近饱和时，提醒法院调整审判工作，多判缓刑，多裁定假释，或者通过特赦等机制减少监狱中的罪犯，以便控制在监狱中服刑的罪犯的数量。同时，在监狱中罪犯数量很多的情况下，要让政府有关机关考虑扩建、新建监狱，以便增加监狱容量的问题；在这种情况下，还要考虑增加监狱干警数量，以便维持合理的警察与罪犯比例，维护监管安全，保证监狱工作质量。

第0107条 人民检察院对监狱工作是否合法，依法实行监督。

【立法理由】 本条是在修改监狱法第六条的基础上形成的。该条规定："人民检察院对监狱执行刑罚的活动是否合法，依法实行监督。"对该条的修改包括两方面。

1. 调整了该条的顺序

该条原来的位置在总则的中间，该条前面的5条和该条后面的4条都规定了监狱的内容，中间插入有关检察院的工作内容，从内容上来看显得突兀，从逻辑关系来看也显得不协调，似乎对该条之后的条文中规定的监狱工作不予监督，这不符合立法本意。

2. 扩大了监督的范围

监狱法第六条的表述似乎意味着人民检察院仅仅监督监狱执行刑罚的活动，而不监督监狱的其他工作。根据监狱法的规定，监狱法将"刑罚的执行"（第三章）和"狱政管理"（第四章）并列，这意味着监狱法对"刑罚的执行"作了狭义的理解；按照监狱法第六条的表述，人民检察院仅仅监督监狱有关"刑罚的执行"（第三章）方面的工作，而不监督监狱的"狱政管理"工作，这显然是错误的。同时，监狱法第六条的规定也不符合其他立法。根据1986年修订的人民检察院组织法第五条第五项的规定，人民检察院"对于刑事案件判决、裁定的执行和监狱、看守所、劳动改造机关的活动是否合法，实行监督"。这表明，人民检察院对监狱所有业务活动是否合法，都要进行监督，而不仅仅是对其中某一方面的活动进行监督。监狱的业务活动不只是刑罚执行，还包括对监狱人民警察进行日常行政管理、狱政管理以及教育改造罪犯等相关工作。所以，现行监狱法第六条的规定实际上缩小了检察机关监督的范围，是违反人民检察院组织法的。

第 0108 条 罪犯刑罚执行的变更，由人民法院依法裁定。

【立法理由】 本条是新增加的，强调罪犯刑罚执行的变更要经过法院裁定，更好地体现监禁刑罚执行过程中的相互制约。在监狱执行刑罚的过程中，罪犯的减刑、假释等由人民法院裁定，在监狱法总则中，应当通过明确的表述确认这种制度。

第 0109 条 罪犯的亲属、监护人，其他国家机关、武装力量、政党、社会团体、企业、事业单位、基层群众性自治组织、其他社会团体和公民个人，应当协助监狱维护安全稳定，促进罪犯改造，并依法监督监狱工作。

鼓励其他个人、团体和组织从事帮助和改造罪犯的工作。

【立法理由】 本条是新增的，旨在体现监狱工作社会化（包括对监狱工作的监督社会化）的理念。

1. 新增本条第一款内容的主要理由

（1）贯彻行刑社会化的理念。现代社会是一个越来越开放、变动越来越大的社会。一向被视为神秘、封闭的监狱越来越感受到社会的变迁对刑罚执行所带来的深刻影响。监狱执行刑罚的终极目标在于罪犯回归社会；而监狱执行刑罚的一个重要客观后果则是罪犯人格的"监狱化倾向"，刑满释放后适应社会困难重重。学者们提出通过"行刑社会化"来消解监狱行刑的上述悖论。行刑社会化指在执行刑罚过程中，通过放宽罪犯自由、拓宽罪犯与社会联系、促使罪犯掌握生活技能与相关社会知识、塑造罪犯符合社会正常生活的信念和人格，最终促成罪犯回归社会。行刑社会化强调刑罚执行与社会紧密联系，鼓励社会力量对监狱刑罚执行工作的参与[①]。

（2）规范监狱工作社会化的实践。这些年来，我国监狱在社会化方面进行了大量尝试，司法部 2003 年 12 月 10 日发布了《关于进一步推进监狱工作法制化、科学化、社会化建设的意见》，指出监狱工作社会化，就是监狱工作中坚持以监狱人民警察为主的基础上，充分利用社会资源和社会力量，做好监狱工作；监狱工作社会化的主要任务是运用社会资源，逐步建立多层次、全方位的社会帮教体系，营造社会化的改造环境，实现改造力量、改造手段、改造内容的社会化和监狱工作后勤保障的社会化，实现

[①] 参见谢望原、翟中东：《对我国行刑社会化的思考》，载《法学评论》2000 年第 1 期，第 59—64 页。

监狱工作与社会大环境的良性互动。该意见要求广泛吸收党政机关、部队、学校、社会团体、社区等参与教育改造工作。聘请法律、教育、医学、社会学、心理学等领域的专业人士，壮大社会志愿者队伍。逐步形成由监狱人民警察为主体、社会兼职人员、志愿帮教者、刑释人员代表共同参与的教育改造力量①。从这些年来的实践情况看，监狱工作社会化不仅符合国际社会的普遍趋势，而且产生了良好的效果，应当在立法中确认和进一步规范这方面的工作。

（3）促进社会力量参与监狱工作。尽管这些年来监狱工作社会化有了很大发展，但是，从监狱工作的实际需要来看，社会力量参与监狱工作的范围和力度仍然不够，需要通过修改立法促进这方面的工作。例如，从监狱法贯彻实施以来，由于人们对监狱工作和监狱法的重要性缺乏充分的认识，社会上一些部门、单位、团体对监狱法的一些规定或置若罔闻或消极对待，主要表现在对监狱提出的协助要求不予配合，不能积极主动地支持改造罪犯的工作，有意或无意侵犯监狱或罪犯的权益等②。从政府和社会有关部门来说，长期以来，对监狱的支持都处于看望型、慰问型的临时、零散状态。监狱工作无法也不可能列入政府的工作议程，一些监狱所在地的政府部门对监狱工作遇到的问题，不是协调解决，有的还互相推诿。为了解决这些方面的问题，应当在监狱法中规定促进社会力量积极参与监狱工作的内容。

（4）突出社会力量参与监狱工作。实际上，监狱法在不同的条文中有这方面的规定。例如，监狱法第四十四条规定："监区、作业区周围的机关、团体、企业事业单位和基层组织，应当协助监狱做好安全警戒工作。"第六十八条规定："国家机关、社会团体、部队、企业事业单位和社会各界人士以及罪犯的亲属，应当协助监狱做好对罪犯的教育改造工作。"但是，分散的规定削弱了这类规定的力量，应当整合监狱法中已有的相关规定，在总则中将促进社会力量参与监狱工作的内容作为一项基本原则，突出地加以规定，从而增强这类规定的影响力，更好地促使社会力量参与监狱工作。

（5）肯定社会力量监督监狱工作的权利。对国家机关的工作进行监督

---

① 司法部监狱管理局编：《监狱工作手册（2003.1—2006.7）》（第五辑），司法部监狱管理局2007年编印，第33—34页。
② 张秀夫主编：《中国监狱法实施问题研究》，北京·法律出版社，2000年版，第263页。

是公民的基本权利。我国宪法第二十七条第二款规定："一切国家机关和国家工作人员必须依靠人民的支持，经常保持同人民的密切联系，倾听人民的意见和建议，接受人民的监督，努力为人民服务。"监狱作为国家刑罚执行机关，自然也应当接受公民的监督。但是，监狱法第四十四条、第六十八条仅仅规定了公民等社会力量协助监狱做好安全警戒工作、对罪犯的教育改造工作的义务，而没有肯定这些主体监督监狱工作的权利，这是不全面的，因此，在修改监狱法时，应当确认社会力量监督监狱工作的权利。

2. 新增的本条第二款

主要涉及台港澳地区人士和机构、外国人、国际组织等参与罪犯帮助的事宜。如果监狱法中明确规定"鼓励其他个人、团体和组织从事帮助和改造罪犯的工作"的内容，就可以为监狱领域中开展国际合作，利用国际上的资源帮助罪犯，提供法律依据。人类社会已经进入全球化时代，我国的对外开放也有了长足的发展，监狱领域的对外交流和国际合作日益增加，但是，我国的监狱法中缺乏这方面的规定，应当在修改监狱法时解决这个问题。

第0110条 国务院司法行政部门主管全国的监狱工作。

省级行政区司法行政部门设立监狱管理机构，主管本行政区的监狱工作。

【立法理由】本条第一款是保留的监狱法第十条。

本条第二款是新增的。增加这一款的主要理由是：第一，确认现实的做法。目前，我国对监狱工作的管理，实行中央和省级管理体制。在中央层次，国务院司法行政部门——司法部主管全国的监狱工作，司法部内设立监狱工作管理局负责监狱业务；在省级层次，在各省（自治区、直辖市）司法厅（局）内设立监狱工作管理局，负责本行政区的监狱工作。从对具体监狱的业务管理来看，我国的绝大部分监狱都是由省级行政区的监狱管理局直接管理的，司法部监狱工作管理局直接管理的监狱只有一个，即司法部燕城监狱（设在河北省三河市燕郊镇）。因此，需要在监狱法中明确规定监狱管理的这种体制，通过立法将这种管理体制固定下来。第二，更好贯彻法治要求。"法治"的最基本要求就是："对于国家行政机关等'公权'来说，法无授权即禁止，凡是法律没有明确规定的权力，任何国家机关都不得行使；对于公民、法人和其他社会组织等'私权'来说，法无禁止即允许，凡是法律没有禁止的行为，任何机关都不能认为是违法的。"① 在监狱管理方面，尽管省级监狱工作管理局实际承担了绝大多数监狱的管理工作，但是，它们却没有法律地位，在监狱法中找不到对于它们的规定，因此，在修改监狱法时，应当解决这个问题，为省级监狱管理机构开展工作提供明确的法律依据，从而更好地贯彻法治的要求。

第二章 监狱

第0201条 监狱的设置、撤销、迁移，由国务院司法行政部门批准。

【立法理由】本条是保留的监狱法第十一条。

第0202条 监狱的地理位置、建筑设计、设施配备、建设质量应当符合标准，具体标准由国务院司法行政部门与相关部门制定。

【立法理由】本条是新增的。之所以增加这一条是为了规范这方面的事务。1949年中华人民共和国成立之初，我国新建的监狱有意识地选择在偏远、落后的地方，这样做的目的一方面是利用罪犯劳动力开发和建设，避免与老百姓竞争，另一方面也是为了利用这种地理条件监控罪犯，预防罪犯逃跑等。但是，后来监狱工作的发展表明，这种位置选择给监狱的正常发展带来极大的困难，导致"监狱办社会"（监狱自己解决家属就业、子女教育等问题）等现象，为了解决这些问题，从2001年开始，国家投入巨资进行监狱布局调整，到2010年为止，将一批分散、偏僻的监狱调整到城镇附近和交通沿线。现在，国家经济水平已经有了较大发展，以后新建监狱时，应当吸取这个教训，重视选择适当地点建设监狱。

建筑设计也是监狱建设中的重大问题。中华人民共和国成立之后的很长一个阶段中，我国缺乏监狱建筑设计的标准，绝大多数监狱都按照民用建筑的样式设计，没有体现监狱工作的特殊性和专业性，导致监狱建筑存在很多不合理性，给监狱管理带来不少问题。

在过去很长时间中，对于监狱建设中究竟如何配备相关设施，也缺乏

---

① 本书编写组：《党的十六大报告学习辅导百问》，北京·党建读物出版社、人民出版社，2002年版，第182—183页。

统一标准，各地在新建和改建监狱的过程中，在设施配备方面，有很大差异，从而给监狱的正常运行带来很多问题。

此外，对于监狱建筑的建设质量等，也是长期缺乏统一的标准和要求，影响了监狱建设的质量。

为了解决监狱建设中存在的大量问题，司法部于2002年制定了《监狱建设标准》（建标〔2002〕258号），2010年又对这个《监狱建设标准》进行修订，产生了新的《监狱建设标准》（建标139—2010），为监狱的建设提供了基本的标准。

因此，应当在监狱法中对这些方面作出明确规定，进一步规范这些方面的事务。同时，监狱法的规定也给已经发布的有关标准提供明确的法律依据。

第0203条 根据监管改造罪犯的需要，对监狱进行分类。

不同类型的监狱在收押罪犯类型、建筑建设标准、工作设施配备、工作人员构成、管理制度内容等方面，应当有所区别。

监狱分类的具体办法，由国务院司法行政部门制定。

可以根据需要，对监狱内的不同监区进行类似的分类。

【立法理由】本条是新增的。之所以增加这一条是因为，根据监管改造罪犯的需要对监狱进行分类，建立由不同类型监狱组成的合理的监狱体系，是监狱建设和发展科学化的重要方面，是做好监狱工作的重要基础。

对监狱进行分类建设和管理，具有十分重要的意义。第一，有利于保障监管安全。安全地监管罪犯，保证被监禁在监狱中服刑的罪犯不逃跑、不犯罪，是监狱的基本任务。对监狱进行分类，按照不同的类型建设和管理监狱之后，不但使各类监狱在建筑设施等硬件方面有较大的差别，使那些监管刑期最重、危险性最大的监狱具有坚固的监狱建筑和现代化的监控设施，使关押在那里的罪犯很难利用监狱建筑、监控设施的薄弱之处，进行脱逃、自杀、伤人毁物等危害行为。而且，这样的监狱也会实行严格的监管措施和制度，配备更多的看守人员，使罪犯始终处于严密的监管之下，不能利用监管制度的漏洞、监管活动的空隙而进行危害行为。这样，就能有效地保障监管罪犯的安全，大大地减少监狱工作中的事故和问题。

第二，有利于合理配置人员。对监狱进行分类后，不同类型的监狱关押的罪犯不同，开展的教育活动不同，从事的劳动内容不同，因而需要配备的人力也会有很大的不同。对不同类型的监狱配置了不同类型和数量的看守人员、管教人员和其他人员后，就可以实现人力资源的合理配备，就可以将有限的人力资源用到最需要的地方，就能节省大量人力，从而会大大缓解监狱警力缺乏的局面。

第三，有利于有效改造罪犯。对监狱分类后，可以使不同类型的监狱在监狱工作人员配备的种类和数量、在对罪犯进行社会剥夺的程度、对罪犯实行的区别对待等方面，有显著的差别；这些差别能够使管理较为宽松的监狱中的罪犯，得到更多的教育和个别化改造，能够在社会剥夺较小的环境中服刑，改造表现良好的罪犯能够享受到更加优惠的待遇，这些都有利于更好地改造他们，从而产生更大的改造效果。

第四，有利于节省资源消耗。对监狱分类后，对于不同类型的监狱按照不同的标准进行建设和运行，例如，对于关押危险罪犯的监狱，可以按照较高标准建设，配备高强度的监管设施，包括更高标准的围墙、电子监控设施等，这类监狱的建设和运行会花费更多的资金；与此同时，对于关押危险性较低的罪犯的监狱，可以按照较低标准建设，配备较低强度的监管设施，包括较低标准的围墙、较少的电子监控设施等。这种分类建设和运行监狱的做法，可以避免按照一种标准建设和运行监狱的现象，可以避免平均使用资金造成的资源浪费，从而能够大量节省资源，将有限的资源用于最需要的监狱中。

第五，有利于罪犯回归社会。对监狱分类后，对于关押危险性较低的罪犯的监狱，在硬件上可以配备较少的安全设施，在管理上可以采取宽松的管理制度，从而可以减轻罪犯与社会的隔离程度，使他们能够更多地接触社会，监狱能够充分利用社会资源开展罪犯教育和改造工作，这种情况有利于罪犯更加顺利地回归社会，有利于他们在出狱后更好地融入社会生活。

第六，符合国际社会趋势。对监狱进行分类建设和分类管理，是国际社会的普遍做法。例如，在欧洲大陆的一些国家，普遍将监狱分为封闭式监狱（closed prison）、半开放式监狱（half-open prison）和开放式监狱（open prison），开放式监狱又称为"开放式矫正机构"（open institution）；在美国、加拿大和澳大利亚等国家，一般将监狱分为最高警戒度矫正机构（maximum security institution）、中等警戒度矫正机构（medium security institution）和最低警戒度矫正机构（minimum security institution），每种类型的监狱在围墙、岗楼、外围巡逻、探测设施、犯人住宿、照明设施等方面，都有不同的特点①。我们应当考虑这种趋势的合理性，重视对其有益成分的借鉴。

监狱分类包括多方面的内容。监狱分类并不仅仅是对监狱的硬件设施的分类，而是一种以罪犯分类为基础的涉及监狱硬件和软件的综合性分类。监狱分类首先要求对罪犯进行分类，将不同类型的罪犯分配到不同类型的监狱中执行刑罚。其次，要求对监狱的硬件进行分类。这里所讲的"硬件"，包括监狱建筑、监狱设施等。不同类型的监狱应当在监狱建筑的建设标准、监狱工作设施的具体配备等方面，有显著的区别。最后，要求对监狱的软件进行分类。这里所讲的"软件"，包括监狱的工作人员构成、管理制度内容等。不同类型的监狱应当在监狱工作人员构成、监狱管理制度内容等方面，有显著的区别。

对于将监狱划分为几种类型、每种类型的监狱如何命名的问题，需要进行深入的研究。目前，我国的监狱大体上分为成年男犯监狱（成年男性罪犯服刑的场所）、女子监狱（成年女性罪犯服刑的场所）、未成年犯管教所（未成年罪犯和成年后剩余刑期不超过2年的罪犯服刑的场所）3类，但是，对于这些监狱在建筑、管理等方面没有明确的类型划分，特别是对于数量最多的成年男犯监狱，缺乏类型划分，由此带来不少问题。例如，一些成年男犯监狱关押着比较危险的罪犯，但是，监管设施和管理制度等不能适应需要，导致这些监狱发生罪犯逃跑等问题。为了解决这些方面的问题，人们已经进行了一些探讨，提出了如何划分监狱类型的建议。例如，本课题主持人吴宗宪在1996年就提出了建立中国监狱体系的概念，认为"监狱体系是根据监管改造罪犯的需要而科学地建立的不同类型监狱的有机整体"②，监狱体系设立的核心就是监狱分类，建议将我国的监狱分为看守所、收押分类中心、从严管理监狱、普通管理监狱、从宽管理监狱、女犯监狱、未成年犯管教所和医疗监狱8种类型③。

之后，一些部门和研究者对此进行了探讨。例如，上海市监狱管理局课题组提出了建立不同警戒度监狱的设想。根据他们的设想，首先，应当

---

① 吴宗宪：《当代西方监狱学》，北京·法律出版社，2005年版，第79—86页。

② 吴宗宪主编：《中国现代化文明监狱研究》，北京·警官教育出版社，1996年版，第166页。

③ 吴宗宪主编：《中国现代化文明监狱研究》，北京·警官教育出版社，1996年版，第174—223页。

建立包含三种警戒度（高警戒度、中警戒度和低警戒度）等级的监狱，每种类型的监狱有对应的管理制度。其次，应当实行罪犯流动移送制度，让罪犯在不同类型监狱之间流动。他们设想了两种流动：①初期流动，又可称为"第一次流动"，这是指新收分流机构通过鉴别程序将各种危险度的罪犯分配和移送到不同警戒度的监狱的活动；②中期流动，又可称为"第二次流动"或者"第×次流动"①，这是指各警戒级监狱对罪犯危险度变化情况作出评估后将他们移送到对应的警戒级监狱中去的活动②。上海市监狱管理局课题组的这些设想，很好地借鉴了一些国家的监狱分类和罪犯管理制度。

还有一些研究者使用了"戒备等级"或者"戒备度"这样的概念，对于不同戒备等级或者戒备度的监狱进行了探讨。例如，贾珍华等人（2006）探讨了高戒备等级监狱的问题，内容涉及这类监狱的内涵与特征、研究这类监狱对于监管安全的意义、确保这类监狱监管安全的对策等③。又如，李建平（2008）探讨了高戒备度监狱模式，分析了设立高戒备度监狱的必要性、这类监狱的内涵与特征、设立这类监狱的原则等问题④。此外，马力（2008）探讨了建立新收犯监狱的问题，作者以1997年1月10日揭牌成立的上海市新收犯监狱为例，探讨了新收犯监狱的创新之处、建立价值、具体职能、未来发展等问题⑤。

2001年8月，司法部向国务院报送的《司法部关于"十五"期间全国监狱建设与布局调整问题的报告》中，涉及了监狱分类问题。该报告提出，监狱建设与改造逐步达到国家计委、建设部和司法部制定的《监狱建设标准》，并逐步对所有监狱按照高度、中度、低度三个戒备等级进行建设和管理⑥。2001年以来，全国各地以监狱布局调整为契机，在迁建、扩建、新建监狱的过程中，逐步推开按警戒程度为标准的监狱分类。例如，上海市于2007年就确定在青浦、宝山和市区内设置三个高警戒度监狱，而

---

① "第×次流动"应当是指流动次数不固定的流动。——引者注
② 上海市监狱管理局课题组：《关于监狱按警戒等级分类的实践与思考》，载《中国监狱学刊》2007年第5期，第110—112页。
③ 贾珍华、余斌、郭俊：《高戒备等级监狱监管安全问题的研究》，载《中国监狱学刊》2006年第2期，第66—71页。
④ 李建平：《设立高度戒备监狱模式的探讨》，载《中国监狱学刊》2008年第6期，第77—78页。
⑤ 马力：《论新收犯监狱的实践价值》，载《中国监狱学刊》2008年第6期，第87—92页。
⑥ 张福森：《中国监狱体制改革的酝酿与启动》，北京·法律出版社，2009年版，第202页。

将位于皖南的两所监狱定位于中度、低度戒备①。江苏省龙潭高度戒备监狱建设自 2010 年启动,2015 年底,一期工程建成并正式投入使用②。

2010 年 9 月 7 日发布的《监狱建设标准》(第 2 版),也涉及了监狱分类问题。该标准第三条写道:"本标准适用于新建、扩建和改建的中度戒备和高度戒备监狱建设。"这表明,在国家标准层面为监狱按照戒备等级划分奠定了技术基础。

我们认为,可以将我国的监狱划分为 8 种类型:①看守所,这是用来关押未决犯和短期徒刑犯的监狱。②收押分类中心,这是新收犯监狱,是接收被判处剥夺自由刑罚的罪犯入监并对罪犯进行服刑监狱或者监区分类的专门监狱。从国际社会监狱管理和罪犯矫正的发展趋势来看,对罪犯实行合理的分类,并且根据不同类型罪犯的情况采取不同的监管和收造措施,是提高罪犯改造效果的重要途径,因此,我国应当建立专门的罪犯收押分类中心。③从严管理监狱,这是指用来关押罪刑最重、危险性最大的成年男性罪犯的监狱。这类可以简称为"严管监狱",类似于过去所说的重刑犯监狱,按照高度戒备等级建设和运行。④普通管理监狱,这是指用来关押罪、刑都较重、危险性较大的成年男性罪犯的监狱。可以简称为"普管监狱",按照中度戒备等级建设和运行。⑤从宽管理监狱,这是指用来关押罪、刑都较轻、危险性较小的成年男性罪犯的监狱。可以简称为"宽管监狱",按照低度戒备等级建设和运行。⑥女犯监狱,这是指用来关押被判处剥夺自由刑罚的成年女性罪犯的监狱。这类监狱大体上可以归入普管监狱的类型。⑦未成年犯管教所,这是用来关押被判处剥夺自由刑罚的未成年男女罪犯的监狱。这类监狱大体上可以归入宽管监狱的类型。⑧医疗监狱,这是用来关押患有精神病和其他严重疾病,需要进行专门观察和治疗的罪犯的监狱。这类监狱可以进一步分为精神病犯监狱和重病犯监狱两小类。医疗监狱应当成为一个省(自治区、直辖市)整个监狱系统的疾病诊断中心、医学治疗中心、医疗培训中心、疾病鉴定中心和疾病预防中心。

此外,也可以根据需要,对监狱内的不同监区进行类似的分类,以便

---

① 上海市监狱管理局课题组:《关于监狱按警戒等级分类的实践与思考》,载《中国监狱学刊》2007 年第 5 期,第 107—112 页。

② 刘保民:《江苏省龙潭高度戒备监狱的建设研究》,载《犯罪与改造研究》2016 年第 8 期,第 68—71 页。

顺利完成监管改造不同类型罪犯的任务。

第0204条 监狱设监狱长一人，副监狱长若干人，并根据实际需要设置必要的工作机构和配备相关的工作人员。

【立法理由】本条是在修改监狱法第十二条第一款的基础上形成的。该条第一款规定："监狱设监狱长一人，副监狱长若干人，并根据实际需要设置必要的工作机构和配备其他监狱管理人员。"对该条的修改包括下列方面。

1. 调整位置

监狱长和副监狱长不仅是监狱内的高级管理人员，也是对监狱的正常运行至关重要的人员，需要在总则中加以规定，以便凸显其重要性。

2. 修改内容

本条对监狱法第十二条第一款的内容作了修改，将该款中的"配备其他监狱管理人员"修改为"配备相关的工作人员"。之所以这样修改是因为，在监狱工作人员中，不仅有管理人员，还有从事其他工作的人员。例如，从当代国际社会监狱工作人员的配备情况来看，在监狱工作人员中，不仅有管理人员，还有其他工作人员，包括心理学家、社会工作者等专业人员。这些专业人员不是管理人员，但却是顺利开展监狱工作不可缺少的人员。监狱法第十二条第一款遗漏了这些人员，没有给监狱配备这类人员提供法律依据，不利于监狱工作人员的合理配置。

第0205条 国家保障监狱改造罪犯所需经费。

监狱的人民警察经费、罪犯改造经费、罪犯生活费、罪犯医疗卫生经费、狱政设施经费、业务装备经费、基础设施建设经费、信息化建设经费及其他专项经费，列入国家预算。

国家提供罪犯劳动必需的生产设施和生产经费。

应当确立监狱费用的合理开支标准和动态增长机制。

【立法理由】本条第一款和第二款是在修改监狱法第八条第一款的基础上形成的。监狱法第八条第一款规定："国家保障监狱改造罪犯所需经费。监狱的人民警察经费、罪犯改造经费、罪犯生活费、狱政设施经费及其他专项经费，列入国家预算。"本条第三款是保留的监狱法第八条第二款，第四款是新增的。

本条对监狱法的主要的修改包括以下两方面。

1. 调整监狱法第八条的文字表述

本条第一款和第二款在监狱法中都规定在一款之中,即监狱法第八条第一款。从内容来看,这样规定是不合适的。这是因为,"国家保障监狱改造罪犯所需经费"表明了保障监狱经费的基本原则,而"监狱的人民警察经费、罪犯改造经费、罪犯生活经费、罪犯医疗卫生经费、狱政设施经费、业务装备经费、基础设施建设经费、信息化建设经费及其他专项经费,列入国家预算"表明了监狱经费的主要方面和保障途径,两部分讲的是不同层次的内容,应当分别规定,才比较合适。

2. 新增加了开支标准和增长机制的内容

之所以新增第四款是为了解决监狱监禁经费保障中存在的突出问题。目前,我国监狱经费的保障尽管有了长足的进步和发展,但是,仍然存在两个突出的问题,一是开支标准问题。监禁经费的保障主要由省级财政解决,各地监禁经费的开支标准有很大差异,影响了监狱经费保障的力度,在未来,应当根据各地经济社会发展的不同情况,分类制定统一的经费开支标准,从而更好地保障监狱所需的经费。因此,确立统一的、分类的监禁经费开支标准,是很有必要的。二是通货膨胀问题。监狱经费开支标准通常是用货币数量表示的,例如,罪犯生活费每年多少元人民币。但是,由于存在着持续的并且是较大幅度的通货膨胀,一定时期确立的开支标准在经过一定时期后,实际购买力显著下降,不能购买到所需要的商品。因此,在监狱法规定经费保障问题时,必须考虑到通货膨胀的问题,增加"动态增长机制"的内容,使监狱经费标准能够按照通货膨胀率递增,以此解决通货膨胀造成的实际购买力下降的问题。

在解决通货膨胀带来的购买力下降问题方面,监狱系统曾经有过深刻的教训。以罪犯的生活费为例,监狱系统长期以货币数量为单位,规定罪犯的伙食标准。例如,规定每名罪犯每个月的伙食费是多少元人民币。但是,在经济社会发展中出现的粮食价格上涨和通货膨胀等现象,导致罪犯的伙食供应发生问题,引起罪犯食物数量的减少。为此,在1994年颁布的监狱法第五十条中明确规定:"罪犯的生活标准按实物量计算,由国家规定。"这意味着,罪犯的伙食和被服供应不再以货币数量为标准,而是以"实物量"为标准,即以实际购买和使用的数量为标准,这样,就可以有效防止因为物价上涨和货币贬值引起的罪犯伙食和被服供应数量减少的问题。1995年7月5日,财政部和司法部联合发布《关于印发在押罪犯伙食、被服实物量标准的通知》,对罪犯伙食和被服的实物量标准,作出了具体的规定①。监狱法第五十条的规定、财政部和司法部联合发布的通知虽然解决了罪犯生活费的问题,但是,并没有解决相关的其他问题,实际上,在其他经费的保障中,存在着同样的问题,因此,需要在总则中规定确立"动态增长机制"的内容,以便使所有经费保障中都会遇到的通货膨胀问题,能够得到有效的解决。

第0206条 监狱根据改造罪犯的需要,设立监狱企业。

国家对监狱企业给予减免税收、技术改造等方面的支持。

监狱企业生产的产品纳入政府采购目录,由政府优先采购。

监狱企业的管理和经费要与监狱机构的管理和经费分开,监狱企业的收入与支出要依法规范进行。

【立法理由】 本条是新增的。新增这一条的主要理由是:第一,消除监狱立法空白。在我国监狱工作的发展过程中,各地普遍设立了监狱企业和企业集团公司,这些企业和相关机构的设立,为改造罪犯提供了重要的物质保障。但是,在目前的监狱法中,缺少有关监狱企业的明文规定,因此,有必要在修改监狱法时,明确规定这方面的内容,给监狱企业的运行提供明确的法律依据。

第二,促进监狱企业顺利运行。监狱企业的运作,与社会企业有很大的不同。监狱企业虽然有劳动力比较便宜(给参加劳动的罪犯提供的劳动报酬远远低于社会企业的工人工资)等优点,但是,也存在人员流动频繁、劳动力素质不高、研发技术力量不足、生产种类受到限制等严重问题,因此,为了使这类企业能够生存下去,国家必须在税收方面给予减免优惠,在产品采购方面给予支持。实际上,在政府采购中,优先采购监狱企业的产品,是不少国家和地区的普遍做法,因为在很多国家和地区,监狱企业不能与社会企业竞争,包括不能在社会上销售产品,政府采购就成为监狱企业产品的重要出口。因此,在修改监狱法时,应当体现这方面的内容。

第三,落实监狱体制改革成果。在我国早期的监狱工作中,监狱和监狱企业混在一起,不仅人员和管理混在一起,而且经费开支也混在一起。

---

① 参见吴宗宪:《监狱学导论》,北京·法律出版社,2012年版,第424页。

这种做法导致一系列的严重问题。例如，按照企业领导人的标准选拔监狱领导人，使很多监狱领导人不熟悉监狱执法事务，导致监狱执法工作受到严重影响。又如，监狱企业在运行过程中，出现了挪用监狱经费的现象，导致监狱自身运行困难等。因此，2003年1月31日，国务院领导签发《国务院批转司法部关于监狱体制改革试点工作指导意见的通知》，开始监狱体制改革的试点工作；2007年11月，国务院正式印发《国务院批转司法部关于全面实行监狱体制改革指导意见的通知》（国函〔2007〕111号），全面实行监狱体制改革。在监狱体制改革中，确立了"全额保障、监企分开、收支分开、规范运行"的监狱体制改革目标，其中的"监企分开、收支分开、规范运行"，就涉及监狱企业与监狱自身的关系问题。在修改监狱法的过程中，应当将监狱体制改革的成果转化为法律条文，在法律中固定下来。

第0207条 监狱依法使用的土地、矿产资源和其他自然资源以及监狱的财产，受法律保护，任何组织或者个人不得侵占、破坏。

【立法理由】本条是保留的监狱法第九条。

第三章 监狱工作者

【立法理由】之所以单列专章并在监狱之后的重要位置规定监狱工作者，主要是基于下列理由。

1. 体现对监狱工作者的重视

监狱设施、监狱工作者和被监禁的罪犯，是监狱的三大有形构成要素。在这三大有形构成要素中，最关键、最重要的有形构成要素，是监狱工作者[1]。这是因为，首先，没有监狱工作者就没有监狱。从古今中外的监狱历史来看，既可以有没有物理设施的监狱，例如"画地为牢"[2]讲的就是没有物理设施的监狱：在地上画一个圈子作为监狱；也可以有没有罪犯的监狱，即在建造监狱和配备监狱工作者之后，由于特殊的原因，监狱

---

[1] 吴宗宪：《监狱学导论》，北京·法律出版社，2012年版，第32页。
[2] 参见司马迁《史记·报任安书》："故有画地为牢，势不可入，削木为吏，议不可对，定计于鲜也。"

可能在特殊情况下没有罪犯。例如，2002年10月，当时的伊拉克总统萨达姆发布指示，从10月20日起，伊拉克实行大赦，给予"监狱中所有的服刑犯人、逃犯、在押人员和政治犯完整、全面和最终的特赦"，以庆祝他的连任①。这样，"伊拉克的监狱全空了"，成为没有犯人的监狱。但是，不可能有没有监狱工作者的监狱。其次，优秀的监狱工作者是做好监狱工作的最根本因素。我国监狱工作的一些历史证明，即使在监狱的物质条件较差的情况下，只要有高素质的监狱工作者，也能够做好监狱管理和罪犯改造工作。新中国对于日本战犯和其他战犯的改造历史，就证实了这一点。可以说，尽管监狱设施对于做好监狱工作十分重要，但是，做好监狱工作的最重要条件，是高素质的监狱工作者。监狱工作者是监狱的所有构成要素中最重要的要素②。所以，为了体现对监狱工作者在监狱工作中的重视，设单章并在监狱之后的重要位置规定相关内容。

2. 克服监狱法存在的问题

目前的监狱法在"监狱"一章中既规定了有关监狱的内容，也规定了有关监狱工作者的内容，这种将机构与人员合并在一章中规定的做法，有多方面的问题。第一，名实不符。按照一般的立法规律，在"监狱"一章中应当专门规定监狱机构的相关内容，如果在这一章中既规定了监狱机构的内容，也规定了监狱工作者的内容，会导致本章在章名表述与具体内容方面名不副实。第二，相互干扰。目前的监狱法在一章中既规定机构又规定人员的做法，带来有关机构的内容与有关人员的内容相互干扰，导致对每一方面都不能作出合理、详细规定的突出问题。因此，要想对监狱机构和监狱工作者都作出合理、详细的规定，就应当分章规定。

3. 促进监狱工作者顺利工作

在以往的监狱工作中，由于立法规定不清楚，导致监狱工作者在工作中出现不必要的失误等问题，因此，对于监狱工作者的相关方面作出清楚、具体的规定，有利于减少工作中的失误。

4. 实现立法结构上的均衡

监狱工作者和罪犯是监狱法律关系的主体，从立法结构的均衡方面考虑，应当设专章分别规定监狱工作者和罪犯的相关事项。

---

① 史桃李：《伊拉克监狱全空了》，2002年10月24日《环球时报》，第1版。
② 吴宗宪：《监狱学导论》，北京·法律出版社，2012年版，第32页。

第 0301 条 在监狱系统从事刑罚执行和其他相关工作的专职工作人员，是监狱工作者。

监狱工作者包括管理人员、专业人员、看守人员和其他人员。

监狱工作者是公务员，其中的管理人员和看守人员是人民警察。

【立法理由】本条的第一款、第二款和第三款中的前半部分是新增加的（第三款的后半部分是保留的监狱法第十二条第二款）。新增这些内容的主要理由如下。

1. 确立"监狱工作者"的概念

在我国监狱系统中，从事监狱工作的人员数量众多，但是，没有一个专门的概念称呼他们。一些文献中使用了"监狱工作人员"[①]的概念，不过，这个概念显然不是一个专业术语，缺乏专业特征，因此，需要确立"监狱工作者"的概念，把它作为称呼专职的监狱工作人员的集合概念或者总称。

在理解监狱工作者的概念时，应当注意"监狱工作者"的特征：第一，工作内容。监狱工作者的主要工作是执行刑罚，除此之外，他们还从事其他工作，例如监狱中的医疗、心理矫治等。第二，专职人员。监狱工作者应当主要是指专门从事监狱工作的专职人员，兼职人员和志愿人员一般不包括在监狱工作者之内。

2. 确立对监狱工作者的分类

将监狱工作者大体上分为 4 类：①管理人员，这是指从事监狱管理工作的人员，包括从事监狱行政管理工作和罪犯管理工作的人员，具体指监狱长、副监狱长、监区长和其他高级行政管理人员等。②专业人员，这是指经过特定专业训练并具有专业知识和技能的人员，包括监狱内的医务人员、教育人员、心理学工作者、社会工作者、生产技术和管理人员等。③看守人员，这是指负责监狱内监管罪犯和安全保卫工作的工作人员。④其他人员，这是指上述人员之外的其他监狱工作人员。例如，在中国监狱中，还有一定数量的事业编制工人，从事监狱生产等方面的工作。

对监狱工作者进行分类，是国际社会的普遍做法。在欧洲，在欧洲委员会（Council of Europe）编制的年度刑罚统计中，将监狱工作人员（prison staff）分为 5 种类型：①管理人员（management staff）；②监管人员

---

① 范方平主编：《监狱法二十年回顾与展望》，北京·中国长安出版社，2014 年版，第 144 页。

（custodial staff），不包括上述第 1 类人员；③治疗人员（treatment staff），包括医疗人员（medical staff）、心理学家、社会工作者（social worker）、教师等；不包括上述第 1 类和第 2 类人员；④负责劳动车间或者职业培训的人员（staff responsible for workshops or vocational training），不包括上述第 1、2、3 类人员；⑤行政人员（administrative staff），不包括上述第 1、2、3、4 类人员①。

在英国，每个监狱中的专职监狱工作人员（prison staff）分为 3 类：①穿制服官员（uniformed officer），即看守人员；②行政人员（administrative staff）；③专门人员（specialist staff），主要包括心理学家（psychologist）、教师（instructor）、护士（nurse）、医生（doctor）和牧师（chaplain）②。

在美国，根据美国司法部在 1978 年进行的全国人力调查（National Manpower Survey）中使用的监狱工作人员分类，将矫正系统的工作人员分为 4 类：①监管和监视人员（custody and surveillance personnel）；②辅助人员（support personnel）；③治疗人员（treatment personnel）；④管理和行政人员（management and administrative personnel）③。

对监狱工作人员进行分类，具有重要的意义④：

一是有利于监狱工作者队伍的建设。要搞好监狱工作，必须建设一支高素质的监狱工作者队伍。但是，如果没有监狱工作者分类制度和分类发展，并不利于监狱工作者队伍素质的提高。首先，不利于根据工作种类的差别确定不同的任职资格。监狱内的工作具有多样化的特点，需要由具备不同条件的工作人员承担。这样，就对监狱工作者提出了任职资格方面的不同要求，要求从事不同工作的人员，具备不同的素质条件，才有可能胜任自己的工作，做到合理配置人力资源，既不由于"大材小用"而浪费人才，也不因为"滥竽充数"而难以胜任工作。

其次，不利于监狱工作者队伍的专业化发展。现代社会的发展已经证明，要做好一些专业性很强的工作，就必须促进工作人员的专业化发展，

---

① Pierre Victor Tournier, "Council of Europe Annual Penal Statistics Space I: Enquiry 1998: Prison Population," *Penological Information Bulletin* (No. 22, December 2000), p. 59.

② 吴宗宪：《当代西方监狱学》，北京·法律出版社，2005 年版，第 590 页。

③ Harold E. Williamson, The Corrections Professional (Newburry Park, CA: Sage Publications, 1990), pp. 94-98, 123-147.

④ 参见吴宗宪：《监狱学导论》，北京·法律出版社，2012 年版，第 65—66 页。

使工作人员具有适应工作需要的专业知识和技能。在监狱领域中，很多工作都属于专业性很强的工作，需要由专业化的工作人员来担任这样的工作。例如，监狱中的教育、医疗、罪犯改造等很多方面的工作，都具有专业化的特点，需要由具备专业技能的监狱工作者担任。

最后，不利于建立合理的专业人员待遇制度。监狱工作中有很多具有很强专业性的工作，要求由专业人员从事这些工作。这样，就在专业人员的待遇和管理上，提出了相应的专业化要求。对于监狱中的许多专业人员来说，应该按照不同的专业技术等级去发展，提供与其专业等级相适应的待遇。只有这样，才能使不同类型的监狱工作者在自己的岗位上安心工作，进取发展，成为各自岗位上的行家里手，变成专家型的人才。

由此可见，建立和完善监狱工作者分类制度有利于培养高素质的监狱工作者队伍。

二是有利于罪犯改造工作的顺利进行。监狱工作的多样性不仅表现在工作内容的多样化方面，也表现在对监狱工作者与罪犯关系的多样化要求方面。这意味着，对于不同的监狱工作者来说，他们与罪犯之间的关系有不同的特点。虽然从广义上来说，监狱内所有工作人员的工作都是在执行法律，但是，在法律规定的框架内，不同类型的工作却要求监狱工作者与罪犯之间有不同的人际关系。例如，在看守人员与罪犯之间，其人际关系更多地带有命令与服从的特点，罪犯必须服从看守人员的命令和管理，否则，就会受到纪律惩罚。在从事教学工作的人员与罪犯之间，其人际关系应该更多地具有地位平等、相互尊重的特点，他们之间是教与学的关系，只有相互平等、相互尊重，教学人员循循善诱，耐心细致，罪犯愿意学习，聆听教诲，才能教学相长，提高教育质量。在从事心理矫治的工作人员与罪犯之间，其人际关系应该具有相互尊重、相互信任的特点，只有培养起这样的人际关系，罪犯才能把内心隐秘的观念、想法告诉心理矫治人员，心理矫治人员才能准确诊断罪犯的问题，提供有针对性的咨询和矫治。但是，目前监狱中人人都是警察的状况，形成了警察与罪犯之间的角色对立，使所有的监狱工作者只能适合于从事看守工作，而不适合于从事需要更融洽人际关系的工作，因为警察与罪犯之间角色的天然对立，导致罪犯本能地、自动地对警察怀有戒备和敌对心理，他们不可能对处于对立地位的警察讲真心话。即使一些监狱工作者在认识到穿警服不利于开展很多工作的情况下，在从事一些工作时有意不穿警服。例如，一些监狱的教育工作者和心理矫治人员在从事这样的工作时,不愿意穿着警服。但是,这种表面的变化并不能改变他们的警察身份,何况他们自己这样做在客观上也违反了监狱的纪律,因为根据一般要求,监狱工作者必须着装上班,擅自不着装上班是违反工作要求的。所以,为了使监狱内的许多工作人员更有效地从事自己的专门化工作,为了提高罪犯的改造质量,必须考虑对监狱工作者进行分类,不必要求所有的监狱工作者都是警察,不应该要求所有的监狱工作者都要穿着警服工作。

三是确立监狱工作者的法律地位。明确监狱工作者的法律地位是国家公务员。这不仅是监狱的性质所决定的,也是国际社会的通行做法。《曼德拉规则》第74.2条指出:"管理人员应被作为专任的专业监狱工作人员予以任用,具有公务员身份,为终身职,但须符合品行优良、效率高、体能健全等条件。薪资应当适宜,足以罗致并保有称职男女;由于工作艰苦,雇用福利金及服务条件应该优厚。"

四是肯定监狱管理人员的警察身份。监狱管理人员负责管理刑罚执行机构——监狱和监狱内服刑的罪犯,应当具有警察身份。不过,目前我国监狱内所有工作人员都是警察的做法,在国际社会中并不多见。在国际社会中,监狱工作者的一部分人身着制服,类似于警察。例如,欧洲的监管人员(custodial staff)、英国的穿制服官员(uniformed officer)和美国的监管和监视人员(custody and surveillance personnel)身着制服,类似于警察;其他类型的监狱工作者都不穿制服。

第0302条 监狱工作者应当具备下列条件:
(一)具有中华人民共和国国籍;
(二)年满十八周岁;
(三)拥护中华人民共和国宪法;
(四)具有良好的品行;
(五)具备正常履行职责所需要的身体条件;
(六)具有符合职位要求的文化程度和工作能力;
(七)法律规定的其他条件。

监狱长还应当由从事了一定时间的监狱实务工作,证明其具有良好的个人品行、行政能力和工作经验的合格人员担任。

省级监狱管理机关的主要领导人应当从优秀的监狱长中选任,国家监狱管理机关的主要领导人应当从优秀的省级监狱管理机关领导人中选任。

【立法理由】本条是新增加的。之所以增加主要的内容，主要是基于下列理由。

1. 监狱工作者必须具备一定素质

监狱工作者是从事监狱管理和罪犯监管改造工作的专职人员，这种工作会面临许多的挑战，会遇到很多的困难，特别是要想安全监管和有效改造那些不仅具有危险性，而且具有各种问题和恶习的罪犯，必须由具备较高综合素质的人员担任。本条第一款沿用了公务员法第十一条的规定。不过，应当认识到，这些条件是最基本的任职资格，仅仅具备这些资格还不足以胜任监狱工作。

2. 监狱长必须具备较高素质

监狱长是一个监狱中最为关键的工作人员，是保证监狱正常运行的灵魂人物，他们必须具有较高的综合素质。因此，他们不仅要具备普通监狱工作者的任职条件，还要通过他们的监狱工作经历，证明确实"具有良好的个人品行、行政能力和工作经验"时，才能担任监狱长。

3. 监狱管理机关的主要领导人应当熟悉监狱工作实务

在我国，有两级监狱管理机关，即省级监狱管理机关和国家级监狱管理机关，这两类监狱管理机关的主要领导人，即省级监狱工作管理局的局长和司法部监狱工作管理局的局长，应当从优秀的监狱长中选任。无论担任哪一级监狱局的局长，都必须实际管理过一个监狱，没有这样的实务工作经历，不熟悉监狱工作实务，是不可能领导好一个监狱工作管理局的。我国不少省份的监狱工作管理局管理的罪犯数量，与很多国家监狱中的罪犯数量相当；中国是一个单一制国家，国家刑罚权具有高度的统一性，我国国家监狱管理机关管理着世界上最为庞大的监狱系统[①]。对于这类监狱管理机关的主要领导人，必须有较高的任职资格要求，应当在监狱法中规定基本的任职资格，这样，才能防止由不胜任的人员担任监狱管理机关主要领导人可能造成的重大问题。

第 0303 条 监狱管理机关应当公开招录监狱工作者。

监狱管理机关根据监狱工作者工作职责的要求和提高监狱工作者素质

[①] 吴宗宪：《监狱学导论》，北京·法律出版社，2012年版，第75页。

的需要，对监狱工作者进行分级分类的在职培训。

国家应当给监狱工作者提供良好的工作条件、优厚的福利待遇和合理的职业发展机会。

对于在地理位置偏远、生活环境艰苦地区的监狱中任职的监狱工作者，应当提供更好的工作条件、福利待遇和发展机会。

【立法理由】本条是新增加的。之所以增加主要的内容，主要是基于下列理由。

1. 明确通过公开程序招录监狱工作者

这是监狱工作者作为国家公务员必须经历的程序。通过公开招录，可以选拔合格的人员担任监狱工作者，可以防止不合格的人员进入监狱工作者队伍，从而可以保证监狱工作者的基本素质。

2. 明确对监狱工作者进行培训的事项

首先，要根据工作职责的要求和提高素质的需要，开展培训。其次，要进行分级分类培训。这一规定是参照公务员法第六十条第一款确定的。其中的"分级培训"，就是由不同级别的机构进行的培训，例如监狱和不同级别的监狱管理机关都应当组织培训工作。其中的"分类培训"，就是对不同类型的监狱工作者分别进行培训，除了对所有新招录的监狱工作者进行初任培训之外，对晋升领导职务的监狱工作者应当在任职前或者任职后进行任职培训；对从事专项工作的监狱工作者应当进行专门业务培训；对全体监狱工作者应当进行更新知识、提高工作能力的在职培训，其中对担任专业技术职务的监狱工作者，应当按照专业技术人员继续教育的要求，进行专业技术培训（参见公务员法第六十一条第一款）。有效的培训是增强监狱工作者工作能力的重要途径，应当有制度化的设计和规定。最后，强调在职培训。这意味着，参加相关培训是日常工作的组成部分，不影响监狱工作者的薪酬待遇。

3. 明确监狱工作者的待遇

与社会上的很多公务员相比，监狱工作者的工作环境差（很多监狱远离城镇）、工作危险性大（罪犯中聚集了社会中最危险的人员）、工作任务重、工作压力大，应当提供更加优厚的待遇。

研究表明，由于我国监狱系统普遍存在工作人员不足的问题，导致加班成为弥补工作人员不足的常用手段。"8小时工资、12小时工作、24小时责任"①，或者"8 小时的工作收入，12 小时的工作时间，24 小时的工作压力，365 天的责任"②，成为监狱工作者普遍的真实写照。据统计，中国监狱警察平均每周加班 32.5 小时，全年累计超过 130 个工作日③。而且，随着监狱执法水平和监管要求的不断提高，监狱一年四季严抓"三个绝对不能，四个绝对不允许"④，再加上大大小小的检查、评比，基层民警的神经长期处于防脱逃、防事故的高度紧绷状态。监狱人民警察还面临两方面的职业风险：一方面是个人人身安全威胁，如狱内值班、现场带工、谈话教育等，民警的人身安全都存在着较大的潜在威胁；另一方面，监管安全要求"零失误"，工作如履薄冰，因为一次工作失误就可能导致发生一起监管安全事故，等待的将是严肃的纪律处分，甚至是个人职业生涯的结束直到追究刑事责任⑤。

　　同时，监狱工作者的升职空间极为狭小。我国的绝大多数监狱都是处级以下单位，大部分监狱工作者终身在正科级及以下的职务范围内晋升。副处级以上职务在整个监狱工作者中所占比例很小，绝大多数的监狱工作者都不大有机会升职⑥。升职无望导致监狱工作者普遍出现职业倦怠现象⑦。监狱人民警察职业倦怠的表现之一就是离职。例如，北京市监狱系

---

　　① 安徽省九成监狱管理分局课题组：《对监狱行刑成本和行刑效益的分析及思考》，载《犯罪与改造研究》2009 年第 3 期，第 77 页。
　　② 于爱荣：《建设一支特别能战斗的监狱人民警察队伍》，载《中国监狱学刊》2010 年第 3 期，第 15 页。
　　③ 顾伟：《监狱人民警察心理健康浅析》，载《中国监狱学刊》2008 年第 4 期，第 135 页。
　　④ "三个绝对不能、四个绝对不允许"是 2000 年 12 月司法部对监狱工作提出的要求。其中，"三个绝对不能"是指绝对不能发生影响本地区乃至全国的罪犯越狱、暴狱、伤亡和劳教人员集体逃跑、骚乱、伤亡等重特大狱所的案件；绝对不能发生爆炸、火灾等重特大生产安全事故；绝对不能发生民警打骂体罚虐待罪犯、劳教人员致死事件。"四个绝对不允许"是指绝对不允许使用罪犯劳教人员到社会上从事经营活动；绝对不允许利用罪犯劳教人员家属及其社会关系进行生产经营活动；绝对不允许从事印刷非法出版物，加工假冒伪劣产品等违法生产经营活动；绝对不允许把减刑、减期、监外执行、会见、同居、准假探亲、亲情电话等措施当作创收的手段。参见张福森：《中国监狱体制改革的酝酿与启动》，北京·法律出版社，2009 年版，第 9—10 页。
　　⑤ 杨习梅、张林明、姜润基、王同仁：《和谐社会背景下的"从优待警"问题研究》，载《中国监狱学刊》2007 年第 6 期，第 122—127 页。
　　⑥ 宫照军：《监狱警察职业倦怠现状研究》，载《犯罪与改造研究》2015 年第 5 期，第 18—23 页。
　　⑦ 相关研究请参见欧渊华：《监狱人民警察的职业倦怠及调速》，载《甘肃政法成人教育学院学报》2007 年第 4 期，第 116—117 页；张建钊：《监狱警察职业倦怠防范对策思考》，载《犯罪与改造研究》2011 年第 8 期，第 71—77 页；闫玉英、程玉敏：《监狱警察工作倦怠问题实证研究》，载《犯罪与改造研究》2012 年第 5 期，第 61—67 页。

统民警离职较为突出，2011—2013年三年内主动申请调出的民警170人，占全体民警的3.09%①。这种状态对于完成监狱工作使命起着很大的消极阻碍作用。《曼德拉规则》第74.3条也倡议："薪资应当适宜，足以罗致并保有称职男女；由于工作艰苦，雇用福利金及服务条件应该优厚。"

4. 提高偏远地区人员待遇

在我国，经过这些年来的监狱布局调整，监狱的地理位置和相关条件等有了改善，但是，有不少监狱仍然处在偏僻荒凉、经济社会欠发达的地区，这对于在这些监狱任职的监狱工作者的建设，产生了不利的影响，因此，为了促进这些监狱中的队伍建设，为了体现在工作条件和相关待遇等方面的实质公平性，对于在这些地区的监狱中任职的监狱工作者的待遇，应当适度提高和优惠倾斜。在这方面，已有相关的法律规定。例如，公务员法第七十四条第二款规定："公务员按照国家规定享受地区附加津贴、艰苦边远地区津贴、岗位津贴等津贴。"其中的前两种津贴实际上考虑了对偏远地区公务员的优惠待遇。在监狱法中，应当有类似的规定。这就是本修改方案中增加第四款的主要理由。

第0304条 监狱人民警察按照职责分工，依法行使下列职权：

（一）刑罚执行权；

（二）处理罪犯的申诉、控告、检举权；

（三）办理罪犯暂予监外执行权；

（四）维护监狱秩序权；

（五）预防、制止和侦查又犯罪权；

（六）狱政管理权；

（七）罪犯教育权；

（八）组织罪犯劳动权；

（九）对罪犯的日常考核权；

（十）对罪犯的行政奖罚权；

（十一）对罪犯的司法奖罚建议权；

（十二）法律、法规规定的其他职权。

其他监狱工作者按照职责分工，依法行使相应职权。

---

① 孙温平、尉迟玉庆：《首都监狱干警职业倦怠问题研究》，载《犯罪与改造研究》2015年第5期，第24—28页。

【立法理由】本条是新增加的。之所以增加主要的内容，主要是基于下列理由。

1. 完善监狱人民警察的职权规定

现行监狱法未明确、具体地规定监狱人民警察的具体职权，不利于监狱人民警察依法履职。根据法理学的一般原理，对公权力没有规定即禁止，对私权利没有限制即自由。如果对警察权力限制太多，不利于他们理直气壮地依照职权开展工作，他们的工作积极性就会受到影响，甚至可能出现动辄得咎的状况。因此，明确规定监狱警察的法定权力，有利于他们履行职务。

2. 确定监狱警察职权的具体内容

本条第一款对于监狱人民警察职权的设定，参考了《中华人民共和国人民警察法》第二章（职权）的规定。考虑到职权表述的概括性以及逻辑周延性，监狱人民警察的职权基本涵盖监狱执法的全过程和各方面。

3. 实现立法技术方面的均衡

在现行监狱法中，仅仅规定了监狱人民警察权的法律义务（第十四条），而没有规定他们的相应权力，从立法技术上来讲，是不均衡的，有必要通过明确规定职权的方法解决不均衡问题。

4. 规定其他监狱工作者的职权

如果将来在监狱中配备不具有警察身份的其他监狱工作者，应当在立法中对他们的职权作出规定。

第 0305 条　监狱工作者应当严格遵守宪法和法律，忠于职守，秉公执法，严守纪律，清正廉洁。

【立法理由】本条是在修改监狱法第十三条的基础上产生的。修改的内容是将原来的"人民警察"改变为"工作者"。考虑到在监狱工作中，监狱工作者与罪犯之间的实际地位相差悬殊，在封闭的监狱环境中，监狱工作者更有可能从事违法犯罪行为，因此，从正面对监狱工作者的工作提出一般性要求，是有必要的。在国际社会中也有类似的表述。例如，《曼德拉规则》第77条写道："全体监狱工作人员应随时注意言行、善尽职守，以身作则，感化囚犯改恶从善，以赢得囚犯尊敬。"2006年修订的《欧洲监狱规则》第72条第4款则要求"监狱工作人员应该以高的专业和个人标准来从事监狱工作"①。

第 0306 条 监狱工作者不得进行下列行为：

（一）索要、收受、侵占罪犯及其亲属财物；

（二）私放罪犯或者玩忽职守造成罪犯脱逃；

（三）刑讯逼供或者体罚、虐待罪犯；

（四）侮辱罪犯人格；

（五）殴打或者纵容他人殴打罪犯；

（六）为谋取私利，利用罪犯提供劳务；

（七）违反规定为罪犯传递信件或者物品；

（八）非法将监管罪犯的职权交予他人行使；

（九）在罪犯考核和减刑、假释、暂予监外执行中提供虚假材料或者进行其他违法活动；

（十）其他违法行为。

【立法理由】本条是在修改监狱法第十四条的基础上形成的。本条规定了监狱工作者的主要法律义务，是对上一条内容的进一步细化。在表述本条内容时所作的修改包括下列几点：

一是将"监狱的人民警察"修改为"监狱工作者"。不论是监狱内从事管理工作的警察，还是监狱内从事其他工作的专职人员，都应当遵守监狱法和相关法律的规定，不得从事危害监管安全等方面的行为。

二是将监狱法第十四条第一款第（七）项"违反规定，私自为罪犯传递信件或者物品"修改为"违反规定为罪犯传递信件或者物品"。因为"违反规定"和"私自"在内容上有重复，将"私自"删除。

三是新增第（九）项。之所以增加这项内容，是因为预防在罪犯考核和减刑、假释、暂予监外执行中发生的违法犯罪行为。在这些违法犯罪行为中，最为突出的表现是提供虚假材料，除此之外，还有通过打招呼进行干预，通过行贿施加影响等。因此，用"其他违法活动"概括所有未列举的违法犯罪行为。

四是适当调整条文顺序。将监狱法第十四条第二款规定的内容移动到"法律责任"一章中加以规定。监狱法第十四条第二款规定："监狱的人民

---

① The Council of Europe, *European Prison Rules* (Strasbourg Cedex: Council of Europe Publishing, 2006), p. 29.

警察有前款所列行为，构成犯罪的，依法追究刑事责任；尚未构成犯罪的，应当予以行政处分。"这款内容属于法律责任部分，在本章中仅仅规定监狱工作者的法律义务。

<u>第 0307 条</u> 对于<u>直接监管改造罪犯和对罪犯开展其他工作的监狱工作者，应当提供更高的薪酬待遇与更好的学习和发展机会，鼓励他们在工作岗位上提高能力并安心工作</u>。

【立法理由】本条是新增的。新增这一条的主要理由是建立一种专家型监狱工作者沉淀基层的有效机制。在我国监狱中，直接监管改造罪犯和对罪犯开展其他工作的基层监狱工作者，对于完成监狱的艰巨使命和保证监狱的顺利运行，发挥着极其重要的作用。可以说，基层监狱工作者是执行监狱法律和政策的重要力量，无论是有关监狱工作的立法，还是有关监狱工作的政策，都要通过基层监狱工作者的工作，才能传递到罪犯身上，才能贯彻落实到监狱工作中。基层监狱工作者是国家的法律和政策与罪犯之间的最重要的中介因素。没有高素质的基层监狱工作者，任何科学的立法和政策都难以对罪犯产生实际影响和积极效果。但是，在目前的制度环境下，缺乏促使他们积极学习成才、安心现有岗位、在基层工作中终身奉献的机制。这导致基层监狱工作者待遇不高，学习和发展机会很少，不安心基层工作。一旦积累了一定的工作经验，遇到了合适的调动机会，他们都会离开基层岗位，造成在最需要经验丰富、能力高强的专家型监狱工作者的基层岗位上开展工作的，往往都是缺乏这些特点的监狱工作者，从而使监狱工作的安全难以得到保证，罪犯改造的质量难以有效提高。因此，在修改监狱法时，应当确立吸引、鼓励基层监狱工作者在自己的岗位上快速成长，变成优秀人才，并且终身安心在这种岗位上建功立业。他们只有"安心在基层工作"，才能以积极进取的良好心态、充沛饱满的工作热情，对罪犯开展监管改造等工作，积极探索监狱工作规律，做好各类监狱工作。期望通过这样的立法修改及贯彻落实，真正建立一支长期扎根基层、工作能力突出、愿意奉献一生的高素质基层监狱工作者队伍，以便通过他们卓有成效的工作，更好地履行监狱职能。

<u>第 0308 条</u> <u>监狱工作者依法行使职权产生消极影响或者造成损害后果的，不承担责任</u>。

【立法理由】本条是新增的。新增这一条的主要理由是消除监狱工作者在工作中承担无限责任,而监狱法中缺少免责条款和容错机制的突出问题。希望通过明确规定免责条款,确立监狱工作中的容错机制,解除广大监狱工作者的后顾之忧,鼓励他们以创造性的心态和做法做好监狱工作。

第0309条 应当建立监狱工作者投诉制度,解决监狱工作者在工作中遇到的不公平对待等问题。

【立法理由】本条是新增的。新增这一条的主要理由是建立正规的监狱工作者投诉制度,解决他们在工作中遇到的不公平对待甚至错误处理等问题。提供纠正管理工作中可能发生的问题和错误的补救机制。

第0310条 监狱应当采取有效措施,维护和促进监狱工作者的身心健康。

对于在可能受到疾病传染等不利环境中工作的监狱工作者,应当采取有效防护措施,提供特殊岗位津贴。

【立法理由】本条是新增的。新增这一条的主要理由是维护和促进监狱工作者的身心健康,为他们顺利履行职务创造基本条件。我国监狱中的监狱工作者,特别是基层监狱工作者不仅工作压力大、风险高,而且长期接触罪犯,直接受到来自罪犯的负面心理影响,很容易出现身心健康问题。因此,采取有效措施维护他们的身心健康,不仅是监管改造工作正常进行的重要保证,也是提高罪犯改造质量的重要基础,因为身心不健康的监狱工作者,很难以健康的心态、良好的情绪、积极的态度对待罪犯,很难有效转变罪犯。因此,在修改监狱法时,应当增加这方面的内容,鼓励和督促监狱开展这方面的工作。

同时,针对近年来监狱中患有艾滋病等传染疾病的罪犯不断增加,有可能使监管改造这类罪犯的监狱工作者受到传染等危险的情况,专门增加了第二款,以便更好地保护他们,给他们提供相应的报酬。

第0311条 在监狱中服刑的罪犯的数量和类型等出现较大变化时,监狱管理机关应当调整监狱工作者的数量和类别,保证监狱有充足的人力资源顺利开展相关工作。

【立法理由】本条是新增的。新增这一条的主要理由是保持监狱工作者与罪犯之间恰当的动态比例关系，预防监狱由于人力资源不足而难以完成监管改造罪犯的任务，也预防由于监狱人力过剩而造成的资源浪费问题。

第四章　罪犯

【立法理由】设专章规定有关罪犯的事项，主要是基于下列考虑：第一，突出罪犯在监狱工作中的地位。罪犯不仅是监狱工作的对象，也是监狱工作的核心，监狱的一切工作都是围绕管理和改造罪犯而进行的，甚至监狱的设立本身就是为了解决罪犯问题。第二，重视对罪犯权利的有效保护。在监狱的封闭环境中，罪犯与监狱工作人员之间的实际地位有极大差异，监狱工作人员极有可能侵犯罪犯的合法权益，因此，有必要优先规定罪犯相关事项，以便体现有效保护罪犯权利的精神。第三，考虑到国际社会的相关做法。在监狱立法中优先规定罪犯相关事项，是国际社会相关规则和有关国家立法中较为流行的做法。例如，《曼德拉规则》在"序言"之后，紧接着就规定有关罪犯的事项，而且内容多达73条，占整个规则条文（122条）的将近60%。在2010年修订的英国《监狱规则1999》中，在一般说明之后，紧接着就规定有关罪犯的事项。

第0401条　被人民法院依法判处剥夺自由刑罚的罪犯，在监狱内执行刑罚。

在监狱中执行刑罚的罪犯，可以称为"服刑人员"。

【立法理由】本条是新增的。新增这一条的主要理由是界定两个概念：

1. 罪犯

我国监狱法中反复使用了"罪犯"的概念，但是，在监狱法中并未给这个概念下一个明确的定义，这是立法不严密的表现。在修改监狱法时，应当解决这个问题。因此，在本条第一款中给"罪犯"概念下了一个定义。

给"罪犯"这个法律概念下定义是很有必要的。因为在监狱工作实践和相关文献资料中，有不少类似的概念和术语，容易相互混淆。已经看到的类似概念和术语如下①。

（1）囚犯。这是一个在早期常用的概念，用来指被监禁的人（prisoner），其中主要是指已决犯，不过，有时候也包括未决犯。例如，1955年在日内瓦举行的第一届联合国预防犯罪和罪犯待遇大会通过的一份重要文件被翻译为《囚犯待遇最低限度标准规则》②，其中使用了"囚犯"的概念。

（2）劳改犯。这是在1994年监狱法颁布之前普遍使用的概念，用来指在监狱和劳改队服刑的罪犯。这个概念不仅在1994年之前的政府文件、研究论著和监狱工作实践中大量使用，甚至还在国家立法机关颁布的规范性文件中使用，例如，1981年6月10日第五届全国人大常委会第十九次会议通过了《关于处理逃跑或者重新犯罪的劳改犯和劳教人员的决定》。这个概念具有强烈的道德和法律贬斥色彩。

（3）犯人。这是指因犯罪而被监禁在监狱和其他类似场所中的人员。犯人这个概念是一个称呼所有被监禁人员的概念。例如，政务院1954年9月7日发布的《中华人民共和国劳动改造条例》③第三条规定："犯人的劳动改造，对已判决的犯人应当按照犯罪性质和罪刑轻重，分设监狱、劳动改造管教队给以不同的监管。对没有判决的犯人应当设置看守所给以监管。"有人认为犯人这个概念仅指被监禁罪犯④，这种解释既不符合立法，也不符合监狱工作的实际情况。

（4）受刑人。这是指被判处刑罚后正在服刑的人员。这个概念主要在一些学术著作、台湾地区的相关规定和书籍等中使用。

（5）人犯。这是指被逮捕和刑事拘留后羁押在看守所中的人员。例如，看守所条例第二条第一款规定："看守所是羁押依法被逮捕、刑事拘留的人犯的机关。"由此可见，人犯属于还未被审判机关判决的人员。从尚未判决的事实来看，使用"人犯"是不恰当的，因为其中包含了有罪推定的意思：其中的"犯"就是"犯罪"或者"罪犯"之意。因此，尽管

---

① 参见吴宗宪：《监狱学导论》，北京·法律出版社，2012年版，第9—10页。
② 该文件的英语名称是"Standard Minimum Rules for the Treatment of Prisoners"，英语缩写一般为"SMR"。
③ 以下简称劳动改造条例。
④ 参见邵名正等主编：《中国劳改法学百科辞书》，北京·中国人民公安大学出版社，1993年版，第154页；中国社会科学院语言研究所词典编辑室：《现代汉语词典》（第5版），北京·商务印书馆，2005年版，第381页。

这个词在 1979 年通过的《中华人民共和国刑事诉讼法》中多次使用，但是，在 1996 年修订的刑事诉讼法中不再使用，而用"犯罪嫌疑人""被告人"取代。

（6）被监管人。这是指被监禁在监狱、看守所和拘留所中的人员。其中既包括被羁押的未决犯，也包括在服刑的已决犯。不过，不同的文献所强调的人员类型是不同的。例如，刑法第二百四十八条的规定中，用来指所有上述 3 类人员，而在最高人民检察院、公安部 1999 年 11 月 22 日联合发布的《关于加强看守所法律监督工作的通知》中，则用来指被监禁在看守所中的人员。

（7）在押人员。这是指被羁押在监禁机构中的人员。这个概念主要用来指被羁押在看守所中的犯罪嫌疑人和被告人。例如，最高人民检察院 2008 年 3 月 23 日印发的《人民检察院看守所检察办法》第二条规定："人民检察院看守所检察的任务是：保证国家法律法规在刑罚执行和监管活动中的正确实施，维护在押人员合法权益，维护看守所监管秩序稳定，保障刑事诉讼活动顺利进行。"

（8）同案犯。这是指涉及同一个刑事案件的不同犯罪人。往往用来指被监禁在监狱和看守所中的同一个刑事案件的多个犯罪人。例如，看守所条例第十四条规定："对……同案犯以及其他需要分别羁押的人犯，应当分别羁押。"最高人民检察院、公安部 2002 年 10 月 24 日联合发布的《加快看守所监管信息系统与驻所检察管理信息系统联网建设推行监所网络化管理和动态监督工作的通知》中，也使用了这个概念。

（9）少年犯。这是指被判处刑罚后在少年犯管教所中服刑的未成年人。根据劳动改造条例第二十一条的规定，少年犯的年龄在十三周岁以上不满十八周岁；由于他们服刑的场所过去叫作"少年犯管教所"，因而被称为"少年犯"。随着监狱法的颁布和少年犯管教所更名为"未成年犯管教所"，少年犯也被称为"未成年犯"。

（10）未成年犯。这是指被判处刑罚后在未成年犯管教所中服刑的未成年人。他们主要是年龄在十八周岁以下的未成年人，不过，根据监狱法第七十六条的规定："未成年犯年满十八周岁时，剩余刑期不超过二年的，仍可以留在未成年犯管教所执行剩余刑期。"据此，未成年犯实际上包括年龄在二十周岁以下但是仍然在未成年犯管教所服刑的罪犯。

（11）犯罪人。这是指进行了比较严重的危害社会行为的人。"犯罪人"是一个在犯罪学等学科中使用的范围极其广泛的概念，凡是与犯罪行为有关的所有人员，包括上述各类人员，都可以纳入"犯罪人"的范畴。

在有多种类似概念和术语的情况下，应当通过立法明确规定监狱法所称的"罪犯"的确切含义。

2. 服刑人员

对"服刑人员"作出规定是很有必要的。首先，给监狱系统普遍使用的概念提供法律依据。在我国监狱系统中，已经普遍使用"服刑人员"的概念，这个概念已经成为监狱系统重要的日常概念，甚至在重要的立法中也使用这个概念，例如，司法部在2004年3月19日发布的《监狱服刑人员行为规范》中，使用了"服刑人员"的概念。从监狱工作的实际情况来看，要求在监狱服刑的罪犯必须熟记《监狱服刑人员行为规范》的内容，时刻用这个规范指导自己的行为，因此，这个概念是监狱日常生活中最常用的概念之一。但是，迄今为止，在国家立法中并未出现这个概念，导致这个概念缺乏坚实的法律基础，有必要在监狱法中确立这个概念。

其次，确认"服刑人员"概念的适当性。"服刑人员"的概念不仅已经普遍使用，而且具有较大的适当性。这种适当性主要表现在两个方面：第一，特别适合于某些场合。与"罪犯"相比，"服刑人员"这个概念是一个比较中性的词语，道德谴责、贬斥的意味似乎不多，体现了对这类人员人格的一种尊重，比较适合于在心理矫治中使用①，因此，在罪犯心理矫治等方面的论著中，已经普遍使用这个概念②。第二，准确表明了罪犯的身份。

第0402条 在监狱服刑的罪犯享有下列权利：

（一）人身安全不受侵犯的权利；

（二）维护身体健康、有病得到诊治的权利；

---

① 吴宗宪主编：《中国服刑人员心理矫治》，北京·法律出版社，2004年版，第1页。
② 参见侯绍臻、王有模主编：《服刑人员心理健康教育读本》，济南·山东画报出版社，1998年版。张安民、蒋鱼水主编：《服刑人员心理咨询案例集》，济南·山东人民出版社，1999年版。李金华、殷尧、李玉成主编：《服刑人员心理健康与调查》，郑州·河南人民出版社，2006年版。吴宗宪主编：《中国服刑人员心理矫治技术》，北京·北京师范大学出版社，2010年版。冯一文：《中国服刑人员权利保障研究：以联合国服刑人员待遇标准为参照》，北京·法律出版社，2010年版。杨帆：《我国监狱服刑人员权利保障研究》，北京·知识产权出版社，2013年版。薛惠：《服刑人员思想矫正论》，北京·中国社会科学出版社，2015年版。

（三）人格不受侮辱的权利；

（四）辩护、申诉、控告和检举的权利；

（五）未被剥夺政治权利的罪犯有选举的权利；

（六）合法财产不受侵犯的权利；

（七）按照规定通信、会见的权利；

（八）依法获得行政奖励的权利；

（九）依法获得刑事奖励的权利；

（十）刑满时依法获得释放的权利；

（十一）依法获得平等对待的权利；

（十二）依法获得教育的权利；

（十三）法律未剥夺或者限制的其他权利。

在确保监管安全的前提下，监狱应当帮助罪犯行使未被剥夺或者限制的法律权利。

【立法理由】 本条是在细化、完善监狱法第七条第一款的基础上形成的。该款规定："罪犯的人格不受侮辱，其人身安全、合法财产和辩护、申诉、控告、检举以及其他未被依法剥夺或者限制的权利不受侵犯。"这一条过于笼统，既没有清楚标明罪犯在监狱服刑期间享有的法律权利，也没有很好地体现监狱法治在这方面的进步，不符合依法治国的发展趋势。

这些年来，我国在监狱法治方面取得了很大进步，应当在监狱法中体现这种进步。例如，司法部2001年10月12日发布了《关于在监狱系统推行狱务公开的实施意见》，其中明确而详细地规定了权利和义务。又如，司法部2015年4月1日发布了《关于进一步深化狱务公开的意见》，进一步规范了这方面的工作。这些方面的努力不仅完善了监狱法治的内容，也展示了我国监狱法治的进步，应当在修改监狱法时很好地体现这些方面的成果。本条的内容，就是细化《关于在监狱系统推行狱务公开的实施意见》中相关内容的结果；在表述时，调整了有关权利的顺序。

在拟定本条时，特别新增加了两项权利。

1. 依法获得平等对待的权利

增加这项权利的主要理由如下。

（1）体现宪法要求。我国宪法第三十八条第二款规定："中华人民共和国公民在法律面前一律平等。"根据这一规定，对于在监狱中服刑的罪犯，也应当平等对待。不管罪犯的民族、种族、性别、职业、家庭出身、宗教信仰、教育程度、财产状况、过去经历等如何，都应当一视同仁；既不得对具有某些特征的罪犯进行歧视，也不得对具有某些特征的罪犯格外优待。

（2）重视国际做法。对罪犯平等对待，也是国际社会的通行做法，是人类文明进步的体现。联合国大会1990年12月14日通过的《囚犯待遇基本原则》第2条指出："不得以种族、肤色、性别、语言、宗教、政治或其他见解、民族本源或社会出身、财产、出生或其他状况为由而实行任何歧视。"联合国《曼德拉规则》第2条就指出："1. 本套规则应予公正执行。不应基于种族、肤色、性别、语言、宗教、政见或其他主张、国籍或社会出身、财产、出生或任何其他身份而加以歧视。应当尊重囚犯的宗教信仰和道德标准。2. 为将不歧视的原则付诸实施，监狱管理部门应当考虑到囚犯的个人需要，特别是监狱环境中最脆弱的几类人。需要制定保护和促进有特殊需要的囚犯之权利的措施，而且这种措施不应被视为有歧视性。"根据这一条的精神，除了有正当理由需要特殊对待的罪犯之外，对于其他罪犯，都应当平等对待，这种平等对待也体现在对不同国籍的罪犯之间。从我国一些监狱的情况来看，我们对于在我国监狱中服刑的外国籍罪犯（含无国籍罪犯），往往实行超国民待遇，给予各种优惠的对待，这是不恰当的，应当纠正。

（3）强调依法办事。在表述这项权利时，之所以明确加上"依法"二字是因为，对于一些罪犯，需要给予特殊照顾，而这些照顾应当是法律明确规定的，例如，对于少数民族生活习惯的照顾，对于性别差异的照顾、对于未成年犯的照顾等；法律规定应当特殊照顾的情形，是"平等对待"的应有之义，"平等对待"中的正当例外；"平等对待"绝不是"平均对待"。除了法律明确规定的例外事项，在其他所有方面，都应当平等对待甚至平均对待。在监狱中服刑的罪犯之间，绝不能再区分出三六九等。

2. 依法获得教育的权利

对监狱中的罪犯进行文化和职业教育不仅是监狱的职责，也是罪犯的权利。新增加这项权利有多方面的依据。首先，符合宪法的相关规定。宪法第十九条第四款规定："国家发展各种教育设施，扫除文盲，对工人、农民、国家工作人员和其他劳动者进行政治、文化、科学、技术、业务的教育，鼓励自学成才。"第四十六条第一款更是明确规定："中华人民共和国公民有受教育的权利和义务。"该款规定并未排除在监狱服刑的罪犯，因此，适用于监狱中的罪犯。其次，符合其他法律的规定。我国教育法第九条规定："中华人民共和国公民有受教育的权利和义务。公民不分民族、种族、性别、职业、财产状况、宗教信仰等，依法享有平等的受教育机会。"应当说，教育法的规定也没有将监狱中服刑的罪犯排除在外。最后，符合国际社会的倡导。例如，联合国大会1990年12月14日通过的《囚犯待遇基本原则》第6条指出："所有囚犯均应有权利参加使人格得到充分发展的文化活动和教育。"

在第二款中，对于如何处理罪犯在监狱中的法律权利及其行使事项，作了原则性的规定。这样的规定符合国际社会的基本趋势，也符合我国依法治国的法治精神，有利于认识和处理监狱中罪犯的法律权利和行使法律权利的问题。

第0403条 <u>在监狱服刑的罪犯履行下列义务：</u>
（一）<u>遵守国家法律、法规和规章的义务；</u>
（二）<u>遵守监规纪律的义务；</u>
（三）<u>服从监狱人民警察管理的义务；</u>
（四）<u>有劳动能力的罪犯参加劳动的义务；</u>
（五）<u>接受法治、文化和技术等方面教育的义务；</u>
（六）<u>爱护国家财产，保护公共设施的义务；</u>
（七）<u>维护正常改造秩序的义务；</u>
（八）<u>自觉接受改造的义务；</u>
（九）<u>检举违法犯罪活动的义务；</u>
（十）法律、法规和规章规定的其他义务。

【立法理由】 本条是在细化、完善监狱法第七条第二款的基础上形成的。该款规定："罪犯必须严格遵守法律、法规和监规纪律，服从管理，接受教育，参加劳动。"这一款的内容较为笼统，也不全面，没有体现这些年来我国监狱法治在这方面的发展。为此，在细化、调整司法部2001年10月12日发布的《关于在监狱系统推行狱务公开的实施意见》中相关部分的基础上，形成了本条的内容。

第0404条 罪犯入监后，<u>监狱应当及时以书面形式告知其依法享有的权利和应当履行的义务。</u>

监狱应当组织罪犯学习告知书面材料，保证罪犯准确理解书面材料的内容。

【立法理由】本条是新增的。新增这一条的主要理由是建立和完善权利义务告知制度，促进监狱管理。建立和完善此类制度，具有重要的价值。首先，有利于完善监狱制度。通过书面和讲解等方式告知罪犯依法享有的权利和应当遵守的规定，是对罪犯进行入监教育的重要内容，在监狱法中明确规定这方面的内容，能够进一步完善这方面的监狱制度。其次，有利于保障罪犯权利。由于多方面的原因，罪犯入监之后，对于自己依法享有的权利并不一定有清楚的认识。从法学理论方面来看，被判处监禁刑罚的罪犯在监狱服刑期间，除了被依法剥夺的权利、为了保障监管安全而被限制行使的权利之外，其他法律权利都属于他们依法享有的权利，监狱应当为这些权利的行使提供条件和帮助。但是，并非每个罪犯都清楚地知道这方面的信息。因此，很有必要清楚地告知他们依法享有的权利，这样的告知有利于他们行使依法享有的权利。最后，有利于促进罪犯管理。从监狱管理的实践来看，在管理罪犯方面发生的不少问题，包括不少罪犯出现的违纪和违法行为，都与罪犯不了解监狱规定有关，他们产生的很多问题是由于无知或者误解造成的，因此，清楚地告知相关规定，可以减少这方面的问题，可以改进罪犯管理工作，可以预防罪犯的违法犯罪现象。

本条第一款是基本规定，第二款是特别规定。之所以在第二款中强调组织学习，是为了解决文化程度低的罪犯不能阅读书面材料的问题，也是为了解决罪犯理解中可能存在的误解等问题。

第0405条 国务院司法行政部门应当建立科学的罪犯分类体系，根据关押、监管和改造罪犯的需要，对罪犯进行科学评估和分类。

最初的罪犯分类在收监初期进行。

监狱可以根据罪犯的服刑表现，调整对罪犯的分类。

罪犯分类的具体办法，由国务院司法行政部门制定。

【立法理由】本条是新增的。新增这一条的主要理由是，对罪犯进行科学的分类，是做好监狱工作的必要基础。

第一，科学的罪犯分类对于做好罪犯关押工作意义重大。科学的罪犯分类的重要内容，是对罪犯的人身危险性或者社会危险性的诊断，即对罪犯再次进行危害社会行为的可能性的判断。根据监狱分类的要求，被判处监禁刑的罪犯，首先收押到收押分类中心或者新收犯监狱，在这里对其进行科学分类之后，根据分类的情况再将他们移送到不同类型的监狱中服刑。因此，要想恰当地做好后续的罪犯关押工作，必须要有科学的罪犯分类。

第二，科学的罪犯分类对于做好罪犯监管工作意义重大。根据科学的罪犯分类，将危险性大的罪犯移送到严管监狱服刑，将危险性小的罪犯移送到宽管监狱服刑，将危险性中等的罪犯移送到普管监狱服刑。这种以罪犯分类为基础的罪犯分押，可以大大增强对于罪犯监管的针对性，可以有效地保障监管安全。同时，将罪犯关押到不同类型监狱之后，还可以根据罪犯分类的情况，对每个罪犯采取有针对性的监管措施，这样就能够进一步保障监管安全。

第三，科学的罪犯分类对于做好罪犯改造工作意义重大。科学的罪犯分类不仅有对罪犯的人身危险性等的诊断，也有对于罪犯的人格特征、情绪特点、文化程度、学习能力等方面的准确描述，这些方面的信息有利于监狱根据罪犯的情况，采取有针对性的教育和其他改造措施，从而大大增强改造罪犯的效果。

在新增的这一条中，第一款规定了下列内容：①突出强调了"罪犯分类"的含义和重要性。这里所讲的"罪犯分类"，并不仅仅是根据人民法院判决的罪名和刑期对罪犯进行的简单分类，而是根据科学的罪犯分类体系进行的工作。"科学的罪犯分类体系"不仅包括罪犯类型的划分，更包括分类的具体指标、分类原则、分类方法等方面的内容，这些内容能够保证罪犯分类的准确性和科学性。罪犯分类就是根据科学的罪犯分类体系对罪犯进行的"科学分类"。这种罪犯分类对于做好罪犯关押、监管和改造工作，都有重要价值。②规定了建立罪犯分类体系的主体。科学的罪犯分类体系的建立，是一项要求极高的专业化工作，不仅涉及大量法律、政策等方面的内容，还涉及刑法学、犯罪学、心理学等众多学科的内容，只有动员全国的各类专家合作努力，才有可能制定出高质量的罪犯分类体系。而且，罪犯分类体系建立之后，对于罪犯在服刑期间的实际待遇等，有重大的影响，必须保证这种分类体系的科学性，否则，这种法律体系就有可能变成侵犯罪犯合法权利的工具，也会给监狱工作带来多方面的消极影响。例如，如果分类工具不科学，就难以保证罪犯分类的科学性，就有可能错误地引导关押、监管和改造工作，使这类工作出现重大偏差，例如，将危险性很大的罪犯评定为危险性很小的罪犯，将其移送宽管监狱服刑，导致这类罪犯在宽管监狱进行新的违法犯罪行为。可以说，科学的罪犯评估和分类工作，是监狱工作中科学性、专业化要求最高的工作之一。因此，罪犯分类体系只能在国家监狱主管机关的领导下建立。③规定了评估和分类的关系。对罪犯进行科学分类的基础是进行准确的评估，只有在准确评估的基础上才能进行科学的分类。

第二款表明了进行最初的罪犯分类的时间和场所。"时间"是指收监初期，"场所"就在收押分类中心或者新收犯监狱。

第三款规定了对罪犯进行再次分类的事项。根据科学的罪犯分类工作的要求，对于罪犯的科学分类，至少包括两次：第一次是最初分类，这种分类在收押分类中心或者新收犯监狱进行，主要任务是为恰当地将罪犯移送到合适的监狱服刑提供依据。第二次分类是再次分类，这是监狱根据罪犯的服刑表现进行的分类。例如，移送到普管监狱的罪犯在服刑期间表现良好的，就可以调整其分类，将其移送到宽管监狱服刑；相反，如果其表现恶劣，也可以调整其分类，将其移送到严管监狱服刑。再次分类不一定是一次，由于罪犯的服刑表现的变化、刑期长短差别等因素的影响，有可能多次进行。

第四款是授权性规定。授权国家监狱主管部门制定罪犯分类方面的具体办法。罪犯分类是一项极其复杂、要求极高的工作，不可能在监狱法中作出详细规定，只能通过制定专门办法的方式解决。

第 0406 条 监狱应当根据对罪犯的科学分类，制订个别化的罪犯矫正方案。

鼓励罪犯参与制订本人的矫正方案。

罪犯矫正方案的制订办法和应用规则，由国务院司法行政部门确定。

【立法理由】 本条是新增加的。新增这一条的主要理由是，科学制订和恰当应用罪犯矫正方案，具有十分重要的意义。可以讲，在科学分类的基础上制订出个别化的罪犯矫正方案，是进一步做好监狱工作的重要基础。科学的罪犯分类过程，也是一个对罪犯进行科学评估的过程，在这个过程中，监狱工作者会了解到有关罪犯的大量信息，除了与犯罪和刑罚有关的信息之外，还有与罪犯的个人历史、心理特征、行为特征、社会关系等有关的信息，监狱工作者可以在这个基础上为每个罪犯制订个别化的矫正方案。这个矫正方案包括了将罪犯移送哪一类监狱服刑、如何对罪犯进行监管和改造等方面的建议，从而为后续的监狱工作提供指导，使后续的监狱工作更具有针对性和科学性。

根据本条和上一条的内容，在未来的监狱工作中，应当大力加强收押分类中心或者新收犯监狱的专业化建设。在这类监狱中，应当配备大量的专家型监狱工作者，包括具有犯罪学、心理学、社会学、教育学等方面的专业知识的专家型监狱工作者，以便他们能够利用其专业知识和技能，进行科学的罪犯评估和分类工作，能够制订出科学的个别化罪犯矫正方案，为以后的监狱工作奠定良好的基础。加强这类监狱中专家型监狱工作者队伍的建设，也可以在一定程度上减轻其他监狱对于专家型监狱工作者的需要强度，因为在这类监狱中配备了强大的专家型监狱工作者后，其他监狱只要按照他们制订的矫正方案开展工作，就可以在很大程度上保证监狱工作的质量和效果，而没有必要在所有监狱都要配备类似的专家型监狱工作者。目前的收押分类中心或者新收犯监狱主要是一种办理相关手续、对罪犯进行基本的入监教育的"中转站式"监狱，这种状况不适合监狱工作科学化的要求，应当努力改善。

本条第二款的内容旨在尊重罪犯的选择和反映罪犯的意愿，使所制订的矫正方案更加符合罪犯的自身情况，更有利于调动罪犯的改造积极性。

本条第三款是授权性规定，授权国家监狱主管部门确定罪犯矫正方案的制订办法和应用规则。

这里所讲的"矫正方案"，类似于国外的"服刑计划"（sentence plan）。国际规则中的相关内容可资借鉴。例如，2006年版的《欧洲监狱规则》规定："103.2 在收监后，应当尽快起草有关他们的个人情况、每个被判刑犯人的服刑计划和为释放做准备的措施方面的报告。103.3 鼓励被判刑犯人参与制订其个人服刑计划。103.4 此类服刑计划应当尽可能包括：a. 劳动；b. 教育；c. 其他活动；d. 释放准备。"

第0407条 监狱应当建立科学的罪犯档案管理系统。
罪犯档案管理系统中应当包括完整、准确的罪犯信息。
罪犯档案管理系统应当具有安全性、电子化、兼容性的特点。
罪犯档案管理系统的具体标准，由国务院司法行政部门制定。

【立法理由】本条是新增加的。在本条中，第一款提出了建立科学的罪犯档案管理系统的一般性任务。

第二款强调该系统中的罪犯信息必须符合两个要求，第一，完整。这意味着，有关罪犯的所有信息，都应当纳入这个系统；第二，准确。这意味着，纳入这个系统中的信息必须是准确的。

第三款规定了对罪犯档案管理系统的要求：第一，安全性，即该系统能够抵御别人的侵犯，系统中的信息既不能被篡改，也不能被非法窃取。第二，电子化，即该系统应当是电子化的，符合网络时代对于信息的电子化要求。第三，兼容性，即该系统不仅能够在全国监狱系统相互兼容和连通，而且能够根据需要与其他系统兼容，包括其中的信息能够用来进行科学研究等工作。

第四款规定了建立罪犯档案管理系统的具体标准的主体，是国务院司法行政部门。只有由国务院司法行政部门负责制定这样的标准，才能保证它的科学性、安全性、兼容性。

增加这一条的主要理由如下。

1. 监狱信息化建设的应有之义

2007年5月29日，司法部在南京召开全国监狱信息化建设工作会议，正式发布了《全国监狱信息化建设规划》。监狱信息化建设主要任务是建设一个平台、一个标准体系、三个信息资源库、十个应用系统。"一个平台"，即网络和硬件平台；"一个标准体系"，即监狱信息化标准体系；"三个信息资源库"，即监狱管理信息库、罪犯信息库、警察信息库；"十个应用系统"，即监狱安全防范和应急指挥系统、监管及执法管理系统、教育改造系统、生活保障及医疗卫生系统、警察管理系统、生产管理与劳动改造系统、监狱建设与保障系统、狱务公开系统、办公自动化系统和决策支持系统①。

2010年7月，国家发改委批准了全国监狱信息化一期工程立项。司法部会同国家发改委、财政部落实建设资金，组织专家制定标准，研制开发应用软件。各地按照司法部的部署要求，成立了监狱信息化建设领导小组，制订了建设规划和实施方案，开展罪犯数据信息库、监狱人民警察信息等建设，建立罪犯信息的网上录入、管理和跨部门共享机制，推动狱政管理、刑罚执行、教育改造等业务应用系统的建设和使用。全国28个省

---

① 冯建仓：《信息化与监狱人权保障》，http://www.humanrights.cn/cn/xsdt/xscg/t20121210_972638.htm［2016-09-18］。

（区、市）监狱管理局完成了省级网络联通。全国监狱信息网络平台初步建成①。在修改监狱法时，有必要吸收这一成功的做法。

2. 罪犯教育管理科学化的需要

2015年7月16日，中共中央政治局委员、中央政法委书记孟建柱同志在全国监狱工作会议上强调，要以习近平总书记系列重要讲话精神为指导，深入贯彻落实党的十八大和十八届三中、四中全会精神，坚持把教育管理作为监狱工作的中心任务，不断提高监狱教育管理工作科学化水平，努力使更多的服刑人员刑满释放后更好地融入社会，为促进公平正义、维护社会稳定作出新贡献②。司法部历来高度重视监狱管理和罪犯教育改造的科学化问题。2003年12月10日，司法部专门下发了《司法部关于进一步推进监狱工作法制化、科学化、社会化建设的意见》。作为推进监狱工作科学化的一项重要措施，该意见要求"从入监开始，就要通过心理测试等手段，综合分析罪犯的犯罪类型、刑种刑期、犯罪原因、恶习程度、人格类型、人身危险性以及性别、年龄、文化、职业等因素，科学制定罪犯的个别改造方案和分阶段实施的具体改造目标，并以此为基础，探索建立健全罪犯改造质量的评估、反馈、控制体系……充分发挥现代信息技术的作用，不断提高监狱计算机和网络的普及应用程度，并在此基础上争取尽快形成数字化的监狱信息指挥系统和信息管理系统，实现资源共享"③。我们认为，建立罪犯信息电子化的档案管理系统并充分发挥其学术研究价值，是提高罪犯教育管理科学化水平的重要途径。

3. 国际社会经验

联合国2015年发布的《曼德拉规则》第10条倡议："囚犯档案管理系统还应当用于生成关于监狱人口趋势和特点的可靠数据，包括居住率，以便为循证决策提供依据。"2006年修订的《欧洲监狱规则》第91条写道："监狱当局应该支持关于监狱目的、监狱在民主社会中的作用、监狱

---

① 李豫黔：《全面推进法治监狱建设》，载《犯罪与改造研究》2014年第4期，第15—25页。

② 孙春英：《不断提高监狱教育管理工作科学化水平　为促进公平正义维护社会稳定作出新贡献》，2015年7月17日《法制日报》，第1版。

③ 中国监狱学会、司法部监狱管理局：《外国监狱法规汇编（五）》，北京·中国政法大学出版社，2002年版，第256页。

在多大程度上实现了其目的的研究和评估项目。"①《德国刑事执行法》第166条也规定,为了完善狱政管理尤其是矫正方法,监狱应该为犯罪学研究提供服务,并将研究成果应用于刑事司法目的②。人类社会已经进入"大数据"时代。深入挖掘并充分发挥犯罪大数据的学术研究价值,为制定更为科学的刑事政策服务,是公安、检察、法院、监狱等系统义不容辞的责任③。因此,在修改监狱法时,有必要新增这方面的内容。

第0408条 罪犯在监狱中服刑的环境应当尽可能与监狱外的生活环境相类似。

罪犯居住的监舍应当坚固、通风、透光、清洁、保暖。

【立法理由】 本条第一款是新增加的。新增这一款的主要理由是,在监狱执行刑罚的过程中,应当尽可能给罪犯创造与社会相似的生活环境,最大限度地减少罪犯服刑期间与社会的隔离程度,从而为罪犯出狱后顺利融入社会生活奠定基础。从我国监狱中服刑的罪犯的情况来看,在监狱内服刑的罪犯中,绝大部分最终都要回到社会上;多年的数据表明,我国监狱系统每年刑满释放的人员达30万人左右。因此,监狱从罪犯入监服刑开始,就应当考虑他们最终出狱后在社会上生活的问题。如果仅仅从保障监管安全出发,对罪犯进行不合理的社会剥夺和限制,不仅不能从根本上保障监管安全,也不利于罪犯出狱后的社会适应,他们出狱后由于不能适应社会生活而重新犯罪的数量就会增加,社会的安全就难以保障。

这一款规定蕴含的内容是极其广泛的。例如,要尽可能少地限制罪犯与外界的隔离,让他们通过与外界的基础性接触了解社会生活的变化;要减轻对罪犯的性别隔离,让他们在服刑期间能够接触到异性等。在这方面,《曼德拉规则》第5.1条的内容值得参考:"监狱制度应设法减少狱中生活同自由生活的差别,以免降低囚犯的责任感,或囚犯基于人的尊严所应得的尊重。"

本条第二款是监狱法第五十三条的规定。将其移动到这里,表明了对于罪犯监舍问题的强调。

---

① The Council of Europe, *European Prison Rules* (Strasbourg Cedex: Council of Europe Publishing, 2006), p. 32.
② 参见司绍寒:《德国刑事执行法》,北京·中国长安出版社,2010年版,第87页。
③ 张崇脉:《我国重新犯罪研究的内容分析》,载《预防青少年犯罪研究》2015年第6期,第12—22页。

<u>第 0409 条</u>　符合条件的罪犯有权获得法律援助。

如果有得到认可的免费法律援助计划时，监狱应当让所有罪犯知晓这类计划的具体内容和获取方法。

监狱应当为罪犯获得法律援助提供便利条件。

【立法理由】 本条第一款是新增加的。新增这一款的主要理由是保证罪犯能够充分利用法律援助解决自己的法律问题。对于在监狱服刑的罪犯而言，他们能够获得的法律资源是极其有限的，同时，他们可能有很多需要借助法律援助去解决的问题，因此，让他们最大限度地利用法律援助资源，是很有必要的。

本条第一款强调两方面：第一，使用法律援助的前提条件。根据 2003 年发布的《法律援助条例》第三条规定："法律援助是政府的责任，县级以上人民政府应当采取积极措施推动法律援助工作，为法律援助提供财政支持，保障法律援助事业与经济、社会协调发展。"该条例明确规定了可以得到法律援助的具体条件，其中最核心的条件是"经济困难"，因此，符合这个条件的罪犯，可以根据规定申请法律援助。第二，使用法律援助的权利。获得法律援助，是符合条件的罪犯的一项特别权利，监狱和监狱管理机关应当明确认识到这一点。实际上，有关的国际规则也确认了这一点。例如，联合国《曼德拉规则》第 61.3 条规定："囚犯应当获得有效的法律援助。"

本条第二款进一步规定，监狱有义务通过积极的行动，让罪犯了解法律援助的相关内容。一些国际规则对此有明确的规定，例如 2006 年版的《欧洲监狱规则》第 23.3 条规定："如果有得到认可的免费法律援助计划时，当局应提醒所有犯人注意。"

本条第三款是保障罪犯获得法律援助方面的兜底性规定。

第五章　行刑管理

【修改说明】 本章的标题是在修改监狱法第三章标题的基础上形成的。主要的修改有以下两个方面。

1. 简化表述

监狱法第三章的标题是"刑罚的执行"。这个标题存在两个问题：第一，表述啰唆。在标题中增加助词"的"是没有必要的，是标题啰唆的表现。第二，缺乏对应。就一般的写作规则而言，同一层次的标题在语句结构、具体字数等方面，应当对应，这样才能体现汉语表达的形式美。与监狱法第四章的标题"狱政管理"相比，监狱法第三章的标题"刑罚的执行"在多了一个"的"字后，无论是语句结构，还是具体数字，都与同一层次的标题不相对应，删去这个"的"字就可以很好地解决这个问题。

2. 调整表述

在修改本章的标题时，不仅减少了字数，也调整了表述，将监狱法使用的标题"刑罚的执行"修改为"行刑管理"，"行刑"就是"执行刑罚"的简称。之所以这样修改，主要是基于两方面的理由：第一，避免对"刑罚"一词的误解。监狱是国家的监禁刑执行机关，监狱是为了执行监禁刑而建立的，监狱的所有工作都是围绕执行监禁刑而开展的，不仅本章规定的内容属于刑罚执行，从多种意义上来讲，监狱法其他章节中规定的内容也是执行刑罚。因此，为了避免人们对于"刑罚"一词可能出现的误解，也为了监狱法各部分内容的协调，拟定了现在的本章标题。第二，协调本章与第六章的关系。在本章标题中使用"管理"一词后，不仅在字数上与第六章相同，而且在标题结构、标题用词方面也与第六章协调。

第一节　收监

第0501条　人民法院应当将被判处死刑（缓期二年执行）、无期徒刑、有期徒刑的罪犯的执行通知书、判决书送达羁押该罪犯的公安机关，公安机关应当自收到执行通知书、判决书之日起一个月内将该罪犯送交监狱执行刑罚。

罪犯在被交付执行刑罚前，剩余刑期在三个月以下的，由看守所执行。

【立法理由】本条是在修改监狱法第十五条的基础上形成的。该条规定："人民法院对被判处死刑缓期二年执行、无期徒刑、有期徒刑的罪犯，应当将执行通知书、判决书送达羁押该罪犯的公安机关，公安机关应当自收到执行通知书、判决书之日起一个月内将该罪犯送交监狱执行刑罚。"（第一款）"罪犯在被交付执行刑罚前，剩余刑期在三个月以下的，由看守所代为执行。"（第二款）对该条所作的修改包括下列几点。

1. 调整了第一款的语句结构。仔细推敲监狱法第十五条第一款的表述，会发现它存在表述啰唆、语句不流畅的问题。在现代汉语中，"主语+对……+应当"的句式是很少见的，这样的句式读起来很拗口，而且，这样的表述与监狱法第十五条第一款的表述不协调，缺乏对应性。因此，将这个表述修改为"主语+应当"的句式，这样修改之后，不仅读起来更加流畅，而且也与监狱法第十五条第一款的表述相类似，都使用了同样的句式。

2. 调整了第一款的刑罚名称。将"死刑缓期二年执行"中的"缓期二年执行"用圆括号括起来，以便解决将刑罚种类并列的问题。

3. 修改了"死刑缓期二年执行"的表述，将监狱法中的"死刑缓期二年执行"修改为"死刑（缓期二年执行）"。

4. 调整了第二款的表述内容。监狱法第十五条第二款的表述是"由看守所代为执行"，本条第二款中删去了"代为"二字。既然法律规定在被交付执行刑罚前剩余刑期在三个月以下的罪犯由看守所执行，那么，对这类罪犯执行刑罚就是看守所的工作职责和法律义务，看守所就应当依法履行职责，它们的履职活动应当是独立进行的，而不是"代替"或者"代表"其他机构进行的。增加"代为"二字容易造成误解。如果看守所是"代替"或者"代表"监狱执行刑罚，那么，是否包含着监狱要指导甚至领导看守所对这部分罪犯的刑罚执行工作的含义呢？因为如果对这些词语进行逻辑推理的话，就会得出这样的结论。如果不能这样理解，又该怎样理解呢？所以，在修改监狱法时，删除了"代为"二字。

第 0502 条 <u>应当尽可能将罪犯送交距离其家庭或者出狱后生活地点最近的监狱中服刑，法律、法规和规章有特别规定的除外。</u>

<u>社区矫正对象因违反监督管理规定被依法撤销缓刑、撤销假释或者暂予监外执行被决定收监执行的，应当本着就近、便利、安全的原则，送交看守所、监狱执行刑罚。</u>

【立法理由】本条是新增加的。之所以增加这一条第一款，主要是考虑到下列理由。

1. 罪犯在服刑期间的社会交往和出狱后的社会适应

将罪犯收监服刑，标志着将他们与社会隔离开来，使他们无法留在社会上继续危害社会，这是保护社会免受罪犯再次侵害的需要。但是，为了促使罪犯在监狱中安心服刑，为了罪犯在刑满出狱之后顺利回归社会，监狱必须努力使罪犯保持与社会的交往，以免长期的、完全的社会隔离对罪犯的心理健康和适应能力造成损害，而让罪犯保持与社会接触的最重要方法之一，就是让罪犯的家属以及其他相关人员到监狱探望罪犯，给他们带来家庭和家乡的信息，给他们在监狱服刑改造提供重要的社会支持。只有在将罪犯送交"距离其家庭或者出狱后生活地点最近的监狱中服刑"时，才便于罪犯的家属以及其他相关人员到监狱探望罪犯。因此，作出这样的规定，是十分重要的。

2. 避免给罪犯家人带来沉重的经济负担

罪犯入狱服刑之后，其近亲属和监护人的探视就变成维系罪犯与家庭的联系，鼓励罪犯安心服刑的重要社会支持资源。但是，如果罪犯服刑的监狱距离其家庭太远，必然增加其家庭成员探视罪犯的经济负担。我们在长期的调查研究中发现，不少家庭由于长期多次地到监狱探视，背上沉重的经济负担，甚至导致一些家庭因此陷入贫困状态。这是不应当产生的现象。如果家庭成员由于经济原因而不能到监狱探视罪犯，又会对罪犯的服刑和改造带来很大的消极影响。因此，为了避免给罪犯家人带来沉重的经济负担，应当尽可能将罪犯安排在距离家庭较近的监狱中服刑。

3. 考虑国际社会的普遍共识

尽可能将罪犯安排在距离家庭较近的监狱中服刑，也是国际社会的普遍共识和符合联合国的倡导。联合国大会 2010 年 12 月 21 日以 65/229 号决议通过的《联合国关于女性囚犯待遇和女性罪犯非拘禁措施的规则（曼谷规则）》第 4 条指出："应尽可能将女性囚犯分配至靠近其住家或者社会康复场所的监狱，考虑她们的养育责任，以及每个女性囚犯的个人倾向以及是否有适当的方案和服务。"这一条的内容不仅仅适用于女性罪犯，而应当适用于所有罪犯。联合国 2015 年通过的《曼德拉规则》第 59 条明确倡导："应尽可能将囚犯分配至接近其家庭或恢复社会生活的地点的监狱。" 2006 年修订的《欧洲监狱规则》第 17.1 条规定："应当尽可能将犯人分配到其家庭或者回归社会场所附近的监狱。"

此外，也为特殊的情况提供了法律依据。在本条中规定"法律、法规和规章有特别规定的除外"，就可以给异地关押、集中关押特定类型的罪犯提供法律依据。在我国，公安部直属的秦城监狱关押的大多数罪犯，司法部直属的燕城监狱关押的部分罪犯，都属于这种情况。在一些地方，为了更好地监管改造原来有领导职务的罪犯,往往也采取异地关押、集中关押的方法,将这类罪犯集中关押到某个监狱中服刑。实践表明,这类异地关押、集中关押的做法,在保障监管安全、预防腐败犯罪方面,产生了良好的效果,应当在进一步完善相关制度后继续坚持。本条中的例外规定,为这类做法提供了明确的法律依据。

之所以增加这一条第二款,主要是解决社区矫正对象收监执行的问题。最高人民法院等4部门2016年9月21日发布的《关于进一步加强社区矫正工作衔接配合管理的意见》第17条作了这样的规定。同时,根据社区矫正法的规定,将"社区服刑人员"改为"社区矫正对象"。

第0503条 罪犯被交付执行刑罚时,交付执行的人民法院应当将人民检察院的起诉书副本、人民法院的判决书、执行通知书、结案登记表、<u>身体健康检查表</u>同时送达监狱。监狱没有收到上述文件的,不得收监;上述文件不齐全或者记载有误的,作出生效判决的人民法院应当及时补充齐全或者作出更正;对其中可能导致错误收监的,不予收监。

<u>在将被判处财产刑的罪犯交付执行刑罚时,人民法院应当将罪犯执行财产性判项的信息移交监狱。</u>

<u>罪犯入监前在看守所羁押的,公安机关在将罪犯交付监狱执行刑罚时,应当移交羁押期间的表现情况、身体健康情况和疾病治疗情况。</u>

【立法理由】 本条第一款是在修改监狱法第十六条的基础上形成的。所作的修改是增加了移送"身体健康检查表"的内容。近年来,罪犯因身体健康状况致病致残甚至死亡而产生的涉法涉诉案件屡有发生。一些正常死亡罪犯的家属不顾事实无理取闹、漫天要价,甚至冲击监狱机关,严重影响监狱工作正常开展,并严重损害了监狱形象。而对于罪犯致病致残甚至死亡在哪个环节上出的问题难以分清,需要予以界定。因此,从入监开始就广泛收集罪犯的身体健康以及医疗档案并作为证据保全,应对各类"医闹"突发事件势在必行。增加"身体健康检查表",有利于查清事实真相,分清责任环节,化解纠纷,维护监狱合法权益,促进社会和谐稳定。

同时,增加这样的内容并没有给公安机关增加负担,公安机关容易执行。这是因为,看守所在羁押犯罪嫌疑人时,就要对他们进行身体健康检查。看守所条例第十条规定,"看守所收押人犯,应当进行健康检查"。看守所对羁押人员进行身体健康检查后形成的身体健康检查表,是了解羁押人员在看守所期间的身体健康状况的重要资料，人民法院在将罪犯交付监狱执行刑罚时，交付执行的人民法院应当要求看守所提供罪犯的身体健康检查表，将其一并送达监狱。

本条第二款是新增的。新增的主要理由是完善财产性判项执行信息的移交制度，使监狱清楚地了解罪犯在入监之前执行财产性判项的具体情况。

本条第三款是新增的。新增的主要理由是完善从看守所向监狱移送罪犯的相关制度。

第0504条 罪犯被交付执行刑罚时符合本法第0503条规定的，应当予以收监。罪犯收监后，监狱应当对其进行身体检查。经检查，对于具有暂予监外执行情形的，监狱可以提出书面意见，报省级以上监狱管理机关批准。

【立法理由】本条是在修改监狱法第十七条的基础上形成的，对该条所作的修改包括：①修改了表述。监狱法第十七条关于"罪犯被交付执行刑罚，符合本法……"的表述，存在使用逗号不当的问题，属于病句，因此，用"时"字取代逗号，使本条的文字表述更符合现代汉语语法。而且，这样修改后的句式，也与监狱法第十六条第一句协调一致。②调整了序号。对该条中参见条的序号作了调整。

第0505条 监狱接收罪犯入监时，应当严格检查其人身和所携带的物品。对于不符合监狱管理规定的物品，由监狱代为保管或者征得罪犯同意退回其家属，违禁品予以没收。

对于由监狱代为保管的罪犯财物，监狱应当详细登记，妥善保管，给罪犯提供财物登记表副本，在释放罪犯时发还。

女犯和未成年女犯由女性人民警察检查。

【立法理由】本条第一款和第二款是在修改监狱法第十八条第一款的基础上形成的。该款规定："罪犯收监，应当严格检查其人身和所携带的物品。非生活必需品，由监狱代为保管或者征得罪犯同意退回其家属，违禁品予以没收。"对该款所作的修改如下：

1. 修改了文字表述

监狱法第十八条第一款中，用逗号将"罪犯收监"隔离开来，形成孤立的语句成分,既不符合现代汉语的表达习惯,也缺乏主语,属于病句,因此,修改为"监狱接收罪犯入监时,应当严格检查其人身和所携带的物品"。这样的修改解决了所存在的问题。

2. 修改"非生活必需品"概念和解决相关语法问题

监狱法第十八条第一款中第二句的表述是:"非生活必需品,由监狱代为保管或者征得罪犯同意退回其家属,违禁品予以没收。"这句话有两方面的问题:第一,用逗号将"非生活必需品"隔离开来后,产生了与上述的"罪犯收监"类似的问题。第二,"非生活必需品"的含义本身有问题。"非生活必需品"不是一个法律术语,缺乏严格的规定性,判定起来比较困难:哪些物品属于"非生活必需品",哪些物品不属于"非生活必需品",不同的人可能有不同的看法。而且,"非生活必需品"的范围,还有时代变化性,不同时代的"非生活必需品"范围可能是不同的。例如,在目前,对于大多数中国人来讲,手机肯定是生活必需品,能够让罪犯携带手机吗?肯定不能。因此,将"非生活必需品"修改为"对于不符合监狱管理规定的物品",这样的修改不仅解决了语句表达方面的问题,也解决了对概念理解方面的问题。

3. 增加了保管罪犯财物的内容

监狱法第十八条第一款规定了"非生活必需品,由监狱代为保管"的内容,但是,缺乏明确的后续规定,属于不完整规定。因此,拟定本条第二款,作出完整的规定。这个规定既适合监狱工作的需要,也符合联合国的相关要求。例如,《曼德拉规则》第67条指出:"1. 凡囚犯私有的金钱、贵重物品、衣服和其他物件按监狱规定不得自行保管时,应于入狱时由监狱妥为保管。囚犯应在清单上签名。应采取步骤保持物品完好。2. 囚犯出狱时,这类物品、钱财应照数归还,但囚犯曾奉准使用金钱或将此财产送出监狱之外,或根据卫生理由必须销毁衣物等情形不在此限,囚犯应签收所发还的物品钱财。3. 代囚犯所收外界送来的财物,应依同样办法加以管理。"

4. 增加了"和未成年女犯"

本条第三款是在修改监狱法第十八条第二款的基础上完成的,增加了"和未成年女犯"字样。这是因为,在传统上,女犯通常指成年的女性罪犯,因此,为了使规定更为严密,作了这样的修改。关于"女犯"和"未成年女犯"的定义,参见后面的条文。

第 0506 条 罪犯不得携带子女在监内服刑。

符合特定条件的女犯经批准可以在监狱分娩和携带不满3岁的年幼子女在监狱服刑，监狱提供相应的生活条件。

【立法理由】本条第一款是保留的监狱法第十九条，规定了解决此类问题的一般原则。

本条第二款是新增的，本款规定了这方面的特殊情况。新增这一款的主要理由是解决符合特定条件的女犯携带年幼子女在监狱服刑的问题。这里所讲的"特定条件"，是指一些女犯利用不断怀孕生育逃避刑罚打击等情况。研究发现，近年来，一些女犯为了不进入监狱服刑，采取连续不断地怀孕生育的恶劣措施，恶意对抗刑罚制度。她们为了达到自己的自私目的，只管不停地怀孕和生育，但是，对于子女出生后的养育和成长等问题，缺乏起码的考虑。这种做法具有极大的社会危害性，不仅破坏了刑罚的权威性和严肃性，而且也会出现一批缺乏家庭温暖、难以健康成长的子女。因此，必须完善监狱制度，解决这方面的突出问题。本款所讲的"监狱提供相应的生活条件"，是指监狱可以设立母婴监区，安置这类女犯及其年幼子女。

实际上，设立母婴监区，是我国早期和域外不少国家与地区实行的做法①。

我国早期曾经允许母亲携带子女在监狱中一起生活。1913年北洋政府所制定的《中华民国监狱规则》第十六条规定："收监妇女有请携带其子女者，非认为不得已时不得许之。需携带子女以满一岁为限。在监内分娩之子女亦同。但该子女已达限制年龄，若无相当领受人又无在外安置方法时得延至三岁。"第十八条规定："怀孕七月以上以及分娩未满一月者，不得收监。"第六十六条规定对病人的医治制度："孕妇、产妇、弱者、废疾以病者论。"② 可见，早在100多年前，我国的法律就对妈妈犯人有所优待，允许妈妈犯人在监狱内养育子女。但是当时的监狱并没有给妈妈犯人和其子女提供很好的保障，例如，《中华民国监狱规则》第五十六条规定："妇女携带之子女得自备衣食及日用必须杂具。"③1946年南京国民政府颁

---

① 吴宗宪、贾一帆：《我国设立母婴监区问题探讨》，载《青少年犯罪问题》2017年第4期，第51—67页。

② 万安中：《中国监狱史》，北京·中国政法大学出版社，2015年版，第141页。

③ 杨木高：《民国时期女犯矫正制度研究》，载《犯罪与改造研究》2013年第5期。

布实施的《监狱行刑法》也有类似的内容。该法第十条规定："入监妇女请求携带子女者，得准许之。但以未满三岁者为限。前项子女满三岁后，无相当之人受领，又无法寄养者，得延期六个月，期满后交付救济处所收留。前二项规定，于监内分娩之子女，亦适用之。"① 这部法律比之前有所进步的地方在于，第一，允许在监狱内分娩；第二，规定了一些与携子入监相配套的保障措施，在给养、生产、医疗卫生等方面给妈妈犯人以特殊照顾。

在国外，很多欧洲国家以及美国、俄罗斯、日本、土耳其等国的监狱中，都有母婴监区和类似设施，允许怀孕犯人在监狱分娩和养育幼儿。1987年调查数据表明，有50多个国家及地区允许妈妈犯人携带子女服刑，占被调查总数的75%以上②。

同时，从多方面来看，在监狱中建立母婴监区，不仅很有必要，而且也十分可信（具体论证参见本书中"我国监狱法修改研究报告"中的相关内容）。

此外，国际社会中的相关规则中也有可以借鉴的内容。例如，2006年版的《欧洲监狱规则》对此作了详细规定："36.1 只有在符合有关婴儿的最佳利益的情况下，婴儿才可以与父母一起留在监狱中。不应当将婴儿作为犯人对待。36.2 如果允许此类婴儿与父母一起在监狱中，应当特别提供配备了合格人员的托儿所，当父母参加婴儿不能在场的活动时，应当将婴儿安置在该托儿所。36.3 为了保护这类婴儿的福利，应当预留特殊住所。"又如，联合国2015年通过的《曼德拉规则》第28条规定："女犯监狱应特别提供各种必需的产前和产后照顾和治疗。可能时应作出安排，使婴儿在监狱外的医院出生。如果婴儿在监狱出生，此点不应列入出生证内。"

因此，在修订监狱法时，应当增加这方面的内容，完善这方面的制度。

第0507条 罪犯被收监后，监狱应当通知罪犯近亲属、监护人。罪犯无近亲属、监护人或者无法通知其近亲属、监护人的，监狱应当通知罪犯户籍所在地居（村）民委员会。通知书应当自收监之日起五日内发出。

---

① 杨木高：《中国女犯矫正制度研究》，南京大学出版社，2012年版，第16—17页。
② 参见程味秋、卞建林：《女犯与其幼龄子女问题》，载《比较法研究》1989年第2期。文中的数字是引者计算的。

【立法理由】本条是在修改监狱法第二十条的基础上形成的。该条规定："罪犯收监后，监狱应当通知罪犯家属。通知书应当自收监之日起五日内发出。"对该条所作的修改如下。

1. 完善语句表述

监狱法第二十条关于"罪犯收监后，监狱……"的表述，是病句，因为该句将罪犯作为主语，这显然是不对的。因此，增加"被"字，将该句变为被动语句，这样修改之后，其主语就变成了监狱。这样，才符合汉语语法和立法精神。

2. 增加通知对象，将"通知罪犯家属"扩大到其他对象

在监狱工作实践中，经常会遇到一些罪犯收监后无法通知家属的现实问题。例如，一些被收监的罪犯属于无家属、无法落实罪犯真实姓名、无户籍信息的"三无罪犯"，给收监后的通知带来困难。为了解决这一问题，应当增加通知对象的范围，即监狱应当通知罪犯户籍所在地居（村）民委员会。

3. 统一相关法律术语

依据民法通则关于近亲属、监护人的规定，在监狱法中统一使用"近亲属、监护人"替代罪犯"家属"。根据最高人民法院1988年4月2日发布的《关于贯彻执行〈中华人民共和国民法通则〉若干问题的意见（试行）》第十二条的规定："民法通则中规定的近亲属包括配偶、父母、子女、兄弟姐妹、祖父母、外祖父母、孙子女，外孙子女。"民法通则第十六、十七条对"监护人"的范围和产生等作了明确的规定。同时，根据宪法对城乡基层群众性自治组织的规定，采用"居（村）民委员会"的称谓。

第二节　对罪犯申诉、控告、检举和投诉的处理

第0508条　罪犯对生效的判决不服的，可以提出申诉。
<u>罪犯的减刑或者假释不受其申诉情况的影响。</u>

对于罪犯的申诉，人民检察院或者人民法院应当及时处理。<u>人民检察院或者人民法院受理罪犯申诉后，向罪犯送达受理通知书，并且自受理之日起六个月内将处理结果通知罪犯并告知监狱。</u>

【立法理由】本条是在修改监狱法第二十一条的基础上形成的。该条

规定："罪犯对生效的判决不服的,可以提出申诉。对于罪犯的申诉,人民检察院或者人民法院应当及时处理。"对该条所作的修改如下。

1. 充分保障罪犯的申诉权

在探讨罪犯申诉权的过程中,一个必然要涉及的重大问题,就是行使申诉权与减刑或者假释条件的关系问题。我国刑法第七十八条第一款、第八十一条第一款分别规定,"确有悔改表现"是罪犯在刑罚执行期间获得减刑或假释的重要条件之一。一些地方以此规定限制罪犯行使申诉权,如果罪犯反复申诉,就认为罪犯缺乏甚至没有悔改表现,使这方面的规定成为限制罪犯充分行使申诉权的重要法律障碍[①]。我们认为,罪犯对生效判处不服而提出申诉,有复杂的情况,包括判决中确有错误或者问题的情况,不能简单地将其与罪犯是否悔改联系起来,从而限制罪犯的减刑或者假释。因此,为了进一步保障罪犯的申诉权,新增加"罪犯的减刑或者假释不受其申诉情况的影响"的内容。

2. 设定处理罪犯申诉的期限

监狱法第二十一条第二款规定："对于罪犯的申诉,人民检察院或者人民法院应当及时处理。"这个规定仅仅原则性地要求"及时处理",但是,没有规定处理时限,这既不符合法律规定应当明确、具体的一般要求,也难以保障罪犯申诉权的行使。在实践中,发现不少地方的检察院或者法院对于罪犯的申诉久拖不办或者不予理睬。因此,为了保证落实这款规定的内容,新增加了关于受理及处理时限的规定："人民检察院或者人民法院受理罪犯申诉后,向罪犯送达受理通知书,并且自受理之日起六个月内将处理结果通知罪犯并告知监狱。"新增规定强调了两个方面:第一,司法机关受理罪犯申诉后应当告知罪犯。"受理罪犯申诉后,向罪犯送达受理通知书。"这一规定既可以表明司法机关对于罪犯申诉的重视,消除对于罪犯申诉不予理睬的不负责任态度和做法,又可以表明处理时限的起算时间,即对于申诉的处理时限从收到申诉后开始计算。第二,规定了处理申诉的时限。六个月的申诉处理时限,是参考监狱法第二十四条的规定确定的,将办理罪犯申诉的期限设定为六个月是比较可行的。

3. 增加通知对象

罪犯是申诉主体,有权知道其申诉的处理结果。因此,司法机关应当

[①] 吴宗宪:《论充分保障罪犯申诉权》,载《犯罪与改造研究》2016年第5期,第12—20页。

将处理结果通知罪犯。同时，监狱是罪犯的管理机构，也应当让它们了解司法机关对罪犯申诉的处理情况，因此，司法机关还应当将申诉处理结果告知监狱。

第 0509 条 对罪犯提出的控告、检举材料，监狱应当及时处理或者转送公安机关或者人民检察院处理。公安机关或者人民检察院在受理后应当及时向罪犯送达受理通知书，并且自受理之日起六个月内将处理结果通知罪犯并告知监狱。

【立法理由】本条是在修改监狱法第二十二条的基础上形成的。该条规定："对罪犯提出的控告、检举材料，监狱应当及时处理或者转送公安机关或者人民检察院处理，公安机关或者人民检察院应当将处理结果通知监狱。"对该条所作的修改如下。

1. 确立受理和通知程序

监狱法第二十二条的规定缺乏必要的受理和通知程序，提出控告和检举的罪犯并不知道相关机关是否受理了控告和检举。因此，在监狱法中需要增加"公安机关或者人民检察院在受理后应当及时向罪犯送达受理通知书"的内容，明确相关机关受理之后必须及时通知罪犯。

2. 调整结果告知对象

对于罪犯提出的控告和检举，相关机关在处理之后应当将结果通知罪犯本人，这才符合常理。但是，监狱法第二十二条却规定"公安机关或者人民检察院应当将处理结果通知监狱"，这一规定错将转送机关作为当事人对待，将结果通知转送机关，却不通知真正的当事人——罪犯，这是主次不分，很不合理。因此，调整为"通知罪犯并告知监狱"。

3. 修改标点符号

在监狱法第二十二条的规定中，"对罪犯提出的控告、检举材料，监狱应当及时处理或者转送公安机关或者人民检察院处理"与之后的部分表达的是两个方面的内容，应当用句号，而不能用逗号。

第 0510 条 对于罪犯的申诉、控告、检举材料，监狱应当及时转递，不得扣压。

【立法理由】本条是在修改监狱法第二十三条的基础上形成的。所作的修改是在句子开始时增加了"对于"二字，增加这二字后更加符合汉语表达习惯。

第0511条 监狱在执行刑罚过程中，根据罪犯的申诉和反常的服刑表现，认为判决可能有错误的，应当提请人民检察院或者人民法院处理，人民检察院或者人民法院应当自收到监狱提请处理意见书之日起六个月内将处理结果通知监狱。

<u>人民检察院或者人民法院在六个月内不能处理完毕的，应当在期限届满之前书面通知监狱并告知不能处理完毕的理由和继续处理的计划。</u>

【**立法理由**】本条是在修改监狱法第二十四条的基础上形成的。所作的修改主要如下。

1. 增加了"反常的服刑表现"的情况。在一般情况下，罪犯为了早日出狱，往往认罪服法，努力争取减刑、假释。但是，一些遭受冤案的服刑人员，很有可能在监狱服刑期间，一方面长期申诉，另一方面又拒不认罪也不申请甚至拒绝被减刑和假释。这类服刑表现就是反常的服刑表现，在发现一些服刑人员有这类反常的服刑表现时，监狱应当考虑他们是否有冤屈，可以把这类反常的服刑表现作为提请处理的重要事由。这是因为，监狱是执行刑罚的场所，将犯人监禁在监狱内并且对其实行监禁的制度，具有强烈的惩罚性质，会引起被监禁人员的巨大痛苦，任何精神正常的人都不想生活在监狱中，他们会千方百计地争取早日出狱，因此，通过减刑、假释等机制早日出狱，是服刑人员的普遍欲望和正常表现；如果有的服刑人员宁愿忍受巨大痛苦也不愿意通过这样的机制谋求出狱，就意味着他们可能有巨大的冤屈，审判机关应当考虑这种情况，通过启动再审程序恰当处理案件。

2. 增加了第二款。之所以新增第二款，是为了督促人民检察院、人民法院及时履行职责。在监狱工作实践中，监狱非常重视罪犯申诉问题，对于申诉材料依法及时转递处理或者提请处理。然而，当监狱将罪犯申诉材料转递或者提请人民检察院或者人民法院处理之后，往往得不到及时回音，有的在很长时间之后才有回音，有的干脆如石沉大海，没有任何回复，以致引起罪犯的强烈不满，觉得有"冤"无处申，对司法机关心存怀疑，心灰意冷，抗拒改造，造成罪犯与监狱对立，成为危险犯、顽固犯，严重影响监管安全。因此，在修改监狱法时，应当增强监狱机关对于检察机关和审判机关的制约作用，切实完善这方面的制度。

第0512条 建立罪犯投诉制度，解决罪犯在服刑过程中遇到的不公平对待等问题。

【立法理由】本条是新增加的。增加本条的主要理由是要建立正规的罪犯投诉制度，解决罪犯在服刑过程中遇到的不公平对待甚至错误的处理等问题。罪犯投诉制度在国外又称为"犯人诉冤程序"（inmate grievance procedures），它是通过行政途径正式审理和解决监狱内犯人投诉的过程和程序。从一些国家的情况来看，这是比较流行的监狱管理制度，在我国，实践中有这方面的做法。例如，在监狱中设立了不同类型的罪犯投诉信箱（监狱长信箱、检察官信箱等），但是，制度并不完善。应当通过修改监狱法，促进这方面制度的完善，充分发挥这种制度在监狱管理和罪犯改造中的积极作用。

第三节 暂予监外执行

【修改说明】监狱法使用的本节标题是"监外执行"，这与刑法和刑事诉讼法使用的概念不一致，也与监狱法具体规定中使用的概念不一致。刑法第四百零一条、刑事诉讼法第二百五十四条以及监狱法第二十五至二十八条都使用"暂予监外执行"。因此，将本节的标题修改为"暂予监外执行"，以便保持概念的统一性。

第0513条 对于被判处无期徒刑、有期徒刑在监内服刑的罪犯，符合刑事诉讼法规定的暂予监外执行条件的，可以暂予监外执行。

暂予监外执行期间不计入刑期。

【立法理由】本条是在修改监狱法第二十五条的基础上形成的。监狱法第二十五条规定："对于被判处无期徒刑、有期徒刑在监内服刑的罪犯，符合刑事诉讼法规定的监外执行条件的，可以暂予监外执行。"对该条所作的修改包括两方面。

1. 统一概念

将"监外执行"的概念统一为"暂予监外执行"，因为这条规定中使用的"监外执行"概念与刑事诉讼法的规定不符，也不统一，将其修改为"暂予监外执行"。

2. 增加内容

本条第二款是新增加的，增加这方面的内容，意义十分重大。这些年来，暂予监外执行变成了最有可能发生腐败犯罪的环节之一，一些罪犯及其家人等千方百计地想获得暂予监外执行，为了达到这个目的，甚至不惜以身试法，进行伪装患有重病、伪造疾病鉴定、贿赂相关人员等。罪犯及其家人之所以有如此强劲的谋求暂予监外执行的动力，除了一般性的逃避服刑改造生活的动机之外，还有一个很大的原因就是我国暂予监外执行的制度设计存在缺陷——暂予监外执行期间计入刑期。由于存在这种制度缺陷，罪犯不仅绞尽脑汁谋求暂予监外执行，而且在获得暂予监外执行后，不认真治病和解决法律规定的相关问题，而是拖延治疗、夸大疾病，或者不断怀孕等，企图长期滞留社会，混过刑期，达到不再回到监狱服刑的目的。因此，明确规定"暂予监外执行期间不计入刑期"，罪犯在社会上暂予监外执行的期间不折抵刑期，罪犯不管在社会上停留多长时间，最终都要回到监狱执行剩余刑期，那么，就可以极大地削弱罪犯及其家人等谋求暂予监外执行的动力，就可以真正将暂予监外执行变成体现人道主义的一种措施，使其回归本来的性质。

如果不改变这种制度缺陷，不管在立法中想出什么措施，罪犯及其家人等都会找到花样翻新的规避措施，在这个方面进行的博弈就会继续下去，与此有关的违法犯罪行为就不可能禁绝。

实际上，对于暂予监外执行中的主要情形之一——保外就医期间不计入刑期的做法，已经有现成的立法例。例如，台湾地区 2010 年 5 月 26 日修正的"监狱行刑法"第 58 条第 3 款就规定："保外医治期间，不算入刑期之内。但移送病监或医院者，视为在监执行。"根据该款规定，在一般情况下，保外就医的期间不算入刑期，但是，直接移送到医疗监狱或者医院治疗的，视为在监狱执行刑罚并算入刑期。我们在修改监狱法时，可以借鉴这方面的立法例。

如果将来在修改监狱法时能够规定"暂予监外执行期间不计入刑期"的内容，暂予监外执行对于罪犯的吸引力就会大大减弱，立法中对于适用暂予监外执行的限制性措施就可以相应地减少。

因此，强烈建议国家立法机关认真考虑本修改方案中新增的第二款的内容，围绕这一款的内容完善暂予监外执行制度。按照这样的思路进行的修改，才是完善暂予监外执行制度的根本之道！

第0514条 对于需要暂予监外执行的，监狱应当组织对罪犯进行病情诊断、妊娠检查或者生活不能自理的鉴别。对罪犯进行病情诊断或者妊娠检查，应当委托省级人民政府指定的医院进行；对生活不能自理的鉴定，由监狱组织有医疗专业人员参加的鉴别小组进行。

对罪犯进行病情诊断、妊娠检查或者生活不能自理的鉴别时，与罪犯有亲属关系或者其他利害关系的医师、人员应当回避。

对于符合暂予监外执行条件的，由监狱提出书面意见，报省级以上监狱管理机关批准，并将书面意见的副本抄送人民检察院。省级以上监狱管理机关应当自收到提请暂予监外执行材料之日起十五个工作日以内作出决定。批准暂予监外执行的，应当在五个工作日以内将暂予监外执行决定书送达监狱，同时抄送同级人民检察院、原判人民法院和罪犯居住地社区矫正机构。不予批准暂予监外执行的，应当在五个工作日以内将不予批准暂予监外执行决定书送达监狱。

监狱应当向人民检察院通报有关诊断、检查和鉴别的情况。人民检察院可以派员监督有关诊断、检查和鉴别活动。

人民检察院认为对罪犯适用暂予监外执行不当的，应当自接到通知之日起一个月内将书面意见递交批准暂予监外执行的机关，批准暂予监外执行的机关接到人民检察院的书面意见后，应当立即对该决定进行重新核查。

【立法理由】本条是在修改监狱法第二十六条的基础上形成的。该条规定："暂予监外执行，由监狱提出书面意见，报省、自治区、直辖市监狱管理机关批准。批准机关应当将批准的暂予监外执行决定通知公安机关和原判人民法院，并抄送人民检察院。"（第一款）"人民检察院认为对罪犯适用暂予监外执行不当的，应当自接到通知之日起一个月内将书面意见递交批准暂予监外执行的机关，批准暂予监外执行的机关接到人民检察院的书面意见后，应当立即对该决定进行重新核查。"（第二款）对该条所作的修改包括下列方面。

1. 明确暂予监外执行三种情形的鉴别

2012年修订的刑事诉讼法第二百五十四条规定："对被判处有期徒刑或者拘役的罪犯，有下列情形之一的，可以暂予监外执行：（一）有严重疾病需要保外就医的；（二）怀孕或者正在哺乳自己婴儿的妇女；（三）生活不能自理，适用暂予监外执行不致危害社会的……对罪犯确有严重疾病，必须保外就医的，由省级人民政府指定的医院诊断并开具证明文件。

在交付执行前，暂予监外执行由交付执行的人民法院决定；在交付执行后，暂予监外执行由监狱或者看守所提出书面意见，报省级以上监狱管理机关或者设区的市一级以上公安机关批准。"根据这条规定，暂予监外执行有三种情形：严重疾病的、怀孕或哺乳的、生活不能自理的；暂予监外执行有两个类别：在交付执行前、在交付执行后。在交付执行后，如果服刑期间出现符合暂予监外执行的三种情形时，刑事诉讼法并没有明确哪个部门来鉴别这些情形，监狱法应该予以明确规定。因此，规定："监狱应当组织对罪犯进行病情诊断、妊娠检查或者生活不能自理的鉴别。"根据刑事诉讼法第二百五十四条的规定，对罪犯进行病情诊断或者妊娠检查，应当委托省级人民政府指定的医院进行。根据 2014 年发布的《暂予监外执行规定》①第九条第二款，对生活不能自理的鉴定，由监狱组织有医疗专业人员参加的鉴别小组进行。

2. 增加回避内容

为了保证诊断、检查和鉴别活动的公正、公平，有利害关系的人员应当回避，不得参加此类活动。因此，增加了第二款。本款的内容沿用了上述《暂予监外执行规定》第九条第三款的表述。

3. 统一了暂予监外执行报批机关的表述

监狱法第二十六条关于暂予监外执行报批机关的规定在表述上与刑事诉讼法第二百五十四条表述不一致。监狱法第二十六条的表述是"省、自治区、直辖市监狱管理机关"，而刑事诉讼法第二百五十四条第五款的表述是"省级以上监狱管理机关"。因此，按照刑事诉讼法第二百五十四条、第二百五十五条的规定，在第三款中使用了"省级以上监狱管理机关"的表述。

4. 规定了处理暂予监外执行事项的期限

涉及暂予监外执行的事项，在很多情况下都属于紧急情况，需要快速办理，才能有效保障罪犯的合法权利。因此，为了促使批准机关迅速处理暂予监外执行事项，在第三款中采用了《暂予监外执行规定》第十四条规定的 3 个处理期限：①作出批准与否的期限。为十五日——"省级以上监狱管理机关应当自收到提请暂予监外执行材料之日起十五个工作日以内作出决定"。②批准后送达和抄送的期限。为五日——"批准暂予监外执行

---

① 《暂予监外执行规定》由最高人民法院、最高人民检察院、公安部、司法部和国家卫生计生委 2014 年 10 月 24 日发布，共 34 条，条文之后有一个附件《保外就医严重疾病范围》。

的，应当在五个工作日以内将暂予监外执行决定书送达监狱，同时抄送同级人民检察院、原判人民法院和罪犯居住地社区矫正机构"。③不批准后送达的期限。为五日——"不予批准暂予监外执行的，应当在五个工作日以内将不予批准暂予监外执行决定书送达监狱"。通过这样的规定，可以提高办事效率，更好地保障罪犯的合法权利。

5. 调整了通知暂予监外执行决定的机构

监狱法第二十六条第一款的规定存在两个问题：①遗漏了应当通知的机构。提请批准的机构是监狱，按道理应当将批准结果通知监狱，但是，监狱法的规定中没有提及监狱。②没有考虑发生的变化。监狱法将公安机关作为通知机构的规定，符合过去的情况，因为在过去，被暂予监外执行的罪犯由公安机关负责监督和管理，但是，从2003年开始实行社区矫正以后，对于暂予监外执行罪犯的监督和管理发生了变化，2012年修改刑事诉讼法时，从法律上确认了这种变化，修改后的刑事诉讼法第二百五十八条规定："对被判处管制、宣告缓刑、假释或者暂予监外执行的罪犯，依法实行社区矫正，由社区矫正机构负责执行。"这意味着，罪犯被暂予监外执行后，由社区矫正机构负责对他们的监督和管理。然而，2012年修改监狱法时，没有考虑到这方面的变化。因此，在第三款中，根据法律的变化和开展社区矫正的情况，将通知机构调整为监狱，将抄送机构中的"公安机关"调整为"罪犯居住地社区矫正机构"。

6. 强化法律监督的内容

人民检察院作为法律监督机关，对于监狱的执法工作负有监督责任，是促进监狱严格执法的重要力量。为了强化人民检察院对于暂予监外执行的监督，新增了第四款："监狱应当向人民检察院通报有关诊断、检查和鉴别的情况。人民检察院可以派员监督有关诊断、检查和鉴别活动。"本款的内容沿用了上述《暂予监外执行规定》第八条第三款的表述。

第0515条 对暂予监外执行的罪犯，依法实行社区矫正，由社区矫正机构负责执行。原关押监狱应当及时将罪犯在监内改造情况通报负责执行的社区矫正机构。

【立法理由】本条是保留的监狱法第二十七条。

第0516条 暂予监外执行的罪犯具有刑事诉讼法规定的应当收监的

情形的，社区矫正机构应当及时通知监狱收监；刑期届满的，由原关押监狱办理释放手续。罪犯在暂予监外执行期间死亡的，社区矫正机构应当及时通知原关押监狱。

【立法理由】本条是保留的监狱法第二十八条。在司法实践中，对于被暂予监外执行的罪犯收监事务的处理，有复杂的内容，2014年发布的《暂予监外执行规定》对此作了详细规定（参见第二十三至二十八条）。本方案中没有涉及这方面的内容，主要原因是：第一，这方面的内容属于社区矫正的内容，应当在社区矫正法和相关立法中予以规定。如果在监狱法中详细规定，与监狱法的性质不吻合。第二，这方面的内容十分复杂，如果在监狱法中详细规定，会出现与其他部分不协调的问题。

第四节 减刑和假释

第0517条 被判处有期徒刑、无期徒刑的罪犯，在执行期间，如果认真遵守监规，接受改造或者有立功表现的，根据监狱考核的结果，可以减刑。

第一款规定的"立功表现"是指下列情形之一：

（一）阻止他人实施犯罪活动的；

（二）检举、揭发监狱内外犯罪活动，或者提供重要的破案线索，经查证属实的；

（三）协助司法机关抓捕其他犯罪嫌疑人（包括同案犯）的；

（四）在生产、科研中进行技术革新，成绩突出的；

（五）在抢险救灾或者排除重大事故中表现突出的；

（六）对国家和社会有其他贡献的。

第二款规定的"技术革新"和"其他贡献"，必须是该罪犯在服刑期间独立完成并经省级主管部门确认的。

有下列重大立功表现之一的，应当减刑：

（一）阻止他人实施重大犯罪活动的；

（二）检举监狱内外重大犯罪活动经查证属实的；

（三）协助司法机关抓捕其他重大犯罪嫌疑人（包括同案犯）的；

（四）有发明创造或者重大技术革新的；

（五）在日常生产、生活中舍己救人的；

（六）在抗御自然灾害或者排除重大事故中有特别突出表现的；

（七）对国家和社会有其他重大贡献并且经国家级权威部门鉴定认可的。

第四款规定的"发明创造""重大技术革新"，必须是该罪犯在服刑期间独立完成并经国家主管部门确认的发明专利；"对国家和社会有其他重大贡献"，必须是该罪犯在服刑期间独立完成并经国家主管部门确认的劳动成果。

上述规定不适用于法律禁止减刑的罪犯。

【立法理由】本条是在修改监狱法第二十九条以及整合相关立法和文件的内容后形成的，其中，第一款规定了普通减刑条件，第二款规定了立功减刑条件，第三款是对第二款中相关术语的解释，第四款规定了应当减刑条件，第五款是对第四款中相关术语的解释，第六款是特别规定。

监狱法第二十九条规定："被判处无期徒刑、有期徒刑的罪犯，在服刑期间确有悔改或者立功表现的，根据监狱考核的结果，可以减刑。有下列重大立功表现之一的，应当减刑：（一）阻止他人重大犯罪活动的；（二）检举监狱内外重大犯罪活动，经查证属实的；（三）有发明创造或者重大技术革新的；（四）在日常生产、生活中舍己救人的；（五）在抗御自然灾害或者排除重大事故中，有突出表现的；（六）对国家和社会有其他重大贡献的。"对该条所作的修改主要包括下列方面。

1. 完善了普通减刑条件

为了完善普通减刑条件，进行了两方面的修改。

（1）增加了相关条件。关于普通减刑条件，监狱法的规定与刑法的规定存在差异。刑法第七十八条第一款规定："被判处管制、拘役、有期徒刑、无期徒刑的犯罪分子，在执行期间，如果认真遵守监规，接受教育改造，确有悔改表现的，或者有立功表现的，可以减刑。"对比两个法律的规定，发现刑法的规定比监狱法的规定多了"认真遵守监规"和"接受教育改造"两个条件。因此，在本修改方案第一款中增加了刑法规定的减刑条件。不过，考虑到刑法规定的"接受教育改造"的条件，存在包括内容不全的问题，因为罪犯在监狱服刑期间，不仅要接受教育改造，也要接受劳动改造和其他改造，所以，将"接受教育改造"修改为"接受改造"。

在理解刑法规定的"接受教育改造"的条件时，存在着如何理解"教育改造"的问题。在监狱工作中，普遍从狭义上理解教育改造，这是指监狱在刑罚执行过程中依法促使罪犯转变观念、改正行为、获得知识和掌握技能的系统性影响活动①。这种意义上的教育改造，是与狱政管理和劳动改造并列的三项基本的或者主要的监狱工作之一，也被看成是改造罪犯的三大手段之一。但是，在1994年制定监狱法时，对教育改造作了广义理解，将劳动改造也包括在"教育改造"的标题之下。根据历史资料，当时在立法上之所以这样处理，是为了淡化劳动改造，因为当时以美国为首的西方国家正在猛烈攻击中国监狱中的劳动改造，基于这样的背景，才在起草监狱法时有了广义的教育改造的概念。这种做法在当时有一定原因。现在，在修改监狱法时，应当恢复"教育改造"本来的含义，对其作狭义的理解。

（2）删除了相关条件。为了充分保障罪犯申诉权，删去"确有悔改表现"这一比较主观的判断标准。"确有悔改表现"规定合理性的基础是，审判机关作出的判决应当没有错误，绝对正确。但是在实际上，这是不可能的，这些年来发现大量错案的事实表明，审判机关不可能保证其判决100%的正确。因此，应当删去"确有悔改表现"的条件②。

2. 细化了立功表现的情形

虽然刑法第七十八条第一款和监狱法第二十九条都出现了"立功表现"的字样，但是，都没有规定立功表现的具体情形。对于这样一个至关重要的关键概念缺乏具体解释，是立法的重大缺漏。因此，本修改方案细化了立功表现的具体情形。确定这些具体情形的主要依据，是2012年1月17日发布的《最高人民法院关于办理减刑、假释案件具体应用法律若干问题的规定》（法释〔2012〕2号）第三条关于立功表现的规定。

同时，鉴于在以往的减刑实践中出现了不少在"技术革新"和"其他贡献"方面弄虚作假、随意认定等现象，专门增加第三款，对"技术革新"和"其他贡献"条件予以细化。本款的内容是依据2014年1月21日发布的《中共中央政法委关于严格规范减刑、假释、暂予监外执行，切实防止司法腐败的意见》（中政委〔2014〕5号）拟定的。

3. 完善了应当减刑条件

"应当减刑条件"是指罪犯在服刑期间的重大立功表现。罪犯具有了

---

① 吴宗宪：《监狱学导论》，北京·法律出版社，2012年版，第491页。
② 参见吴宗宪：《论减刑条件的问题与改革》，载《河南社会科学》2010年第4期，第21—26页。房玉国、刘海宏：《对罪犯申诉问题探析》，载《犯罪与改造研究》2010年第10期，第34页。

这类重大立功表现时,应当获得减刑。对于重大立功表现,刑法第七十八条第一款和监狱法第二十九条都作了详细的规定,列举了完全相同的6类情形。2012年1月17日发布的《最高人民法院关于办理减刑、假释案件具体应用法律若干问题的规定》(法释〔2012〕2号),考虑了社会生活和司法实践中发生的变化,对"重大立功表现"作了新的发展,将其概括为7种情形,与刑法和监狱法的规定相比,增加了"协助司法机关抓捕其他重大犯罪嫌疑人(包括同案犯)的"情形。我们认为,增加这种情形是适宜的,因此,在拟定第四款时采纳了该司法解释的内容。

同时,鉴于在以往的减刑实践中,一些罪犯利用"发明创造""重大技术革新""对国家和社会有其他重大贡献"规定中存在的漏洞,非法获得减刑的情况,专门增加了第五款,对这几种情形作出明确规定,堵塞立法中存在的漏洞。第五款的表述,是根据《中共中央政法委关于严格规范减刑、假释、暂予监外执行,切实防止司法腐败的意见》的内容拟定的。

4. 简要规定了禁止减刑的情形

2015年通过的《中华人民共和国刑法修正案(九)》[①] 规定,对于具有特定情节的贪污、贿赂罪犯终身监禁、不得减刑,因此,在第六款中对此作了简要规定,以便与刑法衔接。

第0518条 有期徒刑减刑建议由监狱向罪犯服刑地中级人民法院提出,人民法院应当自收到减刑建议书之日起一个月以内予以审核裁定;案情复杂或者情况特殊的,可以延长一个月。

减刑建议书和裁定书的副本应当抄送人民检察院。人民检察院有异议的,可以向监狱和人民法院提出书面意见。

【立法理由】本条是在修改监狱法第三十条的基础上形成的。该条规定:"减刑建议由监狱向人民法院提出,人民法院应当自收到减刑建议书之日起一个月内予以审核裁定;案情复杂或者情况特殊的,可以延长一个月。减刑裁定的副本应当抄送人民检察院。"对该条所作的修改包括下列方面。

1. 明确减刑种类

根据监狱法第二条、刑法第七十九条和有关司法解释的规定,可以按

---

① 以下简称刑法修正案(九)。

照不同标准对我国的减刑分类。按照被减刑罪犯的原判刑罚，可以分为3类：①死刑缓期二年执行罪犯的减刑；②无期徒刑罪犯的减刑；③有期徒刑罪犯的减刑。

按照裁定减刑案件的法院，可以分为2类：①由中级人民法院裁定的减刑。根据刑法第七十九条和最高人民法院2012年12月20日发布的《关于适用〈中华人民共和国刑事诉讼法〉的解释》[①] 第四百九十四条第三项的规定和2014年4月23日发布的《最高人民法院关于减刑、假释案件审理程序的规定》，对被判处有期徒刑和被减为有期徒刑的罪犯的减刑，由中级人民法院裁定。②由高级人民法院裁定的减刑。根据最高人民法院2012年适用解释第四百九十四条第一、二项的规定，被判处死刑缓期执行和无期徒刑的罪犯的减刑，由罪犯服刑地的高级人民法院裁定。

为了清楚规定减刑种类，本条第一款增加了"有期徒刑"一词。

2. 明确减刑法院

监狱法第三十条裁定减刑的关于人民法院的规定，既没有明确人民法院的种类，也没有明确人民法院的所在地，显得含糊。为了解决这个问题，第一款明确规定裁定减刑的法院，是"罪犯服刑地中级人民法院"。

3. 完善关于法律监督的规定

人民检察院对于减刑工作的法律监督，是保证依法减刑的重要方面。但是，监狱法与刑事诉讼法的规定不一致。监狱法第三十条规定，"减刑裁定的副本应当抄送人民检察院"，而刑事诉讼法第二百六十二条第二款规定："被判处管制、拘役、有期徒刑或者无期徒刑的罪犯，在执行期间确有悔改或者立功表现，应当依法予以减刑、假释的时候，由执行机关提出建议书，报请人民法院审核裁定，并将建议书副本抄送人民检察院。人民检察院可以向人民法院提出书面意见。"与监狱法相比，刑事诉讼法还要求向人民检察院抄送减刑建议书副本。因此，在第二款中增加了抄送减刑建议书的内容。向人民检察院抄送两种法律文书，可以使人民检察院对减刑建议和减刑裁定进行更加全面的监督。

与增加抄送减刑建议书的修改相适应，对人民检察院有异议时提出检察意见的机构也作了修改，增加了监狱。这样修改后，如果人民检察院对减刑建议有异议时，可以向监狱提出书面意见；对减刑裁定有异议时，可

[①] 最高人民法院2012年12月20日发布的《关于适用〈中华人民共和国刑事诉讼法〉的解释》共24章548条。以下简称最高人民法院2012年适用解释。

以向人民法院提出书面意见。这样，就可以使人民检察院的法律监督覆盖减刑工作的各个环节。

第 0519 条 被判处无期徒刑的罪犯，符合减刑条件的，由监狱提出减刑建议，报经省级以上监狱管理机关审核后，提请高级人民法院裁定。

减刑建议书和裁定书的副本应当抄送人民检察院。人民检察院有异议的，可以向监狱和人民法院提出书面意见。

【立法理由】本条是新增加的。新增这一条的主要理由是为了清楚地规范无期徒刑罪犯的减刑事项。

在拟定条文时，参考了监狱法第三十、三十一条的规定。

第 0520 条 被判处死刑（缓期二年执行）的罪犯，在死刑缓期执行期间，符合法律规定的减为无期徒刑、有期徒刑条件的，二年期满时，所在监狱应当及时提出减刑建议，报经省级以上监狱管理机关审核后，提请高级人民法院裁定。

减刑建议书和裁定书的副本应当抄送人民检察院。人民检察院有异议的，可以向监狱和人民法院提出书面意见。

被判处死刑（缓期二年执行）的罪犯，在死刑缓期执行期间故意犯罪的，依照规定处理。

【立法理由】本条是在修改监狱法第三十一条的基础上形成的。该条规定："被判处死刑缓期二年执行的罪犯，在死刑缓期执行期间，符合法律规定的减为无期徒刑、有期徒刑条件的，二年期满时，所在监狱应当及时提出减刑建议，报经省、自治区、直辖市监狱管理机关审核后，提请高级人民法院裁定。"对该条所作的修改如下。

1. 统一机关表述

根据刑事诉讼法第二百五十四条第五款"报省级以上监狱管理机关或者设区的市一级以上公安机构批准"的规定，将监狱法第三十一条中"省、自治区、直辖市监狱管理机关"的表述修改为"省级以上监狱管理机关"，以便与刑事诉讼法的表述相一致。

2. 统一刑罚表述

将"死刑缓期二年执行"修改为"死刑（缓期二年执行）"。

3. 新增了法律监督规定

监狱法第三十条和第三十一条都是规定减刑事项的，但是，在具体内容方面，第三十条中包含了法律监督的内容"减刑裁定的副本应当抄送人民检察院"，而第三十一条却没有这方面的内容，这是不合适的，对于被判处有期徒刑的罪犯的减刑要进行法律监督，对于被判处死刑缓期二年执行的罪犯减刑，同样要进行法律监督。

4. 增加了对被判处死刑缓期二年执行的罪犯在死刑缓期执行期间故意犯罪的处理规定

这方面的内容主要是刑法规定的内容，因此，在监狱法中简要规定。

第0521条 被判处无期徒刑、有期徒刑的罪犯，符合法律规定的假释条件的，由监狱根据考核结果向人民法院提出假释建议，人民法院应当自收到假释建议书之日起一个月内予以审核裁定；案情复杂或者情况特殊的，可以延长一个月。

假释建议书和裁定书的副本应当抄送人民检察院。<u>人民检察院有异议的，可以向监狱和人民法院提出书面意见。</u>

<u>监狱向人民法院提出罪犯假释建议之前，应当委托社区矫正机构或者有关社会组织调查评估假释罪犯对居住社区的影响，将评估意见作为决定是否提出假释建议的参考。决定提出假释建议的，应当将评估意见书一并抄送人民法院。</u>

<u>上述规定不适用于法律禁止假释的罪犯。</u>

【立法理由】 本条是在修改监狱法第三十二条的基础上形成的。该条规定："被判处无期徒刑、有期徒刑的罪犯，符合法律规定的假释条件的，由监狱根据考核结果向人民法院提出假释建议，人民法院应当自收到假释建议书之日起一个月内予以审核裁定；案情复杂或者情况特殊的，可以延长一个月。假释裁定的副本应当抄送人民检察院。"对该条所作的修改如下。

1. 强化对假释的法律监督

为了实现这个目的，增加了两方面的内容。

（1）增加了向人民检察院抄送的法律文书的种类。监狱法第三十二条仅仅规定抄送假释裁定，本修改方案中增加了"假释建议书"，这样修改后，既可以使人民检察院增强对监狱的监督，也使监狱法的规定与刑事诉讼法保持一致。刑事诉讼法第二百六十二条第二款规定："被判处管制、拘役、有期徒刑或者无期徒刑的罪犯，在执行期间确有悔改或者立功表现，应当依法予以减刑、假释的时候，由执行机关提出建议书，报请人民法院审核裁定，并将建议书副本抄送人民检察院。人民检察院可以向人民法院提出书面意见。"因此，"假释建议书"也需要抄送人民检察院。

（2）增加了人民检察院提出检察建议的机构。本修改方案在设定人民检察院对假释有异议时提出检察意见的机构，增加了监狱。这样修改后，如果人民检察院对假释建议有异议时，可以向监狱提出书面意见；对假释裁定有异议时，可以向人民法院提出书面意见。这样，就可以使人民检察院的法律监督覆盖假释工作的各个环节。

2. 增加假释评估的规定

对拟假释的罪犯进行调查评估，具有重大意义。首先，这是贯彻落实刑法规定的要求。2011年通过的《中华人民共和国刑法修正案（八）》①中新增加了进行假释调查评估的内容，这就是刑法第八十一条第三款的规定："对犯罪分子决定假释时，应当考虑其假释后对所居住社区的影响。"为了执行这一规定，必须进行假释调查评估。其次，这是增强假释决策准确性的重要保证。监狱在执行刑罚的过程中，对于罪犯在监狱中的服刑表现有准确的了解，但是，对于他们假释出狱后的情况并不了解，为了帮助监狱更好地了解罪犯假释出狱之后的情况，监狱在决定是否提出假释建议之前，必须委托社区矫正机构进行调查评估，把调查评估意见作为决定是否建议假释的重要参考。监狱只有全面了解拟假释罪犯的情况之后，才有可能作出准确的是否建议假释的决定。同样，对于人民法院来讲，只有全面了解拟假释罪犯的情况之后，才有可能作出准确的是否裁定假释的决定。因此，监狱在决定提出假释建议时，要将评估意见书一并抄送人民法院，供人民法院在裁定假释时参考。这些年来的实践表明，在假释前进行调查评估，对于提高假释决策质量，发挥了重要的促进作用，这种良好的做法应当在监狱法中固定下来。

3. 简要规定了禁止假释的情形

刑法修正案（九）规定，对于具有特定情节的贪污、贿赂罪犯终身监禁、不得假释，因此，在最后一款对此作了简要规定，以便与刑法规定衔接。

第0522条 人民法院裁定假释的，监狱应当按期假释并发给假释证明书。

---

① 以下简称刑法修正案（八）。

对被假释的罪犯,依法实行社区矫正,由社区矫正机构负责执行。被假释的罪犯,在假释考验期限内有违反法律、行政法规或者国务院有关部门关于假释的监督管理规定的行为,尚未构成新的犯罪的,社区矫正机构应当向人民法院提出撤销假释的建议,人民法院应当自收到撤销假释建议书之日起一个月内予以审核裁定。人民法院裁定撤销假释的,由公安机关将罪犯送交监狱收监。

【立法理由】本条是保留的监狱法第三十三条。

第0523条 经人民法院审理,认为罪犯不符合减刑、假释条件的,应当作出不予减刑、假释决定书,并将案卷退回执行机关。

对不符合法律规定的减刑、假释条件的罪犯,不得以任何理由将其减刑、假释。

人民检察院认为人民法院减刑、假释的裁定不当,应当依照刑事诉讼法规定的期间向人民法院提出书面纠正意见。对于人民检察院提出书面纠正意见的案件,人民法院应当依照刑事诉讼法的规定重新审理。

【立法理由】本条是在修改监狱法第三十四条的基础上形成的。所作的修改如下。

1. 增加了第一款

增加这一款的理由是进一步完善相关法律制度。在监狱法和刑事诉讼法的规定中,仅仅规定了人民法院裁定减刑和假释的情况,而没有规定不裁定减刑和假释的情况,但是,在实际工作中,存在大量的不裁定减刑和假释的情况。因此,在本修改方案中增加了第一款,弥补这方面的制度缺陷。

2. 完善了相关表述

监狱法第三十四条关于重新审理的规定,缺乏确定性,似乎像一个宣言。其实,刑事诉讼法第二百六十三条对此有明确的规定:"人民法院应当在收到纠正意见后一个月以内重新组成合议庭进行审理,作出最终裁定。"这一规定明确了两方面的内容:第一,重新审理的开始期限;第二,重新审理的具体主体。因此,增加"依照刑事诉讼法的规定"重新审理,这意味着重新审理必须遵守刑事诉讼法的这些规定。

第五节 赦免和移管

第 0524 条 监狱根据国家赦免罪犯的决定和要求,开展罪犯赦免工作。

对符合赦免条件的罪犯,监狱提请所在地中级人民法院裁定。

对符合赦免条件但是处在死刑缓期执行期间和无期徒刑未减刑的罪犯,报请省级监狱管理机关审核同意后,提请高级人民法院裁定。

【立法理由】本条是新增加的。新增这一条的理由如下。

1. 适应国家赦免罪犯的工作,填补监狱法规定的空白

中华人民共和国成立后,曾经在 1959 年、1960 年、1961 年、1963 年、1964 年、1966 年、1975 年、2015 年、2019 年九次特赦罪犯,特别是近年来,特赦罪犯的工作频率增加,有常态化的趋势,但是,在监狱法中对此没有任何规定,是明显的法律空白,给执行特赦工作带来不必要的麻烦。因此,有必要在修改监狱法时消除这个法律空白,规定相关内容。

2. 规定监狱开展赦免工作的事项

本条明确规定了赦免罪犯的基本原则和主要程序。在新增的本条中,第一款是基本原则,明确规定赦免罪犯的基本原则和法律依据;其余各款规定赦免罪犯的主要程序。

3. 考虑到罪犯赦免工作的不同情况

尽管我国已经实行的罪犯赦免都是特赦,但是,在拟定修改内容时,没有局限于特赦,而是采用了"赦免"的字样,这是考虑到罪犯赦免的不同情况,体现立法的前瞻性。从国际社会赦免罪犯的情况来看,通常分为两类:一类是大赦(amnesty),这是指对不特定犯罪分子免予追诉或者免除其刑罚执行的制度;另一类是特赦(pardon),这是指免除一些罪犯的全部或者部分刑罚的制度。它不仅免除刑罚的执行,而且使犯罪也归于消灭,即不但能赦其刑,还赦其罪。特赦与大赦的主要区别在于:第一,对象是否特定。特赦的对象是特定的;而大赦对象是不特定。第二,赦不赦罪。特赦仅赦刑而不赦罪;大赦既赦刑又赦罪。第三,再犯罪构不构成累犯。特赦后再犯罪则有可能构成累犯;而大赦后行为人再犯罪没有累犯问题。第四,是否公布被赦人的名单。特赦往往公布被赦人的名单;大赦一般不公布被赦人的名单。第五,赦免效力。大赦能赦免一批人的罪和刑,

使他们的罪行在法律上归于消灭；特赦只能赦免特定人的刑，不能消灭其罪。虽然已经实行的赦免都是特赦，但是，要考虑到未来实行大赦的可能性，在修改立法时作出前瞻性的规定。

第 0525 条 监狱根据国际刑事司法协助立法的规定和国际条约的内容，移管被判刑人。

【立法理由】本条是新增加的。新增这一条的理由是对被判刑人的国际移管问题作出原则性规定，为监狱开展这方面的工作提供明确的法律依据。移管是指在签订相关条约的国家之间移送管理被判刑人的刑事司法协助制度。移管通常有两类：①向外国移管被判刑人，即将在本国被判刑的人员移送到罪犯国籍国服刑的制度；②向本国移管被判刑人，即将在外国被判刑的本国人员移送入本国服刑的制度。中华人民共和国成立后，我国已经与几十个国家签订了双边的刑事司法协助条约、被判刑人移管条约等；第十三届全国人民代表大会常务委员会第六次会议 2018 年 10 月 26 日通过了《中华人民共和国国际刑事司法协助法》，对被判刑人移管作出了详细规定。这些条约和立法的内容，应当在监狱法中得到体现，为监狱具体开展这方面的工作提供明确的法律依据。

第六节　释放和安置

第 0526 条 在释放罪犯之前，监狱应当组织罪犯开展相关活动，帮助他们顺利回归社会。

法律要求在刑满释放前评估释放后对所居住社区的影响等社会危险性的，监狱应当依照规定进行评估，相关机构、组织和个人应当予以配合。

对于被判处剥夺政治权利的罪犯，监狱应当在释放前通知相关公安机关。

【立法理由】本条是新增加的。新增加的内容包括两款：第一款规定了一般情况；第二款规定了对特殊罪犯（恐怖活动罪犯和极端主义罪犯）的释放前社会危险性评估；第三款规定了对被判处剥夺政治权利的罪犯（以下简称剥权犯）的执行衔接。

新增这一条的主要理由包括三个方面。

1. 帮助释放人员做好出狱准备

(1) 监狱要通过积极有效的工作,帮助罪犯做好出狱后顺利适应社会生活的准备,最大限度地减少由于难以适应社会生活而发生的重新犯罪。大量的调查表明,从监狱释放的人员之所以重新犯罪,很重要的原因是他们在监狱服刑的活动,中断了他们的社会生活,使他们对正常的社会生活产生隔阂,其相关知识、思想观念、行为方式等不能适应社会生活的变化。因此,为了帮助出狱人员顺利适应社会生活,监狱必须在罪犯释放之前对他们进行有效的帮助活动。

(2) 对即将释放的罪犯提供释放前帮助,是联合国倡导的做法。联合国《曼德拉规则》第87条指出:"刑期完毕以前,宜采取必要步骤,确保囚犯逐渐恢复正常社会生活。"

(3) 对即将释放的罪犯提供释放前帮助,也是很多国家的做法。在不少国家中对即将释放的罪犯实施"释放前计划"(prerelease program)或者"释放准备计划"(release preparation program),普遍建立了帮助犯人适应社会生活的释放前机构(prerelease institution)或者类似机构,对罪犯提供释放前帮助。释放前帮助的主要内容包括:①开设释放前课程。这些课程的目的是帮助犯人建立自信心和自尊心,改变不良态度,鼓励个人认识自己的潜能,学习新的技能,增强对他人的敏感性。此外,还提供如何寻找工作、寻找住所、维护利益和保健方面的实用咨询。②进行释放前咨询。内容主要涉及人际关系(如何重建家庭关系、如何重建社会关系等)、重新就业(如何寻找工作、如何进行求职面谈等)、心理问题(如何解决心理危机、如何克服挫折、如何对待歧视)等方面。③提供释放津贴(release allowance),即在释放犯人时发给他们的补助性资金。释放津贴的主要功能有两个方面:一是帮助释放人员解决交通等问题,使他们能够顺利回到居住地;二是帮助他们解决在释放后的短时间内遇到的生活困难。例如,吃饭问题,穿衣问题,寻找职业、住房等问题[①]。

在我国监狱中,普遍开展释放前教育(出监教育),但是,仅仅开展教育是不够的,需要根据出狱后的实际需要和可能遇到的困难,开展多方面的帮助活动。

---

① 吴宗宪:《当代西方监狱学》,北京·法律出版社,2005年版,第330—336页。

2. 与相关法律的规定进行衔接

2015年通过的《中华人民共和国反恐怖主义法》①第三十条第一款规定:"对恐怖活动罪犯和极端主义罪犯被判处徒刑以上刑罚的,监狱、看守所应当在刑满释放前根据其犯罪性质、情节和社会危害程度,服刑期间的表现,释放后对所居住社区的影响等进行社会危险性评估。进行社会危险性评估,应当听取有关基层组织和原办案机关的意见。经评估具有社会危险性的,监狱、看守所应当向罪犯服刑地的中级人民法院提出安置教育建议,并将建议书副本抄送同级人民检察院。"在修改监狱法时,应当具体落实该法的规定。

3. 完善刑罚执行的衔接

根据我国刑法第五十八条规定:"附加剥夺政治权利的刑期,从徒刑、拘役执行完毕之日或者从假释之日起计算;剥夺政治权利的效力当然施用于主刑执行期间。"因此,监狱在对罪犯执行监禁刑届满之前,应当通知相关公安机关,以便公安机关了解信息,开始执行剥夺政治权利,预防出现刑罚执行中的脱节现象,即剥权犯离开监狱内没有及时开始执行剥夺政治权利刑罚的现象。

第0527条 罪犯服刑期满<u>或者被赦免的</u>,监狱应当按期释放并发给释放证明书。

<u>释放时,监狱应当发还代为保存的罪犯个人财物。</u>

被释放人员在回居住地的交通费用、衣着等方面有困难的,监狱提供必要的帮助。

有关释放时间、释放时帮助、患病人员释放等事项的具体办法,由国务院司法行政部门另行制定。

【立法理由】本条是在修改监狱法第三十五条的基础上形成的。该条规定:"罪犯服刑期满,监狱应当按期释放并发给释放证明书。"对该条所作的修改如下。

第一,在第一款中增加了"被赦免的"情形。

第二,在第二款中增加了发还财物的内容。监狱在收监时代为保管了罪犯的个人财物的,在他们出狱时应当发还。

---

① 以下简称反恐怖主义法。

第三，在第三款中增加了提供交通费用、衣着等方面帮助的内容。如果被释放人员在回家的交通和沿途食宿费用、衣着等方面有困难的，监狱应当发给路费、沿途食宿的费用并提供一套便服。实际上，我国的大部分监狱都根据需要提供这些方面的帮助，应当将这方面的做法加以规范后在监狱法中固定下来，一方面增强这类做法的规范性，另一方面也体现我国刑罚执行的人道性。国际社会的一些规则中有相关的内容，例如，2006年版的《欧洲监狱规则》第33.8条规定："还应当立即向被释放犯人提供生活资料、与气候和季节相适应的适宜而足够的衣服、到达其目的地的足够资金。"这个规定值得借鉴。

联合国通过的《曼德拉规则》第108.1条提出，还应当给被释放者提供"在出狱后一段时间内维持生活"的费用，这是更为周到的建议，对于预防重新犯罪至关重要，应当考虑。

第四，在第四款中增加了授权性规定。关于释放的具体时间、如何在释放时提供帮助、患病人员的释放以及特赦人员的释放等，有一些比较复杂的内容，不宜在监狱法中作出过于具体的规定，因此，在第四款中授权国家监狱主管部门另行制定办法。

第0528条 罪犯释放后，凭释放证明书到原户籍地公安机关办理户籍登记和申领身份证。

【立法理由】 本条是在修改监狱法第三十六条的基础上形成的。该条规定："罪犯释放后，公安机关凭释放证明书办理户籍登记。"对该条所作的修改是增加了"申领身份证"的内容。根据《中华人民共和国居民身份证法》第二条的规定："居住在中华人民共和国境内的年满十六周岁的中国公民，应当依照本法的规定申请领取居民身份证；未满十六周岁的中国公民，可以依照本法的规定申请领取居民身份证。"第八条规定："居民身份证由居民常住户口所在地的县级人民政府公安机关签发。"身份证已经成为公民日常生活中必需的证件，没有身份证会对日常生活产生严重影响，因此，需要在监狱法中对申领身份证的事项作出明确规定，帮助释放人员顺利申领身份证。

第0529条 对刑满释放人员，当地人民政府帮助其安置生活、落实社会保障政策并提供就业帮助，鼓励自主创业和自谋职业。

<u>对未成年刑满释放人员，应当提供就学帮助。</u>

<u>刑满释放人员享受社会保险政策。</u>

<u>对符合条件的刑满释放人员，落实最低生活保障和提供其他救助。</u>

<u>对于依照法律规定进行刑满释放前社会危险性评估并且发现确有社会危险性的，依照规定进行安置教育。</u>

【立法理由】本条是在修改监狱法第三十七条等立法规定的基础上形成的。该条规定："对刑满释放人员，当地人民政府帮助其安置生活。刑满释放人员丧失劳动能力又无法定赡养人、扶养人和基本生活来源的，由当地人民政府予以救济。"对该条所作的修改如下。

1. 落实社会保障

社会保障是国家和社会依法对社会成员的基本生活予以物质帮助和保障的社会安全制度。社会保障包括社会保险（养老保险、失业保险、医疗保险、工伤保险和生育保险）、社会救济、社会福利和社会互助等。对于刑释人员，国家应当提供社会保障，以便他们分享社会发展的成果，有基本的生活保障，这可以有效预防由于生活困难等产生的违法犯罪行为。

2. 突出就业帮助

监狱法第三十七条第一款规定的"帮助其安置生活"，仅仅是临时性的帮助措施，不能从根本上解决刑满释放人员的长期生活问题，因此，要突出对他们的就业帮助，如果他们有了稳定的职业，就可以自食其力，不需要国家提供其他帮助。基于这样的考虑，本条第一款增加了"提供就业帮助"的内容。同时，考虑到刑释人员到一些组织、机构中就职谋生会有很大的困难，会遇到很多障碍，因此，应当鼓励他们自主创业和自谋职业。

3. 强调就学帮助

本条第二款是新增加的。如果刑满释放人员是未成年人，要重视对他们的就学帮助。如果他们能够顺利进入学校学习，那么，就可以给以后的就业进行必要的准备，就可以从根本上解决他们顺利回归社会的问题。

4. 重视社会保险政策

社会保障是国家和社会依法对生活有特殊困难的社会成员的基本生活予以物质帮助和保障的社会安全制度。这种制度是随着社会发展而建立的普惠制度，是公民共享社会发展成果的重要方面，刑满释放人员也有资格享受这种制度带来的益处。社会保障的核心内容是社会保险和社会救助，享受社会保险的人员，可以享受失业保险、养老保险、城镇居民基本医疗保险或者新型农村合作医疗等，从而使他们的日常生活得到保障。因此，在第三款中专门规定"刑满释放人员享受社会保险政策"。实际上，这些年来，我国的社会保障和保险制度有了重要发展，很多帮助的内容都可以纳入这类制度中。特别是这些年来对刑满释放人员的专门帮助制度和政策，也有重大发展，例如，2010年1月21日中央办公厅、国务院办公厅转发了《中央社会治安综合治理委员会关于进一步加强刑满释放解除劳教人员安置帮教工作的意见》的通知（中办发〔2010〕5号）及司法部等11部委的贯彻落实意见，其中规定：刑满释放人员进行失业登记后、享受公共就业服务和有关就业扶持政策，鼓励自主创业，自谋职业，在办理证照、人员培训、信贷和税收等方面享受政策扶持；录用刑满释放人员的企业享受国家普惠政策。所以，应当在监狱法中对此作出明确规定。

5. 规范其他帮助

监狱法第三十七条第二款规定："刑满释放人员丧失劳动能力又无法定赡养人、扶养人和基本生活来源的，由当地人民政府予以救济。"这款规定十分重要，但是，内容并不全面，也不规范。实际上，这些方面的帮助可以归入两类：第一类是最低生活保障。最低生活保障简称"低保"，是指国家对家庭人均收入低于当地政府公告的最低生活标准的人口给予一定现金资助，以保证该家庭成员基本生活所需的社会保障制度。20世纪80年代以来，我国不少地方纷纷探索救济方式的改革，进行了提供最低生活保障的尝试。目前，已经建立了覆盖全国的最低生活保障制度。刑满释放人员符合低保条件的，向其提供低保，使其日常生活有最低限度的基本保障。第二类是其他临时救助。这是指临时遇到生活困难但是不符合最低生活保障条件的人员提供的帮助。通过这两方面的帮助，可以基本保障刑满释放人员的日常生活，帮助他们解决所遇到的临时困难，从而能够预防他们由于生活困难而违法犯罪的现象。

6. 增加特殊安置教育的内容

2015年通过的反恐怖主义法第三十条规定了社会危险性评估和安置教育的措施。该条第一款规定了在释放恐怖活动罪犯和极端主义罪犯前对其进行社会危险性评估的内容，具体已如上述。该条第二款规定："罪犯服刑地的中级人民法院对于确有社会危险性的，应当在罪犯刑满释放前作出责令其在刑满释放后接受安置教育的决定。决定书副本应当抄送同级人民检察院。被决定安置教育的人员对决定不服的,可以向上一级人民法院申请复议。"该条第三款规定:"安置教育由省级人民政府组织实施。安置教育机构应当每年对被安置教育人员进行评估,对于确有悔改表现,不致再危害社会的,应当及时提出解除安置教育的意见,报决定安置教育的中级人民法院作出决定。被安置教育人员有权申请解除安置教育。"为了落实反恐怖主义法的这些规定,在本条中新增加了最后一款。

第 0530 条 刑满释放人员依法享有的权利受法律保护。

【立法理由】本条是在修改监狱法第三十八条的基础上形成的。监狱法第三十八条规定:"刑满释放人员依法享有与其他公民平等的权利。"这种规定是一种理想化的表述,不符合实际情况,因为不少法律规定刑满释放人员不得从事某些职业活动。例如,法官法第十条规定,"曾因犯罪受过刑事处罚的"不得担任法官;检察官法第十一条规定,"曾因犯罪受过刑事处罚的"不得担任检察官;警察法第二十六条规定,"曾因犯罪受过刑事处罚的"不得担任人民警察。反恐怖主义法第三十条规定了符合条件的刑满释放人员采取的特殊安置教育措施。因此,刑满释放人员不可能享有与其他公民平等的权利。但是,对于法律没有明确禁止刑满释放人员行使的权利,应当得到保护,应当帮助刑满释放人员实现这些权利。

第 0531 条 国家鼓励、引导和支持社会力量参与刑满释放人员安置帮教工作。

【立法理由】本条是新增加的。新增加本条的主要理由是鼓励社会力量从事刑满释放人员的安置帮教工作。新增这条规定不仅具有宣示、鼓励的意义,也应当包含对从事这方面工作的社会力量的实质性支持。例如,如果企业愿意接纳刑满释放人员就业的,可以获得税收减免等优惠;对于在其他方面参与安置帮教工作的,也应当给予相应的鼓励和支持。这方面的规定既可以增加社会力量参与相关工作,也可以有效利用社会力量预防重新违法犯罪,因为以往的犯罪学研究发现,刑满释放人员重新违法犯罪的重要原因,是他们在释放之后没有基本的社会保障和稳定的职业;如果动员社会力量开展这方面的工作,就可以有效消除这方面的犯罪原因。

第六章 狱政管理

本章的标题沿用了监狱法第四章的标题。

第一节 分押分管

第0601条 监狱对男犯、女犯和未成年犯等不同类型的罪犯实行分开关押。

在同一监狱中关押男犯和女犯时,关押女犯的监房必须与男犯监房彻底隔离。

本法所称"男犯",是指被判处监禁刑罚并在监狱服刑的成年男子。

【立法理由】本条是在修改监狱法第三十九条第一款的基础上形成的。该款规定:"监狱对成年男犯、女犯和未成年犯实行分开关押和管理,对未成年犯和女犯的改造,应当照顾其生理、心理特点。"对该款所作的修改如下。

1. 调整了监狱法的表述

"分押"是分别关押的简称,"分管"是分类管理的简称。相比较而言,分管的内容更为复杂。分押和分管是监狱管理中常用的做法,也是基本的管理制度。监狱法第三十九条第一款的规定存在两个问题:①将分押和分管混合在一起规定。这样的规定不仅没有明确分押和分管的界限,而且与监狱法第三十九条第二款的规定有交叉。②将不同的内容规定在一款之中。监狱法第三十九条第一款实际上包括了两方面的内容,第一方面是分押及分管的一般做法(第一句话),第二方面是对特定类型的罪犯的分管(后面的两句话)。监狱法第三十九条第二款实际上包括了分押和分管两方面的内容。因此,在本修改方案中,第一款专门规定分押的一般做法,其中不涉及分管的内容。

2. 新增加了第二款

之所以新增这一款的主要考虑:首先,给实际存在的做法提供法律依据。在我国的监狱工作实践中,一般每个省只有一所女子监狱,全省的女犯都集中到这所监狱服刑。这种做法适合于面积较小的省级行政区,不适合于面积很大的省级行政区。在面积很大的省级行政区中，将全部女犯集中到一个女子监狱中服刑是有困难的，也不利于距离监狱很远的地方的罪犯亲属探视罪犯。因此，在一些省级行政区中，为了解决这方面的问题，在成年男犯监狱中附设女犯监区，用来就近关押附近地区的女犯。这种做法是符合中国国情的，也有利于女犯保持与亲属的联系。而且，这种做法也不违反国际社会的准则。联合国发布的《曼德拉规则》第11.a条指出，"应尽量将男犯和女犯拘禁于不同监所；兼收男犯和女犯的监所应将分配给女犯的房舍彻底隔离"。这个表述说明，《曼德拉规则》并不排斥在男犯监狱中关押女犯的做法。其次，加强对女犯的保护。为了保护在男犯监狱中关押的女犯，明确要求"关押女犯的监房必须与男犯监房彻底隔离"。从物理上将两类监区隔离开来，可以有效地保护女犯的安全和隐私。

3. 使表述更符合实际

根据监狱法第三十九条第一款的规定，只对男犯、女犯和未成年犯实行分开关押和管理，而没有对其他类型罪犯的分押及分管预留空间、提供依据，这是不符合实际情况的。在我国，除了这三类罪犯之外，还对其他类型的罪犯实行分别关押，例如公安部秦城监狱和司法部燕城监狱对职务犯（犯罪前担任较高职务的人员）实行集中关押；在其他一些地方，也对其他类型的罪犯实行分别关押，例如不少地方对患病罪犯（主要是患有慢性疾病、传染病等疾病的罪犯）实行分别关押。随着监狱工作的发展，有可能对更多类型的罪犯实行分别关押。因此，本修改方案在表述时，增加了"等"字，一方面给目前的已有做法提供依据，另一方面也给未来的实践预留空间，体现立法的前瞻性。

4. 增加了对男犯简称的定义

"男犯"是一个广泛使用的简称，不仅在监狱工作中普遍使用，在监狱法中也多次使用，但是，在监狱法中，缺乏对这个简称的定义，这是立法不严密的表现。在本修改方案中，通过本条第三款的内容，增加了简称的定义，使立法内容更加完善和严密。对于"女犯"和"未成年犯"的定义，在下文中专门规定"女犯"和"未成年犯"的相应部分。

第0602条 监狱根据罪犯的犯罪类型、刑罚种类、刑期、改造表现等情况，对罪犯实行<u>分别管理和分级处遇</u>。

对未成年犯、女犯等罪犯的管理和改造，应当照顾其生理、心理特点。

【立法理由】本条是在修改监狱法第三十九条第一款和第二款的基础上形成的。该条第二款规定："监狱根据罪犯的犯罪类型、刑罚种类、刑期、改造表现等情况，对罪犯实行分别关押，采取不同方式管理。"所作的修改：

1. 分别规定分管与分押

为了解决监狱法第三十九条将分押和分管混合规定的问题，本修改方案在第0601条专门规定分押的事项，在本条中专门规定分管的事项。这样的调整，可以使立法的层次更清楚，内容更清晰。

2. 调整了具体的文字表述

监狱法第三十九条第二款的内容虽然主要是规定分管的，但是，其中也涉及了分押的内容。为了解决两方面的内容相互混同的问题，在本条第一款中删去了涉及分押的内容，专门规定分管的内容。

3. 增加了相关内容

首先，在第一款中增加了"分级处遇"的内容。分级处遇是我国监狱中普遍使用并且行之有效的罪犯管理方法，应当在监狱法中明确规定。其次，在第二款中增加了"管理"字样。在监狱法第三十九条第一款中规定："……对未成年犯和女犯的改造，应当照顾其生理、心理特点。"这个表述存在两个问题：第一，罪犯的类型有限。该款规定需要照顾的罪犯类型仅仅局限于未成年犯和女犯，本修改方案中增加了"等罪犯"，为其他类型的罪犯预留空间。实际上，在监狱工作中，不仅未成年犯和女犯需要特殊照顾，还有其他一些罪犯也需要特殊照顾，例如，老年犯、少数民族罪犯、外籍犯等。第二，照顾的内容有限。该款规定的照顾的内容仅仅局限于改造，这是不全面的，还应当包括"管理"，在管理中的照顾可能是更为重要的照顾。

【删除】本修改方案删除了监狱法第四十条。该条规定："女犯由女性人民警察直接管理。"我们认为，该条的内容缺乏科学性。当初规定该条的主要意图是，加强对女犯的保护，防止异性工作人员管理女犯时可能对女犯造成的侵害。这样的考虑是有一定道理的，但是，这样的考虑和规定是不全面的，这条规定在实际执行中会导致女犯监狱中没有男性工作人员存在的情况，人为地造成了性别隔离的畸形环境，这不利于女犯社会心理的健康发展。因此，将这一条移到第八章中，对这方面的内容作出更加全面的规定。

第二节　住宿和监舍管理

【新增说明】本节是新增加的。增加这一节的主要理由是，规范这方面的监狱工作，为监狱管理提供法律依据。在监狱中，对罪犯的住宿和监舍的管理，是十分重要的日常工作，也是每天都要进行的最基本的监狱工作，但是，在监狱法中，却没有这方面的内容。因此，为了进一步规范这方面的监狱工作，也为了给这方面的监狱管理提供法律依据，增设了这一节。

第0603条　<u>监狱根据管理和改造的需要，设立单人监舍、双人监舍和集体宿舍。</u>

<u>在同一间集体宿舍中住宿的罪犯数量不宜过多，具体标准由国务院司法行政部门确定。</u>

<u>在双人监舍和集体宿舍中安排住宿的罪犯时，要考虑安全、人际和谐等方面的需要。</u>

【立法理由】本条是新增加的。新增这一条的主要理由是为监舍管理提供法律依据和进一步规范监舍管理。

1. 本条第一款规定了罪犯监舍的种类

从我国监狱的实际情况来看，绝大多数监狱的监舍是集体宿舍，但是，在少数情况下，也有单人监舍和双人监舍（这一点与国外，特别是一些发达国家形成了鲜明对比，在那里，主要的监舍类型是单人监舍）。罪犯住宿的监舍种类，直接关系到罪犯的日常生活待遇，因此，需要在立法中明确规定其种类，以便为不同类型的监舍的存在，提供法律依据。

2. 本条第二款规定了集体宿舍中住宿的罪犯的数量标准

虽然我国的绝大多数监舍是集体宿舍，这种情况也符合我国的实际，但是，如果一间集体宿舍中住宿的罪犯数量过多，必然会导致监狱拥挤，而监狱拥挤会引发一系列严重后果,包括暴力行为增加、健康受到损害等①,因此,必须确定每间集体宿舍中住宿的罪犯的数量,控制在每间监舍中住宿过多的罪犯。

3. 本条第三款规定了在监舍中恰当安排罪犯的问题

监狱管理的实践表明,如果在双人监舍和集体宿舍中安排的罪犯不恰当,就有可能造成很多的问题。例如,如果共同住宿的罪犯之间存在心理不相容现象,就无法保持人际和谐,有可能大量增加人际冲突和暴力行为。又如,假如将犯罪团伙的成员等安排在同一监舍内,就很有可能形成"牢头狱霸",很容易发生一部分罪犯欺压另一部分罪犯的现象。为了预防这些问题的产生,应当重视在双人监舍和集体宿舍中一同住宿的罪犯的合理调配。国际社会已经注意到这方面的问题,《曼德拉规则》第12.2条指出:"如设有宿舍,应小心分配囚犯,使之在这种环境下能够互相保持融洽。"

第0604条 罪犯居住的监舍在建筑结构、建筑质量、采光、照明、通风、噪声、取暖等方面应当符合健康标准。

监狱应当保持监舍通风、透光、清洁、保暖。

【立法理由】本条是在修改监狱法第五十三条的基础上形成的。该条规定:"罪犯居住的监舍应当坚固、通风、透光、清洁、保暖。"对该条所作的修改如下。

1. 调整了该条的位置

监狱法第五十三条原来规定在"生活、卫生"一节中,现在设立了"住宿和监舍管理"专节,就应当调整到这一节中。

2. 修改了该条的内容

监狱法第五十三条的规定存在内容混杂的问题。在这条规定中,实际上将监舍的"硬件"与"软件"混在一起,其中的"坚固"显然属于设计和建造方面的"硬件",而"通风、透光、清洁、保暖"则属于维护监舍良好运行的"软件"方面。本修改方案的修改体现在两个方面:

(1)将"硬件"与"软件"分开规定。本条第一款基本上属于"硬件"方面,第二款基本上属于"软件"方面。

---

① 参见吴宗宪、陈志海:《监狱拥挤的状况与对策》,载《刑事法治发展研究报告》(2011—2012年卷),北京·中国人民公安大学出版社,2013年版,第593—623页。

(2) 增加了新的内容。监狱法第五十三条仅仅要求监舍"坚固、通风、透光、清洁、保暖"是不够的，缺少了一些重要的方面：第一，建筑结构。良好的监舍在建筑结构方面应当是合适的。例如，有足够的层高（地板和天花板之间的距离），如果层高过低，就会给人压抑感，长期住宿会损害健康。又如，监舍的面积必须适当，太大和过小都不合适。第二，采光和照明。采光和照明是两个既密切联系又相互区别的概念。"采光"主要是指接受自然光（太阳光）照射的现象，而"照明"则是指用各种光源特别是人工光源增加亮度的现象。合适的采光要求在设计和建造监舍时，监舍的窗户、门的面积要足够大、位置要恰当，以便能够在监舍中接受太阳光的照射，这对于维护罪犯的健康是极为重要的。对于照明，也有科学的要求，如果照度不足，监舍内过于昏暗，不利于罪犯健康；如果照度过高，监舍内光线太强，也不利于罪犯健康。监狱法第五十三条中的"透光"是一个十分含糊的词语，既没有明确区分采光和照明，也缺乏数量方面的要求。国际社会在监狱的建筑和维护中，注意监舍的硬件和软件方面的要求。例如，《曼德拉规则》第 13 条指出："所有供囚犯占用的房舍，尤其是所有住宿用的房舍，必须符合保健规定，同时应妥为注意气候情况，尤其是立方空气容量、最低限度的地面面积、灯光、暖气和通风等项。"《曼德拉规则》第 14 条指出："在囚犯必须居住或工作的所有地方：(a) 窗户的大小应以能让囚犯靠天然光线阅读和工作为准，在构造上，无论有没有通风设备，应能让新鲜空气进入；(b) 应有充分灯光，使囚犯能够阅读和工作，不致损害视力。"这些国际社会监狱领域中良好实践和成功经验的总结，值得重视和借鉴。第三，噪声。监舍及监舍区是人员密集区域，容易产生很大的噪声，而高强度的噪声往往对罪犯和监狱工作者的心境和情绪产生消极影响，因此，在监舍设计和建造的过程中，应当注意防噪问题，预防在监舍和监舍区产生过大噪声。

第三节　安全管理

【新增说明】本节是新增加的。增加这一节的主要理由是，规范这方面的监狱工作，为监狱管理提供法律依据。保障监管安全，是监狱工作的第一要务。监狱的其他任何工作，都只有在保障监管安全的前提下，才能顺利地进行。没有监管安全，其他所有的监狱工作都无法进行。尽管监狱的监管安全极其重要，但是，监狱法却对这方面的内容缺乏必要的规定，这不仅影响了这方面工作的质量，也使监狱在这方面进行的日常工作缺乏法律依据。因此，很有必要增加这方面的规定。

第 0605 条 未经监狱机关允许而制造、拥有、运输和使用的物品，是违禁品。

罪犯不得制造、拥有、运输和使用违禁品。

违禁品的目录和标准，由国务院司法行政部门制定。

【立法理由】 本条是新增加的。新增这一条的主要理由是通过违禁品管制，保障监狱安全。从以往监狱发生违法犯罪行为和安全监管事故的情况来看，罪犯利用违禁品进行这类行为的占据很大比例，仅仅依靠罪犯自身而进行这类行为的比例是有限的。因此，保障监狱安全的重要方面，就是违禁品控制。

大体而言，监狱中的违禁品可以分为3类：①非法物品。这是指法律禁止公民私自制造、拥有、运输和使用的物品。非法物品主要包括枪支弹药、管制刀具、仿真武器、爆炸物、毒品、易燃易爆物品、放射性物品或者其他受到法律管制的物品。非法物品是最常见的违禁品，这类物品在大部分情况下都是违禁品，不仅罪犯不能拥有，就是监狱系统的很多其他人员（包括一部分监狱工作人员）也不能拥有。②罪犯不能拥有的物品。这部分违禁品是指物品本身并不属于危险品或者受到法律管制，但是如果罪犯拥有的话，可能会用来进行违法犯罪活动的物品。例如，监狱警察的衣物和其他用品，包括徽章等，罪犯有可能利用这些物品进行逃跑等活动；便服（这是指普通人穿着的衣服。如果罪犯拥有这种衣服，也有可能用来进行逃跑等活动）；酒精饮料、可以制作酒精饮料的原料等；现金；移动电话；打火机、火柴和其他可能用来纵火的物品；照相机、摄像机、录音机、短波收音机等电子产品；计算机、移动硬盘等电子产品；赌具和其他可以用来进行赌博活动的物品；表明个人身份的证件等。③超过限额的物品。这是指罪犯可以拥有，但是如果拥有的数量超过规定限额时，超过部分会被看成是违禁品的物品。例如，食物是罪犯可以拥有的物品，但是，超过限额的食物，可能会被视为违禁品，因为罪犯有可能利用多余的食物进行逃跑活动，或者用来影响或操纵其他罪犯①。

---

① 吴宗宪：《监狱学导论》，北京·法律出版社，2012年版，第380页。

本条第一款确立了违禁品的定义。实际上，监狱法中使用了"违禁品"的概念，监狱法第十八条第一款规定，"违禁品予以没收"。但是，监狱法中没有违禁品的定义，因此，通过这一款规定，解决这个立法漏洞。

本条第二款规定了控制违禁品的内容。

本条第三款规定和授权国家监狱主管部门制定违禁品目录和标准。违禁品目录和标准的内容，涉及罪犯日常生活和个人权利；制定这种目录和标准，是一项严肃而重要的工作，应当由国家监狱主管部门负责，避免各地自行其是。

第 0606 条 <u>监狱应当对进出监狱的人员、车辆和物品进行检查。</u>

<u>监狱根据监管工作的需要，对监管场所、劳动场所、相关设施等进行检查，对罪犯人身进行搜查。</u>

【立法理由】 本条是新增加的。新增这一条的主要理由是加强对违禁品的控制。

本条第一款通过出入检查控制违禁品，切断违禁品流通的途径。对于监狱中服刑的罪犯而言，由于监狱环境中可用的资源极其有限，监狱对于各种资料的管理也很严格，因此，罪犯在监狱中自己制造违禁品的机会和可能性都是很小的；罪犯使用的违禁品很多是从监狱外面流入的。所以，通过严格的出入检查，可用极大地切断违禁品流入和流出的渠道，确保监狱安全。

应当注意的是，本条第一款所讲的"人员"，是指一切人员，包括罪犯、监狱工作者、探监者和其他人员。

本条第二款通过重点检查和搜查控制违禁品。罪犯有可能在监管场所、劳动场所制造、藏匿违禁品，有可能在相关设施中藏匿、携带违禁品，有可能在身上藏匿和携带违禁品，因此，授权监狱进行这方面的检查和搜查。通过重点检查和搜查控制违禁品，是国际社会的普遍做法。联合国《曼德拉规则》专门论述了对罪犯和监舍的搜查事项（《曼德拉规则》第50—52条）。在西方国家的监狱中，对罪犯及监舍等，进行多种形式的搜查和检查，其中包括监舍搜查（cell search，shakedown）或者犯人住处搜查（search of prisoners' accommodation）、人身搜查（personal search）或者身体搜查（body search），人身搜查分为穿衣搜查（clothed body search）、脱衣搜查（strip search）和体腔搜查（body cavity search），体腔搜查在英国称为"隐秘搜查"（intimate search）或者"体穴搜查"（body orifices search），这是指进入身体内部进行的身体搜查①。

第0607条 为了保障监管安全，监狱应当严格管理劳动工具、钥匙和可以危及监管安全的其他物品。

【立法理由】本条是新增加的。新增这一条的主要理由是加强对劳动工具、钥匙和类似物品的管理。在监狱中，劳动工具有可能被用作进行违法犯罪行为的工具，如果不严格管理，有可能被罪犯非法使用，造成危害结果。同时，监狱中的钥匙和类似物品，包括具有钥匙等功能的电子磁卡等，对于保障监管安全具有极其重要的作用，也必须严格管理。

第0608条 监狱可以根据监管罪犯的需要，对罪犯进行点名、罪犯情况分析等活动，也可以安排罪犯监督特定罪犯。

【立法理由】本条是新增加的。新增这一条的主要理由是通过相关活动进行安全管理。在监狱工作中，除了违禁品和物品控制外，还有以下几种常见的安全管理方法。

1. 点名

这是指清点犯人人数的活动。点名是最基本的、最常用的罪犯监管方法之一。在国内外的监狱中，都是如此。在监狱中，为了保证监管安全，一天要进行多次点名活动，了解共同从事某一活动的罪犯是否在指定的地方。从中国监狱的实践来看，常见的罪犯点名主要有下列类型：交接班点名、劳动结束时的点名、其他集体活动结束的点名、就寝前点名、起床后点名等。

2. 罪犯情况分析

简称"犯情分析"，这是指了解和讨论罪犯的相关情况及其动态变化的活动。进行犯情分析，是及时、准确地理解罪犯的有关情况，获取有关的动态信息的重要方法，对于做好安全监管工作、预防突发事件的产生等，都具有非常重要的意义。

3. 罪犯监视

这是指让罪犯进行相互监视以便保证监管安全的方法。在监狱中，通

---

① 参见吴宗宪：《当代西方监狱学》，北京·法律出版社，2005年版，第259—267页。

过建立互监小组等方法，控制罪犯之间的相互监督。

对于这些常见的安全管理工作，监狱法缺乏明确规定。为此，本修改方案设专条进行规定，一方面规范这类工作，另一方面也给监狱的这类工作提供法律依据。

<u>第 0609 条</u> 未经批准，民用航空器不得在监狱周边和上空飞行，具体禁止办法由国务院司法行政部门会同有关部门制定。

【立法理由】本条是新增加的。新增这一条的主要理由是禁止无人机等民用航空器干扰监狱的正常秩序和监管安全。从国外监狱的情况来看，曾经在一些国家和地区发生过监狱中的罪犯与外部势力勾结起来，通过直升机劫持监狱中罪犯的案例。近年来，我国的无人机数量也大量增加。因此，需要未雨绸缪，作出前瞻性的规定。

第四节 警戒

第 0610 条 监狱的武装警戒由人民武装警察部队负责。
<u>监狱对从事武装警戒工作的人民武装警察部队，实行业务领导。</u>
<u>在监狱和担任武装警戒工作的人民武装警察部队之间建立联席会议制度，协调武装警戒事务。</u>

【立法理由】本条是在修改监狱法第四十一条的基础上形成的。监狱法第四十一条规定："监狱的武装警戒由人民武装警察部队负责，具体办法由国务院、中央军事委员会规定。"该条明确了监狱的武装警戒由人民武装警察部队负责的内容，但是，对于其余的内容缺乏规定，自1994年颁布实施监狱法以来，20多年过去了，也未见到国务院和中央军事委员会作出相关的规定。因此，为了消除法律空白，贯彻落实依法治国的要求，修改和拟定了本条。

本条第一款沿用监狱法第四十一条前半部分的内容，明确了监狱的武装警戒的职责分工。

本条第二款规定了监狱对担任武装警戒任务的人民武装警察部队实行业务领导的内容。

本条第三款规定了监狱和人民武装警察部队之间联系的工作机制。

应当指出，本条第二款和第三款的内容是对现行做法的确认，是根据已有的相关规定表述的。从目前已经发布的规定来看，有两个文件规定了这方面的内容：①政务院1954年9月7日发布的《中华人民共和国劳动改造条例》。该条例第四十四条规定："对犯人的武装警戒，统一由人民公安部队担任，劳动改造机关应当对执行警戒任务的武装实行业务领导。"②公安部1982年2月18日颁发的《监狱、劳改队管教工作细则（试行）》。该细则第八十七条规定："对犯人的武装警戒，统一由人民武装警察部队担任。监狱、劳改队对执行看押任务的武装警察部队，实行业务领导。在警戒线以内对犯人的管理工作，由劳改部门负责。看押部队的首长，应参加劳改机关的党委，并在党委的统一领导下，建立警管联席会议制度，在工作上要密切配合，共同完成对犯人关押改造的任务。"必须认识到，这两个文件是监狱法颁布之前发布的，监狱法本身缺乏相关的规定，监狱法颁布之后未再发布有关规定，这是立法的重大缺漏，应当在修改监狱法时明确规定警戒方面的具体内容。

第0611条 监狱发现在押罪犯脱逃时，应当立即开展抓捕工作并通知公安机关和刑事执行检察部门。

公安机关接到通知后负责追捕逃犯，监狱密切配合。

刑事执行检察部门接到通知后，及时开展检察工作。

【立法理由】本条是在修改监狱法第四十二条的基础上形成的。该条规定："监狱发现在押罪犯脱逃，应当即时将其抓获，不能即时抓获的，应当立即通知公安机关，由公安机关负责追捕，监狱密切配合。"对该条所作的修改如下。

1. 明确工作机制

监狱法第四十二条的规定存在两个重大问题。

（1）贻误时机。根据这一条的规定，在发现罪犯脱逃时，首先由监狱开展抓捕工作，不能抓获时，才通知公安机关追捕。从实际情况来看，这种制度设计必然会贻误抓获罪犯的最佳时机。自2001年开展监狱布局调整以来，我国的绝大多数监狱都已经调整到中小城市、城镇附近和交通沿线，监狱的交通条件大为改观，罪犯逃跑之后，能够迅速利用便捷的交通工具，在很短时间内逃逸到很远的地方。如果首先由监狱组织抓捕的话，由于监狱缺乏必要的在社会上抓捕逃犯的条件，很难在短时间内抓获罪犯；监狱不能及时抓获罪犯后再通知公安机关抓捕时，罪犯很有可能已经逃得很远，抓获的可能性大大降低。

（2）界限不清。监狱法用了"即时"一词，其所表达的时间界限不清楚，"即时"究竟是多长时间，并不确定。因此，本修改方案确立了同时开展抓捕工作的机制：监狱发现罪犯脱逃时，一方面自己迅速开展抓捕工作，另一方面立即通知公安机关开展追捕工作，两个机构同时开展抓捕逃犯的工作。这样，就可以利用双方的力量开展相关工作，这种机制能够保证最大限度地抓获脱逃的罪犯。

2. 修改文字表述

监狱法第四十二条的规定在文字表述方面，也存在两个明显的问题，在修改时加以完善：①语句完整问题。监狱法第四十二条中的"监狱发现在押罪犯脱逃"，属于不完整语句，不符合汉语表达习惯，应当修改为"监狱发现在押罪犯脱逃时"。②使用词语问题。监狱法第四十二条中采用的"即时"一词，属于不常用词语，在修改时更换为比较常用的"立即"一词。"立即"就是"立刻""马上"①，就是在最短时间内迅速开展相关活动。

3. 增加相关内容

人民检察院刑事执行检察部门（过去习惯上称为"驻监检察部门"）是对监狱开展法律监督工作的专门机关，应当了解罪犯脱逃的情况，监狱应当及时将相关情况告知刑事执行检察部门。

第 0612 条 监狱根据监管罪犯需要设立警戒设施与警戒隔离带，<u>具体标准由国务院司法行政部门制定。</u>

未经允许，任何人不得<u>接近</u>、进入、<u>冲击或者破坏</u>。

<u>对于非法接近、进入、冲击或者破坏警戒设施与警戒隔离带的，人民武装警察部队和</u>监狱<u>工作者可以采取必要措施驱离或者抓捕</u>。

【立法理由】本条是在修改监狱法第四十三条的基础上形成的。该条规定："监狱根据监管需要，设立警戒设施。监狱周围设警戒隔离带，未经准许，任何人不得进入。"对该条所作的修改如下。

1. 调整文字表述

监狱法第四十三条的表述存在两个问题：①表达不完整。"监狱根据

---

① 中国社会科学院语言研究所词典编辑室编：《现代汉语词典》（第6版），北京·商务印书馆，2012年版，第298—799页。

监管需要"是指根据监管什么的需要？在表达中缺少了监管的对象。②意思不明确。"设立警戒设施"是根据监管罪犯的需要，"设警戒隔离带"就不是出于这样的需要吗？实际上，无论是设立警戒设施，还是设立警戒隔离带，都是基于同样的需要，因此，可以一并表达。

2. 增加相关内容

监狱法第四十三条的规定，首先存在表达不周延的问题。该条规定不得进入警戒隔离带，但是，没有规定侵犯警戒设施的内容。同时，从词语搭配来看，对于警戒隔离带不得"进入"，对于警戒设施不能使用"进入"，但是，可以使用"接近"。其次，存在表达不全面的问题。仅仅规定了程度较轻的"进入"，而没有规定程度严重的侵犯情形。因此，在表述时，增加了程度更严重的侵犯情形"破坏"。按照目前的表述，未经允许，任何人都不得接近警戒设施，不得进入警戒隔离带，更不得破坏警戒设施和警戒隔离带。同时，也明确授权可以驱离或者抓捕，以便更有效地制止和应对这类违法行为。

【修改说明】监狱法第四十四条的内容已经并入第0114条。监狱法第四十四条规定："监区、作业区周围的机关、团体、企业事业单位和基层组织，应当协助监狱做好安全警戒工作。"这条内容较为单一，在第0114条中，对监狱与周围社会的关系，作了更加全面的综合性的规定。

第五节　警械和武器的使用

【修改说明】本节的标题是在修改监狱法的标题基础上确定的。所作的修改是用"警械"取代"戒具"。主要理由如下。

1. 统一概念

监狱法的标题是"戒具和武器的使用"，但是，警察法的多个条文使用了"警械"的概念，例如，第十一条规定："为制止严重违法犯罪活动的需要，公安机关的人民警察依照国家有关规定可以使用警械。"第四十九条规定："人民警察违反规定使用武器、警械，构成犯罪的，依法追究刑事责任；尚不构成犯罪的，应当依法给予行政处分。"国务院1996年1月16日发布的《中华人民共和国人民警察使用警械和武器条例》不仅使用了"警械"的概念，而且解释了"警械"的含义，"本条例所称警械，是指人民警察按照规定装备的警棍、催泪弹、高压水枪、特种防暴枪、手铐、脚镣、警绳等警用器械"（第三条）。国务院 2011 年 1 月 8 日修订的《海关工作人员使用武器和警械的规定》，也使用了"警械"的概念。因此，统一使用"警械"概念，将"戒具"修改为"警械"。

2. 规范内容

虽然在多个法规和其他文件中使用了"戒具"的概念，例如，1957 年发布的劳动改造条例第四十六条规定："犯人可能有逃跑、暴行和其它危险性行为的时候，经侦查机关的特别指示或经劳动改造机关负责人批准，可以使用戒具。但是在上述情形消除的时候，应当立刻解除。"又如，最高人民法院 2016 年 4 月 13 日修改的《中华人民共和国人民法院法庭规则》第十三条第二款规定："人民法院在庭审活动中不得对被告人或上诉人使用戒具，但认为其人身危险性大，可能危害法庭安全的除外。"但是，尚未见到对"戒具"概念的正式解释。公安部 1982 年 2 月 18 日发布《监狱、劳改队管教工作细则（试行）》的第五十六条对此似乎进行了间接的解释：该条第一款规定："犯人在改造期间，有下列情形之一的，可以使用手铐或者脚镣。"第二款规定："凡加戴戒具的犯人，均不应再出工劳动。"从这两款的内容来看，戒具就是手铐和脚镣。如果把"戒具"仅仅理解为手铐和脚镣，那么，本节规定的内容显然不能适应监狱工作的需要，因为在监狱工作中还根据情况需要其他的警械，例如警棍、警绳等。与此不同，对于警械有明确的定义，而且，警械中包括的内容大于戒具，也能符合监狱工作的实际需要，因此，规范本节概念的内容，用"警械"替代"戒具"。

第 0613 条 监狱人民警察遇有下列情形之一的，可以使用警械：

（一）罪犯进行脱逃行为的；

（二）罪犯聚众哄闹，扰乱监狱秩序的；

（三）罪犯寻衅滋事、打架斗殴的；

（四）罪犯破坏监管改造设备和设施的；

（五）罪犯以暴力行为抗拒或者阻碍监狱工作者执行职务的；

（六）罪犯袭击监狱人民警察的；

（七）罪犯正在押解途中的；

（八）罪犯进行其他危险行为需要采取防范措施的。

前款所列情形消失后，应当停止使用警械。

本法所称"警械"，是指监狱人民警察按照规定装备和使用的警棍、手铐、脚镣、警绳、约束衣以及催泪弹、高压水枪、特种防暴枪等警用器械。

【立法理由】本条是在修改监狱法第四十五条的基础上形成的。所作的修改如下。

1. 统一概念

将"戒具"修改为"警械"。

2. 完善表述

监狱法第四十五条"监狱遇有……之一的，可以使用戒具"的表述中，存在主语不当的语法问题，其中所讲的"监狱"，实际上应当是"监狱人民警察"。

监狱法第四十五条第一款第二项关于"罪犯有使用暴力行为的"表述，在一句话中使用了两个谓语动词"有"和"使用"，是明显的谓语重复，属于语法错误，在修改时应当删去"使用"一词。

3. 增加内容

本条新增了两个方面的内容：第一，在第一款第二项增加需要使用警械制止的多种情形，为监狱人民警察使用警械提供法律依据。

第二，新增加了本条第三款。本款的表述主要参考了《中华人民共和国人民警察使用警械和武器条例》第三条的内容，但是，作了三个方面的修改：①增加了"使用"二字，进行这样修改后，内容更加全面和准确。这是因为，警械不仅是按照规定装备的，也是按照规定使用的。②增加了"约束衣"。约束衣（strait jacket, restraint jackets）是国际社会的监狱中常用的约束罪犯的设备[①]，2006年修订的《欧洲监狱规则》第68.2条肯定了在两种情况下使用约束衣的合理性：第一，在移送期间作为预防逃跑的措施；第二，其他管制方法失败，为了保护犯人不自伤、不伤害他人或者防止财产严重受损而使用[②]。约束衣具有不会伤及罪犯身体、负面效果较小的明显优点，可以在我国监狱中使用。③调整了警械的顺序，将监狱人民警察最常用的警械排列在最前面，将不常用的排在后面，中间用"以及"间隔开。

[①] 参加吴宗宪：《当代西方监狱学》，北京·法律出版社，2005年版，第339、844页。
[②] 《欧洲监狱规则》（2006年版），吴宗宪译，《犯罪与改造研究》2019年第6期，第77页。

第 0614 条 人民警察和人民武装警察部队的执勤人员遇有下列情形之一,非使用武器不能制止的,按照国家有关规定,可以使用武器:

(一) 罪犯聚众骚乱、暴乱的;

(二) 罪犯脱逃或者拒捕的;

(三) 罪犯持有凶器或者其他危险物,正在行凶或者破坏,危及他人生命、财产安全的;

(四) 劫夺罪犯或者劫持其他人质的;

(五) 罪犯抢夺武器的;

(六) 法律法规规定的其他情形。

使用武器的人员,应当按照国家有关规定报告情况。

本法所称"武器",是指人民警察按照规定装备和使用的枪支、弹药等致命性警用武器。

【立法理由】 本条是在修改监狱法第四十六条的基础上形成的。所作的修改如下。

1. 增加使用武器的情形

在监狱工作实践中,曾经发生过罪犯劫持监狱警察、职工和外来人员的案例,因此,在第四项中增加"劫持其他人质",为警察和武警依法使用武器提供法律依据。同时,增加这方面的内容也有其他依据。国务院1996年发布的《中华人民共和国人民警察使用警械和武器条例》第九条第一款第六项规定,"实施凶杀、劫持人质等暴力行为,危及公民生命安全",人民警察可以使用武器。

2. 增加了兜底条款

即在第一款中增加最后一项,将所有其他条款没有包括的或者难以包括的或者目前预测不到的,都包括在这个条款中。增加这一项的主要目的是增加立法的前瞻性。

兜底条款是法律文本中常见的法律表述,主要是为了防止法律的不周严性,以及社会情势的变迁性。

3. 增加了武器的定义

本条第三款规定了"武器"的定义,这个定义的表述主要参考了《中华人民共和国人民警察使用警械和武器条例》第三条的内容,不过,在表述中增加了"使用"二字。

第六节 通信、会见

第 0615 条 罪犯在服刑期间<u>有权</u>与他人通信。<u>罪犯通信的具体办法由国务院司法行政部门制定。</u>

罪犯的来往信件应当接受监狱检查。监狱发现有碍<u>监管安全和罪犯改造</u>内容的信件时，<u>应当扣留</u>。

罪犯写给监狱的上级机关、司法机关<u>和监察机关</u>的信件，不受检查。

<u>罪犯经批准可以与亲属、监护人和其他人通电话，监狱有权监听通话内容。</u>

【**立法理由**】本条是在修改监狱法第四十七条的基础上形成的。该条规定："罪犯在服刑期间可以与他人通信，但是来往信件应当经过监狱检查。监狱发现有碍罪犯改造内容的信件，可以扣留。罪犯写给监狱的上级机关和司法机关的信件，不受检查。"对该条所作的修改如下。

1. 规范立法表述

（1）用"有权"取代"可以"。通信是罪犯在监狱服刑期间应当享有的权利。这是现代监狱工作中的基本共识。鼓励罪犯与他人通信有利于罪犯的教育改造。但是，监狱法第四十七条规定"罪犯在服刑期间可以与他人通信"，其中的"可以"是个模棱两可的词语，在客观上产生了弱化罪犯权利的效果。为了充分保障罪犯权利，在立法中需要使用体现罪犯权利的词语，即用"有权"代替"可以"[①]。

（2）用"应当"取代"可以"。监狱法第四十七条规定："监狱发现有碍罪犯改造内容的信件，可以扣留。"这里使用"可以"一词也存在比较大的问题。"可以"包括两种行为选择，即"可以"或者"不可以"，无论是哪种情况，都是法律允许的。如果这里的"可以"表达"可以或者不可以都为法律所允许"的意思，那么就意味着即使监狱在发现来往信件中有不利于罪犯改造的内容时，监狱也可以不予扣押，放任这封信去干扰对罪犯的教育和改造。这个结论无疑是矛盾的，荒谬而可笑。因此，将这里的"可以"改为"应当"。

（3）增加"扣留"的事由。当发现罪犯与外界的通信中，如果包含了

[①] 吴宗宪、王虹：《论〈监狱法〉文字表述的修改与完善》，载《法学杂志》2009 年第 9 期，第 59—62 页。

有碍"监管安全"的内容时,也可以扣留。

(4) 完善句子表述。监狱法第四十七条规定:"监狱发现有碍罪犯改造内容的信件,可以扣留。"这项规定的前半部分,实际上是不完整句子,不符合现代汉语中关于状语表述的语法规则,因此,增加了"时"字。

2. 调整语句表述

监狱法第四十七条规定:"罪犯在服刑期间可以与他人通信,但是来往信件应当经过监狱检查。监狱发现有碍罪犯改造内容的信件,可以扣留。罪犯写给监狱的上级机关和司法机关的信件,不受检查。"这一规定将三个方面的内容规定在一个段落中,不符合立法的一般做法,也给监狱工作实践中引用该条带来不便,因此,将监狱法第四十七条拆分为三款,分别表达不同的意思。

3. 增加授权规定

在本修改方案第一款中增加了"罪犯通信的具体办法由国务院司法行政部门制定"的内容。这是一项授权规定,授权国家监狱主管部门制定有关罪犯通信的办法,也给该部门制定的相关规定提供明确的法律依据。

4. 增加"监察机关"

在第三款中增加"监察机关",反映国家制度的新变化。监察机关是对于各级国家行政机关及其工作人员的工作、行使公权力的国家机关工作人员(国家公职人员)的工作进行监督、检查和纠举的国家机关。2018年通过的监察法第三条规定:各级监察委员会是行使国家监察职能的专责机关,依照本法对所有行使公权力的公职人员(以下简称公职人员)进行监察,调查职务违法和职务犯罪,开展廉政建设和反腐败工作,维护宪法和法律的尊严。因此,罪犯有权向监察机关写信,此类信件监狱不能检查。

5. 增加通话权利

随着科学技术的发展和经济社会的进步,通电话已经成为"通信"的重要形式之一。近年来,我国监狱普遍采用了通电话作为罪犯与近亲属、监护人以及其他人通信的方式,需要通过立法加以确认。《曼德拉规则》也鼓励囚犯使用电话等多种方式与外界保持接触。该规则第58条第1款规定:"囚犯应准在必要监督之下,通过以下方式经常同亲属和朋友联络:(a) 书面通信,以及使用电信、电子、数字和其他方式的通信(如有的话);(b) 接受探监。"丹麦《刑事执行法》第57条第1款规定:"囚犯在实际可行之程度上有权进行电话通话。"① 《俄罗斯联邦刑事执行法典》第92条共有5款，详细规定了被判处剥夺自由人员的电话通话事项。其中第1款写道："被判处剥夺自由刑的人员享有电话通话的权利。在缺乏技术设备的情况下，电话通话的次数可由矫正机构行政管理部门控制在每年6次以下。每次电话通话的持续时间不应超过15分钟。通话费用可由被处刑人员使用本人钱款自行支付或者使用其亲属或其他人员的钱款支付。电话通话的实施程序由管辖矫正机构的联邦权力执行机关予以确定。"② 国际社会中的这些比较好的做法，值得我们在修改监狱法时参考。因此，新增加了第四款的内容。

同时，为了保障监管安全，在第四款中赋予监狱监听罪犯通话的权力。

第 0616 条 罪犯在监狱服刑期间，有权会见亲属、监护人。罪犯会见的具体办法由国务院司法行政部门制定。

女犯会见未成年子女时，应当提供适宜的会见环境，在会见时间等方面予以优惠。

律师依照规定会见罪犯的，监狱在查验相关证件和文书后，应当及时安排会见。

外籍犯经批准可以会见所属国驻华使、领馆外交、领事官员，亲属或者监护人。

根据监管改造罪犯的需要，监狱长可以批准罪犯会见其他人。

监狱可以根据需要安排不同形式的会见。

监狱应当重视发挥会见在改造罪犯中的积极作用，减少对会见的不必要限制，给来监狱会见的人员提供必要的帮助。

通信、会见应当遵守监狱的管理规定。在会见过程中发生违反规定的情形时，监狱有权中止会见。

【立法理由】 本条是在修改监狱法第四十八条的基础上形成的。该条规定："罪犯在监狱服刑期间，按照规定，可以会见亲属、监护人。"对该条所作的修改如下：

---

① 《丹麦刑法典与丹麦刑事执行法》（谢望原译），北京大学出版社，2005年版，第95页。

② 《俄罗斯联邦刑事执行法典》（赵路译），北京·中国人民公安大学出版社，2009年版，第61页。

1. 确认罪犯会见亲属和监护人的权利

在服刑期间，罪犯会见亲属和监护人是其权利，监狱法应当明确规定这项权利。因此，将监狱法第四十八条的表述中使用的"可以"修改为"有权"。同时，扩大亲属的范围，将原来的"近亲属"修改为"亲属"。

2. 增加授权规定

在本修改方案第一款中增加了"罪犯会见的具体办法由国务院司法行政部门制定"的内容。这是一项授权规定，授权国家监狱主管部门制定有关罪犯会见的办法，也给该部门制定相关规定提供明确的法律依据。

3. 增加了女犯会见优惠待遇的内容

本条第二款中增加了女犯会见未成年子女时提供优惠待遇的规定。之所以增加这方面的内容，主要是基于下列考虑。

（1）体现对女犯未成年子女的特殊保护。对未成年人实行特殊保护、给予额外照顾，是人类社会的普遍共识。在涉及监狱等事务时，更应该如此。联合国《儿童权利公约》第3条第1款规定："关于儿童的一切行动，不论是由公私社会福利机构、法院、行政当局或立法机构执行，均应以儿童的最大利益为一种首要考虑。"该条第2款规定："缔约国承担确保儿童享有其幸福所必需的保护和照料，考虑到其父母、法定监护人或任何对其负有法律责任的个人的权利和义务，并为此采取一切适当的立法和行政措施。"我国的未成年人保护法第三条第一款规定："未成年人享有生存权、发展权、受保护权、参与权等权利，国家根据未成年人身心发展特点给予特殊、优先保护，保障未成年人的合法权益不受侵犯。"因此，为了体现对未成年人的特殊保护，规定在女犯会见未成年子女时要提供优惠待遇。

（2）考虑国际社会的倡议。联合国刑事司法领域中的有关文献也倡导给未成年人特殊保护的精神。例如，《联合国关于女性囚犯待遇和女性罪犯非拘禁措施的规则（曼谷规则）》第28条提出："涉及子女的探视，应在有利于创造良好探视经历的环境中进行，包括工作人员的态度，并应允许母亲和子女之间的公开接触。在可能情况下，应鼓励与子女接触时间较长的探视。"我们认为，这个倡议是科学合理的，应当予以考虑。

4. 增加了律师会见罪犯的内容

刑事诉讼法和律师法都规定了律师会见在押的犯罪嫌疑人或者证人的权利，这里的"犯罪嫌疑人"也包括作为犯罪嫌疑人或者证人的罪犯。最高人民法院、最高人民检察院、公安部、国家安全部和司法部2015年9月

16日印发的《关于依法保障律师执业权利的规定》第十五条规定:"辩护律师申请向正在服刑的罪犯收集与案件有关的材料的,监狱和其他监管机关在查验律师执业证书、律师事务所证明和犯罪嫌疑人、被告人委托书或法律援助公函后,应当及时安排并提供合适的场所和便利。正在服刑的罪犯属于辩护律师所承办案件的被害人或者其近亲属、被害人提供的证人的,应当经人民检察院或者人民法院许可。"因此,新增加了第三款。

5. 增加了外籍犯会见的内容

正在监狱中服刑的外籍犯(包括无国籍罪犯)可以会见使领馆人员、亲属和监护人,是国际社会通行的做法。在我国,在监狱运行的实践中,也有这样的做法,司法部曾经在2003年1月1日发布了《外国籍罪犯会见通讯规定》,但是,在监狱法中却没有相应的规定,这是立法的疏漏,在修改监狱法时应当补充这方面的内容。

6. 增加了监狱安排不同形式会见的内容

在我国监狱系统中,曾经有过多种类型的会见方式,除了罪犯与会见者隔着玻璃打电话的严格型会见之外,还有限制较少甚至很少、气氛较为宽松的聚谈式会见(罪犯与围拢在周围的会见者自由交流的会见)、聚餐式会见(罪犯与会见者一起进餐的会见)甚至在封闭性空间中进行的夫妻会见等。这些种类多样的会见活动,曾经在监狱管理和罪犯改造中发挥了巨大的作用。但是,这些年来,会见方式不断减少,在大多数监狱中只剩面对面打电话的会见方式,为了进行其他会见而建立的相关设施废置不用,这是对良好资源的巨大浪费,是违背监狱规律、违反基本人性的做法。在此次修订监狱法的过程中,应当纠正这些不合理的做法,规定多样化的会见种类。

7. 增加了罪犯会见"其他人"的内容

为了解决安全监管中的相关问题,为了促进罪犯的改造,应当允许甚至鼓励社会上的其他人士会见罪犯。这是监狱工作中较为常见的做法,也是国际社会倡导的做法。《曼德拉规则》第60条倡议:"应当依据适用的国内法律向囚犯提供适当机会、时间和设施,以便其在不受拖延、阻拦或者审查且完全保密的情况下接受自己选择的法律顾问或法律援助提供者的探访并就任何法律问题与之沟通和咨询。咨询可在监狱工作人员视线范围内但听力范围外进行。"《大韩民国行刑法》第18条规定:"收容者经所长批准,可以与他人会见。无特殊情形的,所长应当批准。会见时所长可以使矫导官在场，但与辩护人会见时作例外。"① 这样的做法有利于监狱的监管安全和罪犯改造。因此，新增加第四款。

同时，为了规范其他人会见罪犯的做法，防止滥用这种制度，对于其他人会见罪犯的做法规定了较为严格的条件，即其他人会见罪犯必须得到监狱长批准。

8. 增加了鼓励会见活动的内容

罪犯会见对于促进他们接受改造具有重要的积极作用。从多方面来看，合理的会见制度，对于维系罪犯与家庭的联系（特别是对于维系婚姻关系）、调节和维护罪犯的情绪状态、增进罪犯的身心健康、保持罪犯与社会的接触、调动罪犯的改造积极性、维持良好的监管改造秩序、降低罪犯回归社会的困难性、促进罪犯子女的健康成长等，都具有十分重要的价值。因此，监狱应当认识到这些方面的积极作用，在安排罪犯会见时，尽可能减少对于会见的种种限制，例如会见时间、会见频率、会见人数等方面的限制，最大限度地发挥会见的积极作用。同时，对于来监狱会见的人员，如果确有困难需要帮助的，监狱也应当给予必要的帮助。为此，应当增加重视会见的积极作用和提供帮助的内容。

9. 增加了管理通信、会见的内容

无论是罪犯的通信，还是罪犯的会见，都要服从监狱管理。这是保障监管安全的需要，也是维护监狱严肃性的需要。为此，增加第八款的内容。本款既适用于罪犯，也适用于来监狱会见罪犯的人。加强对会见者的管理，是国际社会中监狱工作的普遍做法，对会见者的管理中包括了搜查会见者的内容。例如，《曼德拉规则》第60条指出："1. 在探监者同意被搜查后，视条件准许其进入监狱设施。探监者可以随时撤回自己的同意，在此情况下，监狱管理部门可以拒绝其进入。2. 针对探监者的搜查和进入程序不应有辱人格，应至少遵守规则50至52中所规定的保护性原则。应避免体腔搜查，不应对儿童进行这种搜查。"

第0617条 罪犯收受物品和钱款，应当经监狱批准、检查。

【立法理由】 本条是保留的监狱法第四十九条。

---

① 中国监狱学会、司法部监狱管理局：《外国监狱法规汇编》（五），北京·中国政法大学出版社，2002年版，第492页。

第0618条 正在监狱服刑的罪犯，遇有直系亲属或者监护人病危、死亡，或者家中发生重大变故等事项，确实需要本人离监处理的，监狱可以根据情况特许其离开监狱探望或者处理。特许离监的罪犯由监狱人民警察押解陪同。

【立法理由】本条是新增加的。新增本条的理由是明确规定特许离监制度。特许离监制度是一项具有明显的人道主义特色的监狱制度，为在特殊情况下准许罪犯离开监狱外出探望或者处理事务提供合法机会。实际上，司法部已经于2001年9月4日发布了《罪犯离监探亲和特许离监规定》，对特许离监的具体事项作了规定，监狱法应当对此作出明确规定，为特许离监制度提供明确的法律依据。应当指出，特许离监是处理特殊事务的一种特别制度，与罪犯在监狱中的改造表现并无直接的联系，不是对改造表现良好的罪犯给予的奖励，这是特许离监制度与离监探亲制度的重要区别；离监探亲制度是一种重要的奖励制度，是对改造表现优异的罪犯的一种奖励性措施。

第七节 生活、卫生

第0619条 罪犯的饮食由监狱按实物量提供，实物量标准由国务院司法行政部门根据罪犯的营养等方面的需要制定。

给罪犯提供饮食，必须符合国家的卫生标准。

【立法理由】本条是在修改监狱法第五十条的基础上形成的。该条规定："罪犯的生活标准按实物量计算，由国家规定。"对该条所作的修改如下：

1. 规范用语

监狱法第五十条的规定存在两个方面的问题：

（1）"生活"的含义不清。一般而言，"生活"包括"衣、食、住、行等方面的情况"[①]。在监狱中，"行"的问题不突出，因此，监狱中的"生活"主要是指衣、食、住三个方面，其中，"住"的内容在监狱建设方面加以规定，"衣"方面的内容在下列条文中单独规定，即有关被服的规定，因此，监狱法第五十条所讲的"生活"，实际上是指罪犯的饮食。为

---

① 中国社会科学院语言研究所词典编辑室编：《现代汉语词典》（第6版），北京·商务印书馆，2012年版，第1161页。

了使人们更加清楚地了解本条的内容,用"饮食"代替"生活"。

(2)"国家"的指称不明。监狱法第五十条规定的"国家"一词,过于笼统,存在指称不明的问题,因此,在修改时明确为"国务院司法行政部门"。

2. 明确主体

监狱法第五十条的规定没有明确给罪犯提供饮食的主体,这是重大的立法缺陷。我国监狱中罪犯的饮食费用由国家负担,饮食通过监狱提供。应当在修改监狱法时明确这一点。为此,在第一款中增加了"由监狱"的字样。这样修改之后,表述更加周密、严谨,更加准确地反映了监狱工作的实际情况。

3. 增加内容

监狱法第五十条的规定过于简单,遗漏了一些重要的方面。在修改时,增加了下列内容:

(1)制定饮食标准的依据。给罪犯制定饮食标准时,应当充分考虑罪犯的营养需要。这是国际社会的通行做法,具有科学性,值得我们借鉴。《曼德拉规则》第 22 条指出:"1. 监狱管理部门应当于惯常时刻,供给所有囚犯足以维持健康和体力的有营养价值的饮食,饮食应滋养丰富、烹调可口和供应及时。2. 所有囚犯口渴时都应有饮用水可喝。"

(2)对于饮食工作的管理。饮食管理除了提供符合营养需要的饮食之外,还包含了大量的炊事管理等方面的内容。这不仅包括准备饮食方面的工作,也包括对炊事人员的健康状况、罪犯使用的餐具等的规定。为此,增加第二款,明确提出这方面的要求。

第 0620 条 罪犯的被服和基本生活用品由监狱按实物量统一配发,配发标准由国务院司法行政部门制定。

罪犯在监狱服刑期间,应当身着囚服,佩戴身份标识。

在特殊情况下,罪犯经批准可以穿自己的衣服或者其他不惹人注目的衣服。

罪犯可以购买食品和其他个人生活用品,监狱应当以不高于社会上同类商品的价格帮助罪犯满足购物需要。

【立法理由】本条是在修改监狱法第五十一条的基础上形成的。该条规定:"罪犯的被服由监狱统一配发。"对该条所作的修改如下:

1. 增加了相关内容

在我国监狱中，罪犯的基本生活用品是由监狱配发的。这是我国监狱在刑罚执行过程中文明、进步、人道的体现。财政部、司法部1995年7月5日发布的《关于印发在押罪犯伙食、被服实物量标准的通知》中，在规定罪犯被服实物量标准时，不仅包括了单衣、单裤、单鞋、内衣、内裤、棉衣、绒裤、棉鞋、棉帽、棉裤、棉褥、蚊帐、枕头，还包括了被罩、褥单、枕巾、草席、罩衣、袜子的实物量标准，此外也规定，洗刷、卫生等日常用品根据需要（包括公用部分）配发。监狱配发的这些用品中，不少已经超出了"被服"的概念，而属于"基本生活用品"的范畴，因为"被服"是指"被褥、衣服之类"①，但是，在监狱法中并没有反映这种情况。为此，在本修改方案中，增加了"基本生活用品"的内容，一方面弥补监狱法立法中存在的缺陷，另一方面也彰显我国监狱的特色和优点。

2. 增加了"实物量"的内容

之所以增加"实物量"的内容，主要是基于两方面考虑：第一，确定现有的做法。新增的内容是对现有做法的规范和肯定。目前使用的罪犯被服配发标准是财政部和司法部1995年7月5日联合发布的《关于印发在押罪犯伙食、被服实物量标准的通知》，其中规定被服也按照实物量配发。第二，考虑通货膨胀的因素。当初在制定监狱法时之所以强调"实物量"的内容，就是为了解决由于通货膨胀而造成的罪犯社会保障难以落实的问题。通货膨胀是持续存在的经济现象，在修改监狱法时仍然应当强调。

3. 增加了制定配发标准的部门

这一规定意味着，对罪犯配发被服的标准，是全国统一的，这不仅是统一执法的要求，也有利于更有效地保障罪犯的被服配发。

4. 增加了囚服和身份标识的规定

在监狱中服刑的罪犯身着囚服和佩戴身份标识，是我国监狱的基本做法，也是国际社会中通行的做法，应当在监狱法中明确规定这方面的内容，以便为这方面的监狱制度提供明确的法律依据。

5. 增加了特殊情况下的着装规定

本条第二款是有关罪犯着装规定的一般规则，罪犯在监狱服刑时，一般情况下都要遵守这项规定，以便于监狱的管理和安全，但是，在特殊情

---

① 夏征农、陈至立主编：《辞海》（第六版彩图本），上海辞书出版社，2009年版，第0130页。

况下,例如罪犯会见未成年子女、罪犯外出就医、罪犯外出参观以及其他需要着便装的场合,可以根据第三款作出变通处理。《曼德拉规则》第19.3条规定了相关的内容:"在特殊情况下,经准许将囚犯移至监狱之外时,应当准许其穿着自己的衣服或其他不惹人注目的衣服。"这项规定有其合理性,值得借鉴。

6. 增加了罪犯购物的内容

在目前我国的监狱工作中,大量存在罪犯在监狱中购物的做法,很多监狱为此建立了专门的狱内超市,满足罪犯的购物需要;没有狱内超市的监狱,也通过监狱工作人员代购等方式满足罪犯的购物需要。因此,需要在修改监狱法时,增加这方面的内容,规范这方面的活动。在新增的第四款中,强调了两方面的内容:第一,授权罪犯可以购物。这方面的内容为目前监狱的做法提供明确的法律依据。第二,明确规定购物价格。这方面的内容要求监狱必须降低罪犯购买的物品的价格,不得利用此项工作营利。实际上,在国际社会中,也有这方面的相关规定。例如,2006年版的《欧洲监狱规则》第31.5条规定:"根据卫生、良好秩序和安全的要求,犯人有权以不高于自由社会的价格,购买或者用其他方式获得物品,包括供其个人使用的食品和饮料。"我们应当借鉴这方面的内容。

【修改说明】监狱法第五十二条的内容调整到第八章中集中规定。

【修改说明】监狱法第五十三条的内容已经在前面(本章第二节)作出了规定。

第0621条 <u>监狱应当配备生活设施,建立罪犯生活制度。</u>
<u>监狱应当要求罪犯讲究个人卫生并提供相应条件。</u>
<u>监狱保障罪犯每天在室外活动一定时间,相关标准由国务院司法行政部门制定。</u>

【立法理由】本条是在修改监狱法第五十四条的基础上形成的。所作的修改如下。

1. 调整了相关内容

监狱法第五十四条包括两款,其中第一款规定:"监狱应当设立医疗机构和生活、卫生设施,建立罪犯生活、卫生制度。"第二款规定:"罪犯的医疗保健列入监狱所在地区的卫生、防疫计划。"由此可见，该条主要是规定罪犯卫生事项的，但是，其中夹杂了生活方面的内容。这种做法层次不清，不利于人们清楚地了解相关规定的内容。因此，对监狱法第五十四条进行了调整，分两条加以规定，本条集中规定罪犯生活事项。这里所讲的"罪犯生活制度"，主要是指罪犯个人生活的制度，是监狱对罪犯在吃、穿、住、卫生等方面的具体要求和规定。

2. 新增了两款内容

新增第二款和第三款的主要理由是维护罪犯身体健康和预防罪犯发生疾病。

考虑到罪犯讲究个人卫生的重要性，在第二款中，对罪犯讲究个人卫生作了专门化的一般性规定，其要点包括两个方面：①规定监狱要求罪犯讲究个人卫生。②要求监狱提供相应条件。这些条件包括提供罪犯需要的个人卫生用品、讲究个人卫生的其他条件（洗漱用水等）。督促罪犯讲究个人卫生和提供相应条件，是我国监狱工作的基本实践，不过，需要通过修改监狱法进一步规范。《曼德拉规则》第18条指出："1. 因犯必须保持身体清洁，为此目的，应当提供为维持健康和清洁所需的用水和梳洗用具。2. 为使因犯可以保持整洁外观，维持自尊，应当提供妥为修饰须发的用具，男犯应得以经常刮胡子。"这方面的内容值得重视和借鉴。

在第三款中规定了室外活动的问题。在我国的许多监狱中，能够保障罪犯每天在室外活动一定时间，在此期间，罪犯可以沐浴阳光、呼吸新鲜空气和进行身体锻炼。过去监狱系统所讲的"放风"就是指这种情况。室外活动对于保持罪犯的身心健康极为重要，如果罪犯经年累月不能到室外呼吸新鲜空气和接受太阳光照射，必然严重损害罪犯的身心健康。在调研中发现，近年来一些监狱的做法没有落实这方面的内容。例如，在一些新建的监狱或者监区中，罪犯的监舍、公共活动区和劳动生产区都在同一层楼内，罪犯的所有活动都在室内进行，罪犯很难有机会到户外晒太阳、呼吸新鲜空气和进行身体锻炼。这种做法蕴含着极大的健康风险，值得警惕和防范。因此，必须在监狱法中对此作出明确规定。这方面的内容也是联合国所倡导的。《曼德拉规则》第23条对罪犯的锻炼和运动提出了要求："1. 凡是未受雇从事户外工作的因犯，如气候许可，每天最少应有一小时在室外作适当锻炼。2. 青少年因犯和其他在年龄和体力方面适宜的因犯，在锻炼时间应获得体育和文娱训练。应为此目的提供场地、设施和设备。"

同时，2006 年版的《欧洲监狱规则》第 25.2 条也规定："该制度应当允许所有犯人每天在监舍外面度过足够多的时间，以便进行适当程度的人际交往和社会互动。"这方面的内容是很有道理的，值得肯定和借鉴。

第 0622 条 监狱应当设立专门的医疗机构，配备合格的医务人员，提供适当的卫生设施，建立罪犯卫生制度。

罪犯的医疗保健、防疫工作列入监狱所在地区的卫生、防疫计划并得到相应支持和帮助。

罪犯医疗纳入社会基本医疗保险。

发生疫情时，监狱应当根据防疫预案采取比所在地区更加严格的防疫措施。

【立法理由】本条是在修改监狱法第五十四条的基础上形成的。该条规定："监狱应当设立医疗机构和生活、卫生设施，建立罪犯生活、卫生制度。罪犯的医疗保健列入监狱所在地区的卫生、防疫计划。"对该条所作的修改如下。

1. 调整了相关内容

将监狱法第五十四条中规定的生活和卫生问题分开规定，本条中集中规定医疗卫生问题。

2. 进一步完善内容

（1）在第一款中增加了相关内容。首先，新增了有关医务人员的规定。合格的医务人员是保障监狱正常运行和罪犯身心健康的必备条件，在立法中应当有明文规定。在一些监狱文献中，很强调这方面的内容。例如，联合国 2015 年修订的《曼德拉规则》第 25 条规定："1. 所有监狱都应有医务处，负责评估、促进、保护和改善囚犯的身心健康，特别关注具有特殊保健需要的囚犯或有阻碍其恢复正常生活的健康问题的囚犯。2. 医务处应有一个跨学科团队，有足够多在临床上完全独立行事的合格工作人员，并应具备足够的心理学和精神病学专业知识。所有囚犯都应能获得合格牙医的服务。"同时，这方面的规定也为监狱中的医务工作者履行职责、开展工作提供明确的法律依据，消除监狱法在这方面缺乏规定的问题。其次，完善了机构和设施的规定。通过增加"专门的""适当的"字样，进一步对医疗机构和卫生设施提出要求。

（2）在第二款中增加了相关内容。监狱法第五十四条第二款规定：

"罪犯的医疗保健列入监狱所在地区的卫生、防疫计划。"这款规定的内容过于含蓄,没有清楚标明立法的意图。规定这一款的意图并不仅仅是在监狱和所在地区之间进行卫生、防疫方面的信息交流,而是要在信息交流的基础上,由所在地区给监狱的卫生、防疫工作提供切实的支持和帮助,双方合作,共同做好监狱的卫生、防疫工作。因此,在修改时,补充了"得到相应支持和帮助"的内容。同时,明确指出要将罪犯的"防疫工作"纳入监狱所在地区的防疫计划,而不仅仅是将罪犯的医疗保健纳入监狱所在地区的卫生计划,从而使表述更加全面和准确。

3. 解决罪犯医疗保障问题

目前,罪犯医疗费用的支出居高不下,长期困扰着监狱机关。监狱法第八条规定:"国家保障监狱改造罪犯所需经费。"根据该条和第五十四条的规定,罪犯医疗费用主要由国家财政拨款予以保障。这一制度设计存在较多弊端:(1)对罪犯医疗行为缺乏约束性。罪犯医疗哪些应该是监狱保障的,哪些应该是罪犯本人和家属承担的,哪些是不在保障范围的,法律并没有明确规定。监狱为了避免执法风险和医疗纠纷,只要是诊治需要,只能硬着头皮承担。(2)一少部分罪犯采取伪病、诈病手段抵制狱内改造。而限于监狱医疗技术水平和高昂的诊断成本,这类现象比较难以控制。(3)存在过度医疗现象。医疗经费由国家财政全额保障造成罪犯小病大养、无病呻吟等过度医疗现象屡禁不止,甚至蔓延。(4)助长了罪犯及其家属的医疗诉求。例如,即使是罪犯入监前发生的疾病,罪犯在出监前也要求监狱医疗部门予以医治,甚至个别罪犯在服刑期间提出器官移植等要求。(5)监狱承担罪犯大病医疗的高昂费用。从监狱实际看,国家拨付的医疗费用中没有划拨罪犯大病医疗经费,罪犯一般也没有加入社会医疗保障体系中,所有大病医疗费用只能由监狱自筹解决。罪犯大病医疗经费问题使监狱困难重重[①]。上述种种状况造成罪犯医疗费用实际支出往往超出财政拨款,使监狱的医疗费用缺口很大,基层监狱普遍希望通过修改监狱法来解决罪犯医疗保障这一长期困扰监狱工作的突出问题。因此,新增加第三款。

不过,应当指出的是,罪犯的医疗保险费用应当由国家承担。这是我

[①] 参见刘启轩、黄玉柱、庄连彬:《罪犯医疗经费保障向社会医保体制并轨的可行性探讨》,载《犯罪与改造研究》2014年第8期,第45—47页;黄勇峰、彭春芳、谢毅:《社会管理创新视野下监狱医疗卫生制度的完善》,载《中国监狱学刊》2012年第4期,第95—100页。

国监狱系统的基本制度，也是国际社会普遍的做法。《曼德拉规则》第24.1条指出："为因犯提供医疗保健是国家的责任。因犯应享有的医疗保健标准应与在社区中能够享有的相同，并应能够免费获得必要的医疗保健服务，不因其法律地位而受到歧视。"这一内容既是国际社会普遍经验的反映，也是人类文明进步的体现。

确保罪犯获得具有良好质量的卫生服务，一个重要的策略就是确保监狱卫生部门与公共卫生部门保持紧密联系。这也是世界卫生组织（WHO）的强烈建议。挪威早在20世纪80年代就将向因犯组织提供卫生服务的职责移交给了卫生行政部门，法国于1994年以立法的形式明确了监狱卫生属于政府卫生部所属的有关机构管理，英格兰和威尔士以及英联邦于2002年将监狱卫生工作的责任和相关财政预算都移交给了英国国民卫生保健服务系统。欧洲委员会部长理事会1998年提出："鉴于卫生政策应当纳入国家的整体卫生政策，并与之协调一致。"[①] 2015年通过的联合国《曼德拉规则》第24.2条倡议："（监狱）应与普通公共卫生管理部门紧密合作安排医疗保健服务，确保持续治疗和护理，包括对艾滋病毒、肺结核和其他传染病以及毒瘾的持续治疗和护理。"由此可见，罪犯医疗保障完全公费医疗体制已经不符合实际需求，加快监狱医疗保障社会化是趋势所在。

4. 新增防疫措施的内容

根据2020年1—2月在我国山东、武汉等地的监狱中发生的监狱犯人大量感染新冠肺炎疫情的情况，新增了第四款。之所以规定"监狱应当根据防疫预案采取比所在地区更加严格的防疫措施"是因为，我国的监狱是人员高度拥挤的特殊公共场所，监狱中的犯人普遍住宿在多人一间的集体宿舍中，平时的劳动、学习、用餐等活动绝大多数都是集体性的，同时有很多人聚集在一起，如果其中一人（不管是监狱干警，还是监狱犯人）感染疫情，就会迅速传染给其他人员。以山东省任城监狱干警和犯人感染新冠肺炎疫情为例。根据调查，任城监狱疫情事件是由2020年1月21日从武汉自驾车到达山东济宁的人员，传染给监狱干警、职工，进而造成部分干警和罪犯感染的。2月20日，山东全省报告新增新冠肺炎确诊病例202例，其中山东济宁任城监狱200例。截至2月20日，已全面完成对该监狱相关人员2077人的核酸检测，确诊病例207例，其中，干警7例，服刑人

[①] ［丹］拉尔斯莫勒尔：《监狱卫生：世界卫生组织关于监狱卫生的基础指导手册》（郑振玉、李顺平等译），济南·山东大学出版社，2009年版，第8页。

员 200 例①。而且，由于监狱中的其他空闲的场地和建筑设施等空间也很有限，如果发现个别人或者少数人感染疫情，也很难进行隔离。因此，为了预防在监狱内的人员中大面积感染疫情，监狱不仅要事先制订防疫预案，而且在发生疫情时，必须在监狱中采取比监狱外的社会上更加严格的防疫措施。

第 0623 条 未经罪犯同意，不得对其进行任何医学等方面的实验。

禁止对罪犯进行任何有辱人格、增加痛苦、损害健康、损伤身体的实验。

【立法理由】本条是新增加的。新增本条的理由是切实保护罪犯的身心健康和相关的合法权益。其中，第一款涉及对罪犯的知情后同意权利的保护。对于监狱中的罪犯而言，一些医学方面的实验可能会带来益处，即使这样，也要让他们事先了解情况，自己决定是否参与这方面的实验。相关的国际规则规定了这方面的内容，值得借鉴。例如，2006 年版的《欧洲监狱规则》第 48.1 条规定："未经犯人同意，不得对其进行任何实验。"又如，联合国 2015 年通过的《曼德拉规则》第 32.1 条 b 规定："在医患关系中遵守患者对自身健康的自主权和知情同意权。"第 32.2 条规定："在无损于本项规则第 1 款（d）项的前提下，如果预期将给囚犯的健康带来直接、重大裨益，可在自由且知情同意的基础上，依据适用法，允许囚犯参加可在社区参与的临床试验和其他保健研究，并允许囚犯为亲属捐献细胞、身体组织和器官。"

本条第二款旨在进一步保护罪犯的身心健康和相关的合法权益。本款内容借鉴了相关的国际规则。例如，2006 年版的《欧洲监狱规则》第 48.2 条规定："应当禁止开展涉及犯人并且可能导致身体伤害、心理痛苦或者其他损害的实验。"又如，联合国 2015 年通过的《曼德拉规则》第 32.1 条 d 规定："绝对禁止积极或消极地进行可能构成酷刑或其他残忍、不人道或有辱人格的待遇或处罚的行为，包括可能损害囚犯健康的医学或科学实验，如摘取囚犯的细胞、身体组织和器官。"

第 0624 条 罪犯在服刑期间死亡的，监狱应当在二十四小时内通知

---

① 《查清了！山东任城监狱疫情事件真相》，http://www.chinapeace.gov.cn/chinapeace/c54219/2020-03/04/content_ 12329045.shtml ［2020-3-6］。

罪犯的近亲属、监护人，报告所属监狱管理机关，通报承担检察职责的人民检察院和原审人民法院。

死亡的罪犯无近亲属、监护人或者无法通知其近亲属、监护人的，监狱应当通知死亡罪犯户籍所在地或者居住地的村（居）民委员会或者公安派出所。

罪犯正常死亡的，由监狱进行调查工作并作出调查结论，将调查结论通报承担检察职责的人民检察院，通知死亡罪犯的近亲属。人民检察院应当对监狱的调查结论进行审查，并将审查结果通知监狱。罪犯亲属、监护人对监狱的死亡调查结论有疑义的，可以向人民检察院提出。

对于罪犯非正常死亡的，或者死亡罪犯的近亲属、监护人对监狱的调查结论有疑义并向人民检察院提出，人民检察院审查后认为需要调查的，由人民检察院组织调查工作。在人民检察院进行调查期间，监狱应当积极配合并提供便利条件。人民检察院调查结束后，应当将调查结论书面通知监狱和死亡罪犯的近亲属。

罪犯亲属、监护人对罪犯死亡原因的鉴定意见没有疑义，或者提出疑义后经人民检察院重新鉴定的，由监狱按规定将尸体火化，并通知罪犯亲属、监护人将罪犯的骨灰领回。对超过六个月无人领回的罪犯骨灰，由监狱按规定处理。

监狱应当将死亡罪犯尸体和遗物处理情况记录在案，并通报承担检察职责的人民检察院。

本法所称"正常死亡"，是指因人体衰老或者疾病等原因导致的自然死亡。

本法所称"非正常死亡"，是指自杀死亡，或者由于自然灾害、意外事故、他杀、体罚虐待、击毙以及其他外部原因作用于人体造成的死亡。

【立法理由】 本条是在修改监狱法第五十五条的基础上形成的。罪犯死亡问题是监狱管理中遇到的最为重大、最难处理的问题之一，是最有可能侵害罪犯及其近亲属、监护人的合法权益的重大事项之一，是最有可能引发广泛的社会关注的监狱问题之一，也是国际社会中普遍关注的重要问题。联合国《曼德拉规则》用3条论述了这方面的内容。该规则第69条指出："如果因犯死亡，监狱长应立即告知因犯的至亲或紧急联系人。监狱长应向因犯指定接收其健康信息的个人告知因犯的严重疾病、受伤或移送至医疗机构的情况。若因犯明确要求在生病或受伤时不通知其配偶或最近亲属，应当予以尊重。"第 70 条指出："囚犯的近亲或任何其他重要的人重病或死亡时，监狱管理部门应立即通知囚犯。只要情况允许，应批准囚犯在护送下或单独前往身患重病的近亲或任何其他重要的人的床前或参加近亲或其他重要的人的葬礼。"第 72 条指出："监狱管理部门应以尊重而有尊严的方式处理死亡囚犯的遗体。应在合理情况下尽快将死亡囚犯的遗体归还其至亲，最迟在调查结束之时。若无其他负责方愿意或能够举办一场文化上得体的葬礼，监狱管理部门应协助举办这样的葬礼并应保存该事项的完整记录。"因此，为了恰当解决这方面的问题，为了避免因此而引发重大问题，有必要对这方面的问题作出极其详尽的规定。

本条所作的修改包括下列方面：

1. 规范罪犯死亡告知的时限和对象

监狱法第五十五条规定："罪犯在服刑期间死亡的，监狱应立即通知罪犯家属和人民检察院。"这一条规定存在下列问题，需要认真解决：

（1）时间范围不明确。这里的"立即通知"比较含糊，多少时间内通知才算是"立即通知"，可操作性不强也不利于保障罪犯近亲属、监护人的知情权，不利于检察机关及时介入监督，容易引发争议。为了打消各方疑虑，我们认为在"二十四小时以内"通知比较合适。

（2）具体用语有问题。"家属"是社会学概念而非法学概念，应当与罪犯收监后的通知对象表述保持一致，统一修改为"近亲属、监护人"。

（3）罪犯死亡告知的对象不全面。监狱法第五十五条的规定中遗漏了向监狱管理机关报告、向原审人民法院通报的内容。因此，参考 2015 年发布的《监狱罪犯死亡处理规定》第五条第一款的内容，增加了告知对象。

2. 增加了特殊情况下的通知事项

监狱罪犯死亡是监狱工作中发生的极为重大的事项，也是关系到罪犯及其近亲属、监护人的合法权益的重大问题，应当规定全面、严格的告知程序。为此，参照 2015 年发布的《监狱罪犯死亡处理规定》第五条第二款的内容，在本条中增加了第二款，不过，在表述时增加了"监护人"字样，以便使内容更为准确。

3. 规定了对罪犯正常死亡的处理程序

本条第三款规定了对于罪犯正常死亡的处理程序。在文字表述方面，参考了 2015 年发布的《监狱罪犯死亡处理规定》的相关内容。

4. 规定了对罪犯非正常死亡及有疑义的情况的处理程序

本条第四款规定了对罪犯非正常死亡的情况以及罪犯的近亲属、监护人有疑义的情况的处理程序。在文字表述方面，同样参考了2015年发布的《监狱罪犯死亡处理规定》的相关内容。

5. 规定了尸体、骨灰及遗物的处理事项

本条第五款规定了对死亡罪犯的尸体及骨灰的处理事项。

本条第六款规定了对尸体和遗物处理的加强程序，特别强调对于这类事务的处理要有文字记录并通报人民检察院。本条的表述沿用了《监狱罪犯死亡处理规定》第二十六条。

6. 规范了相关术语及其含义

（1）规范了相关术语。监狱法第五十五条将罪犯死亡分为"因病死亡"和"非正常死亡"两类。其中的"因病死亡"仅仅是正常死亡的一种情况，存在着涵盖范围不全的问题，因此，用更加规范、更加全面的"正常死亡"概念取代。

（2）确定了术语的含义。本条最后两款分别给"正常死亡"和"非正常死亡"概念下了定义，使这方面的规定更具有准确性。对于定义的文字表述，沿用了2015年发布的《监狱罪犯死亡处理规定》第二条的内容。给所使用概念确定具体的定义，是立法严密性的体现，也是在立法中落实依法治国方略的重要内容。

第八节　考核与奖惩

【完善标题】在本节的标题中，新增加"考核与"字样，以便与本节的内容吻合。

第0625条　监狱应当建立罪犯的日常考核制度，考核的结果作为对罪犯分类管理以及奖励和处罚的基本依据。

罪犯日常考核的具体考核办法由国务院司法行政部门制定。

【立法理由】本条是在修改监狱法第五十六条的基础上形成的。该条规定："监狱应当建立罪犯的日常考核制度，考核的结果作为对罪犯奖励和处罚的依据。"对该条所作的修改如下。

1. 增加了考核结果的适用范围

在本条第一款中，增加了"分类管理"的内容，日常考核结果首先应当是对罪犯实行分类管理的依据，然后才是对罪犯进行奖励和处罚的依据。增加这方面的内容之后,可以使监狱中对于罪犯的分类管理制度更加完备,对罪犯的分类管理有了更明确的法律依据。

2. 完善了对条文内容的表述

在第一款中增加了"基本"字样,将考核结果作为基本依据,这种修改一方面肯定了考核结果的重要性,另一方面也符合监狱的实际情况,因为考核结果是对罪犯进行分类管理以及奖励和处罚的主要依据,但不一定是唯一依据。

3. 增加了考核办法的制定机关

之所以在第二款中新增加考核办法的制定机构,是为了保证考核办法的科学性和考核工作的严肃性。罪犯考核是监狱管理中每天都要进行的最基本也是最重要的活动,考核的结果直接影响罪犯的待遇;不科学的考核办法会引起严重的消极后果。因此,应当明确由国家监狱主管机关制定考核办法,从而避免各地随意制定此类制度的不恰当做法。在这方面,司法部做了相关工作。例如,1990 年 8 月 31 日印发了《关于计分考核奖罚罪犯的规定》(司发〔1990〕158 号),成为监狱工作的一项基础性制度;2016 年 7 月 22 日,司法部印发了《关于计分考核罪犯的规定》(司发通〔2016〕68 号),根据实际需要对原先施行了近 26 年的考核办法进行修订。因此,本条第二款也给司法部制定此类办法提供了更为明确的法律依据。

第 0626 条 罪犯有下列情形之一的,监狱可以给予表扬、物质奖励或者记功:

(一) 遵守监规纪律、努力学习、积极劳动的;

(二) 阻止违法犯罪活动的;

(三) 超额完成生产任务的;

(四) 节约原材料或者爱护公物有成绩的;

(五) 进行技术革新或者传授生产技术有一定成效的;

(六) 在防止或者消除灾害事故中作出一定贡献的;

(七) 对国家和社会有其他贡献的。

被判处有期徒刑的罪犯有前款所列情形之一,执行原判刑期二分之一以上,在服刑期间一贯表现好,离开监狱没有再犯罪危险的,监狱可以根据情况准其离监探亲。离监探亲的具体办法由国务院司法行政部门制定。

【立法理由】 本条是在修改监狱法第五十七条的基础上形成的。所作的修改如下。

1. 删除"有认罪服法表现"

为了充分保障罪犯的申诉权,有必要删除"有认罪服法表现"这一表述,也不应当增加"认罪悔罪"一类的表述。具体理由已经在上文中论述。

2. 与刑法表述保持一致

2011年修订的刑法第八十一条对罪犯假释的适用条件规定为:"判处有期徒刑的犯罪分子,执行原判刑期二分之一以上,被判处无期徒刑的犯罪分子,实际执行十三年以上,如果认真遵守监规,接受教育改造,确有悔改表现,没有再犯罪的危险的,可以假释。"参照这一规定,将监狱法第五十七条的"不致再危害社会"修改为"没有再犯罪危险"。

3. 完善语句表述

在监狱法第五十七条中,有两项规定在语句中间添加了逗号:"(四)节约原材料或者爱护公物,有成绩的。""(五)进行技术革新或者传授生产技术,有一定成效的。"在语句中间添加的逗号,打断了正常的句子表述,不符合语法规则,因此,在修改时删去了所添加的逗号。

4. 增加了授权制定相关办法的内容

新增加了授权制定离监探亲具体办法的内容,给国家监狱主管机关制定相关办法提供法律依据。实际上,司法部已经于2001年9月4日发布了《罪犯离监探亲和特许离监规定》,监狱法的授权可以使这类规章的法律依据更为明确。

第0627条 罪犯有下列破坏监管秩序情形之一的,监狱可以给予警告、记过或者禁闭:

(一)聚众哄闹监狱,扰乱正常秩序的;

(二)辱骂或者殴打<u>监狱人民警察</u>的;

(三)欺压其他罪犯的;

(四)偷窃、赌博、打架斗殴、寻衅滋事的;

(五)有劳动能力拒不参加劳动或者消极怠工,经教育不改的;

(六)以自伤、自残手段逃避劳动的;

(七)<u>故意破坏监管设施装备、生产设备的;</u>

(八)<u>私藏违禁品的;</u>

（九）有违反监规纪律的其他行为的。

依照前款规定对罪犯实行禁闭的期限为七天至十五天。

<u>在禁闭期间，医务人员应当每天到禁闭室探视，了解被禁闭罪犯的身心健康状况，如果发现问题，应当提出处置建议。</u>

【立法理由】 本条是在修改监狱法第五十八条的基础上形成的。所作的修改如下。

1. 修改相关表述

监狱法奖惩的对象是在监狱服刑的罪犯。罪犯在监狱服刑期间辱骂或者殴打的人民警察一般也是监狱人民警察。因此，第一款第二项有必要加上"监狱"一词。同时，针对实践中常发生罪犯破坏监管设施装备的现象，修改了第一款第七项，用"故意破坏监管设施装备、生产设备"取代"在生产劳动中故意违反操作规程，或者有意损坏生产工具"。这样修改后，内容更全面。

2. 增加"私藏违禁品的"规定

私藏违禁品是监狱罪犯中经常发生的现象，是监管安全的重大隐患。为了解决这方面的问题，司法部在 2006 年 7 月 24 日、2009 年 11 月 17 日先后下发了《关于加强监狱安全稳定工作的若干规定》（司发通〔2006〕47 号）、《关于加强监狱安全管理工作的若干规定》（司发通〔2009〕179 号），其中均有罪犯私藏违禁品应当予以处罚的明确规定。此次修改吸收其规定，在应受处罚的情形中增加"私藏违禁品的"。

3. 增加医务人员探视的内容

关禁闭是监狱内最严重的行政处罚措施，有可能引起罪犯的身心健康问题，因此需要监狱的医务人员每天进行探视，了解他们的身心健康状况；如果发现罪犯出现了明显的甚至严重的身心健康问题，应当向监狱管理部门提出相应的处置意见，一方面保证禁闭制度的执行，另一方面保障罪犯的身心健康。相关国际规则也规定了这方面的内容，值得借鉴。例如，《欧洲监狱规则》（2006 年版）第 43.2 条规定："医生或者向该医生报告的合格护士，应当特别注意在单独监禁条件下关押的犯人的健康，应当每天探望该犯人，并且应当根据这类犯人或者监狱工作人员的要求，向这类犯人提供迅速的医疗救助和治疗。"①

---

① 《欧洲监狱规则》（2006 年版）（吴宗宪译），《犯罪与改造研究》2019 年第 6 期，第 75 页。

4. 调整追究责任的内容

在本条中删去监狱法第五十八条第三款的内容。该款规定："罪犯在服刑期间有第一款所列行为，构成犯罪的，依法追究刑事责任。"将该款的内容调整到"法律责任"专章中，融入第0901条中一并加以规定。

第九节　对罪犯又犯罪的处理

第0628条　罪犯在<u>监狱</u>服刑期间故意进行的犯罪，<u>是又犯罪</u>，依法从重处罚。

【立法理由】本条是在修改监狱法第五十九条的基础上形成的。该条规定："罪犯在服刑期间故意犯罪的，依法从重处罚。"对该条所作的修改包括：①增加了"监狱"的内容。增加这个词语后，进一步明确了又犯罪发生的空间。②增加了"又犯罪"的内容。增加了这个词语后，使本条的内容同时也具有了定义的功能。

又犯罪是监狱系统对于罪犯在监狱服刑期间故意犯罪的称呼，是一个长期使用、约定俗成的专门概念，已经在相关的文件中正式使用，例如，在最高人民法院、最高人民检察院、司法部、公安部1980年12月26日发布的《关于罪犯减刑、假释和又犯罪等案件的管辖和处理程序问题的通知》中，使用了"又犯罪"的概念。又如，在最高人民检察院2008年3月23日发布的《人民检察院监狱检察办法》中，专章规定了"办理罪犯又犯罪案件"（第五章）的内容。所以，应当在监狱法中予以确认。同时，目前的表述也给"又犯罪"下了定义，有利于规范对于这个概念的理解和使用。

第0629条　对罪犯在监狱内<u>又</u>犯罪的案件，由监狱进行侦查。侦查结束后，<u>由监狱写出起诉意见书或者不起诉意见书</u>，连同案卷材料、证据一并移送人民检察院。

<u>侦查终结后，发现不应对罪犯追究刑事责任的，应当撤销案件。</u>

【立法理由】本条是在修改监狱法第六十条的基础上形成的。该条规定："对罪犯在监狱内犯罪的案件，由监狱进行侦查。侦查终结后，写出起诉意见书，连同案卷材料、证据一并移送人民检察院。"对该条所作的修改如下：

1. 统一相关概念

将监狱法规定的"监狱内犯罪"改为"监狱内又犯罪",统一使用"又犯罪"的概念。

2. 修改语法错误

监狱法关于"侦查终结后,写出起诉意见书"的规定,没有主语,存在语法错误,因此,增加主语"由监狱",使句子完整。

3. 完善处理情形

监狱法规定"侦查终结后,写出起诉意见书"的规定,仅仅涉及侦查终结后的一种情形,即罪犯造成了严重危害,构成犯罪,需要追究刑事责任的情形。实际上,根据刑事诉讼法第十五、一百六十一、一百六十六、一百七十三条等规定,在侦查终结后,还存在两种情形:第一,不起诉;第二,撤销案件。因此,在监狱法中也要规定对这两种情形的处理办法。所以,增加了对不起诉和撤销案件的处理情形,其中,涉及撤销案件的第二款的内容,是根据刑事诉讼法第一百六十一条拟定的。

第0630条 罪犯在监狱内又犯罪,在办理案件期间原判刑期届满的,由人民检察院或者人民法院批准或者决定逮捕,监狱应当将被逮捕人送监狱所在地公安机关羁押。

【立法理由】 本条是新增加的。新增这一条的主要理由是完善监狱法的相关规定。在监狱工作中,可能会出现在侦查又犯罪期间罪犯刑期届满而侦查尚未终结的情形。在这种情况下,首先必须依法释放罪犯。待侦查终结时如果发现被释放的罪犯应当追究刑事责任的,需要有相应的处理方法。为此,新增加本条。在罪犯刑期届满后,其身份由罪犯转变为犯罪嫌疑人,要追究其刑事责任,必须对其采取逮捕措施,防止脱逃,但不能继续关押在监狱,所以,只能羁押在公安看守所。这条规定符合了相关规定。例如,最高人民检察院2008年发布的《人民检察院监狱检察办法》(高检发监字〔2008〕1号)第四十一条规定:办理罪犯又犯罪案件期间该罪犯原判刑期届满的,在侦查阶段由监狱提请人民检察院审查批准逮捕。

第0631条 罪犯在监狱内又犯罪,在刑满释放后发现并且需要逮捕的,由监狱提请人民检察院审查批准逮捕,由公安机关执行逮捕后通知监狱；在假释期间发现的，监狱应当立即将该犯收监，并通知原决定假释的人民法院；在暂予监外执行期间发现的，如需将该犯收监，通知批准暂予监外执行的监狱管理机关和社区矫正机构。

【立法理由】本条是新增加的。新增这一条的主要理由是完善监狱法的相关规定，增加对从监狱释放后发现又犯罪而且必须追究刑事责任的罪犯的处理方法。罪犯从监狱释放后发现又犯罪的情况有3种，应当分别处理：①刑满释放后发现又犯罪；②假释后（假释期间）发现又犯罪；③暂予监外执行后发现又犯罪。在这3种情形下，由于罪犯的又犯罪都是在监狱发生的，仍属监狱管辖的范畴，因此，仍然要由监狱启动追究刑事责任的程序，但是，由于罪犯已经在监狱之外并且存在不同的情况，因此，需要采取不同的处理方法：对于已经刑满释放的人员，监狱没有管辖权，只能提请人民检察院批准逮捕后，由人民检察院通知公安机关执行逮捕，然后通知监狱；对于被假释和被暂予监外执行人员，由于他们仍然是罪犯，仍然处于社区矫正机构管理之下，因此，监狱自己可以将其收监。这样规定也符合有关文件的内容。例如，最高人民法院、最高人民检察院、公安部和司法部2012年1月10日联合发布的《社区矫正实施办法》第二十七条第二款规定："监狱管理机关对暂予监外执行罪犯决定收监执行的，监狱应当立即赴羁押地将罪犯收监执行。"为此，本条对于这3种情况规定了不同的具体处理方法。

第0632条 监狱办理罪犯在监狱内又犯罪案件，需要公安机关协助的，公安机关应当予以协助。

【立法理由】本条是新增加的。新增这一条的主要理由是完善追究又犯罪刑事责任的制度。监狱机关在办理罪犯狱内又犯罪案件中，在刑事技术、到狱外采取侦查措施等方面，都有局限性或者困难，需要公安机关协助。实践中也都是这样办理的。增加本条有利于为监狱寻求公安机关的协助提供法律依据。

第十节 宗教事务

【新增说明】本节是新增加的。增加这一节的主要理由是在监狱法中规定罪犯宗教事务，一方面给监狱内的宗教相关工作提供明确的法律依据，另一方面进一步完善相关规定。

第 0633 条 罪犯有宗教信仰自由。监狱不得强制罪犯改变自己的宗教信仰。

监狱应当指定熟悉宗教事务的工作人员负责监狱的宗教事务。

【立法理由】本条是新增加的。新增这一条的主要理由是填补监狱法在宗教事务方面的空白，落实宪法规定的宗教信仰内容。毫无疑问，宗教信仰是很多公民的重要事务，对于虔诚的信教者而言，保持宗教信仰和进行宗教活动，是他们日常生活的重要内容。在监狱中也应当考虑这方面的问题，作出合理的规定。因此，本条第一款细化了宪法第三十六条的规定，首先从正面重申监狱罪犯的宗教信仰自由，然后从反面作出禁止性规定，从而切实保护罪犯的宗教信仰自由。

本条第二款是在监狱中落实宪法第三十六条的重要措施。虽然我国监狱中不能设立监狱牧师一类的人员，但是，在监狱中让熟悉宗教事务的工作人员负责这方面的事务，应当是没有任何问题的。这类人员的设置，可以增强监狱利用宗教资源改造罪犯的效果，也可以避免在宗教事务管理方面由于无知而发生的问题。

第 0634 条 监狱尊重信仰宗教的罪犯的饮食习惯。

在不影响监管安全和罪犯改造的前提下，信仰宗教的罪犯可以从事阅读宗教书籍等宗教活动。

【立法理由】本条是新增加的。新增这一条的主要理由是进一步落实罪犯宗教信仰自由的内容。其中第一款强调尊重信教罪犯的饮食习惯。其实，这方面的内容在监狱实际工作中已经普遍落实，同时，在监狱法中也有间接的体现。监狱法第五十二条规定："对少数民族罪犯的特殊生活习惯，应当予以照顾。"这条规定中已经包含了这方面的意思。通过本条第一款的表述，是为监狱实际工作提供法律依据，也将监狱法中的相关规定明确化。

本条第二款进一步保障罪犯的宗教信仰自由，也体现了利用宗教资源改造罪犯的内容。宗教信仰中有丰富的可以用来教育改造罪犯的资源，我们不应当忽视这方面的内容。在监狱实际工作中，允许信教罪犯阅读宗教书籍。1992年1月26日的《司法部关于犯人、劳教人员信仰宗教和在狱所内从事宗教活动问题的批复》（司发函〔1992〕035号）中指出："对于信教的犯人、劳教人员看宗教书籍的问题，以不影响和妨碍教育改造为原则，可引导他们少看或不看，但不宜禁止或收缴宗教书籍。"这意味着，监狱允许信教罪犯阅读宗教书籍。新增加的本条第二款确认了这种做法。我们认为，增加这方面的内容，更有利于展示我国监狱工作的发展和进步，在明确规定了"不影响监管安全和罪犯改造的前提"后，这样的规定也不会对监狱工作带来潜在的或者实际的危害。

第七章 教育改造

【修改说明】 本章的标题虽然与监狱法第五章的标题相同，但是，实际内容与监狱法第五章有所不同，本章所讲的"教育改造"是狭义的教育改造，而监狱法第五章所讲的"教育改造"是广义的教育改造，其中包含了劳动改造的内容。本章中不包括劳动改造的内容，而是将劳动改造单列一章加以规定。同时，删去了原标题中"对罪犯的"几个字，使标题更加简练。

第0701条 监狱应当设立教室、图书阅览室、<u>心理咨询室</u>等罪犯教育改造场所并配备相应的设施。

【立法理由】 本条是在修改监狱法第六十六条第二句话[①]的基础上形成的。该条规定："罪犯的文化和职业技术教育，应当列入所在地区教育规划。监狱应当设立教室、图书阅览室等必要的教育设施。"对该条所作的修改如下。

1. 调整条文顺序

将罪犯教育改造"硬件"方面的规定放到最前面，是为了体现对这方面内容的高度重视。监狱法第六十六条在一个条文的后半段规定罪犯教育设施，给人感觉立法者对此事项重要性认识不够。我们认为，有必要设立专门条文规定罪犯教育设施，并且放在罪犯教育改造专章的最前面，为提高罪犯教育改造质量提供场所及设施保障。如果缺乏罪犯教育改造的专门

[①] 监狱法第六十六条规定："罪犯的文化和职业技术教育，应当列入所在地区教育规划。监狱应当设立教室、图书阅览室等必要的教育设施。"将本条中的第一句话调整到第0710条。

场所和基础设施,那么之后规定的罪犯教育改造的所有内容,都有可能无法落实。例如,有论者指出:"有的未成年犯管教所未成年犯接受教育所需的教学楼、实验室、图书室、运动场馆等教学设施,所需的教学仪器、图书资料和文艺、体育器材等远远不能满足实际工作需要。教学条件较差、教学设备缺乏,严重制约了教学水平的提高,影响了对未成年犯的教育矫治工作。"①

2. 借鉴国外经验

在国外的相关规定和立法中,也很强调"硬件"的重要性。例如,《曼德拉规则》用专门条文规定罪犯教育设施。该规则第64条写道:"监狱应设置图书馆,购置充足的娱乐和教学书籍,以供各类囚犯使用,并应鼓励囚犯充分利用图书馆。"英国《监狱规则1999》第32条、第33条则分别规定了罪犯教育设施和监狱图书馆。英国《监狱规则1999》第32条规定:①每一个囚犯都能够并应当被鼓励从监狱提供的教育设施中获益。②监狱应当安排受国务大臣任意指导的教学课程,对那些希望在空余时间通过远程教育、自学和休闲课程来提高自身教育培训的罪犯,监狱应当提供合适的教育设施②。《俄罗斯联邦刑事执行法典》第110条第3款则规定:"为便于在矫正机构内组织对被处刑人员的教导工作,可以按照俄罗斯联邦政府规定标准创建物质技术基地。"③

3. 充实条文内容

在拟定本条时,增加了心理咨询室的内容,进一步充实本条的内容。

第0702条 监狱应当配备合格人员开展罪犯教育改造活动。

监狱中应当配备一定数量的教师、心理咨询师、医生、社会工作者、犯罪学家、犯罪心理学家等专业人员开展相关工作。

监狱应当通过合理机制吸引社会上的专业人员、专业机构等到监狱中对罪犯开展教育等工作。

【立法理由】本条是新增加的。新增这一条的主要理由是强调合格的

---

① 李豫黔:《我国未成年人犯罪现状剖析及预防重新犯罪对策思考》,载《中国监狱学刊》2015年第1期,第24—32页。

② Margaret Obi, Blackstone's Prison Law Handbook 2014-2015 (Oxford: Oxford University Press, 2013), p.351.

③ 《俄罗斯联邦刑事执行法典》(赵路译),北京·中国人民公安大学出版社,2009年版,第75页。

专业人员在教育改造罪犯中的重要性。具体而言，强调以下三个方面的内容。

1. 强调相关人员的素质

提高罪犯教育改造质量，不仅需要在硬件方面提供良好的条件，更要重视人员配备，让合格的专业人员从事相关工作。长期以来，我国的罪犯教育改造工作基本上由监狱警察承担，这样做有一定的优点，例如，可以在开展教育改造活动的过程中有效管理罪犯等，但是，这样做的缺点更为突出：首先，人员的专业性不强，缺乏教育方面的专业技能，从事教育工作的经验不足等，难以保证教学和其他教育工作的质量。这些年来，尽管监狱警察中有不少人获得了三级心理咨询师甚至二级心理咨询师的国家职业资格证书，但是，其实际水平并不一定达到要求。这种状况必然影响工作效果，难以提高工作质量。其次，容易产生角色冲突，从而影响工作效果。例如，监狱警察的角色与心理咨询师的角色存在较大冲突。一方面，作为监狱警察，他们要对监管安全负责，要在工作中根据法律和监狱规章的要求，对服刑人员行使管理权，并且在履行职责的过程中，可以根据法律和监狱规章赋予的权利，对服刑人员采取强制性、命令性的管理和约束措施；另一方面，作为心理矫治人员，他们应该具有与服刑人员平等的地位，真诚地与服刑人员进行沟通和交流，努力建立良好的心理矫治关系，否则，就不可能进行有效的心理矫治活动。这样，就必然会在两种角色之间发生矛盾冲突，不知道应该如何准确地把握自己的行为和态度，如何恰当地建立心理矫治关系和进行心理矫治活动。心理矫治人员"一方面觉得对方不管怎么说都是服刑人员，自己是政府干部，不屑于对来访服刑人员主动示好，认为会因此丧失来访服刑人员对自己的尊重；另一方面又苦于不知如何建立良好的咨访关系"①。因此，在第一款中特别强调了"合格人员"的内容，要求进一步提高监狱工作者的素质。

2. 强调配备专业人员

针对监狱警察在工作中可能产生的角色冲突，特别是为了提高教育改造工作的质量，第二款专门规定了在监狱中应当配备相关的专业人员的内容。这些专业人员可以不具备警察身份，但是，要有很强的专业性，具有相关领域的专业知识和专业技能，能够胜任相关领域的专门工作。配备这

---

① 潘丽丽：《服刑人员心理咨询中的咨访关系》，载《中国监狱学刊》2003年第3期，第83页。

样的专业人员,是很多国家通行的做法。例如,在欧洲国家的监狱中,普遍配备了医疗人员(medical staff)、心理学家(psychologist)、社会工作者(social worker)、教师等专业人员;在美国监狱中,配备了医务人员(medical staff)、心理学家(psychologist)和心理健康工作人员(mental health staff)、个案工作者(caseworker)和咨询员(counselor)、矫正教育者(correctional educator)、监狱牧师(prison chaplain)、娱乐专家(recreational specialist)、自助咨询员(self-help counselor)一类的专业人员。西方国家的监狱中普遍配备了医务人员、心理学家、精神病学家、社会学家、社会工作者、个案工作者、矫正咨询员、矫正教育者、监狱牧师、娱乐专家等专业工作者[①]。联合国也有这样的倡导。《曼德拉规则》第78条提出:"1. 监狱工作人员中应该尽可能包括足够人数的精神病医生、心理学家、社会工作人员、教员、手艺教员等专家。2. 社会工作人员、教员、手艺教员应确定为终身职,但不因此排除兼职或志愿工作人员。"因此,随着我国经济社会的发展,随着监狱工作条件的改善,应当在监狱中配备合格的专业人员。

3. 重视利用社会资源

为了更好地改进罪犯教育工作,应当重视利用社会资源。无论是从国际社会的做法来看,还是从我国一些监狱中成功的经验来看,重视利用社会资源开展罪犯教育工作,都有重要的意义和明显的优势。这样做的重要意义在于,能够充分贯彻监狱社会化的思想,让更多的社会公众介入监狱工作。

这样做具有明显的优势:①能够吸收真正优质的资源开展相关工作。在监狱之外的广大社会中,存在巨大而丰富的各类资源,监狱可以通过一定机制,择优选其中最好的资源到监狱中工作。②能够增强相关工作的效果。社会上的专业人员和专业机构专门从事相关领域的工作,在各自的专业领域中有过硬的工作才干,积累了丰富的工作经验,将他们引入监狱中,就可以充分利用他们的专业特长对罪犯开展相关工作,就可以极大地提高教育罪犯的质量。③能够极大地降低工作成本。监狱利用社会上的优质资源,不仅比自己培养专业人员速度快,而且从经济方面来看也是很合算的,在这种情况下,监狱不用养一批人、不必添置大量的设备、不必从头开始摸索等,而是通过购买服务等机制,直接利用现有的、优质的资

[①] 参见吴宗宪:《当代西方监狱学》,北京·法律出版社,2005年版,第606—616页。

源，这可以大大降低成本。

应当说，本条第三款是一个概括性的规定。它强调两个方面：①社会资源的多样性。本款所称的"专业人员、专业机构等"不限于特定领域或者行业，而应当是指监狱工作所需要的所有领域或者行业的专业人员与专业机构等社会资源。②工作内容的多样性。利用社会资源对罪犯开展的工作也不仅仅局限于传统的教育工作，例如文化教育、技能培训等，也可以是其他类似或者相关的工作，例如心理咨询、心理治疗、危机干预等。

第 0703 条 教育改造罪犯，实行因人施教、以理服人、<u>循序渐进、注重实效</u>的原则，采取集体教育与个别教育相结合、狱内教育与社会教育相结合<u>等多种</u>方法。

【立法理由】 本条是在修改监狱法第六十一条的基础上形成的。该条规定："教育改造罪犯，实行因人施教、分类教育、以理服人的原则，采取集体教育与个别教育相结合、狱内教育与社会教育相结合的方法。"对该条所作的修改如下：

1. 增加了遵循的原则

监狱法第六十一条对于教育改造原则的规定并不全面，在教育改造的过程中重视循序渐进、注重实效也是很重要的原则。司法部 2003 年 6 月 13 日发布的《监狱教育改造工作规定》第四条中，包含了循序渐进、注重实效的内容，具有很大的合理性，应当在修改监狱法时吸收，从而使监狱法对于教育改造原则的规定更为新颖、全面。

2. 删去了"分类教育"的原则

监狱法第六十一条把"分类教育"作为一种教育原则，是不恰当的。"分类教育"是一种教育方式，可以归入"集体教育"中，它不是教育原则。

3. 增加了"等多种"字样

这是一种兜底性规定，因为监狱法关于教育改造罪犯方法的规定，并没有列举穷尽所有方法，因此，有必要作出兜底性规定，以便为监狱系统在这方面的探索预留空间、提供依据，使立法具有更强的包容性和前瞻性。

第 0704 条 <u>将罪犯收监后，要进行入监教育和训练，帮助罪犯了解</u>

监狱情况和适应服刑生活。

在罪犯出狱之前,要进行出监教育,帮助罪犯为出狱后的生活做准备。

监狱要根据改造罪犯的需要,对罪犯进行法治教育、道德教育、中华传统文化教育、时事教育、行为规范教育和其他相关教育,帮助罪犯形成恰当的观念和良好的习惯。

【立法理由】本条是在修改监狱法第六十二条的基础上形成的。该条规定:"监狱应当对罪犯进行法制、道德、形势、政策、前途等内容的思想教育。"对该条所作的修改如下。

1. 增加了入监教育的内容

入监教育是在罪犯入监初期进行的教育。这类教育的目的是让罪犯了解教育情况,帮助罪犯适应监狱生活。这类教育的内容和效果,对于罪犯顺利适应监狱生活,对于保障监管安全等,都具有重大意义。但是,在监狱法中,对此缺乏明确规定。因此,在修改监狱法时,应当解决这方面的问题。

实际上,开展入监教育是我国监狱中普遍进行的工作。一般而言,在将罪犯收监之后,要进行2个月的入监教育。司法部2003年6月13日发布的《监狱教育改造工作规定》中,专门对入监教育作出了规定。本修改方案第一款增加这样的规定,这方面的内容不仅可以规范这方面的工作,也为这方面的工作提供明确的法律依据。

重视入监教育也是联合国文献倡导的内容。例如,联合国大会1990年12月14日通过的《联合国保护被剥夺自由少年规则》第24条要求:"少年入所时,应发给每人一本以其易懂语文刊印的有关拘留设施[①]的规定及其权利和义务的书面说明,连同负责受理申诉的主管当局的地址以及能提供法律协助的公私机构或组织的地址,如少年为文盲或看不懂书面资料,应以能使他充分理解的方式向他传达资料内容。"该规则第25条要求:"应帮助所有少年了解有关该拘留所内部组织的条例、所提供照料的目的和方法、纪律要求和程序、获取资料和提出申诉的其他所允许方法以及所有为使他们充分理解其拘留期间的权利和义务所必要的其他事项。"

联合国《曼德拉规则》对入监教育事项提出了详细的建议。该规则第54条提出:"囚犯入狱时应立即发给书面资料,载述以下信息:(a)监狱

---

① 根据该规则第15条的规定,该规定适用于未成年犯服刑的机构。——引者注

法和适用的监狱规章;(b)囚犯的权利,包括允许以何种方式寻求资料、获得法律咨询,包括借助法律援助计划,以及提出请求或申诉的程序;(c)囚犯的义务,包括适用的纪律惩罚;(d)使囚犯能够适应监狱生活的所有其他必要事项。"第55条提出:"1.规则54提及的资料应根据监狱囚犯的需要以最通用的语言提供。如果囚犯不懂其中任何语言,应当提供口译协助。2.如果囚犯为文盲,应当向其口头传达资料。对于有感官残疾的囚犯,应以适合其需要的方式提供资料。3.监狱管理部门应当在监狱的公共区域突出展示资料概要。"

2. 增加了出监教育的内容

出监教育是在罪犯即将离开监狱时进行的教育。这类教育对于罪犯出狱后开始新的社会生活、顺利融入社会、预防重新犯罪等,都具有重大意义。我国监狱中普遍进行这方面的教育,司法部2003年6月13日发布的《监狱教育改造工作规定》中,专门对出监教育作出了规定。但是,在监狱法中缺乏这方面的规定。本修改方案第二款增加这样的规定,这方面的内容不仅可以规范这方面的工作,也为这方面的工作提供明确的法律依据。

重视出监教育也是联合国文献倡导的内容。例如,《联合国保护被剥夺自由少年规则》第79条要求:"所有所内少年都应得到安排,帮助他们在释放后重返社会,重过家庭生活、重新就学或就业。应为此设立有关的程序,包括提前释放和特别课程。"又如,联合国《曼德拉规则》第87条提出:"刑期完毕以前,宜采取必要步骤,确保囚犯逐渐恢复正常社会生活。"

3. 调整了常规教育的内容

常规教育是在平时对罪犯开展的教育改造工作。在修改这方面的内容时,对于监狱法第六十二条的表述作了调整:将"法制"教育修改为"法治教育";将"形势、政策、前途"教育合并为"时事教育";没有使用"思想教育"的词语;增加了"中华传统文化教育",这是实践中证明对罪犯很有效的教育内容,应当加强;增加了"行为规范教育",这是帮助养成良好的生活习惯的重要措施;增加了"其他相关教育",这是指根据需要对罪犯开展的相关教育。例如,根据2015年通过的反恐怖主义法第二十九条第二款规定,对服刑的恐怖活动罪犯和极端主义罪犯的教育等;增加了"帮助罪犯形成恰当的观念和良好的习惯",这是进行常规教育的基本目的。通过这样的调整，使监狱法对于常规教育的规定更加合理。

第0705条 监狱应当根据不同情况，对罪犯进行扫盲教育、初等教育和初级中等教育，经考试合格的，由教育部门发给相应的学业证书。

对于未完成义务教育的未成年犯，应当实行强制性的义务教育。

对于未完成义务教育的成年罪犯，应当优先安排并督促其完成义务教育。

【立法理由】 本条是在修改监狱法第六十三条的基础上形成的。该条规定："监狱应当根据不同情况，对罪犯进行扫盲教育、初等教育和初级中等教育，经考试合格的，由教育部门发给相应的学业证书。"本条的第一款，是保留的监狱法第六十三条。

对该条所作的修改主要是强调了完成义务教育的内容。义务阶段教育是指国家法律规定所有公民都应当完成的学校教育。义务教育的基本特点是：第一，基础性。义务教育是最基本的教育。根据义务教育法第二条："国家实行九年义务教育制度。"这意味着，凡是未接受九年义务教育的罪犯，也就是初中未毕业的罪犯，都未完成义务阶段教育。第二，强制性。义务教育是要强制进行的教育，国家要促使每个公民完成义务教育。义务教育的英语表达 compulsory education 中的 compulsory，就包含着"强制的""强迫的""必须的"意思，compulsory education 又可以翻译为"强制教育""强迫教育"。联合国官方网站中提供的《曼德拉规则》第104条的中文版中，就直接翻译为"强迫教育"："文盲囚犯及青少年囚犯应接受强迫教育，监狱管理部门应予特别注意。"第三，保障性。国家要给每个公民提供接受义务教育的条件，使每个公民在客观上都有可能完成义务教育。因此，义务教育又称为"免费教育"①。

对于未完成义务阶段教育的罪犯，监狱应当创造条件，尽最大努力让罪犯完成义务阶段教育。由于国家有责任确保公民接受义务阶段教育，也由于未完成义务阶段教育的罪犯适应社会困难，存在很大的重新犯罪的可能性，因此，监狱应当把帮助、督促罪犯完成义务阶段教育当作重要的工作任务对待，采取有效措施完成这方面的文化教育任务。同时，对于未完成义务教育的罪犯而言，接受义务教育也是他们的法律义务，对他们开展义务教育应当是具有强制性的要求，他们必须完成义务教育。此外，从义务教育的本质特征来讲，对罪犯开展义务教育的费用，应当由国家负担。

---

① 《中国大百科全书·教育》，北京·中国大百科全书出版社，1985年版，第487页。

义务教育法第四十二条第一款规定："国家将义务教育全面纳入财政保障范围，义务教育经费由国务院和地方各级人民政府依照本法规定予以保障。"这一规定同样适用于在监狱中接受义务教育的罪犯。

监狱在完成义务教育的具体做法方面，可以根据罪犯的不同情况，采取有区别的做法。本修改方案区分了两种情况：①对未成年犯的义务教育。本修改方案第二款规定："对于未完成义务教育的未成年犯，应当实行强制性的义务教育。"本款进一步突出了"强制性"的内容，意味着监狱必须尽最大努力促使未成年犯完成义务教育。②对于成年犯的义务教育。本修改方案第三款规定："对于未完成义务教育的成年罪犯，应当优先安排并督促其完成义务教育"。这意味着，监狱应当把成年犯的义务教育当作优先考虑的事项，优先安排未完成义务教育的成年犯接受义务教育，并且采取有效的激励措施，督促其完成义务教育，为他们接受其他的教育改造和以后的社会生活奠定必要基础。实际上，司法部的相关规定中已经体现了这样的精神。司法部 2003 年 6 月 13 日发布的《监狱教育改造工作规定》第二十六条第二款规定："尚未完成国家规定的九年制义务教育，年龄不满 45 周岁，能够坚持正常学习的罪犯，应当接受义务教育；已完成义务教育或者年龄在 45 周岁以上的罪犯，鼓励其参加其他文化学习。"

第 0706 条　监狱应当根据监狱生产和罪犯释放后就业的需要，对罪犯进行职业技术教育；经考核合格的，由<u>人力资源和社会保障部门</u>发给相应的技术等级证书。

【立法理由】本条是在修改监狱法第六十四条的基础上形成的。所作的修改是将"劳动部门"改为"人力资源和社会保障部门"，符合国务院机构改革后新的职能部门名称。

第 0707 条　<u>监狱应当配备合格人员和提供相关条件，对罪犯开展心理评估、心理健康教育、心理咨询、心理治疗和危机干预等心理矫治工作。</u>

【立法理由】本条是新增加的。新增这一条的主要理由如下。

1. 进一步细化和落实对罪犯的心理矫治

在表述中强调了两方面的"保障措施"和一方面的细化规定：第一，

配备合格人员。在配备工作人员方面,并不简单地要求配备专职的工作人员,而是特别强调了"合格"的特征,即配备的人员应当是具有专业技能的工作人员。目前,我国监狱系统中已经有大量的获得"心理咨询师"国家职业资格的人员,在未来,应当继续增加这方面的人员,进一步提高他们的专业能力。第二,提供相关条件。这方面的工作条件既包括场所、设施、设备等"硬件"条件,也包括规章制度、心理量表等"软件"条件,例如,保证罪犯有接受心理健康教育的时间等制度。第三,细化矫治内容。对罪犯的心理矫治绝不仅仅局限于心理健康教育,还应当包括心理评估、心理咨询、心理治疗和危机干预等内容;应当全面地了解罪犯心理矫治的内容。

2. 与相关法律的规定衔接

2012年10月26日通过的《中华人民共和国精神卫生法》第十八条规定:"监狱、看守所、拘留所、强制隔离戒毒所等场所,应当对服刑人员,被依法拘留、逮捕、强制隔离戒毒的人员等,开展精神卫生知识宣传,关注其心理健康状况,必要时提供心理咨询和心理辅导。"因此,本条的内容与精神卫生法的规定相呼应。

第0708条 鼓励和支持罪犯接受中等以上教育。

监狱鼓励罪犯自学和参加函授教育、远程教育,经考试合格的,由有关部门发给相应的证书。

允许罪犯通过订阅和阅读报纸、期刊、其他出版物以及收听广播或者收看电视等方式,接受教育和了解公共事务。

【立法理由】本条是在修改监狱法第六十五条的基础上形成的。所作的修改包括以下3个方面。

1. 增加了鼓励和支持罪犯接受中等以上教育的内容

本修改方案第一款增加的这方面内容,体现了国家对于罪犯接受中等以上教育的基本态度。根据我国教育法第十七条的规定,我国的教育分为学前教育、初等教育、中等教育和高等教育,其中的中等教育包括初级中等教育和高级中等教育,九年制义务教育涵盖了初级中等教育;对于完成了义务教育的罪犯,应当鼓励他们继续接受更高层次的教育,努力提高文化和技能水平。以往的研究表明,人们的受教育水平往往与犯罪呈现负相关关系,即受教育水平越高,进行犯罪的可能性越低。这是因为,随着受教育水平的提高，人们的自我认识、谋生能力等随之提高，进行犯罪的可能性自然降低。

同时，监狱系统以往发布的文件中，包含了鼓励和支持罪犯接受更高水平教育的内容。例如，司法部2003年6月13日发布的《监狱教育改造工作规定》第二十六条第一款规定："……鼓励罪犯自学，参加电大、函大、高等教育自学考试，并为他们参加学习和考试提供必要的条件。"司法部2007年7月4日印发的《教育改造罪犯纲要》第十一条第三款明确规定："对已完成义务教育的罪犯，鼓励其参加电大、函大、高等教育自学考试或者其他类型的学习。"应当通过修改监狱法，将这种良好的实践明确加以规定。本条新增的第一款中，体现了这方面的内容。

此外，国家的相关规定中也包含了类似的内容。例如，国务院2014年修改的《高等教育自学考试暂行条例》第三条规定："中华人民共和国公民，不受性别、年龄、民族、种族和已受教育程度的限制，均可依照本条例的规定参加高等教育自学考试。"这表明，国家也鼓励公民通过参加高等教育自学考试提高文化和技能水平。

2. 增加了参加函授教育和远程教育的内容

本条第二款的主要内容是保留的监狱法第六十五条，不过，增加了"参加函授教育、远程教育"的内容。增加这样的内容后，进一步明确了其他的帮助自学的正规渠道。

3. 增加了允许罪犯订阅书刊和收听广播、收看电视的内容

在第三款中增加这方面的内容，不仅可以发挥罪犯本人在接受教育方面的积极性，也可以更好地满足罪犯的个别需要，从而进一步充实接受教育的内容，丰富接受教育和保持与外界联系的方式。实际上，一些国际规则也规定了这方面的内容。例如，联合国《曼德拉规则》第63条规定："囚犯应能以阅读报纸杂志和特种机关出版物、收听无线电广播、听演讲或以监狱管理部门核准或控制的类似方法，经常获知比较重要的新闻。"2006年版的《欧洲监狱规则》第24.10条规定："除非司法机关在个别案件中有特别的禁止性要求，否则，应当允许犯人通过订阅和阅读报纸、期刊、其他出版物以及收听广播或者收看电视等方式，经常了解公共事务。"

第0709条 监狱应当组织罪犯开展适当的体育活动和文化娱乐活动。

【立法理由】本条是保留的监狱法第六十七条。

第0710条 罪犯的文化教育、职业技术教育、心理健康教育和其他教育，应当列入国家和所在地区教育规划。

国家和监狱所在地区的教育部门应当给监狱的教育工作提供人员、资金、技术等方面的支持和帮助。

罪犯的亲属、监护人，其他国家机关、武装力量、政党、社会团体、企业、事业单位、基层群众性自治组织以及其他社会团体、公民个人，应当协助监狱做好罪犯的教育改造工作。

鼓励其他个人、团体和组织参与教育帮助罪犯的工作。

【立法理由】本条是在修改监狱法第六十六条第一句话和第六十八条的基础上形成的。主要的意图是强化国家和地区教育部门对于监狱中的罪犯教育的支持和帮助。所作的具体修改如下：

1. 增加了教育的内容

监狱法第六十六条规定："罪犯的文化和职业技术教育，应当列入所在地区教育规划。"这一规定仅仅涉及了对罪犯开展的两种教育，从内容上来讲，是不全面的。因此，在第一款中增加了"心理健康教育和其他教育"。这样修改之后，涵盖了监狱中对罪犯开展的所有教育，内容更加全面；所有这些教育都应当纳入教育规划。

2. 增加了相关的部门

根据教育法第十四条的规定："国务院和地方各级人民政府根据分级管理、分工负责的原则，领导和管理教育工作。中等及中等以下教育在国务院领导下，由地方人民政府管理。高等教育由国务院和省、自治区、直辖市人民政府管理。"监狱法的规定仅仅提到将罪犯教育列入"所在地区教育规划"，这意味着遗漏了国家对于罪犯教育的支持和帮助，意味着将监狱中的高等教育排除到需要支持的范围之外，监狱中对罪犯进行的高等教育，得不到国家教育部门的支持。这是重大的失误。

同时，监狱法的规定，也不符合罪犯教育方面的新发展。2010年1月21日《中央社会治安综合治理委员会关于进一步加强刑满释放解除劳教人员安置帮教工作的意见》（中办发〔2010〕5号）明确要求，司法行政、人力资源和社会保障部门负责对服刑在教人员进行职业技能培训，并将其纳入全国劳动职业技能培训总体规划。"十一届全国人大常委会第二十六次会议对监狱法实施和监狱工作情况报告的意见和建议"中也指出要将罪犯职业技能培训纳入全国劳动职业技能培训总体规划。

因此，必须在监狱法中增加"国家教育部门"，争取其对监狱罪犯教育工作的支持和帮助。

3. 增加了支持的内容

监狱法第六十六条关于"罪犯的文化和职业技术教育，应当列入所在地区教育规划"的规定，实际上是一个不完整规定或者过于谦虚的规定。将罪犯的文化和职业技术教育列入教育规划的目的，是为了得到教育部门的支持和帮助，而不是为了别的。因此，在本条中新增第二款，阐明了列入教育规划的目的，从而给监狱系统争取教育部门的支持和帮助提供明确的法律依据。

4. 调整了相关的内容

将监狱法第六十六条后半部分"监狱应当设立教室、图书阅览室等必要的教育设施"调整到本章开始处，对此作出专门规定。

5. 完善了社会帮助的内容

这体现在第三款对于监狱法第六十八条的修改方面。监狱法第六十八条规定："国家机关、社会团体、部队、企业事业单位和社会各界人士以及罪犯的亲属，应当协助监狱做好对罪犯的教育改造工作。"在修改该条时，完善了相关内容：第一，突出了罪犯的近亲属和监护人的作用。将他们放在段首，表明他们在帮助罪犯接受教育改造工作中发挥特别重要的作用。第二，增加了其他国家机关。这是指国家和地区的教育部门之外的其他国家机关。第三，规范了相关表述。用"武装力量、政党、社会团体、企业、事业单位、基层群众性自治组织以及其他社会团体、公民个人"取代监狱法第六十八条中的"社会团体、部队、企业事业单位和社会各界人士"，使包括的内容更加全面。

6. 增加了提供教育帮助的力量

本条第四款指的是愿意给罪犯教育提供帮助的其他人员、团体和组织机构，包括台港澳地区人士和机构、外国人、国际组织等。如果这些人员和机构愿意从事罪犯教育帮助工作，可以吸收他们参与相关工作，利用一切可以利用的资源为促进罪犯教育发挥作用。

第0711条 对于按照要求参加教育活动、完成教育任务或者取得优秀成绩的罪犯，监狱应当提供报酬和给予奖励。

【立法理由】本条是新增加的。新增这一条的主要理由是体现对罪犯教育的重视和对罪犯教育的恰当认识。

　　罪犯在监狱中参加教育活动和完成教育任务，需要付出极大努力。从大量调研情况来看，监狱中那些没有达到义务教育文化程度的罪犯，往往是在学习方面存在多种问题的罪犯。这些罪犯在年龄增大之后继续接受义务教育，往往具有很大的挑战性，他们需要付出很大的努力，才有可能完成义务教育的要求。同时，从他们释放后的生活和就业等情况来看，达到义务教育的要求，具有极其重要的意义，因为只有具备一定文化程度的人，才能在这个信息化时代生存。因此，监狱要采取多方面的鼓励措施，激励他们接受和完成义务教育。实际上，这些罪犯在接受义务教育方面付出的努力，绝不比参加体力劳动少；他们接受义务教育的活动，实际上就是在从事更为复杂的脑力劳动。因此，要把他们参加义务教育看成是参加更加复杂、更加艰巨的脑力劳动，参加这样的劳动自然要获得相应的报酬；完成义务教育任务或者成绩优异的罪犯，也要获得奖励。

　　同时，对于参加其他教育活动的罪犯而言，也是如此。例如，无论是参加职业技术教育的罪犯，还是在监狱中接受中等以上教育的罪犯，不仅要在参加教育活动中付出巨大的努力，而且也要克服种种困难，才有可能完成教育任务。至于在接受教育活动中取得优秀成绩，更是需要付出超常的努力，因为监狱环境并不是一种适合于进行学习的环境，在这样的环境中要想取得优秀成绩，不付出超常的努力和拼搏，是不可能的。可以说，罪犯在接受教育中付出的努力，往往大于参加一般的劳动所付出的努力。

　　因此，必须充分认识到罪犯在监狱中参加学习的重要价值和巨大付出，通过激励机制鼓励他们从事这方面的努力。实际上，一些国际规则中体现了这样的精神。例如，2006年版《欧洲监狱规则》第28.4条规定："在监狱制度中，教育应当具有不低于劳动的地位，犯人不得因为参加教育活动而在经济上或者其他方面处于不利地位。"我们应当重视借鉴这方面的内容。

第八章　劳动改造

　　【修改说明】本章的标题是新增加的，其中的大量内容包含在监狱法第五章"对罪犯的教育改造"中。将本章与"教育改造"分别设立单独的章加以规定，主要是考虑下列方面。

1. 使规定内容更加符合监狱情况

长期以来，在我国的监狱工作中，普遍将狱政管理、教育改造、劳动改造视为我国监狱改造罪犯的三大基本手段，将劳动改造和教育改造并列，符合我国监狱工作的实际情况和工作传统。

2. 使监狱法的体系结构更趋合理

监狱法生硬地把罪犯教育和罪犯劳动两个方面的内容规定到一章中，使教育改造的内容凸现出来，将劳动改造的内容隐含其中，导致监狱法的体系结构存在瑕疵，也给人们准确理解两类改造带来问题。因此，在修改监狱法时，应当解决这个问题。

3. 使监狱法的规定更能体现自信

在制定监狱法时，之所以弱化劳动改造的内容，在一定程度上与美国等国家攻击我国的劳动改造等有关系，这种做法有当时的特殊背景。现在，在修改监狱法时，我们应当恢复本来的做法，在立法中体现我们的自信。

第0801条 监狱组织罪犯参加劳动，对罪犯进行劳动改造。

监狱根据改造罪犯的需要和罪犯个人的情况，合理组织劳动，使其改正恶习，养成劳动习惯，学会生产技能，并为释放后就业创造条件。

有劳动能力的罪犯，应当参加劳动。

【立法理由】 本条是在修改监狱法第六十九、七十条的基础上形成的。监狱法第六十九条规定："有劳动能力的罪犯，必须参加劳动。"第七十条规定："监狱根据罪犯的个人情况，合理组织劳动，使其矫正恶习，养成劳动习惯，学会生产技能，并为释放后就业创造条件。"对这两条所作的修改如下。

1. 明确罪犯劳动的性质

在本修改方案第一款，新增加了"监狱组织罪犯参加劳动，对罪犯进行劳动改造"的内容。通过这样的规定，明确监狱组织罪犯参加的劳动的性质，是改造罪犯的方法，而不是用来营利的手段，更不是用来惩罚罪犯的措施。通过这一款的规定，要求和引导监狱工作者恰当组织罪犯劳动，避免在这方面出现偏差。这一款的规定也体现了联合国的倡议。联合国《曼德拉规则》第97条指出："1. 监狱劳动不得具有折磨性质。2. 不应将囚犯当作奴隶或劳役对待。3. 不应要求囚犯为任何监狱工作人员的个人或私人利益工作。"这一条的内容具有强烈的针对性，是在普遍了解很多国家和地区的罪犯劳动的基础上提出的，具有很大的合理性，应当加以重视。

2. 明确组织罪犯劳动的事项

本修改方案第二款通过修改监狱法第七十条的内容，明确了监狱组织罪犯劳动的原则和目的。

（1）组织罪犯劳动的原则。监狱应当根据3项原则组织罪犯劳动：第一，根据改造罪犯需要。这是对罪犯劳动性质的进一步体现，是对组织罪犯劳动的其他动机的排除。根据这一规定，监狱不能为了牟利、惩罚或者其他动机组织罪犯劳动。第二，考虑罪犯个人情况。组织罪犯参加的劳动，必须是符合罪犯个人情况的劳动，应当避免让罪犯从事超出其体力的超强度劳动，也要避免让罪犯从事其不擅长的劳动。第三，合理组织罪犯劳动。这主要是对罪犯劳动的环境条件、劳动时间等方面的要求。应当组织罪犯在安全、健康的环境中劳动；罪犯参加劳动的时间应当适当，不能让罪犯进行超出劳动法规定的劳动时间的劳动。劳动法第三十六条规定："国家实行劳动者每日工作时间不超过八小时、平均每周工作时间不超过四十四小时的工时制度。"我们认为，这一规定应当适用于在监狱中参加劳动的成年罪犯。

（2）组织罪犯劳动的目的。监狱组织罪犯劳动的目的包括4方面：第一，矫正罪犯的恶习；第二，培养罪犯的劳动习惯；第三，帮助罪犯学会生产技能；第四，为罪犯释放后就业创造条件。这要求监狱在选择罪犯劳动的项目和种类时，必须考虑罪犯释放之后劳动力市场的需要，选择能够帮助罪犯释放后就业的项目和种类。

通过这些方面的规定，对于监狱组织罪犯劳动的工作，提出更加具体的要求，禁止监狱组织罪犯进行与这些原则和目的不相符合的劳动。

3. 调整条文位置和文字表述

在拟定本条时，调整了不同条文的位置，修改了具体表述的文字。

（1）调整了条文的位置。监狱法第六十九条和第七十条的顺序存在逻辑关系不清晰等问题。第七十条的内容是一般性规定，而第六十九条的规定属于特别性规定，按照一般的逻辑原则，应当遵循从一般到特别的顺序。监狱法的排序，不仅违背了一般的逻辑原则，造成逻辑关系不清晰的现象，而且隐含着利用劳动惩罚罪犯的意图：只有在把劳动作为惩罚措施时，才能出现类似监狱法第六十九条的规定。这样的意图是不合理的，违反了我国监狱工作"以改造人为宗旨"的方针。因此，在修改时，将修改监狱法第六十九条后的内容放在最后。

（2）修改了条文的表述。首先，将监狱法第七十条中的"矫正恶习"一词修改为"改正恶习"。"矫正"是监狱对罪犯而言的，是监狱对罪犯开展的工作；在"使其矫正恶习"的表述中，主语是"其"即罪犯，后面的动词应当是罪犯的行为，因此，为了在逻辑上使主语与谓语相一致，应当将谓语动词修改为罪犯自己的行为，"改正"可以恰当地表达这种意思。其次，将监狱法第六十九条中的"必须"一词修改为"应当"。在法律条文中，经常使用"应当"一词，很少使用"必须"字样。因此，这样修改之后，更加符合法律用语的习惯表达方式。

第0802条 <u>监狱根据改造罪犯的需要设立监狱企业。</u>

<u>监狱企业是国家为监狱改造罪犯提供劳动岗位和相关服务而出资设立的公司。</u>

<u>监狱企业依法独立开展经营活动，承担相应的法律责任。</u>

<u>监狱企业的主要责任人和负责生产、规划、财务等重要岗位的主要管理人员，应当由监狱工作者担任。</u>

【立法理由】 本条是新增加的。新增这一条的主要理由是为监狱企业的建设和运行提供法律依据，进一步规范监狱企业的运行。在拟定条文时着重考虑了下列方面。

1. 一般性规定

在第一款中，对监狱企业作出了一般性规定。监狱设立监狱企业是国际通行做法。例如，在美国联邦监狱系统，犯人的劳动主要由联邦监狱工业公司（Federal Prison Industries, Inc., FPI）负责，该公司大约雇佣15%的联邦犯人（18000名左右）从事劳动，该公司的商标是 UNICOR[①]。在加拿大联邦矫正系统，1980年创立了名为"CORCAN"（加拿大矫正）的监狱工业公司，该公司统一使用"CORCAN"作为简称和商标，每天有2000名罪犯在该公司的车间中劳动，该公司每年为4000名罪犯提供职业技能培

---

① 吴宗宪：《当代西方监狱学》，北京·法律出版社，2005年版，第760页。

训的机会①。在英国、美国、加拿大、澳大利亚等国家,还有大量的私营监狱（private prison）为监狱的罪犯提供劳动岗位②。我国监狱系统也一直有监狱企业。本款的规定,为监狱企业的存在提供明确的法律依据。

2. 明确监狱企业的性质

在第二款中,提供下定义的方式,明确了监狱企业的性质——是国家为监狱改造罪犯提供劳动岗位和相关服务而出资设立的公司。这表明,国家设立监狱企业的目的有两个方面：第一,为改造罪犯提供劳动岗位；第二,为改造罪犯提供相关服务。

目前,我国监狱企业是国有独资公司,一些人也主张把监狱企业界定为"国有独资公司",这种做法和想法是值得探讨的。从国际社会的情况来看,凡是国有独资公司,其运行的效益和质量都是不太好的,主要原因是将两类不同性质的机构特征叠加到一起：一方面是国家机关,另一方面是法人公司。这样做的结果是,监狱企业变成了躺在国家身上的"无限公司",严重依赖政府财政,缺乏经济效益。因此,不宜将监狱企业限制为"国有独资公司"。实际上,国家出资建立的公司,并不一定是国有独资公司,我国企业国有资产法第五条规定,国家出资公司包括"国有独资企业、国有独资公司,以及国有资本控股公司、国有资本参股公司"。监狱企业可以发展为"国有资本控股公司"。

将监狱企业发展为"国有资本控股公司",有一些明显的好处。社会参股不仅仅包括提供资金,还包括提供人才、技术、管理方法、产品开发、销售渠道等,这些都是监狱企业极为缺乏的。假如通过社会参股,能够给监狱企业带来多方面的人才、技术,能够给监狱企业带来先进的管理方法,能够给监狱企业带来适销对路、适合罪犯生产的产品,能够打开监狱企业产品的销售渠道,必将极大地激发监狱企业的活力,促进监狱企业健康发展。对于这样的情况,应当持欢迎的态度。

同时,社会参股并不影响监狱企业的性质。在社会资本参股后,只要监狱企业中国有资本占控股地位,按照国有资本控股公司运行,就可以保证监狱企业继续为监狱改造罪犯服务。

因此,不宜将监狱企业限制为"国有独资公司"。这样的改革不仅符

---

① "History of CORCAN and the evolution of prison industries", http：//www.csc-scc.gc.ca/corcan/002005-0004-eng.shtml［2016-11-10］。

② "Private Prison", https：//en.wikipedia.org/wiki/Private_prison［2016-11-10］。

合公司发展的普遍趋势，也可以为以后监狱企业在适当的条件下吸收社会资本参股、激发监狱企业的活力等预留空间。

当然，监狱企业也不宜作为普通的社会企业或者私营企业。这是因为，如果是这类企业，就会以营利为主要目的，这会影响为罪犯提供劳动岗位和相关服务的功能，有违设立这类公司的初衷。实际上，联合国有关规则也不赞同这样的观点。例如，《曼德拉规则》第100.1条规定："监所工厂和农场最好直接由监狱管理部门而不由私人承包商经营。"

3. 规范了监狱企业的运行

在第三款中，规定"监狱企业依法独立开展经营活动，承担相应的法律责任"。这一款的规定，可以保证监狱企业按照企业性质和经济规律进行决策和运行，避免受到不当干扰。

4. 明确了监狱企业的人事

这是本条第四款规定的内容。为了保证监狱企业的性质，为了使监狱企业更好地为监狱改造罪犯服务，要从企业人事方面提供保障。只要监狱企业的主要负责人和业务骨干是监狱工作者，就可以保证监狱企业的性质。这样的规定也符合企业国有资产法的规定。该法第二十一条第一款规定："国家出资企业对其所出资企业依法享有资产收益、参与重大决策和选择管理者等出资人权利。"

第0803条 监狱组织罪犯参加劳动的时间，遵照国家有关劳动工时的规定执行；在季节性生产等特殊情况下，可以调整劳动时间。

罪犯有在法定节日和休息日休息的权利。

罪犯劳动时间和休息的具体制度，由国务院司法行政部门制定，监狱应当严格遵守。

【立法理由】本条是在修改监狱法第七十一条的基础上形成的。该条规定："监狱对罪犯的劳动时间，参照国家有关劳动工时的规定执行；在季节性生产等特殊情况下，可以调整劳动时间。罪犯有在法定节日和休息日休息的权利。"对该条所作的修改是新增加了第三款，在该条中强调了以下4个方面的内容。

1. 调整相关内容的文字表述

监狱法第七十一条规定："监狱对罪犯的劳动时间……"这个表述是病句，不符合语法规则。因此，调整为"监狱组织罪犯参加劳动的时间"。

2. 调整规定中使用的文字

监狱法第七十一条规定:"……参照国家有关劳动工时的规定执行……"其中的"参照"似乎意味着监狱罪犯的劳动工时可以有变通,这在客观上给罪犯超时劳动留下了空间,是需要避免的。因此,将"参照"修改为"遵照";修订后的规定意味着,在监狱罪犯的劳动中,要严格遵守国家有关劳动工时的规定,不得变通。实际上,这也是联合国有关规则所强调的内容。例如,《曼德拉规则》第 102 条规定:"1. 囚犯每日及每周最高工时应由法律或行政条例规定,但应考虑到当地有关雇用自由工人的规则或习惯。2. 所定工时应准许每周休息一日,且有足够时间依规定接受教育和进行其他活动,作为对囚犯所施待遇及其恢复正常生活的一部分。"

3. 强调由国家监狱主管机关规定制度

监狱法第七十一条的规定中存在的重大漏洞是,没有明确究竟由谁"参照国家有关劳动工时的规定执行"、由谁"调整劳动时间",实际上赋予所有监狱都有参照执行和调整时间的权力,从而给监狱的不规范运行提供了可能。为此,新增第三款,明确规定罪犯劳动时间和休息的具体制度,由国家监狱主管机关规定,监狱法第七十一条规定的"参照""调整"的主体是国家监狱主管机关,而忽视具体的监狱。这样,就可以保证制度的统一性。这样的规定,也为已有的制度提供了明确的法律依据。司法部曾经在 1995 年 6 月 14 日发布了《关于罪犯劳动工时的规定》,本条第三款的规定,使这类规定的法律依据更加明确和牢固。

4. 强调监狱必须严格遵守相关制度

在拟定第三款时,专门增加了一句"监狱应当严格遵守"的内容。这句话绝不是无的放矢,而有很强的针对性。实际上,尽管司法部在 1995 年 6 月 14 日发布了《关于罪犯劳动工时的规定》,但是,由于当时监狱还承担着通过罪犯劳动创收、弥补监狱经费不足的任务,司法部的这个规定很难得到真正落实。后来,从 2003 年 1 月 31 日国务院领导签发《国务院批转司法部关于监狱体制改革试点工作指导意见的通知》开始进行的监狱体制改革,确立了"全额保障、监企分开、收支分开、规范运行"的监狱体制改革目标,随着监狱体制改革的完成,国家已经全额保障了监狱的经费,但是,在此之后,不少监狱的运行中仍然没有严格尊重司法部关于罪犯劳动工时的规定。因此,为了保证罪犯的休息权,为了预防和消除迫使罪犯超时劳动可能带来的严重危害后果,必须要求监狱严格遵守罪犯劳动工时的规定。为此，在第四款中新增了相关内容。

第 0804 条 对参加劳动的罪犯，监狱应当按照规定给予<u>公平合理的</u>劳动报酬。

<u>向罪犯支付劳动报酬的具体规定，由国务院司法行政部门制定，监狱应当严格遵守。</u>

<u>罪犯可以用劳动报酬购买个人用品、帮助家人生活、作为出狱后的生活费用等用途。</u>

【立法理由】 本条是在修改监狱法第七十二条的基础上形成的。该条规定："监狱对参加劳动的罪犯，应当按照有关规定给予报酬并执行国家有关劳动保护的规定。"对该条所作的修改如下。

1. 增加了支付报酬的原则

在本条第一款中增加了"公平合理"的内容，作为向罪犯提供劳动报酬的基本原则。我们认为，给参加劳动的罪犯支付劳动报酬，应当秉持两个原则：

（1）公平原则。这是指根据罪犯参加劳动的种类、时间等给予相应的报酬。这主要涉及参加劳动的罪犯之间的问题。

（2）合理原则。这是指在考虑罪犯劳动及相关情况后给其支付恰当数量的报酬。这主要涉及给罪犯提供的劳动报酬与社会上给劳动者支付的工资之间的关系问题。究竟如何给参加劳动的罪犯支付劳动报酬，是一个极其复杂的问题。以我国为例，其复杂性主要表现在：①罪犯劳动的差异性。罪犯参加的劳动不仅有地区差异，也有监狱甚至监区之间的差异性，这种差异性给如何提供劳动报酬，带来很多难以解决的问题。例如，一些地区、监狱或者监区的罪犯劳动经济效益较好，而另一些地区、监狱或者监区的罪犯劳动经济效益差，仅此一项就给如何向罪犯提供劳动报酬带来不小困难。②罪犯劳动的稳定性。在过去，监狱系统中的不少监狱有成规模的企业，监狱生产和罪犯劳动都具有较大的稳定性，后来通过监狱体制改革，成建制、大规模的监狱企业被剥离出去，监狱系统剩下的企业都是规模很小、技术含量很低的企业，这些企业的生产活动极不稳定，有了生产任务就组织罪犯劳动，没有生产任务就难以组织罪犯劳动。这种情况也给罪犯提供劳动报酬增添了难度。

同时，与社会上的劳动者相比，罪犯有一些明显的差异。其中最大的差别就是，监狱中的罪犯几乎不用负担任何日常生活费用，罪犯的吃、穿、住、用、医疗、教育等，都是国家提供的，对于罪犯而言是免费的；而对社会上的劳动者来讲，这些方面的费用都要由他们自己从劳动工资中支付。尽管国家保障罪犯的费用体现了刑罚执行制度的文明进步，但是，由守法者给犯罪人埋单，让守法者负担罪犯的所有费用，也是不公平的；罪犯应当为自己的犯罪行为给国家带来的资源耗费承担一定的经济责任，这样才是比较合理的。因此，从公平角度来讲，向罪犯提供的劳动报酬肯定要低于给社会上的劳动者支付工资的数量标准。

尽管如此，只要罪犯参加了劳动，就应当向他们提供一定劳动报酬。这不仅体现对他们劳动的肯定，是对他们付出劳动的报酬，也能够激励罪犯参加劳动的积极性，还符合国际社会的倡议。联合国大会1990年12月14日通过的《囚犯待遇基本原则》第8条提出："应创造条件，使囚犯得以从事有意义的有酬工作，促进其重新加入本国的劳力市场，并使他们得以贴补其本人或其家庭的经济收入。"2015年的《曼德拉规则》第103.1条规定："对囚犯的工作，应订立公平报酬的制度。"

2. 增加了支付报酬的规定

罪犯劳动的复杂性，给如何向他们提供劳动报酬带来很大的困难，也给如何作出立法规定带来难度。在一些国家的立法中，规定了向罪犯提供劳动报酬的数量指标。例如，意大利的监狱法第22条规定："（监狱）根据实际提供劳动的数量和质量以及囚犯劳动的工种，对各类劳动人员确定报酬，该报酬额平均不超过同业工人工资的2/3。"[1]巴西的刑罚执行法第29条规定，要根据规定向参加劳动的罪犯支付报酬，最少不能低于社会工资的3/4[2]。在一些国家的立法中，规定了向罪犯提供劳动报酬的原则。例如，《俄罗斯联邦刑事执行法典》第105条第2款、第3款规定："被处刑人员，完全完成当月规定时间工作定额与完成对其规定的劳动定额的，向其支付的劳动报酬数额不应低于法定劳动报酬的最低限额。在未完全参加工作日或工作周劳动的情况下，被处刑人员的劳动报酬，应与其完成劳动

---

[1] 中华人民共和国司法部：《外国监狱法规汇编》（第二辑），北京·社会科学文献出版社，1988年版，第273页。

[2] 参见周勇：《国外罪犯劳动报酬制度及其借鉴》，载《犯罪与改造研究》2010年第3期，第69—75页。

的工作时间或已完成的工作量成正比。"① 这些做法给我们修改监狱法提供了一定的参考，不过，考虑到中国监狱中罪犯劳动的复杂性，我们认为在立法中规定具体的数量指标或者标准，不一定是最佳选择。但是，对于这方面的内容，必须在立法中加以规范，因此，增加了本条第二款。这一款的规定突出了两方面的内容：第一，将制定劳动报酬支付规定的权限赋予国家监狱管理机关。通过这样的规定，取消各地或者各监狱自行规定罪犯劳动报酬支付制度的做法，消除在这个问题上的随意性，增强劳动报酬支付工作的公平性、合理性和严肃性。第二，要求监狱严格遵守国家出台的相关规定。通过这样的规定，确保参加劳动的罪犯在获取劳动报酬方面的合法权益，切实落实罪犯劳动报酬制度。

3. 增加了使用报酬的规定

新增第三款规定了如何使用劳动报酬的内容。从我国监狱工作的实践和国际社会的立法例来看，罪犯获得的劳动报酬的用途主要包括三个方面：第一，罪犯自己使用；第二，罪犯给家人使用；第三，作为释放之后开始新生活的启动资金。因此，在第三款中作出了这方面的明确规定。同时，在本款中保留了"等"字，为其他用途提供依据。如果罪犯愿意将自己的劳动报酬用到其他建设性的方面，例如捐款救灾等，也应当准许。这样的规定也符合联合国和有关国际规则的倡议。例如，《曼德拉规则》第103条规定："2. 按此制度，因犯应准至少花费部分收入购买核定的物件以供自用，并将部分收入交付家用。3. 此项制度还应规定监狱管理部门应扣除部分收入，设立一项储蓄基金，在因犯出狱时交给因犯。"又如，2006年版的《欧洲监狱规则》第26.11条规定："应当允许犯人将其收入的至少一部分用于购买经批准的自用物品，并且将其收入的一部分分配给他们的家人。"第26.12条规定："可以鼓励犯人将他们的部分收入存起来，在释放时交给他们或者用于其他经批准的方面。"

第0805条 监狱企业应当严格执行国家有关安全生产和劳动保护的规定。

罪犯在劳动中致伤、致残或者死亡的，由监狱参照国家劳动保险的有关规定处理，具体办法由国务院司法行政部门制定。

---

① 《俄罗斯联邦刑事执行法典》（赵路译），北京·中国人民公安大学出版社，2009年版，第72—73页。

【立法理由】本条是在修改监狱法第七十二、七十三条的基础上形成的。监狱法第七十三条规定："罪犯在劳动中致伤、致残或者死亡的，由监狱参照国家劳动保险的有关规定处理。"所作的修改如下。

1. 调整了关于安全生产的规定

将监狱法第七十二条中有关劳动保护的内容调整到本条中，整合到本条第一款中。在具体表述的过程中，不仅保留了有关劳动保护的内容，还增加了两个方面的内容：

（1）将责任主体从"监狱"变更为"监狱企业"。在进行监狱体制改革之前，实行监企合一的体制，监狱和企业是不作严格区分的，因此，对罪犯进行劳动保护的责任主体是监狱；在进行监狱体制改革之后，实行了监企分离，监狱和企业分开，罪犯劳动主要由监狱企业负责，因此，对于罪犯进行劳动保护的责任主体就应当转变为监狱企业。

（2）增加了"安全生产"的内容。安全生产和劳动保护是两个既有密切联系又有一定区别的概念，它们之间的密切联系在于，它们有共同的目的，即保证监狱中罪犯劳动的安全；它们的一些方面是交叉的，相互有一定程度的重叠；它们之间的区别在于，安全生产是一个含义更为广泛、涉及面更多的概念，而劳动保护仅仅是其中的一个环节或者方面，除此之外，安全生产还包括设备配置、生产工艺、项目选择、人员管理等很多方面。以项目选择为例，如果监狱企业选择了充满危险性的劳动项目，即使采取了再多的安全保护措施，也难以保证罪犯在劳动中的安全。因此，监狱法仅仅强调劳动保护是不能保证罪犯劳动的安全的。

2. 增加了制度保障方面的规定

监狱法第七十三条的规定没有进一步的制度保障，对于监狱如何"参照国家劳动保险的有关规定处理"，缺乏规定。为了进一步完善这方面的内容，在拟定第二款时，在第七十三条的基础上，新增加了"具体办法由国务院司法行政部门制定"的内容。新增加的这一规定，不仅是授权性规定，授权国务院司法行政部门制定相关的保障罪犯劳动安全的办法，为国务院司法行政部门制定相关办法提供明确的法律依据，也是命令性规定和义务性规定，要求国务院司法行政部门必须制定相关办法以保障罪犯的劳动安全。

第九章 特殊罪犯矫正

【修改说明】本章的标题和其中的很多内容都是新增加的。之所以进行这样的修改，主要是基于下列考虑。

1. 使监狱法的内容更加全面

通过单列本章，可以使监狱法的内容更加全面。监狱法在第六章中对未成年犯的教育改造作出了专章规定，突出其重要性。如此立法的初衷被广为称赞。但是，这种编排方式也有缺陷，即整部法律体系的逻辑自洽存在瑕疵，遗漏了一些具有特殊性的罪犯类型。在监狱工作中，数量最多、情况最复杂的罪犯群体，是成年男性罪犯（往往简称为"成年男犯"），这类罪犯是监狱工作的最主要群体，也是制定监狱制度、进行监狱立法的标准样本；除此之外的其他类型的罪犯，都被看成是具有一定特殊性的特殊罪犯，对于他们在监狱中的生活、管理和教育等方面的制度和做法，都要进行一定的变通，这样才能较好地体现行刑个别化的基本要求，才能使监狱工作更具有针对性和合理性。但是，监狱法仅仅对未成年犯作出了单章规定，对于其他具有一定特殊性的罪犯群体，或者在某些条文中作出零星规定，使人对于适用于该种类型的罪犯的相关制度，缺乏全面的了解，例如，对于女犯、少数民族罪犯的规定就是如此；或者在监狱法中缺乏明确的规定，在立法上存在重大漏洞，例如对于老年犯、外籍犯，监狱法根本没有规定。为了解决这方面的问题，单列一章"特殊罪犯矫正"，将具有特殊性的罪犯的监狱制度，都在这里集中加以规定，使监狱法的内容更加全面。

2. 使监狱法的结构更加合理

通过单列本章，可以使监狱法的内容更加合理。对于未成年犯，监狱法不仅设专章加以规定，而且在规定时内容也较多，有4个条文。对于其他类型的罪犯，不仅没有设专章加以规定，而且相关的规定也较少，例如，对于女犯的明文规定，只有4条（第十八条第二款、第三十九条第一款和第四十条）①；对于少数民族罪犯的规定，仅有1条（第五十二条）；

---

① 监狱法第十九条规定："罪犯不得携带子女在监内服刑。"这条规定没有标明仅仅适用于女性，从理论上来讲，也适用于男性。

对于老年犯和外籍犯，没有任何明文规定。从立法的结构等方面来看，这是不合理的，应当在修改监狱法时改变这种不合理的现象。

3. 借鉴参考相关文献的内容

对一些特殊类型的罪犯作出专门说明，也是一些重要文献的做法。例如，《曼德拉规则》就采用了这种总分结合的表述方法，其中的"序言"、第一部分"一般适用的规则"，是适用于所有罪犯的内容，而其中的第二部分"适用于特殊类别的规则"，则是有关一些特殊类型的罪犯和其他人员的内容，这些特殊类型的人员包括服刑中的囚犯、有精神残疾和（或）健康问题的囚犯、在押或等候审讯的囚犯、民事囚犯、未经指控而被逮捕或拘留的人。从立法技术角度来说，这种编排模式比较科学合理，既有利于规定普遍适用的制度，也有利于规定特殊人员的制度，值得在修改监狱法时借鉴。

4. 使用国际社会流行的术语

在拟定本章的标题时，没有采用中国监狱领域中常用的"改造""监管改造"之类的术语，而是采用了国际社会中较为流行的"矫正"一词。之所以采用这个术语，主要是考虑到本章中规定了外籍犯的事项，如果使用中国监狱系统常用的术语，有可能在国际交流中产生不必要的麻烦或者误解。在国际社会中，"矫正"（corrections）是一个十分流行的术语，这个术语的流行与1954年美国监狱协会（American Prison Association）更名为美国矫正协会（American Correctional Association）有密切关系，这个名称的转变反映了对处理违法者的基本态度的转变①，过去以惩罚为主，自此以后，以转变为主。以这个变化为起点，在刑事司法领域中大量使用"矫正"一词，很多监狱的名称变为"矫正机构"（correctional institution, correctional facility），很多监狱管理机构的名称也变为"矫正局"（Department of Corrections, Bureau of Corrections, Correctional Services）②，还出版了大量带有"矫正"字样的书籍等。不过，就其工作内容而言，国际社会在矫正机构内进行的矫正，与我国监狱中所从事的工作虽有一些差异，但是没有根本性的区别。因此，使用"矫正"一词不会对我国监狱工作产生不利影响。

---

① Norman A. Carlson, Karen M. Hess & Christine M. H. Orthmann, *Corrections in the 21st Century: A Practical Approach* (Belmont, CA: West/Wadsworth, 1999), p. 7.

② 这种影响遍及全球，我国香港地区也受其影响而有变化。例如，我国香港地区的监狱管理机构过去称为"监狱署"（Prisons Department），1982年2月1日更名为"惩教署"（Correctional Services Department），"惩教署"的英语名称可以直接翻译为"矫正局"。

第一节 未成年犯

【修改说明】本节是在修改监狱法第六章"对未成年犯的教育改造"的基础上形成的。所作的修改主要包括两方面：①标题的修改。监狱法第六章的标题是"对未成年犯的教育改造"，这个标题存在名实不符的问题，其标题是"对未成年犯的教育改造"，但是，具体内容超出了这个标题的范畴，还包括了执行刑罚场所的分配（第七十四条）、成年后的刑罚执行（第七十六条）等内容。因此，在修改时没有沿用监狱法第六章的标题。②内容的修改。在规定未成年犯的相关事项时，修改了监狱法的内容。

第0901条 本法所称"未成年犯"，是指被判处监禁刑罚并在未成年犯管教所中服刑的未成年人。根据性别的不同，未成年犯划分为"未成年女犯"和"未成年男犯"。

被判处监禁刑罚的未成年犯在未成年犯管教所中执行刑罚。

被判处监禁刑罚的未成年犯需要在普通监狱中执行刑罚的，应当设立单独的监区。

【立法理由】本条是在修改监狱法第七十四条的基础上形成的。该条规定："对未成年犯应当在未成年犯管教所执行刑罚。"对该条所作的修改如下：

1. 调整了文字表述

用流畅准确的语言表达内容，应当是对立法的基本要求。以此衡量监狱法第七十四条，可以发现该条是有问题的。监狱法第七十四条是一个表述拗口的句子，读起来缺乏流畅性，不符合现代汉语的表达习惯。为此，在修改监狱法第七十四条的基础上拟定了本条第一款，对监狱法的语句表述作了调整，重新表述了其内容。

2. 增加了修改内容

在拟定本条时，增加了两方面的内容：

（1）增加了简称的定义。"未成年犯"是一个广泛使用的简称，不仅在监狱工作中普遍使用，在监狱法中也多次使用，但是，在监狱法中，缺乏对这个简称的定义，这是立法不严密的表现。在本修改方案中，通过本条第一款的内容，增加了简称的定义，使立法内容更加完善和严密。

(2) 明确了未成年犯的身份。在未成年犯管教所①中执行刑罚的未成年犯，并不是所有未成年的罪犯，而是被判处了监禁刑罚的未成年犯；被判处管制、被判处有期徒刑宣告缓刑等的未成年罪犯，并不在未成年犯管教所中执行刑罚。因此，增加"被判处监禁刑罚的"字样，可以使未成年犯的法律身份更加明确。

3. 规定了变通办法

在拟定本条时，规定了未成年犯在成年犯监狱服刑的变通办法。考虑到我国在执行监禁刑罚中存在的复杂情况，规定了未成年犯可以在成年犯服刑的普通监狱中执行刑罚的变通办法。在我国，未成年犯的数量很少，未成年女犯的数量更少，绝大多数省级行政区内仅有一所未成年犯管教所，一般都设在省会城市附近的地区。在辖区面积较小的省级行政区中，将全省的未成年犯都集中到唯一的未成年犯管教所中服刑，并不存在很大的问题。但是，在辖区面积很大的省级行政区中，将全省的未成年犯都集中到唯一的未成年犯管教所中服刑，会带来一系列问题。将省级行政区内边缘地区的未成年犯集中到唯一的未成年犯管教所中服刑，不仅给刑事司法机关移送罪犯带来巨大的成本，而且，未成年犯在远离家乡的监狱中服刑，又会给其适应未成年犯管教所的生活，给其亲属、监护人探监等，带来巨大的困难。因此，为了预防和解决这些方面的问题，可以允许一些辖区面积较大的行政区中，根据需要将未成年犯安排在普通监狱中服刑。为此，本条新增加第三款，规定了这样的变通办法。在拟定本款的内容时，也考虑到了联合国的要求，联合国《儿童权利公约》第37条第3项规定："所有被剥夺自由的儿童应同成人隔开。"联合国《保护被剥夺自由少年规则》第29条指出："在各种拘留机构②内，少年应与成人隔离，除非他们属于同一家庭的成员。"《曼德拉规则》第11.d条指出："青少年囚犯应同成年囚犯隔离。"本条中明确规定"应当设立单独的监区"供未成年犯使用的做法，符合《曼德拉规则》的这项内容。

第0902条 对未成年犯执行刑罚应当以教育改造为主。

监狱应当配合国家、社会、学校等教育机构，为未成年犯接受义务教

---

① 在我国监狱实务工作和学术研究中，往往把未成年犯管教所简称为"未管所"。

② 根据联合国《保护被剥夺自由少年规则》第15条的规定，该规则可"适用于扣押少年的一切拘留设施和机构处所"，这意味着，该规则也适用于未成年犯服刑的监狱。——引者注

育提供必要的条件。

安排未成年犯从事的劳动,应当符合未成年人的生理、心理等特点,以学习生产技能和其他技能为主。

【立法理由】本条是在修改监狱法第七十五条的基础上形成的。该条规定:"对未成年犯执行刑罚应当以教育改造为主。未成年犯的劳动,应当符合未成年人的特点,以学习文化和生产技能为主。"(第一款)"监狱应当配合国家、社会、学校等教育机构,为未成年犯接受义务教育提供必要的条件。"(第二款)对该条所作的修改如下。

1. 调整了内容表达

监狱法第七十五条表达了三个方面的内容:①未成年犯执行刑罚的一般原则;②未成年犯的劳动;③未成年犯的教育。不过,在表述方面,存在层次不清、相互交叉的问题,即在第一款中,将一般原则、教育和劳动放在一起,特别是将文化教育和劳动交叉规定。为了使本条的表述层次清楚、互不交叉,将监狱法第七十五条调整为三款:第一款规定一般原则;第二款规定义务教育;第三款规定劳动。

2. 调整了语句表述

在表述第三款时,调整了相关的表述。

(1) 调整了规定的顺序。监狱法第七十五条在规定一般原则之后,紧接着规定未成年犯的劳动,然后才规定未成年犯的义务教育。这种顺序是成问题的。对于未成年犯而言,义务教育的内容比劳动的内容更重要,未成年犯管教所应当优先组织未成年犯接受义务教育,而不是优先组织他们从事劳动。因此,本修改方案在第一款中规定一般原则之后,在第二款中规定未成年犯的义务教育,在第三款中规定未成年犯的劳动事项,在条文顺序上将义务教育条款放在劳动条款前面,体现了对义务教育的特别重视。

(2) 去掉了监狱法第七十五条第一款在规定劳动时不恰当地加入学习文化的内容。在我国监狱系统中,罪犯的劳动通常是指生产劳动和服务性劳动等,从事劳动与学习文化是两类不同的活动,在劳动中可以学习生产技能和其他技术,但是,在劳动中很难学习文化。监狱法第七十五条第一款第二部分在规定劳动事项时加入学习文化的内容,实际上表现了一种逻辑混乱。因此,在修改时,在第三款中去掉了学习文化的内容。

(3) 增加了必要的句子成分"安排""从事",使第三款的表述语句完整，也更加流畅。

（4）细化了相关的内容。监狱法第七十五条规定了"未成年犯的劳动，应当符合未成年人的特点"的内容，但是，并未指出未成年人的哪些方面的特点。为此，增加了"生理、心理等"特点，使这方面的规定更加详细和具体，增强了条文的可操作性。

3. 增加了相关内容

监狱法第七十五条规定未成年犯通过劳动学习的技能时，仅仅规定了"生产技能"这是不完整的。实际上，对于未成年犯而言，除了在生产劳动中学习生产技能之外，也应当安排他们从事其他劳动和学习其他技能。例如，通过安排未成年犯从事整理内务等方面的劳动，学习如何整理内务等方面的生活技能。在第三款中增加"其他技能"之后，内容更加全面。

第0903条 在制定未成年犯的饮食标准时，应当考虑未成年犯的成长发育对于营养的需要。

在制定未成年犯的教育经费和其他生活费用标准时，应当考虑未成年犯接受义务教育等特殊情况，适当提高标准。

【立法理由】本条是新增加的。新增这一条的主要理由是在制定相关标准时，要考虑未成年犯的特殊情况，尽量满足未成年犯的特殊需要，从而体现对未成年犯的特别保护。

第0904条 在对未成年犯执行刑罚时，对未成年犯的身份、案情等信息应当保密。

服刑期满后，未成年人的复学、升学、就业不受歧视。

【立法理由】本条是新增加的。新增这一条的主要理由是体现对未成年犯的特殊保护。这种保护主要体现在以下两个方面。

1. 信息保密

对于未成年人的犯罪等信息保守秘密，是我国法律制度中的通行做法，是对未成年人进行特殊保护的体现。例如，刑事诉讼法第二百七十四条规定："审判的时候被告人不满十八周岁的案件，不公开审理。"第二百七十五条规定："犯罪的时候不满十八周岁，被判处五年有期徒刑以下刑罚的，应当对相关犯罪记录予以封存。犯罪记录被封存的，不得向任何单位和个人提供，但司法机关为办案需要或者有关单位根据国家规定进行查询的除外。依法进行查询的单位,应当对被封存的犯罪记录的情况予以保密。"这类规定的精神应当具有自然延伸的性质,即在审判阶段的做法应当延续到刑罚执行阶段,否则,审判阶段的做法就失去价值。因此,在第一款中规定了信息保密的内容。

2. 释放后保护

未成年犯服刑期满释放后的复学、升学和就业不受歧视,是对他们的进一步保护,是促使他们健康成长所必需的措施。同时,规定这样的内容,也是与其他相关立法衔接的需要。我国未成年人保护法第五十七条第三款规定:"解除羁押、服刑期满的未成年人的复学、升学、就业不受歧视。"本条第二款的内容与未成年人保护法的规定是相一致的。

应当注意的是,本条的两款内容是密切相关的。释放后保护的重要方面,就是在刑罚执行期间以及刑罚执行之后,都要依照规定封存犯罪记录和保守信息密码。如果做不到这一点,就必然会使被释放的未成年人在复学、升学、就业中遭受歧视。

第 0905 条 对未成年犯的管理和教育,应当贯彻鼓励为主、慎用处罚的原则。除非必要,不得对未成年犯进行处罚。

未成年犯有本法第0626条规定的破坏监管秩序情形之一的,未成年犯管教所可以给予警告、记过。

严格禁止对未成年犯使用体罚、禁闭的处罚措施。

【立法理由】 本条是新增加的。新增这一条的主要理由是保护未成年犯的身心健康、预防对未成年犯进行不必要的处罚。这方面的考虑具体体现在下列方面。

1. 规定一般原则

在本条第一款中,规定了对待违反监管纪律或者有其他问题的未成年犯的一般原则,即鼓励为主、慎用处罚的原则。教育学、心理学等学科的研究表明,在改变人的不良行为、引导人们弃恶扬善方面,正面鼓励的效果远远好于消极处罚,对于身心尚不成熟的未成年犯而言,更是如此。

2. 规定禁止事项

在第二款和第三款中,明确规定禁止对未成年使用体罚和禁闭。特别是第三款中规定的禁止禁闭的内容,是对未成年犯的区别对待,因为根据监狱法第五十八条的规定,对于符合条件的成年犯,可以进行"禁闭"。

之所以对未成年犯严格禁止禁闭,是因为禁闭就是单独执行的,长时间的单独禁闭对个人的身心健康损害极大。对此,联合国的有关规则有清楚的要求。例如,联合国大会1990年12月14日第45/113号决议通过的《联合国保护被剥夺自由少年规则》第67条写道:"应严格禁止任何构成残忍、不人道或有辱人格的待遇的惩戒措施,其中包括体罚、关在暗室、密闭或单独禁闭或其他任何有害少年身心健康的惩罚。"

在对未成年犯的禁闭方面,司法部1999年12月18日发布的《未成年犯管教所管理规定》中的规定是不恰当的。该规定第六十二条的内容是:"未成年犯有《监狱法》第五十八条规定的破坏监管秩序情形之一的,未成年犯管教所可以给予警告、记过或禁闭处分。"根据这条规定,对于未成年犯可以使用禁闭。这是不恰当的,这种处罚措施可能会对未成年犯的身心健康造成严重损害,也不符合联合国倡导的精神,应当在修改监狱法时明文禁止。

第0906条 未成年犯年满十八周岁时剩余刑期不超过<u>五年</u>的,可以留在未成年犯管教所<u>中继续</u>执行剩余刑期。

【**立法理由**】本条是在修改监狱法第七十六条的基础上形成的。该条规定:"未成年犯年满十八周岁时,剩余刑期不超过二年的,仍可以留在未成年犯管教所执行剩余刑期。"对该条所作的修改如下。

1. 延长剩余刑期

监狱法第七十六条规定的留所服刑的剩余刑期是二年,不过,从多方面来看,二年的期限较短,延长为五年比较合理。主要理由是:

(1)个人的身心特点类似。与监狱法规定的未成年犯年满十八周岁时延长二年达到二十岁的情形相比,即使将罪犯在未成年犯管教所服刑的剩余刑期延长五年,使留所服刑的年龄上限达到二十三岁,对于罪犯而言并没有很大的影响,因为从发展心理学的角度来看,十八至二十五岁的人属于青年中期①,他们处于身心特征大致相同的人生阶段,这个阶段的人在身体发育、心理特征等方面有很大的相似性,他们在未成年犯管教所一起服刑不会给他们之间的相处带来消极影响,也不会对未成年犯管教所的管理带来特别的问题和困难。从犯罪学角度来看,二十五岁以下的人都属于

---

① 林崇德主编:《发展心理学》(第二版),北京·人民教育出版社,2009年版,第372页。

青少年犯罪人①，他们在犯罪方面也有较多的相似性，这也从另一个方面表明，将青年罪犯留在未成年犯管教所继续服刑剩余刑期延长到五年，使其留所服刑的年龄上限扩大到二十三岁，具有一定的合理性。

（2）有利于继续接受教育。对于不少未完成义务教育的未成年犯而言，他们在未成年犯管教所中开始继续接受义务教育的时间较晚，在未成年犯管教所中再次开始接受义务教育后，需要一定的时间才能完成义务教育的任务。延长他们留所服刑的时间，有利于他们在未成年犯管教所中顺利完成义务教育，为他们释放后顺利适应社会奠定必要的基础。如果他们不能在未成年犯管教所中完成义务教育的任务，他们很有可能终身完不成这样的任务，因为成年犯中的管理制度和服刑环境等，更不利于他们完成这样的任务。

（3）有利于顺利执行刑罚。对于罪犯而言，适应服刑环境需要一定时间，在已经熟悉的环境中服刑，往往有利于他们情绪的稳定，也有利于减少来自不同罪犯的负面影响或者犯罪感染。因此，如果青年罪犯的剩余刑期不长，让他们继续在熟悉的未成年犯管教所中服刑，可以避免他们由于变换服刑环境而带来的情绪波动，也有利于他们避免接受其他犯罪人的犯罪感染。延长留所服刑的时间，可以大大降低将青年罪犯移送成年犯监狱服刑的可能性和数量，有利于他们在未成年犯管教所中顺利地执行完所有刑期。

（4）有利于未管所的运行。从我国未成年犯管教所近年来的运行情况看，随着未成年犯总数的不断减少，在每个未成年犯管教所中服刑的未成年犯数量也减少，延长留所服刑的时间，能够使未成年犯管教所中保有一定数量的服刑人员，有利于未成年犯管教所维持正常的运行，减少闲置的行刑资源。此外，延长留所服刑的时间，也有利于减少转移服刑人员带来的行刑成本。

（5）有可资借鉴的实例。从一些国家或地区的情况来看，也有类似的立法例。例如，意大利的未成年犯年满21周岁才被转移到成年犯监狱度过余下刑期②。根据新加坡《监狱法》第44条第3款与第4款的规定，年满

---

① 参见曹漫之主编：《中国青少年犯罪学》，北京·群众出版社，1987年版，第38页。
② Susanna Marietti,"Prison Conditions in Italy", http：//www.prisonobservatory.org/index.php?option＝com_ content&view＝article&id＝10：prison-conditions-in-italy&catid＝13&Itemid＝116 ［2016-08-10］。

21周岁剩余刑期不超过3年的服刑人员可以继续留在青年感化训练中心（reformative training centre）①。我国台湾地区所谓"监狱行刑法"第3条第2款规定："受刑人在十八岁以上未满二十三岁者，依其教育需要，得收容于少年矫正机构至完成该级教育阶段为止。"②

2. 改善文字表述

为了使本条后半部分的文字表述更加流畅，作了两方面的修改：第一，删去了"仍"字。从我国国家立法机关通过的不少立法来看，在立法的文字表述中，更多地使用双音节词语，例如，较多地使用"或者"，而较少使用单音节词，例如"或"。使用双音节词语后，语句更加流畅。基于这样的考虑，删去了"仍"字。第二，增加了"中继续"三字。增加这三个字后，本条后半部分的语句读起来更加流畅。

第0907条 对未成年犯的监管改造，本节未作规定的，适用本法的有关规定，<u>但是应当根据未成年犯的生理、心理特点适当调整</u>。

<u>对于未成年犯适用减刑、假释、暂予监外执行、离监探亲和特许离监的条件，应当比照成年犯适度放宽</u>。

【立法理由】本条第一款是在修改监狱法第七十七条的基础上形成的。该条规定："对未成年犯的管理和教育改造，本章未作规定的，适用本法的有关规定。"所作的修改是增加了对未成年犯适用监狱法中其他相关规定的原则，即在适用监狱法中的其他相关规定时，要考虑未成年犯的特殊情况，对相关规定有所变通，而不是照搬或者机械使用其他相关规定。

本条第二款是新增的，体现了对于未成年犯适用一些措施时从宽掌握、优惠对待的精神。

第二节 女犯

【修改说明】本节是在整合监狱法中有关规定的基础上新增加的，增加单独一节规定女犯的事项，是为了更好地规定这方面的事务，也便于人

---

① The Statutes of the Republic of Singapore Prisons Act（Chapter 247），http://statutes.agc.gov.sg/aol/download/0/0/pdf/binaryFile/pdfFile.pdf?CompId：b6147001 - 8a6f - 47dc - 8594- f036543657a6［2016-08-10］.

② 台湾地区"法务部"矫正署：《矫正法规辑要》，台湾地区"法务部"矫正署2012年版，第591页。

们更好地理解这方面的内容。

第0908条 本法所称"女犯",是指被判处监禁刑罚并在监狱服刑的成年妇女。

被判处监禁刑罚的女犯在女子监狱中执行刑罚。

需要在男犯监狱中监管改造女犯时,女犯的监房必须与男犯监房彻底隔离。

【立法理由】本条是新增加的。新增这一条的主要理由是体现对于女犯执行刑罚的特殊性。新增加的主要内容如下。

1. 增加了对女犯简称的定义

"女犯"是一个广泛使用的简称,不仅在监狱工作中普遍使用,在监狱法中也多次使用,但是,在监狱法中,缺乏对这个简称的定义,这是立法不严密的表现。在本修改方案中,通过本条第一款的内容,增加了简称的定义,使立法内容更加完善和严密。

2. 明确成年女犯服刑的场所

监狱法虽然在第三十九条中规定"监狱对成年男犯、女犯和未成年犯实行分开关押和管理"的内容,但是,没有明确规定成年女犯服刑的场所,这是不严谨的,因为从字面意思来看,对于第三十九条可以有不同的理解,既可以理解为在不同的监禁场所分开关押和管理,也可以理解为在同一监禁场所中分开关押和管理。这不利于准确理解和恰当解决成年女犯的服刑场所问题。为了解决这方面的问题,本条中用两款规定了这方面的内容:第二款规定了分配服刑场所的一般原则。这意味着,在一般情况下,成年女犯都要在女子监狱中服刑。第三款规定了分配服刑场所的特殊情况。这意味着,在管理等方面有特殊需要时,可以根据需要安排成年女犯在成年男犯监狱中服刑,但是,在这种情况下,女犯的监房必须与男犯的监房彻底隔离,以便有效保护女犯。将女犯监区彻底隔离,也是国际规则的要求。例如,联合国2015年通过的《曼德拉规则》第11.a条规定:"应尽量将男犯和女犯拘禁于不同监所;兼收男犯和女犯的监所应将分配给女犯的房舍彻底隔离。"

3. 明确规定服刑场所的名称

在本条第二款中,明确了成年女犯服刑的场所的名称是"女子监狱",这也是规范服刑场所名称的重要方面。在我国,对于成年女犯服刑场所的名称，监狱法没有规定，在实践中有不同的用法，较多使用的名称是"女子监狱"，不过，也有不少人称为"女犯监狱"①。我们认为，应当采用广泛使用的"女子监狱"的名称，并且应当在监狱法中固定下来。因此，在本条第二款中使用了这个名称。

第0909条 在制定女犯的饮食标准和其他生活费用标准时，应当考虑女犯的特点，适当提高标准。

【立法理由】本条是新增加的。新增这一条的主要理由是在制定相关标准时，要考虑女犯的特殊情况，尽量满足女犯的特殊需要，从而体现对女犯的特别保护。

第0910条 女犯由女性人民警察直接管理。

监狱可以根据监管改造需要安排男性监狱工作者对女犯开展相关工作。

除非有女性监狱工作者陪同，男性监狱工作者不得进入女犯监区或者单独接触女犯。

【立法理由】本条是在修改监狱法第四十条的基础上形成的。该条规定："女犯由女性人民警察直接管理。"修改该条的主要意图是减轻女子监狱的性别隔离，尽可能在女子监狱中创造出性别交往较为正常的服刑环境，预防长期的性别隔离导致的一系列问题。具体而言，在修改中注意了下列方面。

1. 一般性规定

本条第一款是对监狱法第四十条的保留，本款规定了管理女犯的基本原则，是处理这方面事务的一般性规定。

2. 变通性规定

本条第二款和第三款是对第一款的补充和变通。之所以作出这些变通性规定是因为，如果机械地、毫无例外地执行第一款规定，必然在女子监狱中创造出一种与异性完全隔绝的性别隔离环境，使女犯在服刑过程中没有任何形式的性别交往活动，这种不正常的生活环境，必然损害女犯的身心健康，长期在这种畸形的环境中服刑的女犯，必然产生性别交往能力削

---

① 参见山东省女子监狱课题组：《当前我国女犯监狱建筑研究探析》，载《中国司法》2010年第2期，第48—51页。

弱、情绪波动增大、暴力倾向加剧和暴力行为增多等问题，也会产生同性恋等变态心理和行为，给女犯的身心健康、监狱的监管安全以及女犯出狱后的社会适应等，带来多方面的问题和困难。因此，在保障监管安全的前提下，应当采取一些变通措施，尽可能减轻女子监狱中的性别隔离。为此，在第二款中规定了监狱采取变通措施的内容，授权监狱可以根据需要安排男性监狱工作者对女犯开展相关工作。同时，为了保护男性监狱工作者单独接触女犯可能给女犯带来的危险和侵害，又在第三款中规定了禁止性内容，从而保证女犯不受男性监狱工作者的侵犯。

　　本条的变通性规定符合联合国有关文献的精神。例如，《联合国关于女性囚犯待遇和女性罪犯非拘禁措施的规则（曼谷规则）》第10.2条指出："如果女性囚犯要求女性医生或护士对其进行检查或治疗，应尽可能为其安排女性医生或护士，急诊情况除外。如果违背女性囚犯的意愿由一名男性医务人员进行检查，在检查过程中应有一名女性工作人员在场。"又如，联合国《曼德拉规则》第81条指出："1. 监狱兼收男女囚犯时，监狱女犯部应由一位女性工作人员负责管理，并由她保管该部全部的钥匙。2. 除非有女性工作人员陪同，男性工作人员不得进入监狱中的女犯部。3. 女犯应仅由女性工作人员照料、监督。但此项规定并不妨碍男性工作人员，特别是医生和教员，在专收女犯的监狱或在监狱的女犯部执行其专门职务。"

　　本条的变通性规定也符合一些国家监狱的情况。在过去多年的工作过程中，本课题主持人曾经实地考察了美国、加拿大、英国、澳大利亚、德国等国家的不少监狱（矫正机构），在不少监狱中看到男性工作人员和女性工作人员一同在女犯监狱中值班和开展工作的现象；在交谈的过程中，他们普遍反映，这种做法有利于调整女犯的情绪，有利于减少女犯的攻击倾向和暴力行为，有利于女犯保持更好的个人卫生和身心状态。我们认为，在修改我国监狱法时，应当考虑异性交往的本能和正常的两性交往在多方面的积极价值，在监狱法中作出合理的规定。

　　第0911条　*在安排对女犯的教育改造和劳动改造工作时，应当照顾女犯的生理、心理特点。*

　　【立法理由】本条是新增加的。新增这一条的主要理由是在制定相关标准时，要考虑女犯的特殊情况，尽量满足女犯的特殊需要，从而体现对女犯的特别保护。

第0912条 女犯有本法第0626条规定的破坏监管秩序情形之一的，监狱可以给予警告、记过或者禁闭。

对于女犯，除非确有必要，不使用禁闭。

【立法理由】本条是在修改监狱法第五十八条的基础上形成的。修改的主要意图是体现对于女犯的特殊照顾。联合国《曼德拉规则》第45.2条指出："在涉及妇女和儿童的情况下禁止使用单独监禁和类似措施。"如果在修改监狱法时完全按照《曼德拉规则》的内容作出修改，可能不利于安全监管具有特殊情况的女犯，监狱系统的实务工作者们也可能难以接受。但是，应当考虑联合国的倡导，应当对女犯有一定的特殊照顾。基于这样的考虑，增加了第二款。

第0913条 对女犯的监管改造，本节未作规定的，适用本法的有关规定，但是应当根据女犯的生理、心理特点适当调整。

【立法理由】本条是新增加的。新增这一条的主要理由包括两个方面：①规定兜底性规定。这是一般立法技术的要求。②体现对女犯的照顾。在拟定具体的文字表述时，参考了监狱法第三十九条第一款相关规定。

第三节 少数民族罪犯

【修改说明】本节是在整合监狱法中有关规定的基础上新增加的，增加单独一节规定少数民族罪犯的事项，是为了更好地规定这方面的事务，也便于人们更好地理解这方面的内容。

第0914条 本法所称"少数民族罪犯"，是指判处监禁刑罚并在监狱中服刑的少数民族人员。

对有特殊饮食习惯的少数民族罪犯，监狱应当单独设立食堂制作和提供饮食。

对少数民族罪犯的其他特殊生活习惯，应当予以照顾。

少数民族罪犯的生活费和改造经费标准，可以根据需要适当提高。

【立法理由】本条是在修改监狱法第五十二条的基础上形成的。该条规定:"对少数民族罪犯的特殊生活习惯,应当予以照顾。"修改该条的宗旨是切实落实照顾少数民族罪犯的精神和细化相关规定。本条的具体修改如下:

1. 界定概念含义

本条第一款给"少数民族罪犯"的概念下了一个定义,以便人们准确了解这个概念。

2. 突出主要习惯

从我国社会生活情况与监狱工作实践来看,少数民族罪犯的生活习惯主要是饮食习惯。例如,一些少数民族罪犯不食猪肉。因此,将这类主要的生活习惯单列出来加以规定,便于在监狱管理实践中理解和执行。在拟定本款的内容时,参考了相关的规定。例如,公安部1982年2月18日发布的《犯人生活卫生管理办法》第十七条规定:"对少数民族犯人,在生活上要照顾他们的民族习惯。少数民族犯人比较多的单位,应单独设灶。"司法部2001年10月12日发布的《关于在监狱系统推行狱务公开的实施意见》中规定:"监狱对有特殊饮食习惯的少数民族罪犯,单独设灶。"

3. 规定兜底条款

本条第三款是在修改监狱法第五十二条的基础上草拟的,其中增加了"其他"二字,以便包括和照顾少数民族罪犯在其他方面的特殊生活习惯。

4. 提高费用标准

一些少数民族罪犯对于饮食等有特殊的要求;在对少数民族罪犯开展教育等工作时,也需要进行双语教育等工作,因此,在这些方面的花费更多,需要提高相关经费的开支标准。在这方面,已经有一些相关规定。例如,司法部2003年6月13日发布的《监狱教育改造工作规定》第八条规定:"少数民族罪犯、未成年犯的教育改造经费应予提高。"本条第四款规定了这方面的内容。

第0915条 在少数民族罪犯集中的监狱,应当使用民族语言进行教育。

对于少数民族文字的使用有其他规定的,按照规定执行。

【立法理由】本条是新增加的。新增这一条的主要理由是落实少数民族罪犯使用本民族语言文字的自由。我国宪法第四条第四款:"各民族都有使用和发展自己的语言文字的自由,都有保持或者改革自己的风俗习惯的自由。"在监狱工作中，同样应当贯彻落实这一规定。同时，也应当看到，对于汉语水平不高或者不懂汉语的少数民族罪犯而言，在监狱工作中使用少数民族罪犯的语言，是顺利开展监狱工作的必要条件。在拟定本条时，参考了相关的规定。例如，财政部1997年2月21日发布的《监狱财务制度》第八条规定："会计记录的文字应当使用中文，少数民族地区可以同时使用本民族文字。"司法部2002年6月19日发布的《监狱建设标准》第二十条规定："监狱的标志应醒目、统一，标志上宜有警徽及监狱名称的中文字样；在有少数民族文字规定的地区应按当地规定执行。"

第0916条 <u>少数民族罪犯死亡后，尸体可以按照民族风俗习惯妥善处理。</u>

【立法理由】本条是新增加的。新增这一条的主要理由是在处理少数民族罪犯死亡事宜时，照顾少数民族罪犯的习惯。在拟定本条时，参考了最高人民检察院、民政部、司法部2015年3月18日发布的《监狱罪犯死亡处理规定》第二十四条第一款的规定，该款的内容是："死亡罪犯系少数民族的，尸体处理应当尊重其民族习惯，按照有关规定妥善处置。"

第0917条 <u>对少数民族罪犯的监管改造，本节未作规定的，适用本法的有关规定。</u>

【立法理由】本条是新增加的。新增这一条的主要理由作出兜底性规定。这是一般立法技术的要求。

第四节 老年犯

【修改说明】本节是新增加的，增加这一节内容的主要理由是，对于我国监狱正在出现的罪犯老龄化现象作出相关规定，以便监狱能够恰当地对老年犯开展工作。

我国监狱中的罪犯老龄化现象，主要受到两方面因素的影响。

1. 受到中国人口老龄化现象的影响

老龄化是指总人口中老年人口的比重不断增加的趋势和现象。在确定老年期的起点年龄方面，不同国家和地区受到了人口平均寿命的影响。在欧美发达国家和地区，由于人口的平均寿命普遍比较长，因此，他们倾向于把老年期的起点年龄定得较高。例如，英国、美国、加拿大等欧美发达国家中，把 65 岁作为老年期的起点年龄。与此不同，在亚太地区的许多国家，包括俄罗斯、日本等国家，则把 60 岁作为老年期的起点年龄。1982 年，联合国在维也纳召开老龄问题世界大会，提出"老龄问题国际行动计划"，规定 60 岁或者 65 岁为老年期的起点年龄。同时规定，一个国家和地区 60 岁以上人口占总人口 10%或者 65 岁以上人口占总人口 7%的，就称为老龄型国家和地区①。2006 年 2 月 23 日，全国老龄办发布《中国人口老龄化发展趋势预测研究报告》，该报告指出："1999 年，中国也进入了老龄社会，是较早进入老龄社会的发展中国家之一。"②随着人口老龄化趋势的加剧，犯罪人中的老年人数量不断增加，这必然会使监狱罪犯中老年犯的数量增加。

2. 受到刑事法律内容变化的影响

近年来，我国刑事法律制度的一些变化，有可能导致监狱罪犯中老年犯数量的增加。例如，2011 年通过的刑法修正案（八），规定了对"一种情形和八类犯罪"限制减刑的内容："对被判处死刑缓期执行的累犯以及因故意杀人、强奸、抢劫、绑架、放火、爆炸、投放危险物质或者有组织的暴力性犯罪被判处死刑缓期执行的犯罪分子，人民法院根据犯罪情节等情况可以同时决定对其限制减刑。"2015 年通过的刑法修正案（九），规定了对符合条件的贪污罪犯和受贿罪犯"终身监禁，不得减刑、假释"的内容（参见刑法第三百八十三条第四款、第三百八十六条）。这些规定必然会使罪犯在监狱中服刑的时间延长，从而导致监狱中老年犯的增加。

<u>第 0918 条　本法所称"老年犯"，是指判处监禁刑罚并在监狱中服刑的老年人。</u>

<u>监狱对老年犯的监管改造工作，应当照顾老年犯的生理、心理特点。</u>

<u>在老年犯人数较多的监狱中，可以设立老年犯监区。</u>

【立法理由】本条是新增加的。新增这一条的主要理由是根据老年犯的情况对老年犯的刑罚执行工作作出相关规定。其中，第一款给老年犯下了一个定义，便于人们理解老年犯的含义，也为监狱工作中使用的"老年

---

① 参见吴宗宪、曹健主编：《老年犯罪》，北京·中国社会出版社，2010 年版，第 6 页。
② 参见李本公主编：《中国人口老龄化发展趋势百年预测》，北京·华龄出版社，2007 年版，第 5 页。

犯"概念提供法律依据。第二款规定了对老年犯进行监管改造工作的一般原则。第三款规定了设立老年犯监区的内容。在老年犯人数较多时，设立专门的老年犯监区，有利于更好地管理这类罪犯。

在给"老年犯"下定义时，没有涉及老年人的起点年龄问题。这是有意为之，这样处理的主要理由是：①考虑到现有立法的相关规定。从什么年龄开始属于老年？对此问题，现有的法律中有明确规定。我国的老年人权益保障法第二条规定："本法所称老年人是指六十周岁以上的公民。"②考虑到人均寿命延长的事实。我国的老年人权益保障法是1999年8月29日通过的，这些年来，我国人口的平均寿命有了大幅度的提高，65岁以上的人口在人口中的比例不断上升，1999年时为6.9%①，到2015年时达到10.5%，2015年的人均预期寿命76.34岁②；到2020年时，将达到77.3岁，2030年时将达到79岁③。以此考虑，把60岁作为老年人的起点年龄，似乎太低。③考虑到监狱工作的实际情况。在监狱工作中，如果把已满60岁的罪犯作为老年人特殊照顾，这个起点年龄似乎太小，感觉有点不合适，因为这样的人在身心条件方面似乎没有什么大的问题，监狱中也没有过分劳累的体力劳动等活动，对他们进行特殊照顾似乎必要性不足。而且，如前所述，我国监狱中的老年人逐步增多，如果把已满60岁的罪犯作为老年人特殊照顾，需要照顾的人数将会越来越多，比例将会越来越大，对于监狱工作的正常进行似乎也不利。在监狱系统中，把65岁作为老年人的起点年龄比较合理，一些文件中已经有这样的做法，例如，最高人民法院等5部门2014年10月24日发布的《暂予监外执行规定》第七条第二款规定，"六十五周岁以上的罪犯"适用保外就医规定可以适度从宽。但是，如果在监狱法的定义中直接把65岁作为老年人起点年龄而加以规定的话，又与老年人权益保障法的明确规定④相冲突，因此，基于上述考虑，在拟定条文时，没有将具体的年龄包括在老年犯的定义中。

---

① 国家统计局：《中华人民共和国1999年国民经济和社会发展统计公报》，http://www.stats.gov.cn/tjsj/tjgb/ndtjgb/qgndtjgb/200203/t20020331_30013.html［2016-11-5］。

② 国家统计局：《中华人民共和国2015年国民经济和社会发展统计公报》，http://www.stats.gov.cn/tjsj/zxfb/201602/t20160229_1323991.html［2016-5-12］。

③ 中共中央、国务院：《"健康中国2030"规划纲要》，http://www.gov.cn/xinwen/2016-10/25/content_5124174.htm［2016-11-10］。

④ 也许，在未来修改老年人权益保障法的过程中，应当考虑我国人均预期寿命大幅度提高、人们的身心条件和健康状况有了很大改善的情况，调高老年人的起点年龄。

第0919条 在制定老年犯的饮食标准和对老年犯提供饮食时，应当考虑老年犯的特点。

老年犯的生活费、医疗保健费和改造经费的标准，应当适当提高。

【立法理由】本条是新增加的。新增这一条的主要理由是在监狱工作中体现对老年犯的适当照顾。中国历史上就有体恤、照顾老年犯罪人的传统。例如，《周礼·秋官·司刺》中记载："一赦曰幼弱，再赦曰老耄，三赦曰蠢愚。"《礼记·曲礼》上解释说："七十曰老，而传（传家事），八十、九十曰耄，七年曰悼。悼与耄，虽有罪，不加刑焉。"① 这意味着对于年纪不到7岁的儿童和已满70岁以上的老年人，即使其行为已经触犯了法律，也要免除其刑罚。此后，历代的法律制度中差不多都有类似的内容。这是中国优秀传统文化的组成部分，应当肯定和重视。2011年通过的刑法修正案（八）规定："审判的时候已满七十五周岁的人，不适用死刑，但以特别残忍手段致人死亡的除外。"这款规定是对传统文化的继承。在监狱工作中，也应当体现体恤、照顾老年犯罪人的内容。为此，拟定本条。在第一款中，对老年犯的饮食作出了专门规定；在第二款中，对老年犯的经费标准作出了规定。

第0920条 对老年犯的监管改造，本节未作规定的，适用本法的有关规定。

【立法理由】本条是新增加的。新增这一条的主要理由作出兜底性规定。这是一般立法技术的要求。

第五节 外籍犯

【修改说明】本节是新增加的，增加这一节内容的主要理由是集中规定外籍犯的相关事项，填补监狱法缺失这方面内容的空白，便于监狱工作者和其他相关人员更好地理解和执行这方面的规定。

第0921条 本法所称"外籍犯"，是指被判处监禁刑罚后在中国监狱中服刑的外国人以及无国籍人。

监狱对外籍犯执行刑罚时，应当遵循中国法律的相关规定和国际社会

---

① 陆心国：《晋书·刑法志注释》，北京：群众出版社，1986年版，第17页。

的公认准则。

【立法理由】 本条是新增加的。新增这一条的主要理由是规定监狱对外籍犯执行刑罚的一般原则和明确相关定义。

在本条第一款中,给"外籍犯"概念下了定义。在下这个定义的过程中,强调了两个方面:①将无国籍人包括进来。之所以将无国籍罪犯包括在外籍犯中,是因为在国际法中,广义的外国人除了具有外国国籍的人之外,还包括无国籍人①。在司法实践中,对于无国籍人员,通常参照外国人对待,因此,用"以及"字样表示他们之间的区别。②没有限定中国法院判处的内容。司法部 2003 年 1 月 1 日发布的《外国籍罪犯会见通讯规定》第二条规定:"本规定所称外国籍罪犯,是指经我国人民法院依法判处刑罚,在我国监狱内服刑的外国公民。在监狱内服刑的无国籍罪犯,比照外国籍罪犯执行。"这条规定明确指出了"经我国人民法院依法判处"的内容,我们认为,这种限定"我国人民法院依法判处刑罚"的规定不一定是最佳选择,而有可能是缺乏国际视野和前瞻性的表现,因为在未来的发展中,也有可能出现被外国法院判处刑罚后移送到中国监狱中执行刑罚的情况,这是国际刑事司法协助中罪犯移管的内容之一。

在本条第二款中,规定了监狱对外籍犯执行刑罚的一般原则。其中强调两方面:

一是遵循本国法律的相关规定。在我国,对于监狱中的外籍犯执行刑罚方面,尚无国家立法的规定,刑事诉讼法第四编执行和监狱法都没有这方面的专门规定。不过,在管理外籍犯的过程中,已经有一些部门规章,例如,司法部办公厅 2002 年 10 月 29 日印发的《外国籍罪犯管理工作研讨会纪要》(司办通〔2002〕第 89 号);司法部 2003 年 1 月 1 日发布的《外国籍罪犯会见通讯规定》。此外,在相关的司法解释中,也涉及这方面的内容。例如,最高人民检察院、民政部、司法部 2015 年 3 月 18 日发布的《监狱罪犯死亡处理规定》中,涉及了外籍犯的问题。

二是遵循国际社会的公认准则。国际社会特别是联合国已经发布了一些有关外籍犯的准则,例如,1985 年 8 月 26 日至 9 月 6 日在意大利米兰举行的联合国第七届预防犯罪和罪犯待遇大会通过的《关于外籍囚犯待遇的建议》。同时,联合国大会 2015 年 12 月 27 日通过的《曼德拉规则》等文献中,也涉及了对外籍犯的管理和待遇等问题。联合国通过的建议、规则

---

① 参见周忠海主编:《国际法》,北京·中国政法大学出版社,2013 年版,第 189 页。

等文献，体现了国际社会的普遍共识，是全人类文明和智慧的重要体现，中国作为联合国的重要成员国，应当在监狱管理实践中，充分考虑这些国际社会的公认准则。此外，在2006年版的《欧洲监狱规则》第37条中也有这方面的详细内容，值得借鉴。

第0922条 监狱接收外籍犯入监服刑后，应当通知所属国驻华使领馆。通知书应当自收监之日起五日以内发出。

外籍犯入监后，监狱应当立即用他们能理解的语言告诉他们监狱制度的主要特点和有关规则。监狱应当给外籍犯提供有相应内容的书面材料。

【立法理由】本条是新增加的。新增这一条的主要理由是规范外籍犯收监后的通知事项和入监教育内容。新增加的内容包括两方面：①第一款规定了收监外籍犯后的通知事项。②第二款规定了对外籍犯的入监教育事项。对于外籍犯的入监教育，不仅应当口头进行，还应当同时给外籍犯提供书面材料，以便让他们更加准确地了解相关信息和规则，便于监狱顺利进行管理工作。

拟定本条内容时，参考了国内的有关文件和联合国的有关规则。例如，司法部办公厅2002年10月29日关于印发《外国籍罪犯管理工作研讨会纪要》的通知中"外国籍罪犯入监后，监狱应尽快通知外国驻华使领馆"的规定，对外国籍罪犯入监通知予以规定。联合国《关于外籍囚犯待遇的建议》第4条建议："对外籍囚犯进监后，应立即用他们能理解的语文并且通常以书面告诉他们监狱制度的主要特点，包括有关规则和条例。"联合国《曼德拉规则》第62.1条指出："外籍囚犯应准获得合理便利同所属国外交和领事代表通讯联络。"

第0923条 外籍犯的饮食习惯应当予以照顾。

监狱应当尊重外籍犯的宗教信仰和宗教戒律。

【立法理由】本条是新增加的。新增这一条的主要理由是明确规定尊重外籍犯的相关习惯。尊重外籍犯的相关习惯，是我国监狱工作中十分重视并且得到贯彻落实的内容，在修改监狱法时明确规定这方面的内容，有利于进一步规范这方面的工作，也有利于展示我国监狱系统尊重国际社会公认准则的形象。在拟定本条内容时，参考了有关的文献。例如，联合国《关于外籍囚犯待遇的建议》第5条建议："应尊重外籍囚犯的宗教戒律和习惯。"

<u>第0924条</u> 外籍犯经批准可以与所属国驻华使、领馆外交、领事官员，亲属或者监护人通信。

外籍犯经批准可以与所属国驻华使、领馆外交、领事官员，亲属或者监护人会见。外籍犯亲属或者监护人及所属国驻华使、领馆外交、领事官员第一次要求会见的，应当向省级以上监狱管理机关提出书面申请并提交相关证明材料。再次要求会见的，可以直接向监狱提出申请。

【立法理由】本条是新增加的。新增这一条的主要理由是规范外籍犯的通信与会见事项。其中，第一款规定了通信的内容，第二款规定了会见的内容。

在拟定本条的内容时，参考了有关的规定和文献。例如，我国司法部2003年发布的《外国籍罪犯会见通讯规定》第三条的规定，增加"外国籍罪犯经批准可以与所属国驻华使、领馆外交、领事官员，亲属或者监护人通信"。该规定第七条、第八条、第九条进一步细化了相关的内容。

同时，也参考了相关的国际文献。例如，联合国《曼德拉规则》第62.2条指出："因犯为在所在国没有外交或领事代表的国家的国民和囚犯为难民或无国籍人时，应准获得类似便利，同代管其利益的国家的外交代表或同负责保护这类人的国家或国际机构通信联络。"

<u>第0925条</u> 外籍犯的移管，根据我国签订的双边移管条约办理，无条约的按照个案处理。

外籍犯移管应当遵循罪犯本人、该罪犯所属国政府和我国政府三方同意的原则。

【立法理由】本条是新增加的。新增这一条的主要理由是规范了外籍犯的移管事项。外籍犯被判刑后，有可能根据双边条约等的内容，被移送回国籍国或者移送到其他地方服刑，在我国的国际交流不断增加、外国人犯罪的数量也不断增加的情况下，外籍犯的移管逐步会成为我国监狱工作中的重要内容，因此，有必要明确规定这方面的内容。

本条的表述沿用了司法部办公厅2002年10月29日印发的《外国籍罪犯管理工作研讨会纪要》中的内容，不过，将相关的内容分款作了规定。

<u>第0926条</u> 对于被判处驱逐出境的外籍犯，监狱应当在刑满释放前通知公安机关，由公安机关执行驱逐出境。

【立法理由】 本条是新增加的。新增这一条的主要理由是规范外籍犯刑满后的驱逐出境等事项。我国刑法第三十五条规定："对于犯罪的外国人，可以独立适用或者附加适用驱逐出境。"这是我国对犯罪的外国人确立的重要的刑事法律制度，应当得到严格的遵守。遗憾的是，对于刑法的这一规定，刑事诉讼法没有规定相关的程序，这不能不说是一种遗憾。在修改监狱法的过程中，应当解决这个遗憾，对此作出明确规定。司法部办公厅 2002 年 10 月 29 日印发的《外国籍罪犯管理工作研讨会纪要》，对外籍犯刑满后的驱逐出境，作出了较为详细的规定。本条作出原则性规定，一方面体现监狱法的特点，即监狱法作为国家立法，不可能对相关事项作出十分具体的规定；另一方面为国家监狱主管机关和其他部门制定相关制度，提供必要的法律依据。

第 0927 条 *外籍犯在监狱服刑期间死亡的，按照国家有关法律、法规和规章的规定处理。*

【立法理由】 本条是新增加的。新增这一条的主要理由是规范外籍犯的死亡事宜。在拟定条文时，参考了最高人民检察院、民政部、司法部 2015 年 3 月 18 日发布的《监狱罪犯死亡处理规定》，该规定第二十四条第二款规定："死亡罪犯系港澳台居民、外国籍及无国籍人的，尸体处理按照国家有关法律、法规的规定执行。"本条规定为制定这方面制度提供必要的法律依据。在表述时，对《监狱罪犯死亡处理规定》中的内容作了微调，增加了"规章"这种立法形式。

增加"规章"既符合目前的做法，也兼顾未来的发展。从目前的做法来看，在目前，这方面的主要规定是外交部、最高人民法院、最高人民检察院、公安部、国家安全部、司法部 1995 年 6 月 20 日发布的《关于处理涉外案件若干问题的规定》，这个由外交部牵头发布的文件，只能算是部门规章。同时，这方面的规定还有司法部办公厅 2002 年印发的《外国籍罪犯管理工作研讨会纪要》，该文件中规定："外国籍罪犯在服刑期间死亡的，省（区、市）监狱管理局应当根据我国参加的国际公约和缔结的双边领事条约规定，尽快通知其所属国驻华使领馆，并报司法部监狱管理局。外国籍罪犯死亡后的死亡认定、尸体处理、遗物处理等善后事宜，按照外交部、最高人民法院、最高人民检察院、公安部、国家安全部、司法部《关于处理涉外案件若干问题的规定》办理。"

从未来的发展来看，目前实行的由司法部办公厅发布的会议纪要，不属于部门规章，因为根据立法法第八十四条的规定："部门规章应当经部务会议或者委员会会议决定。"在未来，应当根据新的变化和情况修订这个会议纪要的内容之后，以司法部部门规章的形式发布，才能体现对于这方面事务的严肃态度，才更符合立法法的精神。

第0928条 对外籍犯的刑罚执行，本节未作规定的，适用本法的有关规定。

【立法理由】本条是新增加的。新增这一条的主要理由是作出兜底性规定，这是一般立法技术的要求。

第六节 病犯

第0929条 本法所称"病犯"是指患有严重疾病、慢性病、传染病和精神疾病的罪犯。

病犯享有与社会居民同等的医疗待遇。

监狱应当与医疗卫生部门合作，对病犯提供持续的治疗和护理。

病犯的治疗和护理费用由国家承担。

【立法理由】本条是新增加的。新增这一条的主要理由是正视监狱中的病犯问题，解决与监狱中的病犯相关的重要问题。

1. 给"病犯"下定义

监狱中的任何罪犯都有可能患病，但是，并非所有患病的罪犯都可以构成"病犯"。罹患短暂、轻微疾病的罪犯，只要接受适当治疗就可以痊愈，没有必要纳入"病犯"的范畴，也没有必要实行专门的制度和给予特别的对待。

2. 规定病犯的相关事项

在我国的监狱中，存在一定数量的病犯，也在病犯的治疗方面存在不少问题，例如，病犯治疗与居民治疗的关系、监狱医疗卫生工作与社会医疗卫生部门的关系，病犯的看护问题，沉重的医疗费用问题等。在修改监狱法的过程中，应当正视这些问题，规定合理解决这些问题的思路和框架。联合国2015年修订的《曼德拉规则》第24条规定："1. 为囚犯提供医疗保健是国家的责任。囚犯应享有的医疗保健标准应与在社区中能够享有的相同，并应能够免费获得必要的医疗保健服务，不因其法律地位而受到歧视。2. 应与普通公共卫生管理部门紧密合作安排医疗保健服务，确保持续治疗和护理，包括对艾滋病毒、肺结核和其他传染病以及毒瘾的持续治疗和护理。"这些规定值得借鉴。同时，由国家负担病犯的医疗费用，是目前的实际做法，也是很多国家和地区的主导做法，在法律中应当有明确的规定。

第 0930 条 应当将病犯安置在符合要求的病犯监区或者医疗监狱中。

病犯监区或者医疗监狱的物质设施、人员配备、管理制度等应当符合医学要求。

应当根据病犯的情况，安排护理人员，采取护理措施，预防安全事故的发生。

【立法理由】本条是新增加的。新增这一条的主要理由是解决病犯的安置与照料。首先，在第一款中对病犯的安置作出规定。目前，对于病犯的安置，主要采用两种方式：一种方式是在监狱中设置特别的监区，收治病犯，这类监狱可以称为"病犯监区"。另一种方式是设立单独的医疗监狱。虽然这类监狱的具体名称中不一定带有"医疗"字样，但是，不少省份都有这类侧重接受病犯的监狱。对于这些监区或者监狱，应当有明确的规定。

其次，在第二款中对病犯监区或者医疗监狱的设施、人员和制度作出规定。

最后，在第三款中对与病犯相关的安全事故预防作出规定。一些病犯可能有明显的甚至是严重的暴力倾向，容易发生危害行为；另一些病犯的疾病可能有很大的传染性等问题，也容易给监狱工作者和其他罪犯造成危害。因此，规定这方面的内容，预防病犯相关安全事故的发生。

第 0931 条 应当给每个病犯制作符合规范的病历，准确记录治疗和护理等情况。

医务人员应当安全保存病例，对病历的内容保密。

病犯有权查阅本人的病历。

【立法理由】本条是新增加的。新增这一条的主要理由是规范病犯的病历。病历是医务人员对患者疾病的发生、发展、转归进行检查、诊断、治疗等医疗活动过程的记录。病历也是对采集到的资料加以归纳、整理、综合分析，按规定的格式和要求书写的患者医疗健康档案。病历是监狱工作中的一类独特的工作记录和重要资料，必须按照规范制作和保存。关于病历的书写，卫生部曾经在 2010 年 1 月 22 日印发了《病历书写基本规范》（卫医政发〔2010〕11 号），作出了详细的规定。

同时，规定病犯有权查阅病历内容。

第 0932 条 应当充分发挥医务人员在治疗、看护和对待病犯中的作用。

在安排病犯的住宿、隔离、劳动、休息、饮食等方面，应当听取医务人员的意见。

【立法理由】本条是新增加的。新增这一条的主要理由是充分发挥医务工作者在监狱工作中的作用。

第十章　法律责任

【修改说明】本章的标题和其中的很多内容都是新增加的。之所以进行这样的修改，主要是基于下列考虑。

1. 完善立法结构

从近年来国家颁布的很多法律来看，其中都有法律责任的规定。从立法结构上讲，法律责任是一部法律的重要内容，是完整的立法结构的必要组成部分。监狱法中缺乏法律责任专章，是立法结构不完整的表现，在修改监狱法时应当解决这个问题。

2. 增强法律权威

在修改监狱法时增加法律责任专章，也能够增强监狱法的权威性，有利于促使监狱法规定的贯彻落实，能够推动监狱工作的顺利进行。

第 1001 条 在监狱服刑的罪犯不履行本法第 0403 条规定的义务或者有本法禁止的其他行为的，依照规定给予行政处罚；构成犯罪的，依法追究刑事责任。

【立法理由】本条是新增加的。新增这一条的主要理由是进一步强化罪犯的法律责任，促使罪犯严格遵守法律规定，认真接受监管改造。

第1002条 监狱工作者进行本法第0306条禁止的行为或者有本法禁止的其他行为的，依法给予行政处分；构成犯罪的，依法追究刑事责任。

【立法理由】本条是新增加的。新增这一条的主要理由是进一步强化监狱工作者的法律责任，促使他们更好地履行职责，预防违法犯罪行为的产生。

第1003条 对于监狱提请人民法院处理的事项，人民法院逾期不处理的，监狱可以要求人民法院迅速处理；经要求仍然不及时处理的，监狱可以要求上级人民法院督促处理。

对于法院系统不依法处理监狱提请事项的突出问题，监狱管理机关可以提请相关的人民代表大会常务委员会进行法律监督。

人民法院在处理中严重违反法律规定或者构成犯罪的，监狱应当要求人民检察院或者监察机关追究刑事责任。

【立法理由】本条是新增加的。新增这一条的主要理由是进一步强化审判机关切实履行职责。在监狱工作中，大量的减刑、假释案件需要提请人民法院处理，但是，从很多地方的调研情况来看，经常发生人民法院逾期不处理的情况，甚至在监狱多次催促之后仍然不及时审核裁决。因此，为了督促人民法院及时处理，为了增强监狱在刑罚执行中对于人民法院的制约作用，拟定了本条。

拟定本条第一款时，参考了人民法院组织法的相关规定。该法第十七条第二款规定，"下级人民法院的审判工作受上级人民法院监督"。

拟定本条第二款时，参考了2006年8月27日通过的《中华人民共和国各级人民代表大会常务委员会监督法》的相关规定，该法第四章规定的执法检查，应当包括这方面的内容。如果法院系统在处理监狱提请事项方面存在较为严重的或者普遍的问题时，监狱管理机关可以提请相关的人民代表大会常务委员会开展执法检查，通过这种方式实行法律监督，促进法院系统严格执法。

拟定本条第三款时，参考了刑事诉讼法和监察法的有关规定。刑事诉讼法第十九条第二款关于案件管辖的规定是："人民检察院在对诉讼活动实行法律监督中发现的司法工作人员利用职权实施的非法拘禁、刑讯逼供、非法搜查等侵犯公民权利、损害司法公正的犯罪，可以由人民检察院立案侦查。对于公安机关管辖的国家机关工作人员利用职权实施的重大犯罪案件，需要由人民检察院直接受理的时候，经省级以上人民检察院决定，可以由人民检察院立案侦查。"监察法第十一条规定："监察委员会依照本法和有关法律规定履行监督、调查、处置职责：（一）对公职人员开展廉政教育，对其依法履职、秉公用权、廉洁从政从业以及道德操守情况进行监督检查；（二）对涉嫌贪污贿赂、滥用职权、玩忽职守、权力寻租、利益输送、徇私舞弊以及浪费国家资财等职务违法和职务犯罪进行调查；（三）对违法的公职人员依法作出政务处分决定；对履行职责不力、失职失责的领导人员进行问责；对涉嫌职务犯罪的，将调查结果移送人民检察院依法审查、提起公诉；向监察对象所在单位提出监察建议。"因此，如果监狱发现人民法院在处理中严重违反法律规定或者可能构成犯罪时，应当向人民检察院或者监察机关反映，要求人民检察院或者监察机关依法处理。

第1004条 人民检察院刑事执行检察机构和检察人员未履行本法规定的职责的，监狱可以要求其所在单位或者上级机关责令改正；情节严重的，监狱可以要求其所在单位或者上级机关对直接负责的主管人员和其他直接责任人员依法给予行政处分；构成犯罪的，监狱可以建议上级人民检察院或者监察机关依法追究其刑事责任。

【立法理由】 本条是新增加的。新增这一条的主要理由是完善对于刑事执行检察机构和检察人员的问责制度，增强监狱与检察机关之间的相互制约。我国宪法第一百二十九条规定："中华人民共和国人民检察院是国家的法律监督机关。"根据这条规定，检察机关对公安机关、审判机关、监狱机关等的执法工作进行法律监督，但是，由谁来监督检察机关的问题，长期没有得到解决，这是制度设计的重大问题。无数事实表明，缺乏监督的权力必然导致腐败，如果缺乏对于检察机关的监督和制约，也必然会导致相关的问题。因此，为了完善宪法规定的相互制约的制度，拟定了本条的内容。

在拟定本条的内容时，除了按照一般法律原则等进行表述之外，还特别关注了监察体制改革情况。根据监察法的规定，监察委员会由人民代表大会产生："各级监察委员会是行使国家监察职能的专责机关，依照本法对所有行使公权力的公职人员（以下称公职人员）进行监察，调查职务违法和职务犯罪，开展廉政建设和反腐败工作，维护宪法和法律的尊严。"（第三条）根据这条规定，所有国家财政供养的组织、群体都要纳入国家监察范围，其中包括法院、检察院、医院、学校。如果实行这样的制度，不仅会强化监督制度的作用，而且会进一步完善相互制约制度，会消除无人（机构）监督检察院的现象。为此，在本条最后一句中增加了"监察机关"的内容，为监察委员会预留空间。

第1005条 <u>有关国家机关及其工作人员未履行本法规定的职责的，监狱可以要求其所在单位或者上级机关责令改正；情节严重的，监狱可以要求其所在单位、上级机关或者监察机关对直接负责的主管人员和其他直接责任人员依法给予行政处分；构成犯罪的，监狱可以建议人民检察院或者监察机关依法追究其刑事责任。</u>

【立法理由】本条是新增加的。新增这一条的主要理由是进一步强化法院和检察院之外的其他国家机关及其工作人员的法律责任，促使他们更好地履行职责，切实贯彻落实监狱法的相关规定。在监狱工作中，经常出现政府有关部门不履行职责的现象，例如经费保障不足或者不按时到位等。不过，现行监狱法没有规定责任追究机制，监狱面对这些履职不到位的行为时束手无策。

本条所指的"有关国家机关"，是指国家的其他行政机关。如果这类国家机关及其工作人员不履行相关职责，监狱有权要求其所在单位或者上级机关责令改正。构成渎职犯罪的，监狱有权建议人民检察院或者监察机关依法追究刑事责任。

在表述具体内容时，突出了监狱对国家的其他行政机关的制约作用。之所以这样规定是因为，在开展监狱工作的过程中，监狱会首先发现其他国家机关及其工作人员不履行职责的情形，这类不履行职责的情形对于监狱工作影响极大，因此，为了促使其履行职责，应当赋予监狱要求处理或者建议追究刑事责任的权力。

在拟定本条的内容时，参考了有关法律的规定。例如，《中华人民共和国义务教育法》第五十一条规定："国务院有关部门和地方各级人民政府违反本法第六章的规定，未履行对义务教育经费保障责任的，由国务院或者上级地方人民政府责令限期改正；情节严重的，对直接负责的主管人员和其他直接责任人员依法给予行政处分。"又如,《中华人民共和国未成年人保护法》第六十条规定:"国家机关及其工作人员不依法履行保护未成年人合法权益的责任,或者侵害未成年人合法权益,或者对提出申诉、控告、检举的人进行打击报复的,由其所在单位或者上级机关责令改正,对直接负责的主管人员和其他直接责任人员依法给予行政处分。"也参考了监察法第十一条的规定。

第1006条 有下列情形之一,构成违反治安管理行为的,由公安机关予以处罚;构成犯罪的,依法追究刑事责任:

(一)非法接近、进入、冲击或者破坏警戒设施与警戒隔离带的;
(二)扰乱监狱秩序的;
(三)破坏、损毁监狱设施的;
(四)携带、传递违禁品进入监狱的;
(五)与罪犯串通,伪造证据,影响监狱执行刑罚的;
(六)编造、传播损害监狱执法形象的虚假信息,造成恶劣影响的;
(七)其他影响监狱安全和改造秩序的。

【立法理由】本条是新增加的。新增这一条的主要理由是保护监狱的正常工作秩序免受外界干扰和侵犯。近年来,监狱安全和稳定时常受到外界的威胁,本条列举的行为是对曾发生的实例所作的概括。这些行为也属于《中华人民共和国治安管理处罚法》禁止和打击的范围之内。这些行为对监狱安全和稳定带来很坏的社会影响,危害很大。为了有效遏制或阻止这些危害监狱安全和稳定的行为发生,以保障监狱安全,应当设置这一条文。

第1007条 抢夺、侵占、破坏监狱的财物、土地和其他资源的,依法承担民事责任;构成违反治安管理行为的,由公安机关予以处罚;构成犯罪的,依法追究刑事责任。

【立法理由】本条是新增加的。新增这一条的主要理由是保护监狱的财产免受外界的侵犯。在监狱工作中,经常发生监狱周围的组织或者个人哄抢、侵占和破坏监狱的财物和土地的行为,造成监狱资产的流失、财物的损坏,需要对这些行为予以追究,以保护监狱资产的安全。因此,规定了本条的内容。

在拟定本条时，参照了我国物权法、民法通则和治安管理处罚法的有关规定进行修改。2007年颁布的物权法第四条规定："国家、集体、私人的物权和其他权利人的物权受法律保护，任何单位和个人不得侵犯。"1986年颁布的民法通则第一百三十四条规定："承担民事责任的方式主要有：（一）停止侵害；（二）排除妨碍；（三）消除危险；（四）返还财产；（五）恢复原状；（六）修理、重作、更换；（七）赔偿损失；（八）支付违约金；（九）消除影响、恢复名誉；（十）赔礼道歉。以上承担民事责任的方式，可以单独适用，也可以合并适用。"2005年颁布的治安管理处罚法第四十九条规定："盗窃、诈骗、哄抢、抢夺、敲诈勒索或者故意损毁公私财物的，处五日以上十日以下拘留，可以并处五百元以下罚款；情节严重的，处十日以上十五日以下拘留，可以并处一千元以下罚款。"

第1008条 监狱在执法活动中违反本法规定的，由监狱上级管理机关责令改正，对主管人员和其他直接责任人员给予行政处分；造成公民人身、财产损害和法人、其他组织财产损害的，依法承担赔偿责任。

【立法理由】 本条是新增加的。新增这一条的主要理由是规定监狱不履行职责的法律责任。在监狱的执法工作中，作为刑罚执行机关的监狱不履行执法责任的事件时有发生，应追究监狱及其工作人员的责任，以维护监狱执法的严肃性。为此，规定本条。

在拟定本条时，参考了有关法律的规定。例如，2010年修订的《中华人民共和国国家赔偿法》第十七条和第十八条规定了监狱承担赔偿责任的情形，当监狱在执法中因不履行执法责任而发生规定的承担赔偿责任的情形时，监狱应承担赔偿责任。又如，2012年修订的人民警察法第五十条规定："人民警察在执行职务中，侵犯公民或者组织的合法权益造成损害的，应当依照《中华人民共和国赔偿法》和其他有关法律法规的规定给予赔偿。"

第十一章　附则

第1101条 本法关于期间的规定是指工作日，不含节假日。
本法在表示期间和范围时所称"以内""内""以上""以下"，均包括本数和自身。

【立法理由】本条是新增加的。新增这一条的主要理由是促进结构的完整性和增强术语的准确性。第二款中的"期间"与"本数"对应,"范围"与"自身"对应;其中的"范围"是指相关机关等。例如,"报省级以上监狱管理机关批准"包括省级监狱管理机关自身。又如,"鼓励和支持罪犯接受中等以上教育"的规定,包括中等教育自身。

在拟定本条时,参考了有关法律的规定。例如,行政复议法第四十条规定:"本法关于行政复议的期间有五日、七日的规定,是指工作日,不含节假日。"刑法第九十九条规定:"本法所称以上、以下、以内,包括本数。"

第1102条 本法规定适用于其他相关监禁场所,其他法律另有规定的除外。

【立法理由】本条是新增加的。新增这一条的主要理由是进一步规范其他相关监禁场所的制度,增强这些监禁场所的监禁水平。在我国,司法部管理的监狱,是剥夺公民人身自由的最主要的监禁场所,除此之外,还有一些其他的剥夺公民人身自由的监禁场所,例如看守所、强制隔离戒毒机构、收容教育机构、强制医疗机构等。在这些机构中,监狱的法律制度最为完备,管理的规范化程度最高,在监狱管理中确立的制度,值得其他机构认真借鉴。实际上,在过去就存在这样的做法。例如,在过去,把监狱系统简称为"劳改",在废除劳动教养之前,往往把劳动教养称为"二劳改",这表明,劳动教养机构中管理等方面学习和借鉴了劳改机构(监狱)的做法。同时,规定"其他法律另有规定的除外",考虑了其他监禁场所的特殊情况,便于这些监禁场所实行相应的法律制度。

研究者认为,在监狱法中作出这样的规定,让其他监禁场所借鉴监狱制度,具有多方面的积极意义。第一,有助于对被监禁者进行有效和文明的管理。监禁机构建设与管理标准的统一,既有助于刑事收容机构设施建设的标准化、规范化乃至现代化,同时也有助于对管理者素质和能力进行统一要求,并且能够不断进行培训使其素质和能力不断提升。第二,有助于对被监禁者进行有效的教育矫正。监禁机构管理与运行标准的统一,有助于选拔和培养高素质的专门人才从事相应的教育矫正工作。第三,有助于对被监禁者的人权保障。监禁机构管理与运行标准的统一，也有助于制定统一的权利保障规范并予以落实，也有助于检察机关、社会公众和媒体介入进行各种形式的监督，从而实现对被监禁者的人权保障[①]。

此外，从国际社会的情况来看，适用于监狱的规则，往往也适用于其他类似的监禁机构。例如，欧洲监狱规则第10.1条规定，"《欧洲监狱规则》适用于被司法机关羁押候审或者定罪后被剥夺自由的人。"

第1103条 本法自公布之日起施行。

【立法理由】本条是保留的监狱法第七十八条。

[①] 王平：《关于"本法规定适用于其他相关监禁场所"的立法建议》，载《中国监狱学刊》2019年第3期，第6—8页。

附录

欧洲监狱规则（2006年版）[1]

欧洲理事会部长委员会……
成员国部长委员会关于欧洲监狱规则的建议2006年第2号[2]

（2006年1月11日第952次部长代表会议通过）

根据欧洲理事会（Council of Europe）[3]章程第15条b的规定，部长委员会：

考虑到《欧洲人权公约》（European Convention on Human Rights）和欧洲人权法院（European Court of Human Rights）的判例法；

也考虑到欧洲防止酷刑和不人道或有辱人格待遇或处罚委员会（European Committee for the Prevention of Torture and Inhuman or Degrading Treatment or Punishment）开展的工作，特别是其在一般报告中制定的

---

[1] 本规则的完整标题是《成员国部长委员会关于欧洲监狱规则的建议2006年第2号》（Recommendation Rec（2006）2 of the Committee of Ministers to member states on the European Prison Rules）。原文下载自欧洲理事会（Council of Europe）官网，网址为：https://search.coe.int/cm/Pages/result_details.aspx?ObjectID=09000016805d8d25。由吴宗宪翻译的这个译文译出后，首先发表在《犯罪与改造研究》2019年第6期，第68—80页。吴宗宪过去曾经翻译了1987年版的《欧洲监狱规则》，其汉语译文参见吴宗宪《当代西方监狱学》（法律出版社2005年版）第837—854页。

[2] 在通过本建议并适用部长代表会议议事规则第10.2条c时，丹麦代表保留其政府有权遵守或不遵守本建议附录中第43条第2款的规定，因为丹麦代表认为，要求医务人员每天探视被单独监禁的犯人，会引起有关医务人员在有效宣布犯人是否适合进一步单独监禁方面可能发挥的作用的严重道德问题。——原注

[3] Council of Europe 又译为"欧洲委员会"。——译注

标准；

重申除了作为最后手段并按照法律规定的程序外，不得剥夺任何人的自由；

强调执行监禁刑罚和对待犯人必须考虑到安全、安保（security）和纪律的要求，同时确保监狱条件不侵犯人的尊严，并且为犯人提供有意义的职业活动和治疗方案，从而为他们做好重新融入社会的准备；

考虑到欧洲理事会成员国继续更新并遵守有关其监狱政策的共同原则的重要性；

此外，考虑遵守这些共同原则将加强在这个领域的国际合作；

注意到在过去 20 年中影响欧洲刑事领域重要发展的重大社会变革；

再次赞同欧洲理事会部长委员会对监狱政策和实践的一些具体方面提出的建议中包含的标准，特别是关于监狱中的教育的第 R（89）12 号建议，关于控制包括艾滋病在内的传染病和监狱中相关健康问题的监狱与犯罪学方面第 R（93）6 号建议，关于实施制裁和措施的工作人员的第 R（97）12 号建议，关于监狱保健的伦理和组织方面的第 R（98）7 号建议，关于监狱过度拥挤和监狱人口膨胀的第 R（99）22 号建议，关于附条件释放（假释）的第（2003）22 号建议，关于监狱管理部门对终身监禁犯人和其他长刑犯人的管理工作的第（2003）23 号建议；

铭记《联合国犯人待遇最低限度标准规则》；

考虑到部长委员会关于欧洲监狱规则的第 R（87）3 号建议需要实质性修订和更新，以反映刑事政策、量刑实践和欧洲监狱整体管理方面的发展情况。

建议成员国政府：

——根据本建议附录中包含的规则，指导成员国的立法、政策和实践，本建议取代了部长委员会关于欧洲监狱规则的第 R（87）3 号建议；

——确保尽可能广泛地翻译和传播本建议和所附的对其文本的评注，更具体地说，是在司法当局、监狱工作人员和犯人中进行传播。

第（2006）2号建议附录

第一部分　基本原则

1. 所有被剥夺自由的人都应受到尊重其人权的待遇。
2. 被剥夺自由的人保留没有通过判决或者拘留决定合法剥夺的所有权利。
3. 对被剥夺自由的人进行的限制，应当是必要的最低限度的限制，并与进行限制的合法目标相适应。
4. 由于缺乏资源而侵犯犯人人权的监狱条件是不合理的。
5. 监狱中的生活应当尽可能接近社区生活中的积极方面。
6. 应当对所有拘留进行管理，以便促进被剥夺自由的人重新融入自由社会。
7. 应鼓励与外部社会服务部门合作并且尽可能让公民社会（civil society）① 参与监狱生活。
8. 监狱工作人员开展重要的公共服务，他们的招聘、培训和工作条件应当使他们能够在照顾犯人方面保持高标准。
9. 所有监狱应当接受政府定期检查和独立监督。

范围和应用

10.1《欧洲监狱规则》适用于被司法机关羁押候审或者定罪后被剥夺自由的人。

10.2 原则上，被司法机关羁押候审的人和定罪后被剥夺自由的人只应被关押在监狱中，即关押在为这两类被拘留者保留的机构中。

10.3 本规则也适用于：

a. 因为任何其他理由而被拘留在监狱中的人；或者

b. 被司法机关羁押候审的人或者定罪后被剥夺自由的人，以及因为任何理由被拘留在其他地方的人。

---

① civil society 又译为"公民社会""民间社会""民间团体"等。——译注

10.4 所有被拘留在监狱的人或者以第 10.3 条 b 所规定方式被拘留的人,都被看成是本规则所讲的犯人。

11.1 18 岁以下的儿童不应被关押在成人监狱,而应被关押在专门为此目的而设计的机构中。

11.2 然而,在特殊情况下如果儿童被关押在这种监狱中,则应当根据儿童的地位和需要作出特别规定。

12.1 精神病人和其精神健康状况不适合拘留在监狱中的人,应当关押在为此目的而专门设计的机构中。

12.2 如果此类人员在特殊情况下被关押在监狱中,则应当根据其身份和需要作出特别规定。

13. 这些规则应公正适用,不得以性别、种族、肤色、语言、宗教、政治或者其他见解、民族或者社会出身、与少数民族的关系、财产、出生或者其他身份等任何理由进行歧视。

第二部分 监禁条件

收监①

14. 根据国家法律,任何人不得在没有有效的收监令(commitment order)的情况下作为犯人被收监或者关押在监狱中。

15.1 在收监时,应当立即记录下列有关每名犯人的详情:

a. 有关该犯人身份的资料;

b. 收监的理由和要求收监的机构;

c. 收监的日期和时间;

d. 根据第 31 条保管的犯人个人财产的清单;

e. 任何明显的伤害和对以前虐待的投诉;和

f. 根据医疗保密要求,任何与该犯人或者其他人的身心健康相关的该犯人的健康信息。

15.2 收监时,必须按照第 30 条向所有犯人提供信息。

15.3 收监后,应当立即按照第 24.9 条的规定发出拘留犯人的通知。

16. 收监后尽快:

---

① 原文是 admission。——译注

a. 应当根据第 42 条的规定进行医学检查，补充犯人收监时的健康情况信息；

b. 应当根据第 51 条确定犯人的适当的警戒度等级（level of security）；

c. 应当按照第 52 条确定犯人构成的安全威胁；

d. 应当评估有关犯人社会状况的任何现有信息，以便处理犯人当前的个人需要和福利需求；以及

e. 对于被判刑犯人，应当采取必要步骤，按照本规则第八部分实施矫正方案。

分配和住宿①

17.1 应当尽可能将犯人分配到其家庭或者社会改造（social rehabilitation）② 场所附近的监狱。

17.2 分配还应当考虑继续进行刑事调查、安全和安保的要求，考虑为所有犯人提供适当制度的需要。

17.3 应当尽可能了解犯人对于最初分配和随后从一所监狱转移到另一所监狱的意见。

18.1 为犯人提供的住所，尤其是所有睡觉的住所，应当尊重人的尊严，尽可能尊重隐私，并且符合健康和卫生的要求，适当考虑气候条件，特别是地面空间（floor space）、空气立方含量（cubic content of air）、照明、供暖和通风。

18.2 在要求犯人生活、劳动或者聚集的所有建筑物内：

a. 窗户应当足够大，使犯人在正常情况下能够在自然光下阅读或者劳动，并且允许新鲜空气进入，除非有足够的空调系统；

b. 人造光（artificial light）应当符合公认的技术标准；以及

c. 应当有警报系统，以便使犯人能够及时与工作人员联系。

18.3 应当在国内法中规定（第 18.2 条）第 1 款和第 2 款所规定事项的具体最低要求。

18.4 国家法律应当规定机制，确保这些最低要求不会因监狱过度拥挤而被违反。

18.5 犯人夜间通常应当在单独的监舍内住宿，除非他们共用寝室更加

---

① 原文是 allocation and accommodation。——译注
② social rehabilitation 又译为"社会康复"。——译注

有利。

18.6 只有在符合这个目的的情况下，才可以共用寝室，并且应当由彼此适合交往的犯人共用寝室。

18.7 在要求共用寝室前，应当尽可能给犯人提供选择。

18.8 在决定让犯人住在特定监狱中或者监狱的特定部分内时，应该适当考虑在分配犯人时是否需要：

a. 将未经审讯的犯人与已被判刑的犯人分开；

b. 将男犯人与女犯人分开；以及

c. 将年轻成年犯人（young adult prisoner）与年长犯人（older prisoner）分开。

18.9 为了允许犯人共同参加有组织的活动，可以根据第 18.8 条①规定对分类拘留（separate detention）的要求作出例外规定，但是，不同类别的犯人在夜间应当分开，除非他们同意被拘留在一起，并且监狱当局认为这样拘留最符合所有相关犯人的利益。

18.10 所有犯人的住宿条件受到的安保限制应当是最少的，并且与他们逃跑、伤害自己或者他人的危险性相适应。

卫生②

19.1 每所监狱的所有部分都应当定期维修，并且时刻保持清洁。

19.2 在收押犯人时，分配给他们的监舍或者其他住所应当是清洁的。

19.3 犯人应当能够随时使用符合卫生要求并且尊重隐私的卫生设施。

19.4 应当提供足够的设施，使每名犯人可以在适宜气候的温度下洗澡或者淋浴；如果可能的话，每天能够洗澡或淋浴，但是每周至少能够洗澡或淋浴两次（如有需要，可以更加频繁地洗澡或者淋浴），以便保证卫生。

19.5 犯人应当保持其身体、衣物和寝室干净整洁。

19.6 监狱当局应向他们提供这样做的手段，包括洗漱用品、一般清洁工具和材料。

19.7 应当对妇女的卫生需求作出特别规定。

---

① 原文为"paragraph 8"，可以翻译为"第 8 款"或者"第 8 条"。原文是错误的，因为本规则中没有第 8 款；如果理解为"第 8 条"，其内容也与这里的规定无关。根据上下文推断，原文中应当是"paragraph 18.8"，即"第 18.8 条"，原文中少写了"18."。——译注

② 原文是 hygiene。——译注

衣服和床上用品[①]

20.1 对于没有足够衣服的犯人，应当提供适合气候的衣服。

20.2 此类衣服不得有辱人格或者羞辱意味。

20.3 所有衣物应当保持良好状态，并且应当在必要时可以更换。

20.4 经过允许离监外出的犯人，不必穿着标明犯人身份的衣服。

21. 应当向每名犯人提供单独的床位和单独而适当的床上用品，床铺应当保持良好状况并且应当经常更换，以便确保清洁。

营养[②]

22.1 应当向犯人提供考虑其年龄、健康、身体状况、宗教、文化和劳动性质的营养饮食。

22.2 对营养饮食的要求，包括其最低能量和蛋白质含量，应当在国家法律中规定。

22.3 应当按照卫生要求准备和供应食物。

22.4 每天应当提供三餐，每餐之间应当有合理的间隔。

22.5 犯人应当随时能够获得干净的饮用水。

22.6 医生或者合格护士在有医疗原因方面的需要时，应当下令改变特定犯人的饮食。

法律咨询[③]

23.1 所有犯人都有权获得法律咨询，监狱当局应当为他们提供获取此类咨询的合理便利。

23.2 犯人可以自行选择并自费与法律顾问咨询任何法律事务。

23.3 如果有得到认可的免费法律援助计划，当局应提请所有犯人注意。

23.4 犯人与其法律顾问之间的商议和其他通信，包括有关法律事务的通信，应当予以保密。

23.5 在特殊情况下，司法机关可以授权对此类保密进行限制，以便预

---

① 原文是 clothing and bedding。——译注
② 原文是 nutrition。——译注
③ 原文是 legal advice。——译注

防严重犯罪或者对监狱安全与安保的严重危害。

23.6 犯人有权查阅或者被允许持有与其法律诉讼有关的文件。

与外界接触①

24.1 应当允许犯人尽可能频繁地通过信件、电话或者其他形式与家人、其他人和外部组织的代表交流，并且接受这些人的探视。

24.2 通信和探视可能会因为继续进行刑事调查、维持良好秩序、安全和安保、预防刑事犯罪和保护犯罪被害人的需要而受到必要的限制和监视，但是，此类限制，包括司法机关下令进行的具体限制，应当允许有可接受的最低限度的接触。

24.3 国内法应当规定，不应当限制犯人与国内和国际机构及其官员的通信。

24.4 探视安排应当使犯人尽可能以正常的方式维持和发展家庭关系。

24.5 监狱当局应当帮助犯人保持与外界的适当接触，并且向他们提供保持这种接触的适当的福利支持。

24.6 应当及时向犯人传达任何近亲属死亡或者严重疾病的任何信息。

24.7 在任何允许的情况下，应当授权犯人在护送下或者单独地离开监狱，以便探望生病的亲属、参加葬礼，或者出于其他人道主义原因而离开监狱。

24.8 应当允许犯人立即将其监禁或者移送到其他机构，以及身患严重疾病或者遭受伤害的情况通知其家人。

24.9 在犯人被收监、死亡、身患严重疾病或者遭受重伤，或者将犯人转移到医院后，除非犯人要求不这样做，否则当局应立即通知该犯人的配偶或者伴侣；如果该犯人单身，则通知其最近的亲属和该犯人以前指定的任何其他人。

24.10 除非司法机关在个别案件中有特别的禁止性要求，否则，应当允许犯人通过订阅和阅读报纸、期刊、其他出版物以及收听广播或者收看电视等方式，定期了解公共事务。

24.11 监狱当局应当确保犯人能够参加选举、公民投票（referendum）②和其他公共生活方面的活动，他们在这些方面的权利不受

---

① 原文是 contact with the outside world。——译注
② referendum 简称"公投"，又译为"全民公决"。——译注

国内法的限制。

24.12 应当允许犯人与媒体沟通,除非有令人信服的理由表明禁止这样做是为了维护安全和安保,为了保护公众利益,或者是为了保护被害人、其他犯人或者工作人员的尊严。

监狱制度①

25.1 为所有犯人规定的制度,应当提供均衡的矫正计划。

25.2 该制度应当允许所有犯人每天在监舍外面度过足够多的时间,以便进行适当程度的人与社会互动。

25.3 该制度也应当满足犯人的福利需要。

25.4 应当特别注意遭受过身体、精神或者性虐待的犯人的需要。

劳动②

26.1 应当把监狱劳动看作监狱制度的积极成分,绝不应当把监狱劳动作为一种惩罚。

26.2 监狱当局应当努力提供足够的有用的劳动。

26.3 所提供的劳动应当尽可能维持或者提高犯人释放后谋生的能力。

26.4 根据第13条,所提供的劳动种类不应当有性别歧视。

26.5 应当向能够从中受益的犯人,特别是年轻犯人,提供包括职业培训在内的劳动。

26.6 犯人可以在现有的适当的职业选择范围内,在良好的秩序和纪律的要求下,选择其希望从事的职业类型。

26.7 矫正机构③中劳动的组织和方法应当尽可能与社区内类似劳动的组织和方法相似,以便使犯人为正常的职业生活条件做好准备。

26.8 尽管从矫正机构内的工业生产中追求经济利益对于提升标准、提高培训质量和相关性是有价值的,但是,不应当让犯人的利益服从这一目的。

26.9 监狱当局应当自行或者与私营承包商合作,在监狱内外为犯人提

---

① 原文是 prison regime。——译注
② 原文是 work。也可翻译为"工作"。——译注
③ 原文是 institution,《犯人待遇最低限度标准规则》的中译本将其翻译为"监所"。——译注

供劳动机会。

26.10 在任何情况下，犯人的劳动都应当有公平的报酬。

26.11 应当允许犯人将其收入的至少一部分用于购买经批准的自用物品，并且将其收入的一部分分配给他们的家人。

26.12 可以鼓励犯人将他们的部分收入存起来，在释放时交给他们或者用于其他经批准的用途。

26.13 对犯人采取的健康和安全预防措施应当充分地保护他们，并且不得低于适用于外面工人的措施。

26.14 应当规定对犯人遭受的工业伤害，包括职业病，以不低于国家法律对外面工人规定的条件，作出赔偿。

26.15 犯人每日和每周的最长劳动时间，应当根据当地雇用自由工人的规定或者惯例确定。

26.16 犯人每周至少休息一天，他们应当有足够的时间参加教育和其他活动。

26.17 尽可能将参加劳动的犯人纳入国家社会保障制度。

运动和娱乐[①]

27.1 如果天气允许，每名犯人应当每天至少有1小时在户外运动的机会。

27.2 当天气恶劣时，应当作出其他安排，以便使犯人能够运动。

27.3 为了促进身体健康、提供足够的运动和娱乐机会而适当组织的活动，应当构成监狱制度的一个组成部分。

27.4 监狱当局应当通过提供适当的设施和设备促进此类活动。

27.5 监狱当局应当为有需要的犯人安排组织特别的活动。

27.6 应当提供娱乐机会，包括体育、游戏、文化活动、业余爱好和其他休闲活动，并且尽可能允许犯人组织这些活动。

27.7 应当允许犯人在运动期间和参加娱乐活动时相互联系。

教育

28.1 每所监狱都应当设法向所有犯人提供尽可能全面的，能够满足他们的个人需要并且考虑他们的愿望的教育计划。

---

① 原文是 exercise and recreation。——译注

28.2 应当优先考虑有识字、算术需要的犯人和缺乏基础教育、职业教育的犯人。

28.3 应当特别注意对年轻犯人和有特殊需要的犯人的教育。

28.4 在监狱制度内,教育应当具有不低于劳动的地位,犯人不得因为参加教育活动而在经济上或者其他方面处于不利地位。

28.5 每所矫正机构都应当设立一座供所有犯人使用的图书馆,其中应当有足够的娱乐和教育资源、书籍与其他媒体。

28.6 监狱图书馆应当尽可能与社区图书馆服务机构开展合作。

28.7 在切实可行的范围内,对犯人的教育应当:

a. 与国家的教育和职业培训制度相结合,以便在释放之后,他们可以顺利地继续接受教育和职业培训;

b. 在外部教育机构的支持下进行。

思想、良心和宗教自由[①]

29.1 应当尊重犯人的思想、良心和宗教自由。

29.2 应当在切实可行的范围内制定监狱制度,以便允许犯人实践其宗教,遵循其信仰,参加由该宗教或者信仰方面得到认可的代表主持的服务或者会议,接受该宗教或者信仰的代表进行的私人探视,拥有与其宗教或者信仰有关的书籍或者文学作品。

29.3 不得强迫犯人从事某种宗教或者信仰活动、参加宗教仪式或者会议、参加宗教活动、接受任何宗教或者信仰的代表的探视。

信息

30.1 在入监时和入监之后必要时,应当以犯人可以理解的语言,用书面和口头方式通知所有犯人关于监狱纪律、他们在监狱中的权利和义务的规定。

30.2 应当允许犯人持有所提供信息的书面版本。

30.3 应当告知犯人他们所涉及的任何法律程序;如果他们被判刑,则应当告知服刑时间和提前释放的可能性。

---

① 原文是 freedom of thought, conscience and religion。——译注

犯人的财产[①]

31.1 根据监狱的规则，不允许犯人保留的所有财产，都应当在他们入监之后得到安全保管。

31.2 其财产被安全保管的犯人，应当签署财产清单。

31.3 应当采取措施使此类财产保持良好状态。

31.4 如果发现有必要销毁任何此类财产，应当记录并通知犯人。

31.5 根据卫生、良好秩序和安全的要求，犯人有权以不高于自由社会的价格，购买或者用其他方式获得物品，包括供其个人使用的食品和饮料。

31.6 如果犯人带进任何药物，医生应当决定如何使用这些药物。

31.7 在允许犯人拥有其财产的情况下，监狱当局应当采取措施协助保管。

犯人的移送[②]

32.1 当犯人被移送到监狱或者从监狱移送到法院、医院等其他地方时，应当尽可能少地让他们暴露在公众视野中，并且应当采取适当保护措施确保他们的匿名性。

32.2 应当禁止用通风不足或者光线不足的交通工具运送犯人，禁止以任何方式让犯人遭受不必要的身体痛苦或者侮辱。

32.3 犯人的运送应当在公共当局（public authorities）的指导下进行。

犯人的释放[③]

33.1 当犯人的收监令期满、法院或者其他当局下令释放时，应当立即释放所有犯人。

33.2 应当记录释放的日期和时间。

33.3 所有犯人都应当从那些目的在于帮助他们释放后回归自由社会的安排中受益。

33.4 在释放犯人时，所有被安全保管的属于该犯人的物品和金钱，都

---

① 原文是 prisoners' property。——译注
② 原文是 transfer of prisoners。——译注
③ 原文是 release of prisoners。——译注

应当返还给该犯人,但是,经授权提取的金钱、经授权运出该矫正机构的此类财产,或者已经发现基于卫生原因必须销毁的任何物品除外。

33.5 犯人应当在返还财产的收据上签字。

33.6 在预先安排释放的情况下,应当根据第42条的规定,在尽可能接近释放时间的时候,对犯人进行体检。

33.7 必须采取措施,确保在释放犯人时,必须向获释犯人提供适当的文件和身份证明,并协助他们找到适当的住处和工作。

33.8 还应当立即向被释放犯人提供生活资料、与气候和季节相适应的适宜而足够的衣服和到达其目的地的足够资金。

妇女

34.1 除本规则中关于女性犯人的具体规定外,当局在作出影响女性犯人拘留的任何方面的决定时,都应当特别注意妇女在身体、职业、社会和心理等方面的需要。

34.2 应当特别努力地为有需要的女性犯人提供第25.4条规定的特别服务。

34.3 应当允许犯人在监狱外分娩,但是,如果孩子在监狱内出生,当局应提供一切必要的支持和设施。

被拘留儿童①

35.1 如果在特殊情况下将不满18岁的儿童拘留在成人监狱,当局应当确保,除了所有犯人都可以获得的服务之外,儿童犯人还可以获得社会服务、心理服务、教育服务、宗教关怀(religious care)、娱乐计划或者儿童在社区中能够获得的同等服务。

35.2 每一个接受义务教育的儿童犯人都应当接受义务教育。

35.3 应当向从监狱释放的儿童提供额外的帮助。

35.4 如果将儿童拘留在监狱中,则应当将他们关押在监狱的一个部分中,该部分应当与成人使用的部分隔开,除非认为这种做法不符合儿童的最佳利益。

---

① 原文是 detained children。——译注

婴儿①

36.1 只有在符合有关婴儿的最佳利益的情况下,婴儿才可以与父母一起留在监狱中。不应当将婴儿作为犯人对待。

36.2 如果允许此类婴儿与父母一起在监狱中,应当特别提供配备了合格人员的托儿所,当父母参加婴儿不能在场的活动时,应当将婴儿安置在该托儿所。

36.3 为了保护这类婴儿的福利,应当预留特殊住所。

外国人②

37.1 对于外籍犯人,应当毫不拖延地告知他们请求联系其本国外交代表或者领事代表的权利,并且给他们的联系提供合理的便利。

37.2 如果犯人是在该国没有外交代表或者领事代表的国家的国民,以及难民或者无国籍人,则应当提供类似的便利,以便与负责其利益的国家的外交代表或者为其利益服务的国家当局或者国际当局(national or international authority)联系。

37.3 为了保护监狱中可能有特殊需要的外籍犯人的利益,监狱当局应当与代表犯人的外交代表或者领事官员充分合作。

37.4 应当向外籍犯人提供有关法律援助的具体信息。

37.5 应当告知外籍犯人,可以请求移交到另一国家执行他们的刑罚。

少数民族或者小语种群体③

38.1 为了满足属于少数民族或者小语种群体的犯人的需要,应当作出特殊安排。

38.2 在切实可行的范围内,应当允许在监狱中继续开展不同群体的文化活动。

38.3 应当通过使用合格的翻译人员和提供在特定监狱中使用的不同语言的书面材料,满足语言方面的需要。

---

① 原文是 infants。——译注
② 原文是 foreign nationals。——译注
③ 原文是 ethnic or linguistic minorities。——译注

第三部分　健康

保健①

39. 监狱当局应当保障所监管的所有犯人的健康。

监狱保健组织②

40.1 监狱内的医疗服务应当与社区或者国家的普通卫生管理部门密切合作。

40.2 监狱卫生政策应当纳入国家的卫生政策，并且与其相一致。

40.3 犯人应当根据其法律情况获得国家提供的卫生服务，不得进行歧视。

40.4 监狱内的医疗服务人员应当设法发现和治疗犯人可能遭受的身体疾病、精神疾病或者缺陷。

40.5 为此目的，应当向犯人提供所有必要的医疗、外科和精神病学服务，包括社区中可以得到的服务。

医疗保健人员③

41.1 每所监狱应当至少有一名合格的全科医生（general medical practitioner）提供服务。

41.2 应当作出安排，确保在紧急情况下随时都有一名合格的医生在场。

41.3 监狱没有专职医生的，应当有一名兼职医生定期诊疗。

41.4 每所监狱都应当有受过适当保健训练的工作人员。

41.5 每名犯人都应当能够获得合格的牙医和配制眼镜技师提供的服务。

---

① 原文是 health care。——译注
② 原文是 organisation of prison health care。——译注
③ 原文是 medical and health care personnel。——译注

医生的职责[①]

42.1 医生或者向该医生报告的合格护士,应当在犯人入监后尽快探望每名犯人,并对他们进行检查,明显无必要检查的除外。

42.2 在释放时如果犯人提出要求,医生或者向该医生报告的合格护士应当对该犯人进行检查,如有必要,还要对该犯人进行其他检查。

42.3 在检查犯人时,医生或者向该医生报告的合格护士应当特别注意:

a. 遵守正常的医疗保密规则;

b. 诊断身体疾病或者精神疾病,采取一切必要措施进行治疗和继续现有的医学治疗;

c. 记录并向有关当局报告犯人可能受到暴力对待的任何体征或者指征（sign or indication）;

d. 处理因为使用毒品（drugs）、药物（medication）或者酒精而引起的戒断症状;

e. 确认剥夺自由带来的任何心理压力或者其他压力;

f. 隔离感染期间疑似感染或者患有传染病的犯人,并且给予适当的治疗;

g. 确保携带艾滋病毒的犯人并不仅仅因为这一原因而被隔离;

h. 注意释放后可能妨碍重新安置（resettlement）的身体或者精神缺陷;

i. 确定每名犯人是否适合劳动和运动;

j. 如果犯人同意在释放后继续安排进行任何必要的医学治疗和精神治疗,与社区机构一起作出这种安排。

43.1 医生应当照顾犯人的身心健康,并且应当在符合社区卫生保健标准的条件和频率下,观察所有患病犯人、所有报告生病或者受伤的人以及任何需要特别关注的犯人。

43.2 医生或者向该医生报告的合格护士,应当特别注意在单独监禁条件下关押的犯人的健康,应当每天探望该犯人,并且应当根据这类犯人或者监狱工作人员的要求,向这类犯人提供迅速的医疗救助和治疗。

---

① 原文是 duties of the medical practitioner。——译注

43.3 医生如果认为犯人的身体健康或者精神健康因为持续监禁或者任何监禁条件（包括单独监禁条件）而受到严重威胁，必须向监狱长（director）① 报告。

44. 医生或者其他主管当局（competent authority）应当通过其他适当的方式定期视察、收集信息，并且围绕下列事项向监狱长提出建议：

 a. 食物和水的数量、质量、准备和供应；

 b. 矫正机构和犯人的卫生与整洁；

 c. 矫正机构的卫生、采暖、照明和通风设施；

 d. 犯人的衣服和床上用品的适宜性、整洁性。

45.1 监狱长应当考虑医生或者其他主管当局根据第 43 条和第 44 条提交的报告和建议，并且在同意所提建议时，应当立即采取措施予以落实。

45.2 如果医生的建议不在监狱长的职权范围内或者监狱长不同意，监狱长应当立即将医生的建议和本人的报告提交上级当局。

保健规定②

46.1 需要接受专科治疗的患病犯人，在监狱内不能得到这种治疗时，应当转移到专门机构或者地方医院（civil hospital）。

46.2 如果监狱管理部门有自己的医院设施，应当配备足够的人员和设备，以便对移交给它们的犯人提供适当的照顾和治疗。

心理健康③

47.1 实行医疗管制（medical control）的专门监狱或者监狱的部分，应当能够对患有精神障碍或者精神异常，但是并不一定符合第 12 条规定情况的犯人进行观察和治疗。

47.2 监狱医疗管理部门应当为所有需要精神病学治疗的犯人，提供这样的治疗，应当特别注意预防自杀。

其他事项

48.1 未经犯人同意，不得对其进行任何实验。

---

① director 也可以翻译为"主任"。根据上下文的意思，应当是指监狱长。——译注

② 原文是 health care provision。——译注

③ 原文是 mental health，又译为"心理卫生""精神健康"等。——译注

48.2 应当禁止开展涉及犯人并且可能导致身体伤害、心理痛苦或者其他损害的实验。

第四部分 良好秩序

关于良好秩序的一般规定①

49. 应当在考虑安保、安全和纪律方面的要求，同时也为犯人提供尊重人的尊严的生活条件，并且根据第25条为他们提供一整套活动计划的基础上，维持监狱中的良好秩序。

50. 根据良好秩序、安全和安保的需要，应当允许犯人讨论与监禁的一般条件有关的事项，并且应当鼓励犯人就这些事项与监狱当局进行沟通。

安保②

51.1 适用于个别犯人的安保措施，应当是实现对其安全监禁所必需的最低限度的措施。

51.2 通过物理屏障和其他技术手段提供的安保，应当与由了解其监控的犯人的警戒人员（alert staff）提供的动态安保相互补充。

51.3 入监后，应当尽快对犯人进行评估，以便确定：

a. 如果他们逃跑，他们会给社区带来的危险；

b. 他们试图独自或者通过外部帮助逃跑的危险。

51.4 然后，应当将每名犯人关押在与这些危险等级相适应的安保条件下。

51.5 在整个监禁期间，应当定期审查必要的安保等级。

安全③

52.1 入监后，应当尽快对犯人进行评估，以便确定他们是否对其他犯人、监狱工作人员或者在监狱中工作、探监的其他人员构成安全危险，或

---

① 原文是 general approach to good order。——译注
② 原文是 security。——译注
③ 原文是 safety。——译注

者是否会伤害自己。

52.2 应当确立程序,以便确保犯人、监狱工作人员和所有探监人员的安全,并且将可能威胁安全的暴力和其他事件的风险降至最低。

52.3 应当尽一切可能让所有犯人充分参与日常的安全活动。

52.4 应当使犯人能够随时联系工作人员,包括在夜间。

52.5 监狱应当遵守国家卫生和安全方面的法律。

特殊的高度安保或者安全措施①

53.1 特殊的高度安保或者安全措施应当仅适用于特殊情况。

53.2 对任何犯人采取此类措施时,都应当遵循明确的程序。

53.3 任何此类措施的性质、期限和适用理由,都应当由国家法律确定。

53.4 在每种情况下,这类措施的使用都应当在规定的时间内获得主管当局的批准。

53.5 延长所批准期限的任何决定,都必须由主管机关重新批准。

53.6 此类措施应当仅仅适用于犯人个人,而不适用于犯人群体(53.6 Such measures shall be applied to individuals and not to groups of prisoners.)。

53.7 任何接受此类措施的犯人都有权按照第70条规定提出申诉。

搜查和控制②

54.1 应当确立监狱工作人员在进行下列搜查时遵循的详细程序:

a. 犯人生活、劳动和聚集的所有地方;

b. 犯人;

c. 探监者及其财物;以及

d. 监狱工作人员。

54.2 国家法律应当规定必须进行此类搜查的情况以及搜查的性质。

54.3 应当对监狱工作人员开展如何进行这些搜查的培训,以便在尊重被搜查人员及其个人财产的尊严的同时,发现并预防任何企图逃跑或者藏匿违禁品的行为。

54.4 不得在搜查过程中羞辱被搜查人员。

---

① 原文是 special high security or safety measures。——译注

② 原文是 searching and controls。——译注

54.5 只能由同一性别的监狱工作人员搜查。

54.6 监狱工作人员不得对犯人的身体进行身体内部检查（internal physical search）。

54.7 与搜查有关的私密检查（intimate examination）只能由医生进行。

54.8 除非调查技术或者对工作人员的潜在威胁禁止这样做，否则，在搜查犯人的个人财产时，犯人应当在场。

54.9 应当在进行安保和保护安全的义务与探监者的隐私之间保持平衡。

54.10 管理法律代表、社会工作者和医生等专业探监者（professional visitor）的程序，应当与专业机构协商，以便在安保与安全之间达成平衡，并且确保行使私密专业接触权（right of confidential professional access）。

犯罪行为

55. 对于在监狱中实施的被指控的犯罪行为，应当按照自由社会的方式进行调查，并且应当依照国家法律处理。

纪律和处罚①

56.1 惩戒程序（disciplinary procedures）② 应当作为最后手段使用。

56.2 监狱当局应当尽可能使用恢复和调解机制解决与犯人之间的争议。

57.1 只有可能对良好秩序、安全或者安保构成威胁的行为，才可以被确定为违纪行为（disciplinary offence）。

57.2 国家法律应当规定：

a. 构成违纪行为的犯人的作为或者不作为；

b. 违纪听证会（disciplinary hearing）应当遵循的程序；

c. 可能受到的处罚种类和期限；

d. 有权实施这类处罚的机构；

e. 提起上诉程序（appellate process）的途径和授权。

58. 犯人如果被指控违反了纪律规则，应当立即向主管当局报告，主管当局应毫不拖延地进行调查。

---

① 原文是 discipline and punishment。——译注
② disciplinary procedures 也可以翻译为"纪律程序"。——译注

59. 被指控犯违纪行为的犯人应当：

a. 以他们理解的和详细的语言，迅速了解针对他们的指控的性质；

b. 有足够的时间和条件准备辩护；

c. 当司法利益需要时，允许本人或者通过法律援助为其辩护（be allowed to defend themselves in person or through legal assistance when the interests of justice so require）；

d. 获准要求证人出庭并且对其进行询问或者由别人代其进行询问；

e. 如果他们不能理解或者不会讲在听证中使用的语言，可以免费获得翻译人员的协助。

60.1 在确定违纪行为后给予的任何处罚，都应当符合国家法律。

60.2 任何处罚的严厉程度都应当与违纪行为相适应。

60.3 禁止集体处罚（collective punishments）、体罚（corporal punishment）、关在黑牢房的处罚（punishment by placing in a dark cell）和其他一切形式的不人道或者有辱人格的处罚。

60.4 处罚不应当包括完全禁止家庭接触。

60.5 应当仅仅在特殊情况下并且在规定的时间内，把单独监禁（solitary confinement）作为一种处罚，单独监禁的时间应当尽可能短暂。

60.6 绝对不应当把约束工具（instruments of restraint）用作处罚。

61. 犯人如果被裁定有违纪行为，他们应当能够向主管当局和独立的上级当局上诉。

62. 受到任何纪律处罚的犯人，都不得在监狱内受雇工作或者获得授权（No prisoner shall be employed or given authority in the prison in any disciplinary capacity）。

一事不再理原则①

63. 绝不能因为同一行为而让犯人受到两次处罚。

使用武力②

64.1 除非出于自卫或者犯人企图逃跑，或者对合法秩序进行主动或被

---

① 原文是 double jeopardy，又译为"双重审理""双重危险"等，指不能对一次违纪行为进行多次处理。——译注

② 原文是 use of force。——译注

动的身体抗拒，监狱工作人员不得对犯人使用武力；对犯人使用武力始终要作为最后手段。

64.2 使用的武力应当是必要的最低限度的武力，并且应当在最短的必要时间内使用。

65. 应当有使用武力的具体程序，这类程序应当包括下列规定：

a. 可以使用的各种武力；

b. 可以使用每种武力的情形；

c. 有权使用不同类型武力的工作人员；

d. 使用任何武力前所需要的权力级别（the level of authority required before any force is used）；以及

e. 使用武力后必须完成的报告。

66. 直接与犯人打交道的工作人员应接受技术培训，以便在约束具有攻击性的犯人时尽量减少使用武力。

67.1 其他执法机构的工作人员只能在特殊情况下参与处理监狱内的犯人。

67.2 监狱当局应当与任何其他执法机构（such other law enforcement agencies）之间签订正式协议，除非国内法律已对这种关系作出了规定。

67.3 该协议应当规定：

a. 其他执法机构的成员可以进入监狱处理任何冲突的情形；

b. 其他执法机构在监狱期间的权限范围及其与监狱长的关系；

c. 这类执法机构的成员可以使用的各种类型的武力；

d. 可以使用每种武力的情形；

e. 使用任何武力前所需要的权力级别；以及

f. 使用武力后必须完成的报告。

约束工具[①]

68.1 禁止使用铁链（chains）和镣铐（irons）。

68.2 除下列情况外，不得使用手铐（handcuffs）、约束衣（restraint jackets）和其他身体约束装置：

a. 如果有必要，在移送期间作为预防逃跑的措施，但是除非司法或者行政当局另有决定，否则应当在犯人出现在司法当局或者行政当局面前时

---

① 原文是 instruments of restraint。——译注

将其去除；或者

b. 如果其他管制方法失败，为了保护犯人不自伤、不伤害他人或者防止财产严重受损，监狱长可以通过监狱长命令，立即通知医生并向上级监狱当局报告。

68.3 使用约束工具的时间不得超过确实必要的时间。

68.4 应当在国家法律中规定使用约束工具的方式。

武器

69.1 除了在紧急行动中，监狱工作人员不得在监狱范围内携带致命武器。

69.2 与犯人接触的人不得在监狱范围内公开携带其他武器，包括警棍，除非为了处理特定事件而有安全和安保方面的需要。

69.3 工作人员除非经过使用培训，否则不得配备武器。

请求和投诉①

70.1 犯人单独或者作为一个群体，应当有足够的机会向监狱长或者任何其他主管当局提出请求或者投诉。

70.2 如果似乎合适进行调解，应当首先尝试调解。

70.3 如果拒绝某个请求或者投诉，应当向犯人说明理由，犯人有权向独立当局上诉。

70.4 犯人不得因为提出请求或者投诉而受到处罚。

70.5 主管当局有理由相信犯人的权利受到侵犯时，应当考虑犯人亲属的任何书面投诉。

70.6 未经犯人同意，有关犯人福利的法律代表或者组织，不得代表犯人提出申诉。

70.7 犯人有权就申诉和上诉程序寻求法律咨询，并且在司法利益需要时寻求法律援助（to legal assistance when the interests of justice require）。

---

① 原文是 requests and complaints。——译注

第五部分　管理和工作人员①

作为公共服务的监狱工作②

71. 监狱应当由独立于军事机构、警察部门或者刑事调查机构的公共当局（public authorities）负责。

72.1 应当依据一定的伦理背景管理监狱，该伦理背景承认，有义务人道地对待所有犯人，并尊重人的固有尊严。

72.2 工作人员应当清楚监狱制度的目的，这种目的应当在管理层领导下得到最好的实现。

72.3 工作人员的职责超出了单纯的看守所要求的职责范围，应当考虑到有必要通过积极关怀和援助计划，在犯人服刑完毕后促进其重返社会。

72.4 工作人员应当按照较高的专业和个人标准开展工作。

73. 监狱当局应当高度重视遵守有关工作人员的规则。

74. 应当特别注意管理一线监狱工作人员（first line prison staff）与所看管犯人之间的关系。

75. 工作人员在任何时候都应当使用能够以良好的榜样影响犯人并尊重犯人的方式为人处世和履行职责。

监狱工作人员的选拔③

76. 对于工作人员，在入职之初和以后的工作中，都应当精心挑选和适当培训，以专业工人的身份支付报酬，并且赋予在公民社会能够受到尊重的地位。

77. 监狱当局在选拔新的工作人员时，应当高度重视将要求他们从事的复杂工作所需要的正直、人道、专业能力和个人适合性（personal suitability）。

78. 专业监狱工作人员通常应当长期任用，具有公共服务地位（public service status），有就业保障，但是必须有良好的行为、效率、良好的身心

---

① 原文是 management and staff。——译注
② 原文是 prison work as a public service。——译注
③ 原文是 selection of prison staff。——译注

健康和适当的教育标准。

79.1 工资应当足以吸引和留住合适的工作人员。

79.2 工作福利和条件应当反映作为执法机构组成部分的工作的严格性质。

80. 当需要雇佣兼职工作人员时,这些标准应该在适当情况下适用于他们。

监狱工作人员的培训[①]

81.1 工作人员入职前应当接受一般性的和具体职责方面的培训,并且应当通过理论和实务测试。

81.2 管理层应当确保所有工作人员在其职业生涯中,通过参加按照适当时间间隔举办的在职培训和发展课程,保持和提高其知识与专业能力。

81.3 对外籍犯、妇女犯、少年犯或者精神病犯人等特定犯人群体开展工作的工作人员,应当接受专门工作方面的具体培训。

81.4 所有工作人员的培训,都应当包括国际和区域人权文件与标准,特别是《欧洲人权公约》(European Convention on Human Rights)和《欧洲防止酷刑和不人道或有辱人格的待遇或处罚公约》(European Convention for the Prevention of Torture and Inhuman or Degrading Treatment or Punishment),以及欧洲监狱规则的适用。

监狱管理

82. 工作人员的选拔和任命应当在平等的基础上进行,不得以性别、种族、肤色、语言、宗教、政治或者其他观点、国籍或者社会出身、与少数民族的关系、财产、出生或者其他地位等任何理由加以歧视。

83. 监狱当局实行的组织和管理制度应当:

a. 确保监狱的管理始终达到符合国际性和区域性人权文件的高标准;以及

b. 促进监狱之间以及个别监狱内不同类别工作人员之间的良好沟通,并且适当协调监狱内外为犯人提供服务的所有部门,特别是适当协调在犯人的照料和重新融入方面提供服务的所有部门。

84.1 每所监狱都应当有1名监狱长,该监狱长应当具备足够的担任该

---

① 原文是 training of prison staff。——译注

职位的资格,包括品格、行政能力、适当的专业训练与经验。

84.2 监狱长应当是全职任命的,并且应当将其全部时间用于其公务。

84.3 监狱当局应当确保每所监狱始终由监狱长、副监狱长或者其他授权官员全权负责。

84.4 如果 1 名监狱长负责 1 所以上的监狱,应当始终为每个监狱增加 1 名负责官员。

85. 在监狱工作人员中,应当保持男女平衡。

86. 应当安排管理层与监狱工作人员就一般事项,特别是与他们的工作条件有关的事项进行协商。

87.1 应当作出安排,鼓励管理层、其他工作人员、外部机构和犯人之间尽可能进行最佳沟通。

87.2 监狱长、监狱的管理人员和大多数其他工作人员应当能讲绝大多数犯人使用的语言,或者能讲大多数犯人都能理解的语言。

88. 如果存在私人管理的监狱,它们应当适用所有的欧洲监狱规则。

专业人员①

89.1 应当尽可能在监狱工作人员中配备足够数量的专家,例如,精神病学家、心理学家、社会和福利工作者、教师(teacher)以及职业教员(instructor)、体育教员和运动教员。

89.2 在可能的情况下,应当鼓励适当的兼职工作者和志愿工作者与犯人一起开展活动。

公众意识②

90.1 监狱当局应当不断向公众介绍监狱制度的目的和监狱工作人员的工作,以便鼓励公众更好地了解监狱在社会中的作用。

90.2 监狱当局应当鼓励公众在适当情况下自愿在监狱中提供服务。

研究与评价③

91. 监狱当局应当支持关于监狱的目的、监狱在民主社会中的作用以

---

① 原文是 specialist staff。——译注
② 原文是 public awareness。——译注
③ 原文是 research and evaluation。——译注

及监狱实现其目的的程度的研究和评估计划。

第六部分 检查和监测[①]

政府检查[②]

92. 政府机构应当定期对监狱进行检查,以便评估其管理是否符合国内法律和国际法的要求以及本规则的规定。

独立监测[③]

93.1 犯人的拘留和待遇条件应当由一个或者多个独立机构监测,其调查结果应当公布。

93.2 应当鼓励此类独立监测机构与依法有权探视监狱的国际机构合作。

第七部分 未审犯人[④]

未审犯人的身份[⑤]

94.1 本规则所讲的未审犯人,是指在审判、定罪或者判刑之前被司法当局羁押的犯人。

94.2 如果最终没有处理他们的上诉,国家可以选择将被定罪犯人(convicted prisoner)和被判刑犯人(sentenced prisoner)视为未审犯人。

对待未审犯人的态度[⑥]

95.1 对于未审犯人实行的制度,不会受到他们将来被定罪的可能性的影响。

---

① 原文是 inspection and monitoring。——译注
② 原文是 governmental inspection。——译注
③ 原文是 independent monitoring。——译注
④ 原文是 untried prisoners。——译注
⑤ 原文是 status as untried prisoners。——译注
⑥ 原文是 approach regarding untried prisoners。——译注

95.2 本部分规则为未审犯人提供额外的保障。

95.3 在处理未审犯人时,监狱当局应当遵守适用于所有犯人的规则,并且允许未审犯人参加这些规则所规定的各种活动。

住宿①

96. 应当尽可能让未审犯人在单人监舍内住宿,除非他们可以从与其他未审犯人共同住宿中获益,或者除非法院已就如何安置某个未审犯人发出具体命令。

衣服②

97.1 如果未审犯人适合在监狱内穿着自己的衣服,应当允许他们穿着自己的衣服。

97.2 如果未审犯人自己没有合适的衣服,应当向他们提供与被判刑犯人所穿的制服不同的衣服。

法律咨询

98.1 应当明确告知未审犯人有获得法律咨询的权利。

98.2 应当提供一切必要设施,协助未审犯人准备辩护并会见其法律代表。

与外界接触③

99. 除非司法当局在个别案件中对未审犯人在某一特定期间有特别禁止,否则,未审犯人:

 a. 应当接受探视,并且允许未审犯人采用与被定罪犯人相同的方式与家人和其他人交流;

 b. 可以接受额外的探视,也可以进行其他形式的交流;以及

 c. 应当能够接触到书籍、报纸和其他新闻媒体。

劳动

100.1 应当向未审犯人提供劳动机会,但是,不得要求未审犯人劳动。

---

① 原文是 accommodation。——译注
② 原文是 clothing。——译注
③ 原文是 contact with the outside world。——译注

100.2 如果未审犯人选择参加劳动，那么，本规则第 26 条的所有规定都应当适用于他们，包括与报酬有关的规定。

实行被判刑犯人的制度①

101. 未审犯人要求实行被判刑犯人的制度的，监狱当局应当尽可能同意。

第八部分 被判刑犯人

被判刑犯人制度的目标②

102.1 除了适用于所有犯人的规则外，所设计的被判刑犯人的制度应当使他们能够过上负责任的和无犯罪的生活。

102.2 监禁本身是剥夺自由的一种惩罚，因此，对被判刑犯人实行的制度不应当加重监禁所固有的痛苦。

执行被判刑犯人制度③

103.1 对被判刑犯人实行的制度，应当在某人以被判刑犯人的身份被收监后立即开始实行，除非该制度以前已经开始实行。

103.2 被判刑犯人在被收监后，应当尽快起草有关他们的个人情况、每个被判刑犯人的服刑计划（sentence plan）和为释放做准备的措施方面的报告。

103.3 鼓励被判刑犯人参与制定其个人服刑计划。

103.4 此类服刑计划应当尽可能包括：

a. 劳动；

b. 教育；

c. 其他活动；

d. 释放准备。

103.5 被判刑犯人的制度还可以包括社会工作、医疗和心理关怀

---

① 原文是 access to the regime for sentenced prisoners。——译注
② 原文是 objective of the regime for sentenced prisoners。——译注
③ 原文是 implementation of the regime for sentenced prisoners。——译注

（psychological care）。

103.6 应当建立离监制度（system of prison leave），作为被判刑犯人整体制度的组成部分。

103.7 同意这样做的犯人可参与恢复性司法计划（program of restorative justice），并为其犯罪作出赔偿。

103.8 应当特别注意为被判处终身监禁的犯人（life sentenced prisoner）和其他长刑犯人（long-term prisoner）提供适当的服刑计划和制度。

监禁被判刑犯人的组织方面①

104.1 根据第17条的规定，应当尽可能使用单独的监狱或者监狱的单独部分，促进对实行不同制度的特定类型犯人的管理。

104.2 在考虑了适当的报告、有关工作人员之间的充分协商以及与应当尽可能参与的有关犯人的充分协商之后，应当确立有关制定并定期评价犯人的个别服刑计划的程序。

104.3 此类报告应当始终包括直接负责有关犯人的工作人员的报告。

被判刑犯人的劳动②

105.1 系统的劳动计划应当力求有助于实现被判刑犯人制度的目标。

105.2 可以要求未达到正常退休年龄的被判刑犯人参加劳动，但是，必须考虑医生确定的身心健康状况。

105.3 如果要求被判刑犯人参加劳动，其劳动条件应当符合适用于外部社会的标准和管制办法（controls）。

105.4 被判刑犯人在劳动时间按照规定的制度参加教育或者其他计划的，应当获得与他们参加劳动一样的报酬。

105.5 对于被判刑犯人，如果法院命令或者有关犯人同意，其部分报酬或者储蓄可用于赔偿。

对被判刑犯人的教育③

106.1 被判刑犯人制度的一个关键部分，应当是包括技能培训在内的

---

① 原文是 organisational aspects of imprisoning sentenced prisoners。——译注
② 原文是 work by sentenced prisoners。——译注
③ 原文是 education of sentenced prisoners。——译注

系统的教育计划，其目标是提高犯人的整体教育水平，使他们能够过上负责任的和无犯罪的生活。

106.2 应当鼓励所有被判刑犯人参加教育和培训计划。

106.3 被判刑犯人的教育计划应当根据其预计在监狱逗留的时间量身定制。

被判刑犯人的释放①

107.1 被判刑犯人在释放前的刑期折抵方面，应当及时获得相关程序和特别计划的帮助，以便使他们能够从监狱生活过渡到社区守法生活（Sentenced prisoners shall be assisted in good time prior to release by procedures and special programmes enabling them to make the transition from life in prison to a law-abiding life in the community）。

107.2 特别是对于刑期较长的犯人，应当采取措施确保他们逐渐恢复自由社会中的生活。

107.3 这一目标可以通过监狱中的释放前计划（pre-release program），或者通过有监督的部分释放、附条件释放与有效的社会支持的结合来实现。

107.4 监狱当局应当与监督和协助刑释人员（released prisoner）的管理部门和机构的密切合作，使所有被判刑犯人能够重新融入社区，特别是能够重建家庭生活和重新就业。

107.5 应当向此类社会管理部门或者机构的代表提供进入监狱和接触犯人的所有必要机会，以便他们协助准备释放和规划出狱后帮助计划（aftercare program）。

第九部分　更新规则

108. 欧洲监狱规则应当定期更新。

---

① 原文是 release of sentenced prisoners。——译注